让每一个孩子精彩起来

学校管理的智慧与校长领导力

陶晓迪／著

内容提要

本书是作者历时十二年时间写就的一本教育管理文集。书中收录了近百篇文章，涉及教育管理的诸多领域，包括儿童与道德教育、教育与社会、教育与生活、课程与教学、师生关系、教师的学习与成长、家庭教育等。本书从作者深爱的教育工作出发，遵循教育规律和学生的身心发展规律，致力于促进人的全面发展与个性成长，记录了作者的思考与行动轨迹。力图用感性的文字表达理性的思考，用朴实的语言表达精彩的教育世界，用真挚的情感讴歌伟大的师爱，用满腔的热情激发教育的理想与信念。

本书适用于小学教学理论与实践研究的研究人员参考、阅读，也可作为小学老师的教学实践用书。

图书在版编目(CIP)数据

让每一个孩子精彩起来:学校管理的智慧与校长领导力/陶晓迪著.—上海:上海交通大学出版社，2018

ISBN 978-7-313-20856-9

Ⅰ.①让… Ⅱ.①陶… Ⅲ.①学校管理—文集
Ⅳ.①G47—53

中国版本图书馆 CIP 数据核字(2019)第 007031 号

让每一个孩子精彩起来——学校管理的智慧与校长领导力

著　　者:陶晓迪

出版发行:上海交通大学出版社　　地　　址:上海市番禺路 951 号

邮政编码:200030　　电　　话:021—64071208

印　　制:北京虎彩文化传播有限公司　　经　　销:全国新华书店

开　　本:710mm×1000mm　1/16　　印　　张:28.5

字　　数:431 千字

版　　次:2019 年 1 月第 1 版　　印　　次:2019 年 1 月第 1 次印刷

书　　号:ISBN 978-7-313-20856-9/G

定　　价:98.00 元

序 一

别具一格的办学理念，别具一格的校长人生

——学习《让每一个孩子精彩起来：学校管理的智慧与校长领导力》的体会

这几天我饶有兴味地读完温州市城南小学陶晓迪校长撰写的著作《让每一个孩子精彩起来：学校管理的智慧与校长领导力》，深深地为本书不一样的结构、内容与极具个性的文采所吸引。全书分理念·导，实践·行（德育篇、教学篇、管理篇、教师篇和特色篇），他山·鉴，立身·修，一家·言等五部分，作者以教育随笔的形式，全面系统地对城南小学的办学理念和办学实践进行了阐述。这本著作给我的基本认识是，该著作与其说是城南小学办学实践和理念的系统总结和提升，不如说是校长别样人生实践的再现。众所周知，一所学校是校长的作品，校长是学校这个作品的设计者，二者相辅相成，相得益彰。我们要比较好地去学习领会这本书，最为重要的是要把这本书阐述的主要内容，即学校办学的理念与实践与校长办学的追求与实践联系起来读，才有可能去把握这本书的主要精神。正是基于这种基本认识，通过仔细研读这本书，我学到了很多，也体会到了很多，但最想跟读者分享的，是我对城南小学的办学理念和陶校长的人格这两个方面的一些初步体会。

在我看来，办学理念是办学实践的升华和体现。也就是说，谈办学理念也就大体包含了办学实践。城南小学的办学理念是“让每一个孩子精彩起来”，初读这句话就有一种耳目一新的感觉，而非同一般的办学理念。要用一句话来概括我对这种办学理念的感受，应该说这是一种别具一格的办学理念，说具体一

点就是一种不同于别的学校的有品位、有格调的办学理念。现在流行的办学理念比较浅显，如希望教育理念，幸福教育理念、愉快教育理念等。“让每一个孩子精彩起来”的办学理念与这些理念不同表现在两个方面：①其他学校的办学理念，不仅仅从字面的“某某教育”可以看出，而且从办学的实践也可以看出，一般是在以教师的“教”的教育活动中体现的。笔者曾调研和指导过几所用这些理念办学的学校，对这些学校的办学实践有所了解。它们都是以教师的教为主导以产生学生的主动学习，而最后形成以学生为主体的教育活动，使学生在教育过程中感到希望、幸福和愉快，或在最后的教育结果中收获到希望、幸福和愉快。而城南小学的办学理念，不仅仅从字面的“让”可以看出，而且从这所小学的办学实践也可能看出，因为这本书花了较多的文字在“实践·行”这部分中，都以突出这个“让”字(笔者也曾经在城南小学学习参观过)。所谓“让”，顾名思义，是让学生从活动起来、主动起来开始，从而使教师，主要是使学生在教育过程中，或在教育的结果中“精彩”起来。其他学校的办学理念和城南小学的办学理念都是以学生为主体办学理念，不同的是前者可以说是“被动的主动”，或者说是“在被动中主动”，以“以被动促主动”，形成以学生为主体的教育活动来达到学生主体性的发展，后者则是在“学生的主动”中，形成以学生为主体的教育活动来达到学生主体性的发展。由此看来，后者的办学理念更能体现学生的主体地位，更有利于学生主体性的发展是不言自明的。②其他学校的办学理念强调的是“希望、幸福和愉快”这些范畴，而城南小学的办学理念强调的是“精彩”这个范畴。这两种办学理念的范畴看似强调的只是范畴不同，其实体现的是对教育效果不同看法的表达。前者强调的是人主观上的一种感受，因为所谓“希望、幸福和愉快”实质上就是人的一种主观上的感受；而后者强调的不仅是人的一种主观上的美的享受感，而且是人的一种实实在在的表现。因为“精彩”不仅是美的表现，而且是人在哪一方面或哪些方面表现出的精彩的美。从这个意义上来讲，后者所主张的办学理念，似乎更全面，更具操作性。正是因为城南小学的办学理念与别的学校的办学理念有上述两点不同，所以就充分显示出了城南小学办学理念的一种格调和品位。这就是在学校办学理念上不趋同，不追风，敢于创新，形成自己独特的办学理念。学校要办出特色，首先应有特色的办学理念，这样才有可能有特色的办学实践，从而才可能真正形成一所有办学特色的学校。城南小学之所以是一所名校，不仅在温州，甚至在浙江都享有美誉，与这所学校别具一格的办学理念有着直接关系。

城南小学别具一格的办学理念，成就了这所别具一格的学校，而所有这一切，是因为这所学校有一位别具一格的校长——陶晓迪校长。俗话说，一个校长就是一所学校，而一所学校就可印证一个校长。因此，说陶校长是一个别具一格的校长似乎是一个不需要证明的命题。然而读完这本书，特别是当与陶校长有所接触后，才会发现陶校长“是一个别具一格的校长”这个命题中包含着非常丰富的具有个性色彩的内容。记得4年前，笔者有幸应邀前往城南小学学习访问，与陶校长有过短暂的接触。这所学校和陶校长都给我留下了美好的、难忘的印象。读着这本书，笔者似乎又回到了城南小学，城南小学的教室、操场、教师、学生等在笔者脑海里又逐渐鲜活起来，陶校长的形象在笔者的回忆和想象中又不断丰满起来。在笔者的心目中，陶校长是一位经历丰，爱学习，勤思考，高智商，有思想，重效能，常动笔的校长。所谓经历丰，是说陶校长虽然现在很年轻，但她在更年轻的时候，就曾任一所农村小学和城市小学的校长，现又主政城南小学，一所下辖三个校区的集团学校。所谓爱学习，是说陶校长1996年从温州师范学院政教系毕业走上教育岗位以后，不断地在实践中探索，向实践学习，向书本学习。陶校长曾跟我说过她很爱看书，乐于参加校外的培训与参观学习，这本书讲的就是善于借他山之石。所谓勤思考，是说陶校长是一个有心人，既关注和思考国家和地方教育改革发展的大问题，更关注思考城南小学校内改革中出现的和需要解决的具体问题。如怎样把城南小学办成一所有特色的让人民满意的学校，就是陶校长心中想得最多的一个主要问题；再如城南小学“精彩”办学理念的提出、梳理和提炼，如何根据这一办学理念去形成与这一理念相配套的实践体系，就是陶校长带领全校教职工深入细致思考的结果。所谓高智商，是说学校办学中需要解决和处理的问题是很多的，有的是非常复杂的问题。要解决和处理好这些问题，专门靠会思考是不能解决和处理好的，它需要大智慧、大情怀，去恰到好处地解决和处理问题，同时又使人感到温暖、有人情味，以充分调动和发挥每个教职工参与办学的积极性。陶校长是一个深受城南人拥戴的校长，城南人办学热情很高，我想这与陶校长高智商地去处理问题，温暖人，团结人有很大的关系。有思想，是说陶校长对事情和问题都有自己独特的思考和见解，不人云亦云。正是因为她的这种品质，才使城南小学成为现在这样一所有独立思想、高品位的学校。所谓重效能，是说陶校长的行事风格是讲效率、重效果的。学校总体有规划，具体任务有计划，决策、执行、反馈管理过程清晰，每一个工作井井有条。这种讲效能的习惯，对城南小学成为一所特色名校起了重要的推动作用。所谓常动笔，是说陶校长有一个记教育随笔的好习惯，她这种酷爱写作的习惯是笔者所见到的校长里少有的。经常将自己的感悟记下来，不仅有利于校长的思维和写作水平的提高，更有利于学校办学水平的提高。关于这一点，这本著作以及当前城南小学所取得的办学成绩就足以说明。

时光如白驹过隙，算起来已经有好几年没有去城南小学学习了，书中所写的城南小学所取得的巨大成就，特别是最近这些年的变化，以及其中所体现的教育思想，读来感到特别亲切。祝贺城南小学取得的办学成就，祝贺陶校长这本书的出版发行。记得陶校长以前跟我说过，她希望以后有机会将她的教育随笔结集出版，现在这本体现她系统办学思想和别样人生的著作终于要面世了，真为这本书的主人和城南人感到高兴。祝愿城南小学今后取得更大的办学成就，祝愿陶校长今后取得更丰硕的教育思想成果。

孙绵涛

2018 年 12 月 2 日

写于沈阳师范大学田家炳楼

孙绵涛，香港大学哲学博士，博士生导师，美国哈佛大学福布莱特学者，现任沈阳师范大学二级教授，教育效能研究院院长，辽宁省 A 类一流学科教育学一级学科学术带头人。曾任华中师范大学教育科学学院院长，现兼任世界银行教育项目评审顾问，国际多家教育学术杂志的编委，教育部教育政策研究与法制建设司咨询专家，全国教育科学规划教育管理学科专家组成员，中国教育发展战略学会学术委员会委员，中国教育发展战略学会现代教育管理专业委员会理事长，全国教育效能学术委员会理事长，全国民办学校专业委员会主任委员，北京师范大学等十几所大学的兼职教授。

序二

修己育人　止于至善

与晓迪结为忘年交，缘起于她担任温州市少年游泳学校校长时的工作交往。之前，我们曾有过两面之缘。第一次是 2006 年 3 月，在鹿城区教育局组织的加强中小学心理健康教育工作座谈会上；第二次是 2009 年 5 月，她因为学校的雕塑征名一事请教于我。两次见面也就寥寥数语，但她务实求真、谦逊平和、严谨精进的特质还是给我留下深刻印象。

几天前，晓迪致电于我，说要将这十余年的教育管理反思结集成书予以出版，我颇为欣喜。她于 2009 年 11 月调任少泳校校长，我也是从那时起真正了解她。作为一位从中学到小学工作的年轻“老”校长，她的身上似乎有用不完的激情与干劲。即便有过成功“执政”温州市仰义一小、少泳校和城南小学的十二年校长工作经历，但她还是谦虚地以教育界“小兵”自居。今日，她终将这十年学校管理的所思所得与公众见面，这说明她在自我专业发展上又有了新的认识与提升。我着实为她高兴。

晓迪是一位富有教育情怀的智慧校长。她坚持遵循教育规律和儿童身心发展特点，善于抓住事物的主要矛盾和矛盾的主要方面，以服务师生发展为第一要义，实事求是地开展教育教学工作。一直以来，她秉承“让每一个孩子精彩起来”的办学理念，致力于通过“让每一个孩子登上奖台”“让每一项活动课程化”“让每一位老师(家长)拥有精彩教育故事”的举措，助力每一位师生成就其精彩世界。不论是仰义一小的“乡土”教育，抑或是少泳校的“水文化”，还是今日城南小学的“精彩”教育，都是其和团队教育智慧的结晶，是他们基于校情，紧扣时代发展脉搏，致力于深化教育教学改革，创新性地推进素质教育的结果。

晓迪是一位执着的“学者”。她勤于实践，乐于学习、善于思考，更是将这三者有机整合，实现“学以致用，且行且思，思而后学”的循环运动过程，故可称之为“学者”。自担任校长以来，她就养成了坚持写教育日志的习惯，有时候是只言片语，有时候是一张思维导图，情致所发时则洋洋洒洒千多字。十多年如一日，不曾间断。犹记得2014年3月间，正带领全校师生筹办百年校庆的她，为了不在繁杂的事务性工作中“迷失”自我，她坚持书写“百日手记”，即将自己白天的所见所思、所行所为及所据，用简短精练的话语呈现于文。勤于笔耕的习惯，不仅让她个人的专业素养有了质的提升，也促成了她从经验性管理向理论管理层面的飞跃。

晓迪还是一位可爱的新时代女性。她热爱学校、热爱家庭，热爱生活，更热爱生命中每一个鲜活的个体。作为一位曾经的军嫂，她不仅把家庭和工作处理得井井有条，还积极参加家庭教育公益讲师活动，自觉履行社会义务。她努力建立属于自己的生活小情趣，即使已经年过不惑，依然保持一颗纯净的心：她坚持每年做成一件事，不断地筑梦、逐梦，努力让生活因充满一个个小成功而变得确幸无限；她坚持每日运动，学习琵琶，练习书法，努力让自己成为有意思的人；她坚持与家人用脚步丈量世界，共同探索未知世界，努力让自己成为有内涵的人。

今天，她的第一本教育专著《让每一个孩子精彩起来》即将出版，我在认真拜读其书稿的同时，宛若看到了她挑灯夜读、奋笔疾书、行走思考的模样。《让每一个孩子精彩起来——学校管理的智慧与校长领导力》分五个部分。第一部分：“理念·导”，从教育全球化形势演变到学校育人目标的定位，从办学理念的顶层设计到实施路径的有效建构，从带领学校发展到引领社区进步，展示了其作为校长的理论视野和宏观领导能力。第二部分：“实践·行”，主要从道德教育、学科教学、教师发展、学校管理和特色品牌建设等角度出发，展示了其在学校管理中的实践与思考路径，有较强的示范性与借鉴性。第三部分是“他山·鉴”，记录她任校长以来的教育行走，通过展示不同学校的成功做法，并配以朴素的学理阐述，有较强的可读性。第四部分是“立身·修”，是她对于提升个人修养与专业发展的所思、所行及具体策略。第五部分是“一家·言”，表达了她对当前教育现象的一家之见，情之所发力之所及，这也很好地揭示了她从教二十二年来为什么始终充满激情的真正原因。诚如艾青所言，“为什么我的眼里常含泪水，因为我对这土地爱得深沉”。

“一个孩子就是一个精彩世界”，这是她经常挂在嘴边的话。晓迪在助推每一个孩子走向精彩的同时，也以乐观、好学与坚韧成就了自我的精彩。助人者，人恒助之；立人者，人恒立之。真诚祝愿晓迪和她的团队在教育大道上越走越精彩，我也相信中国的教育界因为始终涌动着这样一股真实、执着和勇于探索的力量而更加出彩。

蔡勤笑

书于三凡斋

2018.9.25

蔡勤笑，鹿城区人民政府教育顾问，原鹿城区教育局党委副书记、副局长，原上海市师范语文教材编写组组长。

目录

理念·导

实践·行

德育篇

教学篇

管理篇

教师篇

特色篇

他山·鉴

立身·修

一家·言

理念·导

培养有中国灵魂的世界公民

——全球化背景下我国小学教育育人目标定位的新思考

国际货币基金会(IMF)指出全球化是一个由革新和技术进步引起的历史进程,"是整个世界经济的不断整合,特别是通过货物、服务和资本的跨境流动。全球化不仅包括人员(劳动力)和知识(技术)的国际流动,还有文化、政治和环境方面的全球化。"(IMF,2008)。在这种形势下,为了提升国家的竞争实力,各个国家都在不断调整本国的经济、政治政策,特别是文化教育策略,以适应形势发展的需要。那么中国教育又该如何应对这种变化,尤其是基础教育阶段的学校,如何科学梳理办学理念,形成正确的办学策略,以培养出有效应对未来社会变化的创新性人才,这已经成为各个学校刻不容缓的历史命题。

全球化在促进经济、科技飞速发展的同时,也使贫富分化加剧、资源过度开采、环境恶化、专业人才向发达国家流动、本土文化受损等问题日趋严重。在这股不可逆的浪潮中,中国教育面临着空前的危机与挑战。如办学主体的多元化,中国已从单一的政府办学模式逐步向个体、私营、中外合作等多元办学模式迈进,中国甚至成为各国高校抢夺优质生源的重要战地。再如德育内容的新变化,如何传承中华民族优秀文化、理解与包容各国多元文化、学会与国际友人交往等德育内容已逐渐走进了中小学的德育课堂,我们在注重学生良好行为习惯养成的同时,更应关注其国际视野和国际交往能力的培养。又如学习方式的新变革。信息技术的充分发展,使得原有课堂突破了传统的时空二维度,真正实现任何人、任何时间、任何地点都可以学到自己想学的知识。教育已不能局限于学生能学到多少知识,更重要的是培养学生的学习能力,尤其是终身学习的能力。在这种背景下,重新建构中小学育人目标体系已经成为时代赋予管理者刻不容缓的重要命题。

1.教育是培养人的工作,关注人的全面发展和个性成长

教育是培养人的系统工程,学校教育承担着极其重要的使命与责任。学校面对的是一个个活生生的教育个体,他们来自不同的家庭,有着不同的信仰、文化背景和成长的价值诉求。但作为基础教育阶段的小学,我们首先必须关注学生作为"人"的成长。北师大肖川教授指出:教育必须培养能够创造幸福生活的个体。我们的学生不仅是学习者,更是一个现世的生活者。我们不仅要教给孩子成长所需的各种知识,更包括了要促进学生在德、智、体方面的全面发展,以及作为一个现世生活者所需的种种技能和知识。生活的本质属性及价值追求就是人的幸福,因此,我们小学教育的首要着眼点是"人"的教育,要培养会幸福生活的人。

2.教育具有文化传承等政治功用,关注本土文化的传承和家国情怀的培养

全球化背景下,一些国家和地方的独特传统与文明却在逐渐消失。教育是一个传承的过程,是继承过往文明、开拓未来文化的过程。中国是一个具有五千年历史的文明古国,辽阔的大地上孕育了一批又一批的劳动人民,产生了一个个对世界文明进程有着重大助推力的发明创造。中华民族勤劳、勇敢、不畏强暴的精神激励了一代又一代的年轻人。这就需要我们的教育必须传承中国文化的精髓,培养有中华民族根基的现代学生。基于孔子学院、经典诵读、茶艺、书法等载体开发的传统文化教育课程正成为我们推进中华民族根基教育的有力载体。与此同时,一些学校也在大胆尝试国家课程校本化,通过对教材的科学增减,将传统文化教育有机地融入语文、英语等多门学科,实现多头并进。如浙江省温州市少年游泳学校就将自主开发的经典诵读教材请进语文课,每两周必须用一节语文课开展经典诵读教学,同时还将经典古诗配画活动请进美术课堂,让孩子们在悠扬舒缓的古筝声中领悟古诗意境,感受传统诗画的无穷魅力……这些举措让更多的当代学生了解古代文化,感受中国人的真、善、美、乐,感受中华民族的博大源远,极大地激发学生的民族自豪感和自信心。

同时,教育还必须挖掘乡土元素,培养有乡土情怀的现代公民。作为国际

化大都市的香港就很注重本土文化教育，在行政区内推行两文三语教育，即要求每位学生都必须学会中文、英文，掌握普通话、广东话和英语。因为在国际化过程中，更多的香港公民为了适应国际舞台的发展需要，更重视英文和英语的学习，中文和普通话逐渐被淡化。一些小公民更因为语言学习环境及氛围的缺失，成了“外黄内白的香蕉人”。为此，香港特别行政区政府提出了两文三语教学要求，并将国文课定为中小学生的必修课，力促每位学生都会说国语，都必须了解中国文化。在浙江省温州市也面临着类似问题。2004 年起，温州市教育局推出了温州话、温州名胜、温州历史等地方课程，并开发了乡土教材。各个学校也纷纷结合本校所处的地方资源，开发校本课程，让每一个孩子都能在积极的乡土文化的浸润中健康成长。

3. 教育要应对全球化趋势，关注国际理解和交流能力的培养，其核心是人性的关怀

全球化背景下，教育正由精英教育体系向大众教育体系转变，学校在日益增长的办学压力下，在顾客导向和市场驱动的环境中，必须提升其课程和项目的质量以及市场价值，并把它们作为一种产品和服务提供给消费者或学生(《新加坡教育的分权化和市场化：学校卓越模式个案研究》)。纵观国内外的知名中小学，我们明显地感受到其浓厚的国际教育氛围。温州市实验小学就将校训定位为“关注世界、关爱生命”，温州市任岩松中学开设国际交往礼仪课，温州市职业中专开设国际支付等金融课程……所有这些都表明了我们的学校教育开始与国际接轨，开始了国际教育风格的新走向。但不管是开设何种课型、开发何种课程，我们都应该更关注学生在国际化进程中其内心最深层次的东西，即人性的关怀和教育。

在国际化过程中，我们更趋向合作与交流，但当前学校倡导的竞争文化中缺少注重学生合作意识的培养。在国际化的潮流中，相较于北上广等发达城市的学生而言，温州孩子在语言储备、国际交流等方面稍显不足，但他们的内心是否足够强大，是否能够从容应对人生中的种种状况？当孩子取得阶段性成功时，是不是都能怀揣一颗感恩的心，并以行动报答社会、感恩家人呢？学习是一种状态，更是一种能力，处于瞬息万变的社会里，我们的孩子是不是都具有一种终身学习的能力以应对未来社会的变化呢……教育不是万能的，但教育必须指

向人的本质内核，关注人的精神层面的引领和成长。培养具有某一种技能的人，是浅层次的适应国际化潮流的举动，而透过人的成长的表面直逼其精神内涵的人文关怀，才是我们所追求的培养世界公民的价值诉求。

全球化是不可逆的历史进程，现实生活中我们既要否定超全球化理论，更要反对怀疑全球化的思潮。教育所要做的就是基于历史与现状，迎势而上，整合各种有利于教育的资源，培养出德、智、体、美、劳全面发展，能够创造幸福生活的独立个体，这才是教育的本真！

2013 年 4 月于浙师大

“让每一个孩子精彩起来”办学理念的提出

一个孩子就是一个精彩世界，孩子的精彩具有原生性、独特性和可发展性的特点。原生性是指每一个孩子都具有学习的天性，与生俱来的学习能力为他们的精彩奠定了物质性基础；独特性是指每一个孩子都是独特的，具有鲜明的个性特点；可发展性是指孩子们具有较强的可塑性，可以通过后天的教育变得更加精彩。“让每一个孩子精彩起来”是城南小学一直坚持的办学理念。“每一个”是指教育要面向全体学生；“孩子”是指教育对象是富有生命活力的儿童；“精彩起来”是每一个儿童都具有不同的潜能和发展空间，可以通过教育更趋完美，教育者要积极引导儿童科学认识自我、主动发展自我。

寻根历史

温州市城南小学创办于1914年，是一所办学历史悠久、文化底蕴深厚的传统名校。学校前身为城南一小、城南二小，1994年因旧城拆迁改建，合并两校为城南小学。2005年成立教育集团，合并原府学巷小学为府学巷校区；2012年，学校拥有全新的会昌河校区，是鹿城区的十大集团学校之一。

城南小学坚持质量立校、科研兴校、师资强校、特色树校、严谨治校的方针，以创一流学校为目标；以“成人、成才、成功”为校训；以造就志向高远、素质全面、基础扎实、富有特长和个性的一代新人作为一切工作的出发点和归宿，积极开展课程改革，深入实施素质教育，将艺术教育定位为学校的办学特色。

作为浙江省第一批艺术教育特色学校，城南小学的艺术教育也是有浓厚的历史根基的。早在20世纪40年代，学校的艺术体育教育就卓有成效，如三希小学的雨伞操、城南小学的花草操、南市区二小的拍手操等。20 世纪 80 年代开始，温州市少艺校一直借用城南小学场地办学，两校在艺术教育上常有切磋，不分上下。1990 年起，学校大力兴办第二课堂活动，先后成立美术、书法、朗诵、舞蹈、小歌手、阅读等 26 个小组，艺术社团活跃。2003 年基于艺术教育氛围浓郁、住宿学生的课余生活比较单调、潘悟霖老师意为推广民乐教育、温州市民乐特色教育尚属空白等现实条件，向时任校长周文林提出创办城南小学民乐团，奏响了“器乐进课堂”的主旋律。此后，学校不断总结民乐社团办学经验，打造民乐专业教师队伍，建设专业训练教室，编写民乐校本课程教材，努力让民乐教育惠及每一个孩子。如今学校民乐团已连续十一年蝉联温州市中小学生艺术节器乐合奏比赛一等奖，连续四届获得省教育厅举办的器乐合奏比赛一等奖，并获得全国比赛一等奖的好成绩。学校多次应邀参加国内外艺术大赛并获奖，城南小学艺术教育享誉省内外。

追问现实

2013 年 12 月底的一次校委会上，时任德育校长不无担心地提到，城南小学的民乐团确实精彩，也培养了不少的专业人才。但是这种“精彩面”还太窄，艺术教育的特色还不能惠及全体学生，这不能不说是学校特色教育的最大遗憾。对于这个话题，班子成员就各自心目中的特色教育进行了深刻的思考与交流。学校领导班子成员关于特色教育的观点碰撞：

观点一：特色教育不应该只是让少部分人享受，只有惠及全体学生的项目才有资格成为学校特色项目，进而成为特色教育。

观点二：特色教育必须要进入课程、课堂，否则就是一句空话。

观点三：特色教育不应该只停留在技能、技巧层面。

观点四：要扶持一个特色项目，必须要加大经费投入，没有经费万万不行。

观点五：特色教育重在培育一种文化，进而用这种文化统整学校行为，形成一只看不见的“手”，助推学生、教师和学校的发展。

观点六：特色教育不仅要靠做，更要靠包装、靠提炼、靠必备的理论支撑。

……

最终，班子们形成了一种共识，城南小学的民乐教育要想真正成为特色教育，必须进入课程、课堂，进而建构一种特色文化，从而助推每一个孩子的全面发展和个性成长。

此后校委会成员之间的交流与碰撞逐渐延伸到师生和家长中间。教研组活动、备课组活动、德育工作会议、家长学习会等活动中，大家不约而同地提到了同一个命题——教育应该助力每一个儿童的健康成长、全面发展和个性发展，让每一个儿童成就其精彩世界。城南小学的民乐教育不仅要让台上的孩子精彩，也要让台下的孩子精彩；不仅要让孩子们在舞台上精彩，更要让他们在学习上精彩、生活上精彩。至此，城南小学“让每一个孩子精彩起来”的办学理念初步提出。

首先，这符合学校的校情和现实发展需要。作为以民乐教育为特色的学校，城南小学在民乐艺术教育上取得的成绩是有目共睹的。上至教育部组织的中小学生艺术节器乐合奏比赛，下到鹿城区的艺术节器乐合奏比赛，城南小学已经连续夺冠 11 年了。这么多次的夺冠经历在很大程度上树立了学生的自信心和自豪感，赢得了众多选手、群众的掌声，让他们获得了出彩的机会。艺术，让学生的生活更加精彩。作为教育工作者，不仅要让学生在舞台上拥有精彩的瞬间，更重要的是要把这种精彩迁移到生活、学习和工作中去，让每一个孩子、老师的生活更加精彩，以致拥有精彩的人生。

其次，这一提法符合孩子的身心特点与认知规律。每一个孩子都是一个独立的个体。美国心理学家加德纳提出多元智能理论，认为每一个孩子的智能结构都是不同的，这种个体差异恰恰构成了世间生命个体的丰富多彩，也是每一个孩子获得个性发展的物质基础。学校教育就应该让孩子在全面发展的基础上充分发挥其个性特点，绽放精彩，从而收获生命的精彩。

最后，这一提法也与民族乐器的表演特点相一致。中国的传统乐器有着其特殊的表现力，即表现力有着更多的不确定性，如古筝、二胡、琵琶、唢呐等的发音会因演奏者技巧与情感的不同而发出鲜明的个性。同一个音可以有许多不同的表现方式，这和西洋乐器有着明显的不同。这让城南人想到，如果学校教育也能像演奏中国乐器一样充分把握和展现每个学生鲜明的个性，让每一个音都发出最美的旋律，而且在不同的排列组合中发出更美妙的声音，那将会成就多少个精彩的乐章。

经过多方的论证与碰撞，城南小学“让每一个孩子精彩起来”的办学理念得到初步认可和树立。学校也开始围绕办学理念做好顶层设计，并使之成为架构学校文化体系的重要支点。

2014年2月于城南小学历任校长座谈会上

“精彩教育”办学理念的梳理

作为一所百年老校，城南小学必须坚持“在继承中发展，在发展中创新”的原则，坚持众智众创，以共同愿景凝聚人心，以课程改革为抓手，不断深化素质教育，实现学生的全面发展、个性成长与持续发展。为此，学校团队积极梳理“精彩教育”办学理念体系，做好学校的顶层设计。

一、城南小学原有的文化体系

1. 校训：成人　成才　成功

成人是教育的基点和根本，学校培养孩子践于德，圆满人格，学会做人，让养习成为孩子成人的道德之基；成才是教育的追求与关键，学校培养孩子践于思，学无止境，学会求知，让明志成为孩子成才的智慧之柱；成功是教育的目的与归宿，学校培养孩子践于行，锲而不舍，学会做事，让厚基成为孩子成功的力量之源。

2. 三风建设

校风：诚信　和谐　卓越

教风：踏实　求新　奉献

学风：博学　勤思　笃行

3. 学校特色项目：民乐和视觉艺术教育

4. 学校的 logo：

学校校标由“城南”两字的拼音首个字母 C 和 N 组成。校标主色调由黄色

和蓝色组成，黄色寓意欢乐的校园生活和丰硕的学习成果，蓝色寓意宁静的学习环境和厚重的文化积淀。字母N变形为一只正振翅起飞的鸽子，字母C代表着学校，城南小学为每一个孩子搭建生命起飞的平台。

二、城南小学现状分析

学校现有56个教学班，在校生2 285人，教师135人。其中，中学高级教师8人，小学高级教师65人，省、市名师培养对象4人，省、市教坛新秀6人，市骨干教师13人，区级教坛宿将、教坛中坚、教坛新秀31人。省级语音测试员5人。教师大专及以上学历者132人，占教师总数的95%，其中本科81人，硕士1人。

1. 办学优势

(1)学校文化底蕴厚重。我校作为鹿城区传统百年名校，其悠久的历史和优良的文化传统，为发展奠定了良好的基础，学校具有较高的办学质量和良好的社会声誉。

(2)内部管理科学规范。多年来，学校坚持以制度为保障，实行规范化、科学化、民主化、现代化的管理。学校实行校长负责制，各分管领导、各科室职责清晰、任务明确。教代会和工会能够在学校的管理过程中发挥良好的作用。

(3)教育教学质量上乘。学校教育教学工作规范，成效比较突出，教学质量在市区内名列前茅。

(4)德育工作成效显著。学校德育工作组织网络健全，制度完善，管理过程规范，校园活动丰富。“队长学校”“学生十大宣言”等特色德育项目已取得比较良好的成效。

(5)教师队伍建设有力。近年来，学校加大教师队伍建设。“城南学堂”内涵丰富，其中校本研修月、专家讲坛和草根名师讲师团等研训平台已经成为城南校本教研的品牌；名师工作室、教师发展共同体、教科研骨干团队等研修团队在促进教师专业发展的过程中起到了良好的作用。

(6)民乐教育成效显著。城南小学民乐团是学校的一张金名片，多年来民乐教育成效显著，在省内具有较高的知名度。三年来，艺术教育更是进一步走向课程化、多元化和内涵化。

2.发展劣势

(1)办学定位不够清晰。近年来,特别是集团化办学以来,由于学校规模不断扩大、管理人员变动频繁,学校办学定位不清晰,对未来的发展没有明确的思路。

(2)学校管理“惯性滑行”。在管理上,循规蹈矩,按部就班,缺少创新精神,存在制度陈旧、脱离现实、执行不力等问题。

(3)师资队伍有待提升。在教师队伍建设上,普遍存在着教师职业倦怠严重、骨干教师层次偏低、师资结构不够合理等问题。

3.发展机遇

(1)鹿城推进现代化强区建设。鹿城区近年来致力于推进学校特色品牌和现代化强区建设工作,为学校的内涵发展提供了较为完善的指导和保障。

(2)校外有力资源合作。当前开放的教育环境,丰富的校外资源,为学校优化课程资源、丰富校园生活提供了巨大的帮助。

(3)大数据时代的先机。科技的进步,带来了教育教学方式的变革,在大数据时代,我们要抢占先机,打造智慧型校园。

4.面临挑战

(1)学校发展进入瓶颈。在实施教育区域均衡化发展和就近入学的大环境下,学校原先拥有的优质资源受到了一定程度的稀释,发展进入瓶颈期。如何在当前全力推进高位优质均衡的环境下,继续做好学校的进一步提升,成为我们面临的一个课题。

(2)课程改革进入深化。随着课程改革的继续深入,教育教学方式面临着日新月异的变革,微课、生本课堂、翻转课堂等新形式层出不穷。如何改变教师的观念,进一步推进课堂教学的改革,是我们面临的重大挑战。

(3)教育的全球化加剧。教育全球化进一步加剧,开拓的视野、多元的观点、先进的技术,给我们的教育工作带来了深远的、全方位的影响。

三、城南小学“精彩教育”办学理念体系的初步梳理

1.办学理念及其内涵诠释

办学理念:“让每一个孩子精彩起来”。教育是让孩子获得成长的活动,这

种积极的变化本身就很精彩。每一个进入学校的孩子，自身都已很精彩。但通过教育，他们可以从不精彩走向精彩，从精彩走向更精彩，从而拥有健康、出彩的人生，这就是教育的本质。

“精彩教育”的内涵诠释：①“精”，即精密、精细、精准化的教育，着力于因材施教、精准教学；②“彩”，即出色，完美的样子。即基于儿童立场，坚持有教无类、因材施教、不陵节而施的原则，通过精准化的教学，让每一个孩子成长为更加美好的自己，拥有出彩的机会，进而拥有精彩的人生。

2.“精彩教育”目标内涵的具体化要求

“精彩教育”的学生培养目标是：“具有国际视野的现代中国人与美的小使者”，关键词包括如下：“现代中国人”“国际视野”与“美的小使者”。即培养具有一定的国际理解能力和文化包容力的现代中国人和传播“善美”文化的小使者。具体内容包括(见图 1)：

(1)精彩人生从健康起步：健康的身心。

(2)精彩人生让习惯护航：良好的习惯。

(3)精彩人生乘能力远航：处事的能力。

(4)精彩人生要学会担责：担当的魄力。

(5)精彩人生靠努力获得：坚忍的意志。

3.“精彩教育”要突出六个重点

(1)整体构思：“精彩教育”的六个相互关联的维度。

精彩课程——关注生活，动态创生——夯实学生“成人”的基础

精彩课堂——自主对话，倾听生成——筑牢学生“成才”的根基

精彩德育——善行天下，美在城南——奠定学生“成人”的基础

精彩管理——以人为本，文化兴校——发展学生“成功”的基础

精彩师长——教学向美，育人求美——实现培养目标的重要力量

精彩学生——善美相随，精彩无限——城南教育的学生培养目标

六个体系相辅相成，突出了素质教育的重点，即在“成人”上加强健康与德行，在“成才”上强调能力与特长，在“成功”上强调合作与担当。

(2)落实到位。将“精彩教育”的理念落实到每个岗位、每位教师和家长。

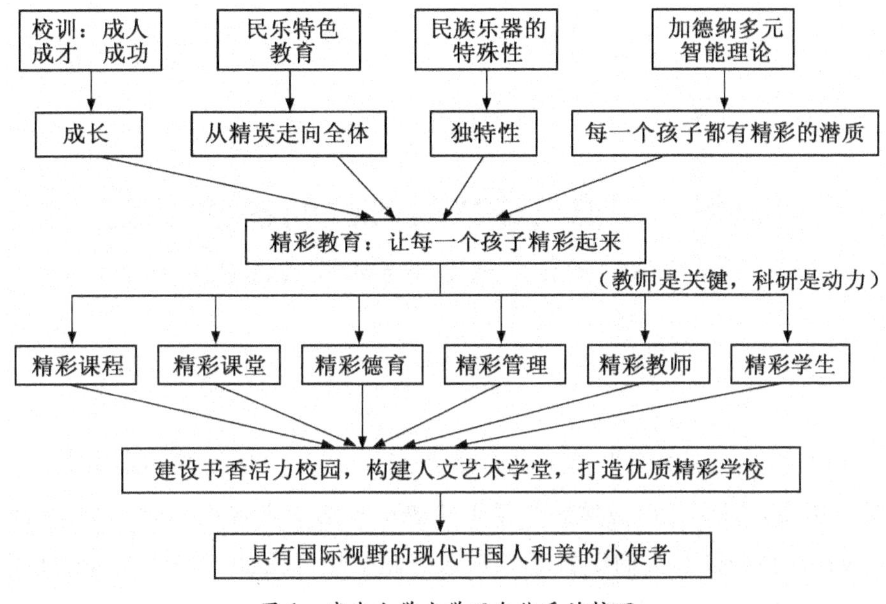

图 1　城南小学办学理念体系的梳理

不仅要想得精彩，更要做得精彩；不仅要让学生精彩，也要让教师、家长精彩。

(3)做细到人。"精彩教育"的核心与灵魂是以人为本，成就每一位学生。让每一位学生都能获得自信，潜能得到开发。精彩教育体现了高度的社会责任感、高度的人文关怀和高度的教育智慧相结合。

4. 城南小学"精彩教育"的办学策略

作为艺术特色学校，城南小学一直坚持"以艺育人"，并提出了艺术育人的实施途径与策略，即以艺育德、以艺益智、以艺健体、以艺尚美。

5. "精彩教育"行动口号：用心演绎精彩

民乐教育是我们学校的特色项目，诚如易中天所言，人生没有彩排，每天都是现场直播。作为艺术教育特色的百年名校，学生的行动口号就是——用心演绎每一天，精彩生活每一天。

2014 年 3 月于城南小学

“让每一个孩子精彩起来”的提法很美

——孙绵涛教授对城南小学办学理念的评点

2014 年 11 月，中国当代著名教育家、沈阳师范大学教授孙绵涛教授（见图 1）莅临温州讲学。时值城南小学百年校庆年活动隆重进行时，学校当即决定邀请孙教授到校对我们学校办学理念的提法进行论证。2014 年 11 月 2 日上午十时，孙教授如约出现在城南小学百年论坛的现场，并就学校的办学理念及其体系建构进行互动与交流。以下就孙教授的现场评点做如实记录：

图 1　孙绵涛教授在温州市楠溪江留影

“让每一个孩子精彩起来”这一提法非常好，让人眼前一亮。既有文学性、艺术性，更有深刻的教育性。当前教育界的“成功教育”“幸福教育”已经太多了，甚至有些雷同，但是“精彩教育”有其独特的人文思想，非常好！

“让每一个孩子精彩起来”，很有文学的诗意。“精彩”是一个形容词，一般是用于艺术表现方面，这跟城南小学的民乐特色办学相得益彰，通过多元的教育活动，让孩子们有机会从单一艺术上的"精彩"迁移到其他方面，让孩子拥有更多的"精彩"，也让不精彩的孩子拥有属于自己的独特精彩。"起来"体现了一个趋于动态的、变化的发展态势。孩子的过去可以不精彩，但通过挖掘个性特点、提供成长平台，可以让他变得很精彩。说明我们的教育看到了学生无限发展的潜能，体现了教育的科学发展观。

"让每一个孩子精彩起来，让每一位师生拥有精彩人生"的办学理念，既尊重了个体的差异性，又凸显了学生主体性，高度体现了学校办学中的学生观，说明管理者眼里有全部的学生，而并非个别的学生。但是对办学理念中的后半句"让每一位师生拥有精彩人生"，我个人认为不妥。有画蛇添足之嫌，当你提出让每一个孩子精彩起来的同时，其实更是让人看到了你们的潜台词，就是通过教师的精彩、后勤员工的精彩去影响、造就孩子们的精彩，所以后半句就没有必要再提出了。

"让每一个孩子精彩起来"的提法蕴含着深刻的教育思想。"精彩"一词一般是出现在艺术领域里，比如歌唱得很精彩，舞跳得很精彩。在这里，既彰显了文学性和艺术性，同时反映出深刻的教育思想。"让×××起来"这本身就是一个动态的过程，怎么起来呢？——精彩起来。精彩的内涵与外延既有界定，又不是界定得很严，可以发挥人们的想象，尤其是发挥孩子们的想象，发挥老师和家长的想象。每个老师和家长都会思考，我该怎么让孩子精彩起来，精彩在哪个方面。正因为此，可以给人无限的想象空间。我不主张每个人都得到全面的发展，我也不主张每个人都得到自由发展，这些都不太现实。但我主张让每个孩子都能得到个性特长的发展，但个性特长的说法学术味又太浓。"精彩起来"这一说法就特别好，既朴素又易懂。它强调的是个性发展。我们不能说自己就一定是最棒的，但我们却可以因为拥有自己的个性特长、独特地方而变得非常精彩。人人有精彩、校校有精彩、区域有区域的精彩，这就是追求教育发展中的内涵建设、特色建设，是学校与其他学校区别的显著特征。正因为此，我认为城南小学的"让每一个孩子精彩起来"是我迄今为止听到的、看到的最精彩的学校办学理念之一。

建议进一步提炼办学理念和办学理论体系。你们在办学策略中提到要

"以艺育德、以艺益智、以艺健体、以艺尚美"，我觉得非常好，很赞赏。真善美是社会和人生的最高境界，艺术是最能体现美的东西。你们通过艺术来提升人生，这个境界是非常高的。我曾经在上海看到一所学校，他们的办学理念是"行走在艺术之间"，也很好。但我个人更倾向于你们的提法。两所学校的共同之处就是都是将艺术渗透在教育之中，从而促进德智体美的发展。就其逻辑顺序而言，我建议应是"益体、益智、益德、益美"。因为中小学教育改革和发展规划纲要是"德育为本，能力为基"。德育很重要，但我们不一定就把它放在首位，因为孩子首先要有健康的体魄，发达的智慧，然后才有德育规范化的遵守。没有体，没有智，是很难有德的。德是在体与智的基础上发展而来的。从深刻的角度即从人性角度来讲，道德人是智慧人的一种，德的基本的东西是智慧，道德规范是人的智慧形成中的一种。"德"不是凭空产生的。德是"智"发展的一个部分，没有知识的积累，没有知识的运用，是很难在现实活动中培育出德的。"德"实际上就是运用习得的"知识"去解决实际问题或与人交际中表现出来的品性、合乎社会主流价值的行为，即德性、德行。所以德应该在体与智之后。但德还不是最高境界，最高境界是美。所以假如我们要做一个体系的，要稍微把它调整一下，应为"健体、益智、成德、尚美"，从而形成科学的办学理念逻辑体系。

"让每一个孩子精彩起来"就是一种朴素的"精彩教育"理念。你们要不断地丰富其内涵，完善其体系。你们刚才提到了这一教育思想的六个支撑点：精彩课堂、精彩课程、精彩德育、精彩管理、精彩教师、精彩学生。你们一定要在每一个方面都找到若干个更小的支撑点，并厘清其中的逻辑结构，然后建构科学的办学理念体系。体系不是随便的名词堆砌，这几个关键点之后的内在逻辑结构一定要把弄清楚，在遵循一定的规律予以建构，从而形成你们学校独特的办学思想体系。比如精彩教师，你可以找几个老师做实验，做总结和提炼，整理出什么样的教师才是精彩教师，并予以理性上升提炼，从具体到一般，进而建构你们自己学校的精彩教育逻辑体系。其他方面也是如此。

学校的管理模式是怎样的？这也是其中非常关键的一个问题。学校要做到制度立校，文化领导。有效的、科学的管理是实现教育目的的重要保障手段，这也是你们必须要解决的问题。

办学理念是学校在教学实践中对“学校应然”的事实判断，体现办学主体的价值取向，对学校实践工作具有指导作用。对办学理念本质的认知，可以凝聚人心，形成学校发展的共同愿景，铸成学校发展的永续动力，使学校真正成为“办人民满意教育”的主阵地。

2014 年 11 月 2 日孙绵涛教授在城南小学百年论坛上的发言

城南小学“精彩教育”办学理念体系的再梳理

“让每一个孩子精彩起来”是城南小学一直坚持的办学理念。“每一个”是指教育要面向全体学生;“孩子”是指教育对象是富有生命活力的儿童;“精彩起来”是每一个儿童都具有不同的潜能和发展空间,可以通过教育更趋完美,教育者要积极引导儿童科学认识自我、主动发展自我。遵循以上办学理念,城南小学重新建构和梳理了办学理论体系。

一、办学思想体系简图

办学思想体系简图(见图1)。

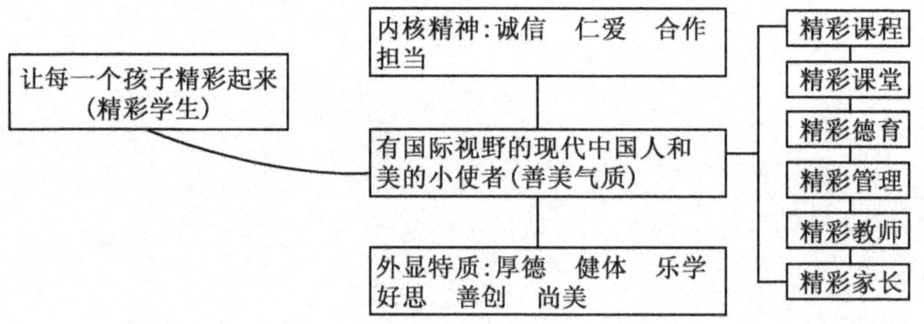

图1 “精彩教育”办学思想体系简图

二、办学办学思想各分支体系简图

(1)精彩课程(见图2)。

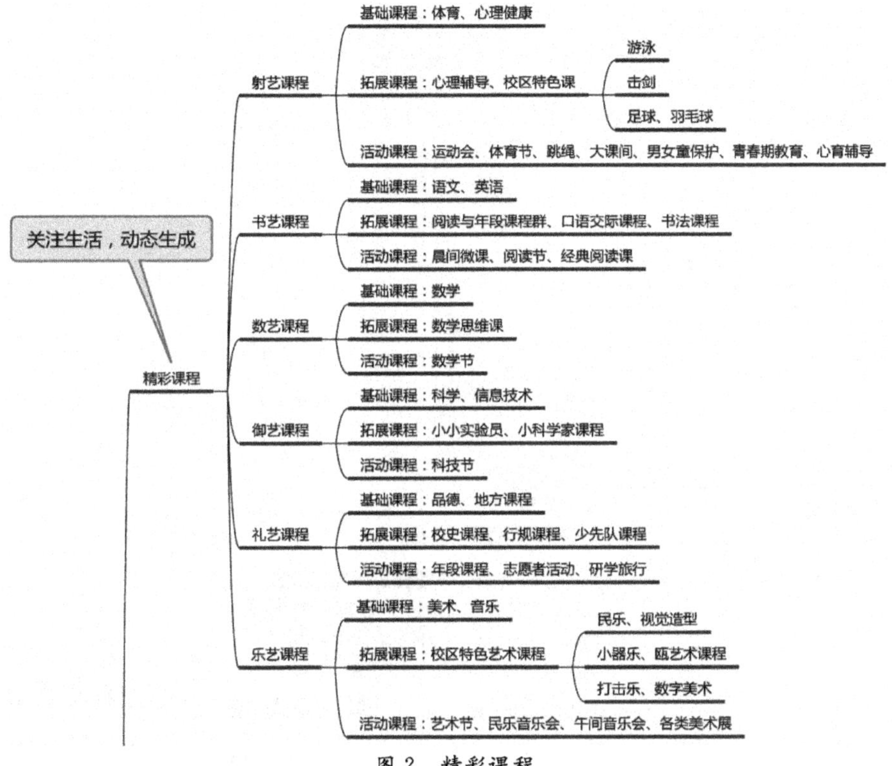

图2　精彩课程

(2)精彩课堂(见图3)。

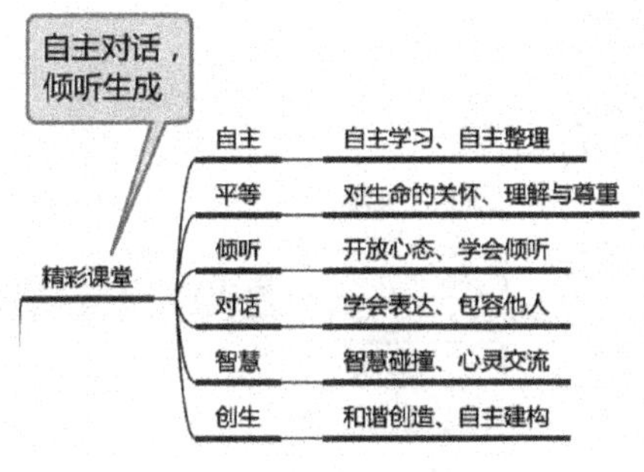

图3　精彩课堂

(3)精彩德育(见图4)。

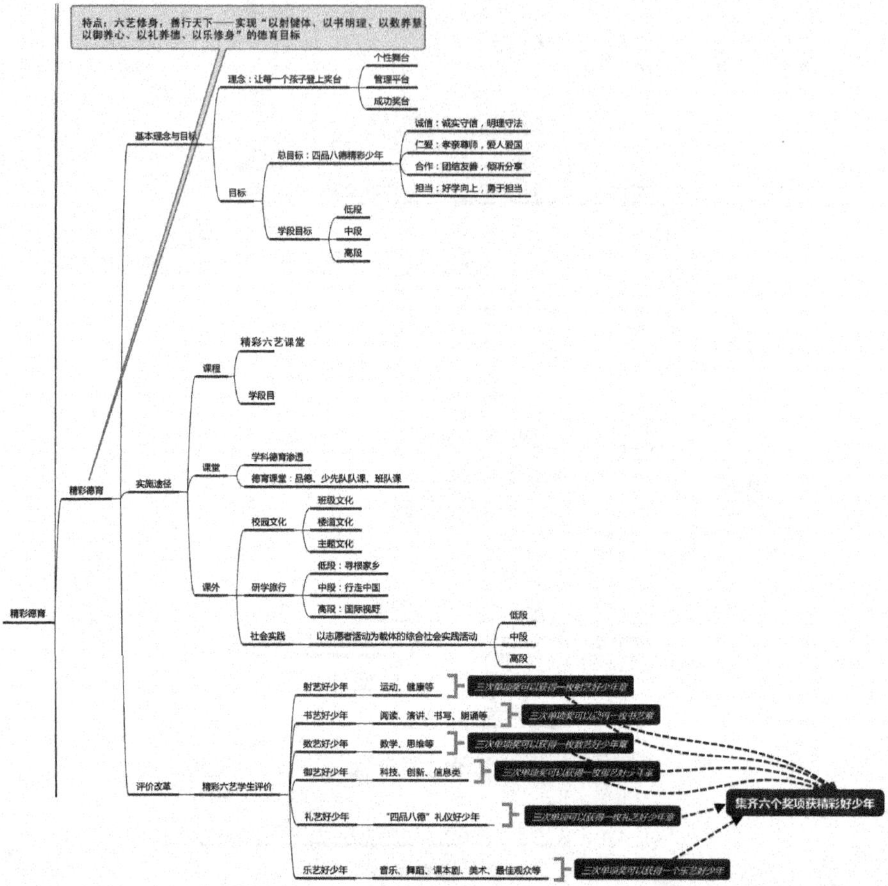

特点：六艺修身，善行天下——实现“以射健体、以书明理、以数养慧、以御养心、以礼养德、以乐修身”的德育目标

精彩德育
精彩德育
基本理念与目标
理念：让每一个孩子登上奖台
个性舞台
管理平台
成功奖台
目标
总目标：四品八德精彩少年
诚信：诚实守信，明理守法
仁爱：孝亲尊师，爱人爱国
合作：团结友善，倾听分享
担当：好学向上，勇于担当
学段目标
低段
中段
高段
实施途径
课程
精彩六艺课堂
学段目
课堂
学科德育渗透
德育课堂：品德、少先队队课、班队课
课外
校园文化
班级文化
楼道文化
主题文化
研学旅行
低段：寻根家乡
中段：行走中国
高段：国际视野
社会实践
以志愿者活动为载体的综合社会实践活动
低段
中段
高段
评价改革
精彩六艺学生评价
射艺好少年
运动、健康等
三次单项奖可以获得一枚射艺好少年章
书艺好少年
阅读、演讲、书写、朗诵等
三次单项奖可以获得一枚书艺章
数艺好少年
数学、思维等
三次单项奖可以获得一枚数艺好少年章
御艺好少年
科技、创新、信息类
三次单项奖可以获得一枚御艺好少年章
礼艺好少年
“四品八德”礼仪好少年
三次单项可以获得一枚礼艺好少年章
乐艺好少年
音乐、舞蹈、课本剧、美术、最佳观众等
三次单项奖可以获得一个乐艺好少年
集齐六个奖项获精彩好少年

图4　精彩德育

(4)精彩管理(见图5)。

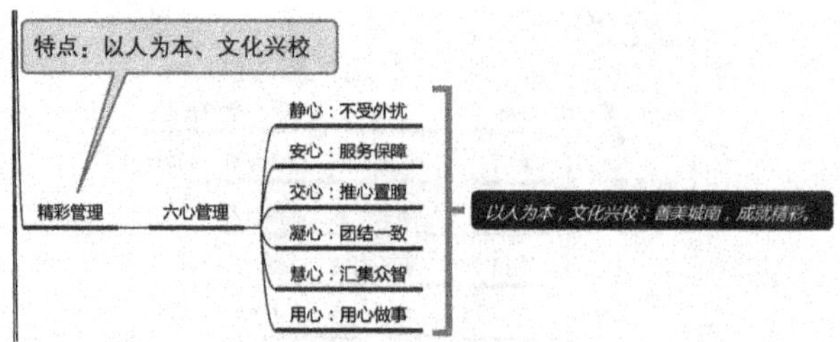

图5　精彩管理

(5)精彩教师(见图 6)。

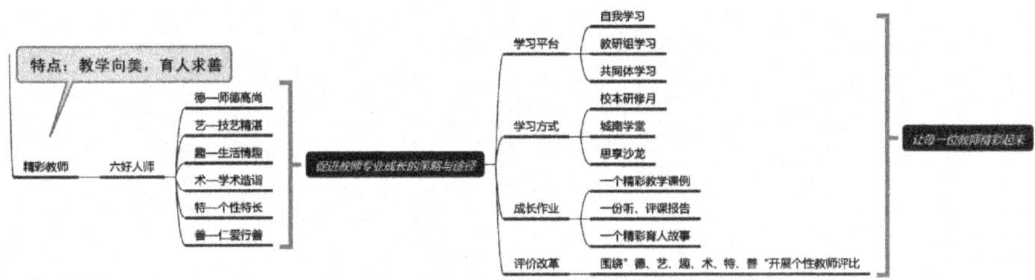

图 6　精彩教师

(6)精彩家长(见图 7)。

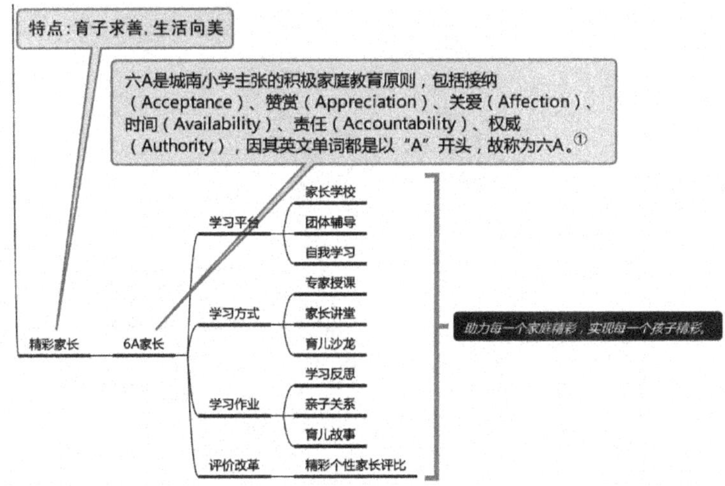

图 7　精彩家长

① 麦道卫，迪克·戴依. 6A 的力量[M]. 黎颖，王培洁，译. 南昌：江西出版社，2011.

(7)精彩学生(见图8)。

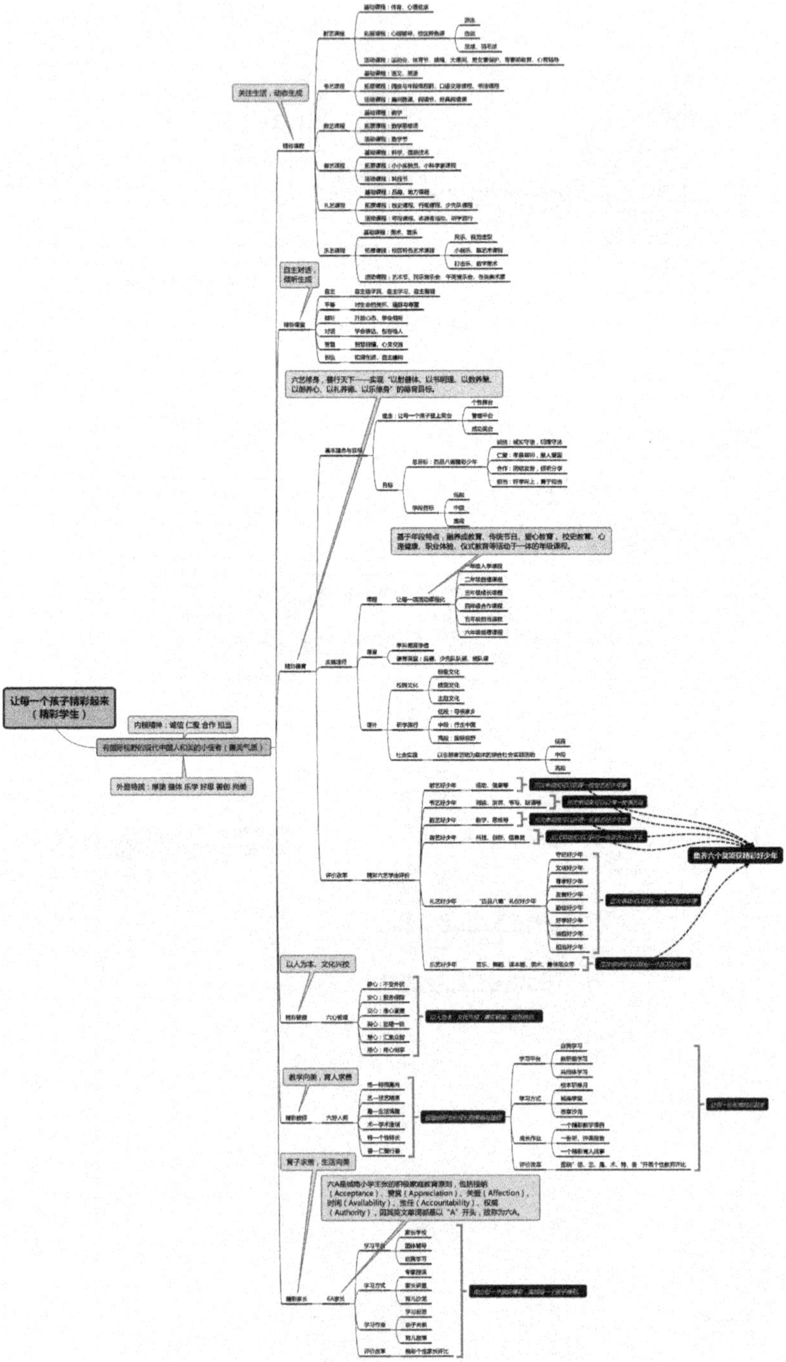

让每一个孩子精彩起来（精彩学生）

内核精神：诚信 仁爱 合作 担当

外显特质：厚德 健体 乐学 好思 善创 尚美

关注生活，动态生成

精彩课程

自主对话，倾听生成

精彩课堂

六艺修身，德行天下——实现“以射健体、以书明理、以数养慧、以御养心、以礼养德、以乐修身”的德育目标。

基于年段特点，融养成教育、传统节日、爱心教育、校史教育、心理健康、职业体验、仪式教育等活动于一体的年级课程。

精彩德育

集齐六个奖项获精彩好少年

以人为本，文化兴校

精彩管理

教学向美，育人求善

精彩教师

育子求善，生活向美

六A是城南小学主张的积极家庭教育原则，包括接纳（Acceptance）、赞赏（Appreciation）、关爱（Affection）、时间（Availability）、责任（Accountability）、权威（Authority），因其英文单词都是以“A”开头，故称为六A。

精彩家长

图 8　精彩教育办学思想体系图

三、精彩教育的实施策略与路径

(1)让每一个孩子登上“奖台”(见图 9)。“奖台”包括学生成长的舞台、参与学校管理的平台和展示成功的奖台。学校努力把校园打造成师生成长的乐园和师生作品的展示馆。每周一次的精彩晨会秀、学生个人作品展、午间音乐会,为特色中队、特色学生成长打造平台;每月一次的精彩学生展、精彩作业秀,让全体学生有机会成为校园小明星;升旗手轮值制更是让每一个孩子都有机会成为全场瞩目的焦点。城南小学的“黄金眼”管理体系,则让每一位学生有机会参与学校事务管理,学生可以对校园中的“美”与“丑”提出褒贬与建议,可以直接参加校园具体事务的管理。这就将过去的学生自主管理权只掌握在部分学生手中改变为新的“全员治理”方式,大大助推学生公民素养的提升。

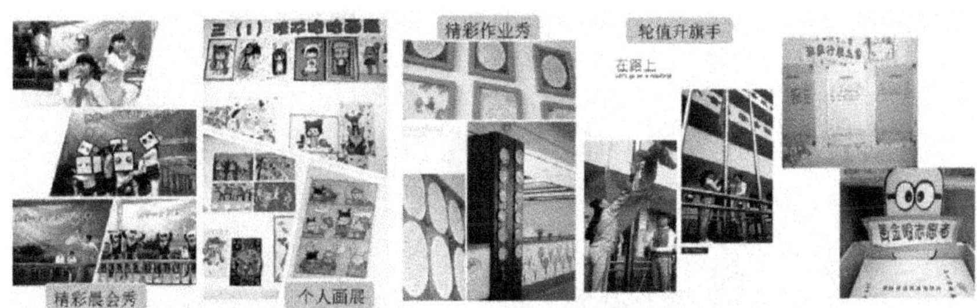

图 9　让每一个孩子登上奖台的实施途径

此外,学校还积极推进学生评价方式的变革,形成了以关注学习过程、关注能力、关注综合实践活动、关注个性成长为主的“精彩之星”评价体系。即通过自主定标、自主申报、自我努力、多维评定、表彰奖励等策略,让每一个孩子围绕一个年度目标有所行动、有所进步。如今,“精彩成长星”的评价范围已涉及六大领域共计 30 多个奖项,每年有 3 000 多人次的学生登上领奖台(见图 10)。校友陈志远捐款 100 万建立的志远奖教金,专门奖励在志愿者服务方面有突出表现的师生、班级与家庭,更是助推了善美城南的建设和学生的健康成长(见图 11)。

图 10　各类颁奖现场

图 11　慈善奖教助学基金会成立

(2)让每一项活动课程化(见图 12)。城南小学的培养目标是“有国际视野的现代中国人和美的小使者”,其内核精神是“诚信、仁爱、合作、担当”,外显特征为“健体、乐学、好思、善创、厚德、尚美”,分别对应核心素养中提到的“健康生活、学会学习、科学精神、实践创新、责任担当与人文底蕴”。基于这样的教育DNA,学校积极开发与实施“精彩六艺课程”,包括“射”“书”“数”“御”“礼”“乐”等六大领域。每一领域分别对应相关学科与相应课程。

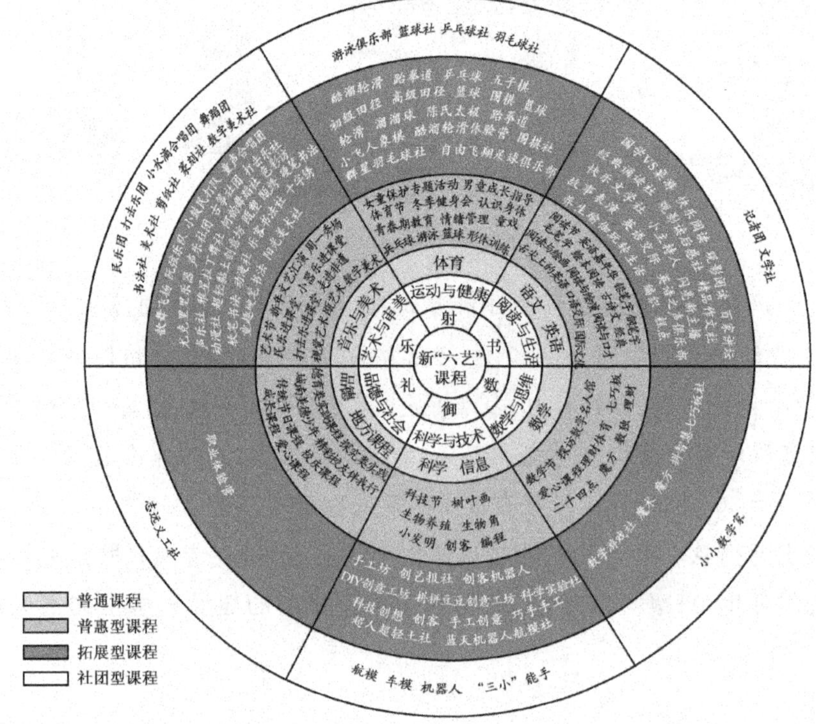

图 12　温州市城南小学“新六艺”课程框架图谱

“精彩六艺”课程体系呈塔锥式辐射到每一项课程，而所有的“基础课程”和“拓展课程”都能纳入其中，形成有效的课程向心力，形成有机的课程群落。以民乐课程为例，不仅有基础课程中的民乐赏析内容、有普惠型的拓展课程（笛子），有选择性地拓展课程（周四学堂中的阮咸、民打等课程），有面向“精英学生”开设的社团课程，还有系列的综合艺术拓展活动，也包括家庭参与的校外音乐会课程等。以“礼课程”为例，学校以“四品八德”为德育工作纲要，立足校园生活，结合不同年级行规主题开发了年级课程，分别为一年级的适应课程、二年级的自理课程，三年级的成长课程，四年级的交流课程、五年级的感恩课程、六年级的毕业课程。同时，学校又根据不同时段的教育主题，开发了“入学课程、秋游课程、校庆日课程、爱心课程、传统节日课程、童心（六一）课程”等横向德育课程，形成了六纵六横的精彩德育“礼”课程，让每一项活动都能够课程化。同时进行教学方式的变革，形成了以“新观念诞生”为核心的课堂文化。

(3)让每一位老师、家长拥有精彩教育故事。我们坚持“尊重、服务和发展教师”的原则，开展了“三三三”制校本研修行动（见图 13）。即每位老师要参加三大平台的学习，包括自主性学习、教研组学习和共同体学习；学习内容包括三大模块，有侧重理论学习的“城南学堂”、侧重课堂实践的“校本研修月”和观点分享的“思享沙龙”；教师每年要提交三份作业，一次课例展示、一份听评课报告和一个育人故事，以此打造“能做、能写、能说、会思考”的教师队伍。同时，我们也把这种培养机制迁移到家长教育中，通过积极办好家长学校、育儿沙龙、讲好精彩育儿故事等策略，助推家庭的精彩成长，从而有效实现育人目标。

图 13 “三三三”制校本研修行动

温州市城南小学“精彩教育”办学理念及其顶层设计，是对浙江省深化课程改革指导思想的校本化解读，即遵循教育规律和学生成长规律，面向全体学生，改革育人模式，推进因材施教，保护和培养每一位学生的学习兴趣，充分调动每一位学生的学习积极性，开发和培育每一位学生的学习潜能和特长，让每一位学生愉快学习、幸福成长。

2015 年 12 月于城南小学

学校发展规划的制定

2014 年 2 月，正当学校百年校庆系列活动轰轰烈烈进行时，区教育局提出各个学校需要对本轮发展规划的执行情况做总结，并制定新一轮的三年发展规划。这也让忙于事务性工作的城南小学有了更多的反思时间：我在哪儿？我要去往哪儿？我怎样才能到达目的地？如何才能正确评判是否已经达到目的地？

作为城南小学的“新”校长，此时的我刚好履职六个月。站在新百年的历史起点上，我该如何带领团队基于社会形势发展需要和学校特点，制定一个全新的发展蓝图呢？“谁来制定？如何制定？文本由谁撰写”等细节问题也随之而出，甚至还夹杂着“忙都忙死了，还要写发展规划”“规划在我们心里就好，何必一定上交纸质文稿”等不同意见的声音。规划学校发展，是校长实现学生全面发展和学校可持续发展的战略目标所负有的专业责任，需要校长组织学校力量在深刻分析学校发展的历史及现状和科学预测未来发展趋势的基础上，根据国家的方针政策和相关法律法规，融合校长个人的教育理念、信念和价值观，对学校发展方向进行正确定位，突出学校特色，打造学校品牌，并通过评价反馈及时进行调整，以共同愿景引领学生的全面发展和学校的可持续发展，使学校成为一个与时俱进的学校共同体。① 如果不能很好地抓住时机，凝聚人心，汇集众智，制定新的科学发展规划，学校可能就要失去一个绝佳的发展契机。

1. 制定学校发展规划是否重要

面对这样的质疑声，我和团队主要做了两件事情。一是选择几位教师代

① 陈永明，等. 中小学校长专业标准解读[M]. 北京：北京大学出版社，2011.

表(主要是中层干部)做了一个对比实验。常态组的同志,只要按照自己惯常的方式开展工作即可。实验组的同志,则要对照学校工作思路、行事历,制定严格的个人和处室工作计划表,并按计划行事。两个月后,常态组的同志对于自己制定的工作计划完成率仅为 80%,且常感觉自己忙得不可开交,事后又想不起做了什么有价值的事情。实验组的同志则显得从容多了,不仅可以保质完成各项工作,完成率高达 98.2%,而且有时间做总结与反思。可见,凡事预则立。二是引导家长志愿者进入午间管理。起因是近期经常有低年段的家长指责老师没有做好就餐工作。当我们吸收一部分家长志愿者加入管理队伍,亲身体验老师们的日常工作后,家长的态度发生了明显改变,指责声明显少了,换来的是家长的同情与理解。甚至很多家长还就学校如何做好低段学生的午间管理提出宝贵建议,当学校的管理措施遭到个别不明就里家长反对时,这批志愿者家长又纷纷挺身而出,成为学校制度最强有力的支持者和捍卫者。可见,凝聚人心、有"广泛统一战线"基础的发展规划更利于学校的持续发展。

2.如何制定发展规划

学校发展规划,是一所学校根据国家或地区教育发展战略规划的要求,结合自身发展的条件及需要,通过学校共同体成员对学校进行诊断,找寻发展空间,确定未来三至五年内的发展目标和发展途径,制定和实施学校发展综合性方案,并持续改进教育质量而进行的管理行动。学校发展规划的制定应该包括如下几个步骤:

(1)要做好充分的前期准备。包括了解国家、地方教育改革与发展的基本政策、相关法规以及国家或者地区的教育发展战略规划要求;要准确科学地认识学校、剖析学校与定位学校,既要掌握学校发展的优劣势,更要清楚学校面临的时机与挑战;要了解学校面临的外部环境,特别是政府、教育行政部门的要求,当然还要掌控与周边社区、共建单位的关系;要有初步的、个性化的办学思路,这种办学思路既是校长与学校文化不断磨合后的产物,更是校长高屋建瓴带领学校前行的理论武器;要准确定位校长的角色,校长不仅是制订规划的总设计师,是经营各种资源、引导师生、家长投入规划制订的总协调师,也是规划实施的重要引领者与执行者。

(2)掌握规划制订的一般步骤。包括理论引领、技术支撑、自主设计、专家引导和集体研讨等。学校发展规划的制订必须有一定的理论支撑,当前主要有行为主义、人本主义和建构主义等三大教育理论。校长应为学校办学行为寻求恰当的教育理论。技术支撑也是必不可少的。SWOT 分析法是当前企业常用的自我分析法,优势、劣势属于内部环境因素,机会和威胁属于外部环境因素。学校通过 SWOT 分析法,利用自身优势、克服劣势,抓住机会,消除威胁,实现自身新的发展。之后,就进入了自我设计环节。学校根据清晰的自我定位与自我展望,从而设计出切实可行的实现自我目标的路径、策略、保障机制与评价体系,并引入外部专业人员的力量,在与全体教师自上而下又自下而上的循环互动过程中,制订出最优的行动方案——发展规划。

(3)掌握规划制订的一般原则。包括自上而下、全员互动、实事求是、具体可行和轻重缓急等五大原则。学校发展规划的制订过程中一定要充分发挥教师的主体地位与主观能动性,要充分发挥教师的聪明才智,凝聚众智的过程实际上就是规划共同愿景的过程,当更多的老师成为学校规划的制订者时,也就意味着有更多的老师成为规划实施的执行者。同时,规划的制订必须兼顾实际,既不可太低也不可过高,处于最近发展区的规划总能激发全体教师的斗志。在制订规划的过程中,还要兼顾整体与局部,要有先后顺序与轻重缓急之分,切不可眉毛胡子一把抓。

3. 文本的撰写是否有规定格式

学校发展规划的文本撰写并没有固定、统一的格式,但须包含如下基本要素:

(1)背景分析:包括优势、劣势、机遇与挑战等四个方面的自我分析。

(2)指导思想与办学理念:这部分内容体现的是学校办学的理论依据与顶层设计。

(3)发展目标:既包括总目标,也包括分年度目标和分项目标,目标的设计不仅有定质的描述,更要有定量的描述。

(4)主要任务与措施:任务要具体详细,措施要切实有效,要有很强的导向性。

(5)条件保障:不仅要有后勤、经费方面的充足保障,更要有思想、组织和制度等方面强有力的保证。

(6)监控与评价:要有明确的自我监控系统与评价系统,而且要进行阶段性的自我反思与评价,以确保发展规划的最后落实。

当然,发展规划的制订还要有鲜明的校本特点,要有“数据”意识。制订规划并不是校长一个人的事情,但却是校长以共同愿景引领学校发展,使学校成为一个学习共同体,让规划成为凝聚师生智慧、形成发展合力的过程,也是凸显学校特色、铸造学校品牌的过程。制订发展规划是第一步,更重要的还是带领团队去实施、去实现,这才是校长领导力与管理智慧的充分体现。

2014 年 5 月于城南小学

让每一个孩子精彩起来

——温州市城南小学“新六艺”课程规划

1914年，先贤朱明怀揣教育强国梦创办永嘉县区立第十初等小学，即城南小学的前身，并亲任校长。以后继任校长，或社会贤达，或当世俊才，或时代先锋，或教坛名家，皆静心治校，励志图强。历任师者，爱校如家，爱生如子，言传谆谆，身教劬劬，培养无数英才和各行各业的建设者与劳动者。世界著名卫星专家叶宏湛，书画家刘旦宅、林剑丹，学者谢浩，慈善家陈志远，心外科专家孙成超，温州公关第一人徐亮等都在这里接受过启蒙教育。

今日城南小学，融新南小学（原新农小学）、龙泉巷小学（原三希小学）、城南二小为一家，并于2005年合并府学巷小学（原明德小学）建立城南小学教育集团，2012年又拥有了一个全新的会昌河校区。城南小学（教育集团）现拥有教师152人，学生2 666人。学校坚持以“成人、成才、成功”校训为导向，以“让每一个孩子精彩起来”为办学理念，恪守“诚信、仁爱、合作、担当”之精神，以艺术教育为实际载体全面深化素质教育，致力于促进学生综合素质的提升和个性特长的培养，努力培养具有国际视野的现代中国人和美的小使者，形成了具有城南特色的艺术教育模式，尤其是民乐教育特色，更是享誉省内外。

自2003年成立民乐团以来，学校已连续十六年蝉联温州市器乐合奏比赛一等奖，连续五届蝉联省器乐比赛一等奖，并获得教育部举办的中小学器乐合奏比赛一等奖。2018年学校被评为全国第二批中小学中华优秀文化艺术传承学校。与此同时，学校还获得全国语言文字示范校、浙江省绿色学校、浙江省标准化、浙江省艺术教育特色学校、温州市文明单位、温州市数字化校园、温州市素质教育示范学校、温州市校本教研示范校等荣誉称号。

一、课程背景与基础

1. 百年名校叩问学子特质

作为温州市知名的百年老校，城南小学培养了一批又一批的精彩学子，他们或成文学家、艺术家、科学家、政治家、企业家等，或以一介平民成就其个体独特世界，彰显人生价值。他们的身上散发着浓郁的城南气质——诚信、仁爱，善于合作与担当；他们有着强烈的振兴中华的使命感，从不空谈道理，务实地做好当下，且竭尽全力去温暖他人和社会；他们热爱生活，且喜欢艺术，努力通过艺术提升生活品位。作为浙江省首批艺术（民乐）特色学校，城南小学基于古代“六艺”教育体系和社会发展的需要，提出了以“新六艺”为核心的城南学生六大核心素养，并积极构建具有六大课程群落支撑的“新六艺”课程框架体系，助推学生的全面发展与个性成长。

2. 教学实践反哺课程改革

学校的教育教学实践有着良好的传统和丰富的经验。早在20世纪40年代，学校艺术、体育教育就卓有成效，如三希小学的雨伞操、城南小学的花草操、南市区二小的拍手操等。1990年起，学校大力兴办第二课堂活动，先后成立美术、书法、朗诵、舞蹈、小歌手、阅读等26个兴趣小组，相当于今天的社团活动。2003年学校民乐团成立，奏响了“器乐进课堂”的新旋律。2007年视觉艺术社团成立，“音乐＋美术”的艺术课程整合实验活动悄然推进。2014年，学校在“让每一个孩子享有出彩机会”的理念引导下，在会昌河校区率先开发了23个社团课程。之后，学校坚持“国家课程校本化、校本课程特色化、特色课程精品化”的课改策略，积极深化课程改革，形成了阅读、数学（思维运动）、音乐、体育、美术等若干课程群，也是学校“新六艺”课程的雏形。

3. 学生需求推动课程变革

2014年在百年校庆之际，为提升办学品质，学校开展了大规模的师生调查问卷和座谈会。座谈会上，很多学生建议学校增设航空航模、轮滑、足球、刺绣等课程，让他们的校园生活更加丰富多彩。2015 年初，在学生最喜欢的十大课程调查中显示，由德育处开发的整合所有学科在内的爱心义卖课程成为全体学生的最爱，由体育组整合校内外资源开发的校本体育活动课(含童戏、乒乓、游泳、篮球、形体训练为一体的活动课)位列其次，由数学组教师开发的数学游戏拓展课(含 24 点、魔方、魔尺、数阶训练、数独活动为一体的课程)紧随其后，更多的孩子则在留言处郑重写上，希望学校多开设一些有意思的课程。

二、课程哲学与愿景

1. 办学愿景

“让每一个孩子精彩起来”是城南小学一直坚持的办学理念，“成人・成才・成功”是学校一以贯之的校训。“诚信、和谐、卓越”的校风，“踏实、求新、奉献”的教风，“博学、勤思、笃行”的学风是城南人的精神追求和行为准则。学校始终坚持落实国家的教育方针政策，把立德树人作为教育的根本任务，同时立足学校传统、实际状况和未来需求，因地制宜地提出了“培养有家国情怀的现代中国人和美的小使者”的具体、个性化的学校人才培养目标，并将此确立为学校教育哲学的核心。多年来，学校始终坚持“孩子是学校的灵魂”，把孩子的立场、体验、收获作为一切工作的出发点和归宿，秉承“凡是对孩子有积极影响的元素都是课程”的教育视野，最大限度地彰显课程的个性化与人性化特质，充分体现课程的生命性与生活性和谐统一，让每个孩子按照自己的优势去发展，进而实现“一个孩子就是一个精彩世界”的共荣愿景。

2. 育人目标

育人目标(见表 1)。

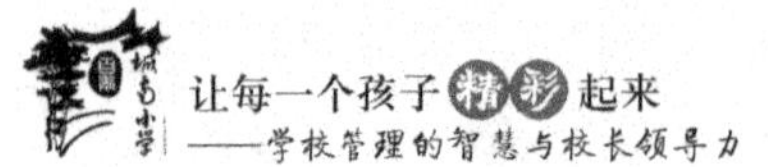

表 1　温州市城南小学育人目标解读

育人目标	发展维度	核心素养要求	毕业生形象标准
有家国情怀的现代中国人和美的小使者	运动与健康	强壮体魄 健康生活	1. 有健康的体魄，BMI 指数达标，各项体育测试项目达标 2. 热爱运动，有 2～3 项擅长或者喜爱的体育运动项目 3. 有良好的作息规律与饮食习惯，合理安排自己的生活 4. 能正确认识自我，善于控制自己的情绪
	阅读与生活	知书达理 人文底蕴	1. 热爱阅读，自主完成城南学生指定阅读书目，并大量阅读有益书籍 2. 能根据自己的兴趣与爱好，合理安排自己的学习时间 3. 掌握适合自己的学习方法，养成良好的学习品质 4. 提升文化修为，开阔生活视野，具备良好的理解与表达能力
	数学与思维	发展思维 实践创新	1. 对事物有好奇心，喜欢独立思考问题，分析问题 2. 具有一定的思维能力、推理能力和空间观念，能辩证看问题 3. 喜欢动手操作，能够自主解决问题，有一些小创意 4. 不刻板追求答案，喜欢从不同的角度提出问题、解决问题
	科学与技术	学会学习 科学精神	1. 热爱学习，善于总结经验，有自己独到的学习方法与策略 2. 喜欢科学实验与研究，能从实证中找到答案，不迷信权威 3. 坚持实事求是，反对主观想象，反对独断与虚伪 4. 能够从经验认知层面上升到理性认知层面，有一定的抽象能力
	品德与世界	责任担当 家国情怀	1. 科学认识集体与个人的关系，具有一定的集体荣誉感 2. 有一定的独立能力，乐于服务他人，乐于为家乡建设做贡献 3. 认识个人、集体与国家的关系，具有国家荣誉感 4. 初步了解世界各国的知识、文化，有一定的文化理解力和包容力
	艺术与审美	艺术审美 生活情趣	1. 热爱生活，热爱艺术，有 1～2 项自己擅长或喜爱的艺术项目 2. 有一定的审美认知能力、判断能力和选择能力，坚持过雅性生活 3. 喜欢美的东西，有一定的生活追求，精神生活富足 4. 有一定的生活规划能力，坚持每年做成一件事，实现人生追求

学校依据中国学生发展核心素养要求，坚持“以艺健体、以艺益智、以艺育德、以艺尚美”的办学策略，通过良好的行规养成教育、积极向上的校园文化生活和人文艺术熏陶，致力于培养“具有国际视野的现代中国人与美的小使者”。同时，学校提出了城南学子必须具备的六大核心素养，即强壮体魄、健康生活；知书达理、人文底蕴；发展思维、实践创新；学会学习、科学精神；责任担当、家国情怀；艺术审美、生活情趣。对照六艺教育体系，将学生六大核心素养纳入其

中，设计成了学校的“新六艺”课程教育体系，分别对应射、书、数、御、礼、乐等六大领域（见图1）。通过每一领域特定课程的学习使学生达到相应的水平标准，从而有利于城南学生核心素养的实现。

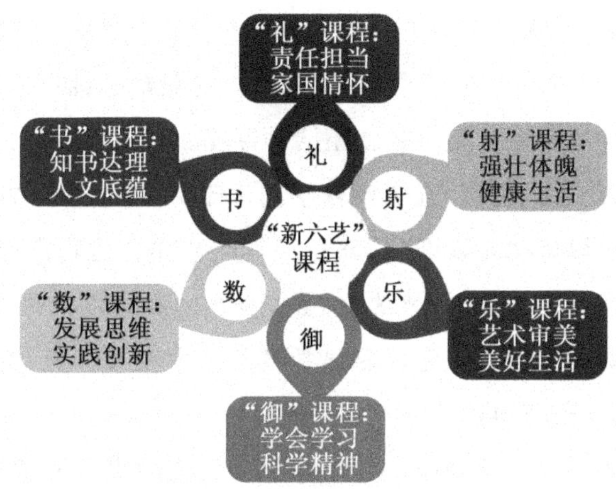

图1 “新六艺”课程

3.课程目标

(1)课程建设目标：构建“新六艺”六大学科课程群，成就学生精彩人生。

(2)学生发展目标：聚焦学生六大核心素养，培养具有“新六艺”核心素养的“具有家国情怀的现代中国人和美的小使者”。

(3)教师发展目标：教师既是课程的实施者，也是课程的建设者，通过“新六艺”课程的开发与实施，使教师清晰育人目标，提升课程意识、课程能力与文化涵养。

(4)学校发展目标：百年老校在新的历史节点，以“新六艺”核心素养的课程实施为载体，使“百年老校”焕发时代特有的生命力，承担起百年老校的使命与担当。

三、课程结构与内容

1.“新六艺”课程结构

(1)课程名称。

课程名称：温州市城南小学“新六艺”课程。

取名缘由：①理念依据。《周礼》中记载，我国古代教育体系即培养学生的

“礼、乐、射、御、书、数”六项技艺，简称“六艺”。《论语》中孔子强调的“志于道，据于德，依于仁，游于艺。”其中的“艺”指的就是此六艺。我校受古代“六艺”培养体系启发，基于“六大核心素养”构建六大课程群落，形成城南课程框架体系，故命名为“新六艺”课程。②历史根基。城南小学的艺术教育颇有渊源。早在20世纪40年代，三希小学的雨伞操、城南小学的花草操、南市区二小的拍手操等，都是将艺术与体育有机整合的新型活动课程。温州市少年艺术学校更是脱胎于城南小学的艺文特色班，且学校在融艺术于文学、数学等方面有自己独到的研究，形成了韵律诗文诵读课程、珠心算等亦艺亦文的特色课程。③现实因素。作为浙江省第一批艺术特色学校，学校在艺术教育方面的成就省内外屈指可数，“新六艺”课程名称既能有效彰显学校的艺术教育特色，更能激发师生为追求艺术生活而不懈努力。

(2)课程框架。温州市城南小学严格贯彻上级教育行政部门的课改精神，结合学校的办学愿景，构建了城南小学“新六艺”课程体系(见图2)。

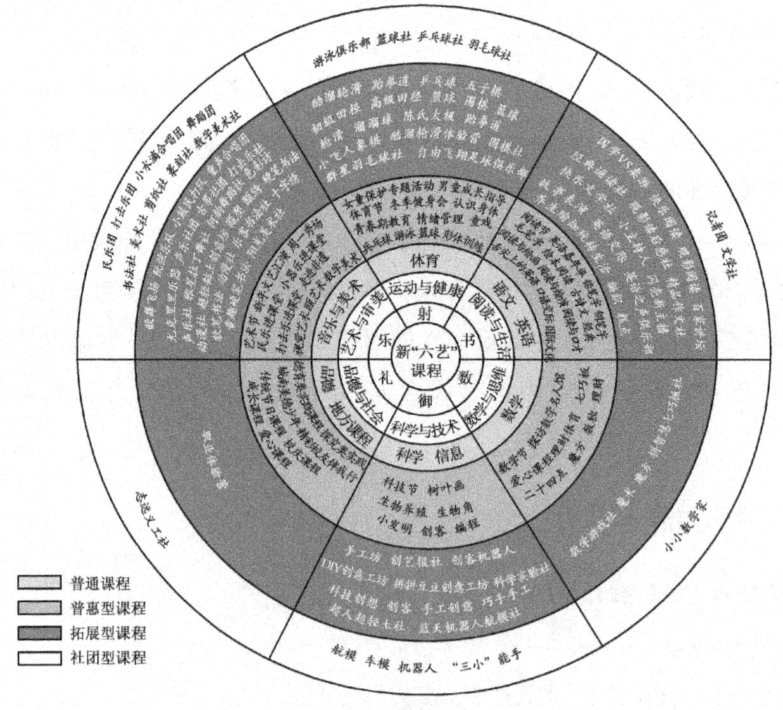

图2　温州市城南小学“新六艺”课程框架图谱

2.“新六艺”课程内容

(1)基础性课程内容(见图3)。基础性课程是国家和地方课程标准规定的统一学习内容,包括国家课程、地方课程和校本基础课程。国家、地方课程是指《浙江省义务教育课程设置》中的品德、语文、数学、英语、科学、体育与健康、艺术、地方课程与综合实践9门功课。校本基础课程是基于国家、地方课程的校本化实施,结合学校的特色课程与学生培养目标,依据学情与学生的发展需求,做适度开发与建构的课程。在城南小学,又称为普惠型课程,其内容包括:德育秀场、谈天说地、童心飞扬、体育项目、阅读研拓、书法课程、数学思维、科学实验、城南历史、志愿服务、器乐天地、童玩创作等12门课程,是每一位城南学生都必须学习的课程。

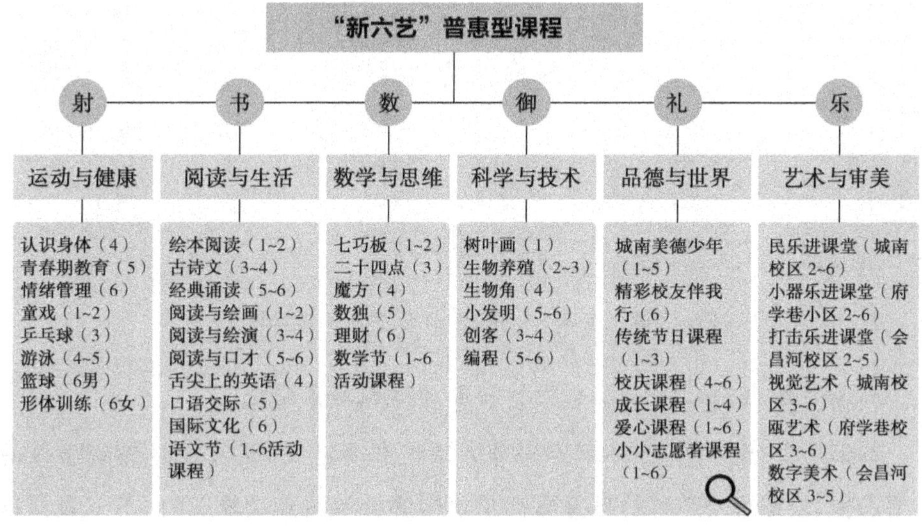

图3 温州市城南小学“新六艺”普惠型课程图示

(2)拓展性课程内容(见图4)。拓展型课程是每一位学生按照自己的意愿,选择自己喜欢的课程,从而发展兴趣爱好和个性特长的选择性课程。我校的拓展性课程包括自主选择型拓展课程和社团课程,其内容都指向学生核心素养的培育。自主选择性拓展课程安排在每周四下午进行,实施两课连排,课时取自综合实践活动课(低段的课时取自语文和综合实践活动课),故而又命名为“周四学堂”。自主选择型拓展性课既是对基础性课程校本化开发的深度延续,更是基于校区特色、提供学生选择体验的拓展性课程;既有利于学校课程分层分类开发,有利于学校课程建设规范丰富、多元有效,更有利于学生的全面发展和个性培养。社团课程是针对一些特长学生开发的,旨在培养学生有一技之长。

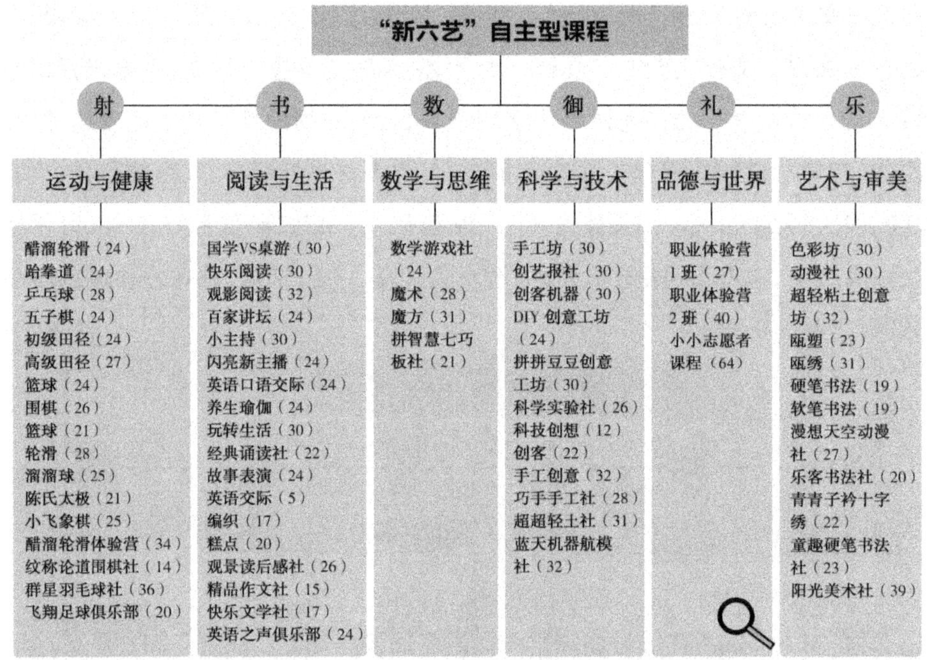

图4 温州市城南小学"新六艺"拓展型课程图示

3.基于学生"新六艺"核心素养提升的课程群落建设

基于学生"新六艺"核心素养提升的课程群落建设(见图5)。围绕学校的主要课程,根据每个学科的自身属性及相同的价值培养功能,我们把三级课程重新整合,梳理成为"运动与健康""阅读与生活""数学与思维""科学与技术""品德与世界""艺术与审美"等六大领域,每个领域的重构充分体现学科共有的价值取向。"新六艺"课程体系是呈塔锥式辐射到每一项课程,每一领域分别对应相关学科及相应课程。而所有的"普惠型""拓展型"和"社团型"课程都能纳入其中,形成有效的课程向心力课程群落,以此实现"使每一个孩子都精彩起来"的课程目标。

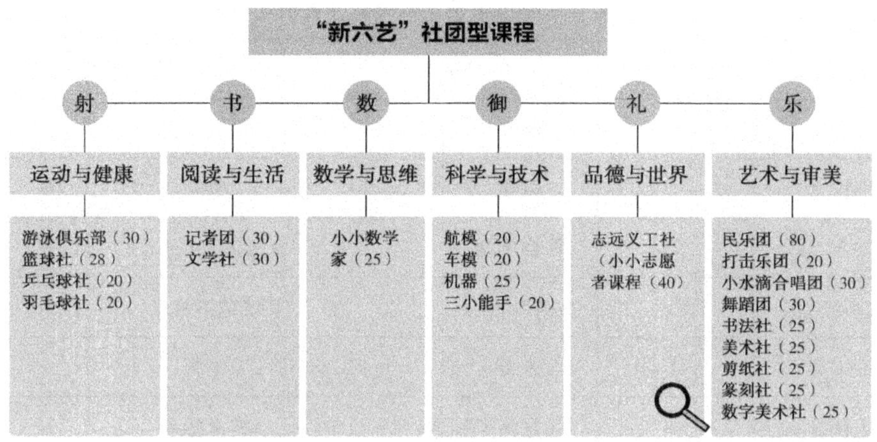

图5 温州市城南小学"新六艺"社团型课程图示

四、课程实施与评价

1.课程设置与课时安排

根据国家课程标准、《浙江省义务教育课程设置技课时安排》(2015年修订)和《温州市深化义务教育课程改革的实施意见》的要求:学校从2015年9月起在课程设置上做了些许调整(见表2):

(1)拓展性选修课:1～6年级每班每周2节(周四下午第一、二节)。

(2)体育游戏课(童戏课程):1～2年级每班级每周1节。

(3)体育活动课(含乒乓球、游泳、篮球、形体):3～6年级每班每周1节。

(4)综合实践活动课:1～6年级每班每周1节。

(5)地方课程(含班级文化、本土文化、国家视野):1～6年级每班每周1节。

(6)信息技术课:3～6年级每班每周1节。

(7)民乐课程:从二年级开始,每周1节民族器乐课,课时取自音乐课程。

表 2　温州市城南小学课程设置和课时安排表

1～2 年级		3～4 年级		5～6 年级	
语文	8	语文	7	语文	6
数学	4	数学	4	数学	4
综合实践	1	综合实践	1	综合实践	1
品德与生活	2	品德与社会	2	品德与社会	2
体育	3	体育	2	体育	2
体育游戏	1	体育活动	1	体育活动	1
音乐	2	音乐	2	音乐	2
美术	2	美术	2	美术	2
地方课程	1	英语	3	英语	3
拓展性选修	1(大课)	科学	2	科学	3
科学	1	信息技术	1	信息技术	1
		地方课程	1	地方课程	1
		拓展性选修	2	拓展性选修	2
合计	26	合计	30	合计	30

注:1～2 年级:拓展性选修课 2(大课)+数学综合实践 1+地方课程 1=4 节,符合规定;3～6 年级:拓展性选修课 2+数学综合实践 1+地方课程 1+信息技术 1=5 节,符合规定。

2. 年段课程安排

学校的课程设计与实施中,课时安排是一个关键问题,其表现就是功课表(见表 3～表 5)。

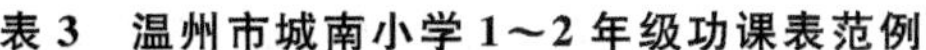

表 3　温州市城南小学 1～2 年级功课表范例

节次＼星期		一	二	三	四	五
上午	晨间活动	德育秀场	律动诵读	思维体操	童眼世界	英语交际
	1	语文	语文	语文	语文	数学
	2	数学	语文	数学	体育	语文
	3	语文	美术	体育游戏	综合实践	语文
	4		数学(思维)	音乐		美术
下午	5	体育	体育	道德与法治	拓展性选修	道德与法治
	6	音乐(器乐)	科学		拓展性选修	研学旅行、志愿服务等课程

表 4　温州市城南小学 3～4 年级功课表范例

节次＼星期		一	二	三	四	五
上午	晨间活动	德育秀场	律动诵读	思维体操	童眼世界	英语交际
	1	语文	数学(魔方)	语文	英语	语文
	2	语文	语文	数学	综合实践	音乐
	3	数学	道德与法治	语文	语文	数学
	4	科学	英语	信息	体育	科学
下午	5	英语	体育活动(游泳)	美术	拓展性选修	道德与法治
	6	体育	音乐(器乐)		拓展性选修	研学旅行、志愿服务等课程
	7	美术				

表 5　温州市城南小学 5～6 年级功课表范例

节次	星期	一	二	三	四	五
上午	晨间活动	德育秀场	律动诵读	思维体操	童眼世界	英语交际
	1	语文	数学(数独)	数学	语文	语文
	2	英语	语文	语文	数学	综合实践
	3	数学	英语	语文	科学	英语
	4	道德与法治	信息	科学	美术	体育
下午	5	音乐(器乐)	体育	音乐	拓展性选修	道德与法治
	6	体育活动(男篮女形体)	美术		拓展性选修	研学旅行、志愿服务等课程
	7	科学				

(注:综合实践活动用于安排心理辅导与主题调研活动等两块内容,每月一主题,间隔进行。)

3. 课程实施特色

我校基于“精彩教育”的办学理念,积极构建“新六艺”课程框架体系,通过“基础课程校本化”“地方课程精品化”“校本课程品牌化”三大策略,推进课程建设,使每一个孩子都“精彩”起来。

(1)基于国家课程的校本化整合——以数课程群为例。“数”课程是一门培养学生学会计算进而到思维能力得到发展的一门课程。义务教育数学课程标准(2011 版)指出:数学课程的任务是促进学生全面、持续、和谐地发展,发展学生的思维能力、空间观念,培养抽象、推理和模型思想。基于此,学校通过对课标、教材、儿童生活和传统益智游戏的梳理,以打造校园“数学节”为导向,构建了数课程群落。

操作流程如下:坚持儿童立场和《数学课程标准》的引领作用,立足儿童生活,坚持科学性、生活性、趣味性的原则,通过以下流程来完成(见图 6、表 6):

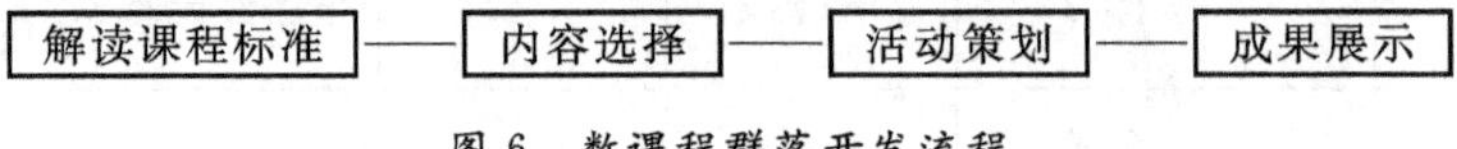

图 6　数课程群落开发流程

表6　温州市城南小学数学课程群学习内容安排表

年段	课标要求	数课程群（课内）	数课程群（课外）	成果展示
一	空间观念（基本图形的认识）、100以内加减法的练习	初级七巧板	利用扑克牌练习“心算” 数学阅读《马小跳玩数学》	最强大脑——心算比赛 超级记忆——过目不忘比赛 初级七巧板大比拼
二	空间观念（图形的组合）、数学归纳	高级七巧板	熟悉各种“找规律”问题 数学阅读《李毓佩数学童话集》	火眼金睛——找规律比赛 高级七巧板大比拼
三	空间观念、模型思想、加减乘除括号的灵活使用	数学游戏（孔明锁系列、华容道、汉诺塔、飞叠杯等）	算24点 神机妙算——24点pk赛	无“锁”不能——巧搭孔明锁 数学阅读《马小跳玩数学》
四	空间观念（立体结构、对称、旋转）	数学游戏（九连环、高级魔方玩法、数独、魔板等）	三阶魔方 数学阅读《李毓佩数学故事系列》	玩转指尖——魔方个人赛 环环相扣——九连环大比拼
五	逻辑能力 推理能力	思维拓展	数独 数学阅读《李毓佩数学故事系列》	巧思妙解——智慧数学比赛 数独博士——数独比赛
六	空间观念	思维拓展	高阶魔方、异形魔方 数学阅读张景中《好玩的数学》	巧思妙解——智慧数学比赛 玩转指尖——魔方团队赛（不同种魔方接力赛）

注：以上内容每两周安排1课时数学课进行学习，课外内容则由学生自研自练。

（2）基于地方课程的精品化聚焦——以礼课程群为例。

“礼”课程是一门强调学生主体、重视实践体验、着意构建开放课堂的德育活动课程，其核心理念为“善行天下，美在城南”。《中共中央国务院关于进一步加强和改进未成年人思想道德建设的若干意见》中指出“要着力培养未成年人的社会责任感、创新精神和实践能力，要广泛开展道德教育和实践活动”。我校位于温州市的中心城区，“善行天下”“敢为天下先”的温州精神深深滋养了每一个城南学子；“红日亭”“三乐亭”的慈善文化，引领着城南学生的志愿服务行为。根据温州地域文化特点以及现状，我们着手开发“礼”课程群落。

操作流程如下：志愿者活动课程是我校“礼”课程中的特色品牌项目。学校依据“善行天下，美在城南”的德育工作理念，构建了学校德育工作框架，并开发了礼课程群落（见图 7、表 7 和表 8）。

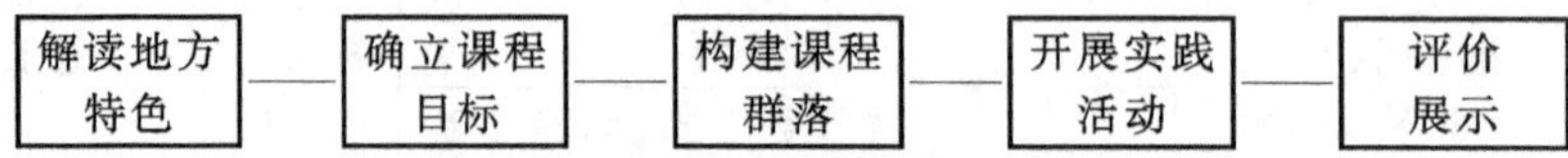

图 7　礼课程群落开发流程

表 7　温州市城南小学德育工作框架

<table>
<tr><th>办学理念</th><th>培养目标</th><th colspan="2">德育目标</th><th>学段德育目标</th><th>德育内容</th><th>实施路径</th><th>评价方式</th></tr>
<tr><td rowspan="18">让每一个孩子精彩起来</td><td rowspan="18">有国际视野的现代中国人和美的小使者</td><td rowspan="6">成人</td><td rowspan="3">诚信</td><td>低：诚实</td><td>不说谎话，为人诚实</td><td rowspan="2">基础课程：道法、语文、英语</td><td rowspan="6">主体多元的评价：
1. 自我评价
2. 同学评价
3. 家长评价
4. 老师评价</td></tr>
<tr><td>中：守信</td><td>答应别人，一定做到</td></tr>
<tr><td>高：诚信</td><td>待人真诚，信守承诺</td><td rowspan="2">拓展课程：瓯塑、瓯菜等本土课程群</td></tr>
<tr><td rowspan="3">仁爱</td><td>低：孝爱</td><td>尊敬师长，热爱学校</td></tr>
<tr><td>中：友爱</td><td>同学友处，热爱家乡</td><td rowspan="2">实践课程：诚信平台、德育活动、志愿服务</td></tr>
<tr><td>高：仁爱</td><td>善待万物，热爱祖国</td></tr>
<tr><td rowspan="6">成人</td><td rowspan="3">乐学</td><td>低：会学</td><td>认真学习，学会学习</td><td rowspan="2">基础课程：语文、英语、数学、科学</td><td rowspan="6">过程与结果相结合的评价
1. 过程评价
2. 终结评价</td></tr>
<tr><td>中：好学</td><td>善于学习，掌握方法</td></tr>
<tr><td>高：乐学</td><td>乐于学习，终身学习</td><td rowspan="2">拓展课程：绘本、绘演、演讲、百家讲坛、数思、数游、科探等</td></tr>
<tr><td rowspan="3">善创</td><td>低：自理</td><td>学会自理，自我服务</td></tr>
<tr><td>中：能劳</td><td>热爱劳动，善于实践</td><td rowspan="2">实践课程：语文、英语、数学及科技节、德育活动、志愿服务</td></tr>
<tr><td>高：善创</td><td>勇于探究，乐于创造</td></tr>
<tr><td rowspan="6">成功</td><td rowspan="3">坚韧</td><td>低：勇敢</td><td>不怕失败，不怕困难</td><td rowspan="2">基础课程：体育、美术、音乐、心理</td><td rowspan="6">评价方式的多元化：
1. 等级评价
2. 评语评价</td></tr>
<tr><td>中：坚强</td><td>学会调适，战胜困难</td></tr>
<tr><td>高：坚韧</td><td>打败挫折，持之以恒</td><td rowspan="2">拓展课程：体育、美术类、音乐类拓展课程、心理辅导活动</td></tr>
<tr><td rowspan="3">担当</td><td>低：分享</td><td>学会分享，快乐你我</td></tr>
<tr><td>中：合作</td><td>分工合作，一起成长</td><td rowspan="2">实践课程：体育节、艺术节、德育活动、志愿服务</td></tr>
<tr><td>高：担当</td><td>志愿服务，合作担当</td></tr>
</table>

表 8　温州市城南小学"礼"课程群落示意图

课程目标	主题课程	实践活动内容	评价展示
了解志愿者组织，乐于服务别人	志愿者课程	1. 校内志愿服务 2. 校外志愿服务	1. 素质报告单 2. 义工服务证 3. 精彩志愿秀
理解和认同中华文化，增强民族自豪感和自信心	传统节日课程	1. 走进春节活动 2. 走进清明活动 3. 走进端午活动 4. 走进中秋活动 5. 走进重阳活动 6. 走进冬至活动	1. 素质报告单 2. 节日知识大竞赛 3. 节日技能大比拼
通过回顾办学历史，总结办学经验，传承学校文化激发学生对学校的热爱之情	校庆课程	1. 我给学校献歌 2. 我为学校作画 3. 小记者走访大校友	校庆庆典
根据学生的年段特点，开展适应教育、自理教育、合作教育、担当教育、感恩教育，满足学生生命成长的自然规律	成长课程	1. 一年级适应课程 2. 二年级自理课程 3. 三年级成长课程 4. 四年级合作课程 5. 五年级担当课程 6. 六年级感恩课程	1. 新生入学手册展示 2. 自理技能大比拼 3. 十岁成长礼 4. 学习互助岗 5. 校内外服务岗 6. 毕业感恩活动
开阔学生视野，提升学生综合能力；以爱心义卖为核心，培养少先队员关爱他人的品格，养成乐于助人、乐于奉献的良好品质	义卖课程	1. 爱心义卖活动 2. 爱心理财课程 3. 爱心海报设计 4. 爱心销售课程	1. 爱心海报展示 2. 个性商铺评比 3. 爱心个人评比

志愿者活动课程是礼课程群落中的重要课程，也是城南小学的德育特色。在教育教学中，我们以深化志愿者活动为载体，围绕"诚信、合作、担当、仁爱"的城南精神，结合《温州市中小学"四品八德"教育实施方案》，确立志愿者活动课程目标，包括了解志愿文化，积极参加校内校外志愿活动，善于与伙伴合作，乐于帮助别人，尽己所能地为集体、为他人服务，主动参加社会公益活动。

为此，学校成立了"志远义工社"，开发了《小小志愿者》校本课程，通过课堂教学与课外实践相结合的方式开展志愿者活动（见图 8）。

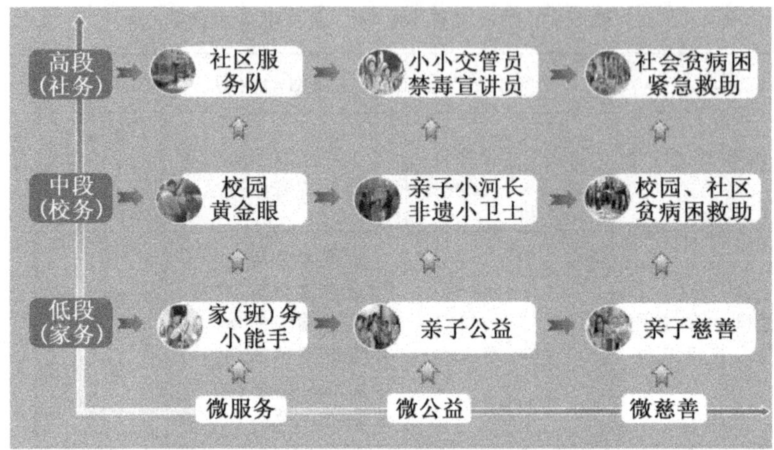

图 8　温州市城南小学志愿者活动内容示意图

与此同时，学校根据《浙江省关于深化义务教育课程改革的指导意见》，以及浙江省教育厅、旅游局等十部门联合印发的《关于推进中小学生研学旅行的实施意见》精神，将志愿者活动课程纳入研学旅行课程体系，做到整体规划、有序建构（见表 9、表 10）。

表 9　温州市城南小学研学旅行课程安排表

年段	课时	活动地方	活动主题	活动内容
一年级	4	中山公园（池上楼）	我的家乡在哪里	寻访温州古城遗迹
二年级	4	印象南塘（数学馆）	认识家乡名人	感受塘河文化，认识温州的数学成就及对世界的贡献
三年级	4	科技馆	我的家乡了不起	体验科技的神奇及对生活的影响
	4	博物馆		感受温州文化的魅力
四年级	8	临江学生实践基地	我为家乡建设出把力	务工、务农体验
	8	红日亭、书城书房等		校外志愿者活动
五年级	8	七都学生实践基地	我为家乡建设出把力	家政、急救学习
	8	人民路、鹿城区塘办		校外志愿者活动
六年级	8	江心屿爱国教育基地	我爱我的祖国	“感知英烈 振兴中华”爱国教育
	8	银行及各类博物馆等		校外志愿者活动

注：每半天为 4 课时，以上课程活动内容均在校外完成。

表 10　温州市城南小学志愿者活动课程课时安排表

级段	总课时	内容模块及课时		课外志愿服务时数	课外服务导师
低段	16	认知学习	4	共 12 小时，包括家（班）务劳动、亲子慈善、亲子公益等	家长、班主任
		技能培训	4		
		志愿实践	8		
中段	24	认知学习	4	共 16 小时，包括家（班）务劳动、校园志愿劳动、校外志愿者活动	家长、班主任、大队部
		技能培训	4		
		志愿实践	16		
高段	24	认知学习	4	共 20 小时，包括校园劳动、社区劳动、社会公益、社会救助等校外志愿者活动	校长室、大队部、校外导师、家长
		技能培训	4		
		志愿实践	16		

备注：以上课时取自综合实践活动，并融合《道德与法制》实施。课程安排时间在周五下午，综合实践活动课与道法课两课联排，可酌情取用课时。校外志愿者活动课时则取自研学旅行总课时数。

3.基于校本课程的品牌化拓展——以乐课程群为例

民乐教育是城南小学的艺术教育特色（见图 9）。民乐校本课程的开展，注重文化传承，更是根据我校的特点以及学生的实际需求，充分开发和利用学校乐团的各项资源，发挥民乐团的积极作用。民乐教育旨在让学生在学习民乐、欣赏民乐、感受民乐、体验民乐的过程中，认同我国优秀民族文化，将中华民族精神植根于心，传承和发扬中华民族传统文化。操作流程如下（见图 10）：

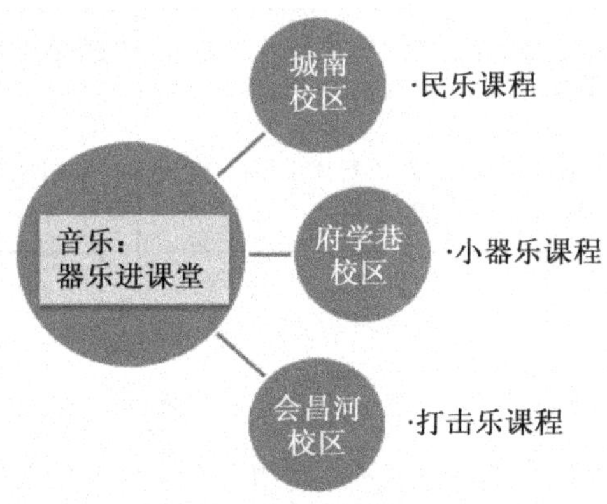

图 9　器乐进课堂

优势分析——校区特点——年段分层目标——具体课程安排

图 10 乐课程群落开发流程

我校是浙江省第一批艺术(民乐)特色学校,自 1994 年创办民乐社团至今,在民乐教学和演奏上有着深厚的积淀,民乐是我校办学的一张“金名片”。我们积累了一定的人文基础,也具备硬件设施,经过了提出、论证、可行性条件分析,从民乐出发,从舞台到讲台,从排练表演到课堂教学示范,从“精英”的社团活动向“普惠”的课程化延伸,积极进行民乐课程校本开发与研究,构建学校民乐课程体系(见表 11)。

表 11 温州市城南小学“民乐课程”的年段目标要求

课程目标	1～2 年级	3～4 年级	5～6 年级
知(民乐史)	了解城南小学民乐发展史	聆听校民乐团学员演奏的部分曲目	参与校乐团的演奏
识(民乐器)	认识民族乐器,初步了解其音乐及特点	认识民族乐器分类(吹奏、弹拨、拉弦、打击)	进下认识民族乐器,了解民乐的种类、分类、基本队形等
听(民乐曲)	聆听民乐经典片段,养成良好的聆听习惯	聆听经典曲目,听辨不同乐器的音乐特点	拓展聆听,感受不同乐器表现的不同音乐风格,曲式结构等
奏(乐器)	学习简单的民族打击乐器;学习笛子吹奏基本技巧	学习笛子演奏方法,能演奏 2～3 首乐曲,培养良好的演奏习惯	主动参与各种演奏活动;能演奏 3～5 首乐曲;能对自己、他人或集体的演奏做简单评价
赏(美学鉴赏)	激发与培养对音乐的兴趣,体验美感	培养感受与欣赏能力,养成良好的欣赏习惯	提高音乐感受与评价欣赏的能力
创(创造美)	通过乐器探索声音的强弱、长短和音色	能用所学乐器模仿演奏	能运用乐器表现一定的情境,学会合作演奏

1. 课程评价

(1)推进学生综合素质评价改革。基于学生培养的需要,学校创新性地推出“精彩少年”的评价改革。即从过去的期末评定,改为期初自主申报,经过整个学期的行动努力,到最后的期末评定(见图 11)。

与此同时,学校又改进了综合素质评价内容,评价领域也包括“运动与健

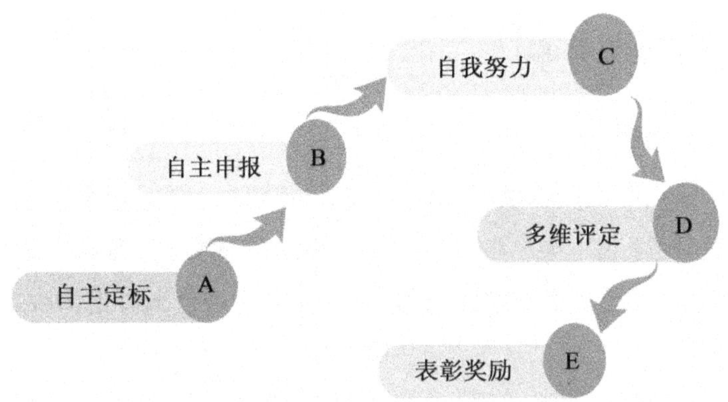

图 11　温州市城南小学精彩少年评价系统

康”“阅读与生活”“数学与思维”“科学与技术”“品德与世界”“艺术与审美”等六大维度，既包括了基础性课程和拓展性课程的评价项目，同时也体现了学校的特色项目评价内容，如综合实践活动内容、志愿者服务时数、BMI 指数等。同时，学校围绕不同年段学生的课程目标设计了不同的评价尺度（见附件 2），确保每一个孩子精彩起来。

（2）注重拓展性课程的学生评价。两种评价形式——过程性评价和终结性评价相结合。过程评价，注重主动参与、个性发展、兴趣培养等；终结性评价，侧重学习态度、意志品质、团队合作、实践创新、学习成果、学习能力等；多种评价方式——书面测试、口头表达、才艺展示、模拟表演、实验操作、探究记录、调查报告、作品展示、才艺表演、论文撰写、秀场展演、特长认定等。与此同时，学校还通过各种宣传平台展示学生的学习作品等；多元评价主体——教师、学生、家长、社区工作人员、校外导师、志愿服务对象等多元主体，对课程内容、教学方式、教学效果等做及时反馈。

（3）注重拓展性课程的教师评价。学校制定相应的评价标准，根据每一门课程建设的完善程度、平时课堂教学检查情况、学生座谈、问卷调查、课程成功展示等方面对课程进行综合评价。同时，学校还将推出优秀指导教师评选制度，每学期评出若干名优秀指导教师。

（4）注重拓展性课程的自身评价。学校注重对课程本身进行评价，每学年课程结束时，都会由教导处组织相关课程开发人员、执教老师、学生与家长参与问卷调查、随机访谈，根据教学效果和师生、家长态度决定该课程的去留。

五、课程管理与保障

1.强化组织建设

(1)成立深化课程改革领导小组:由校长任组长,领衔开展课改工作,统领全局,组织学习、讨论并直接参与学校课程规划的撰写;其他校级领导为组员;校区校长负责各校区的课改推进工作,各线分管领导分别负责课改工作中线上的推进与配合。

(2)成立深化课改专家小组:学校特邀市、区课程开发专家为顾问,组成校级课改专家小组,指导学校课程规划的撰写、课程的实施和评价以及不断推进课改的深化等。

(3)成立深化课改实施核心小组:由校长任组长,在实施过程中负责组织协调改进:校级领导、教导处、教科室、德育处、年级组长、教研组长等为组员。各校区相关领导负责各校区深化课程改革实施过程中的具体事务:各条分管校长分工合作并组织具体实施工作。

2.健全管理制度

(1)要健全课程管理制度。在落实好课堂常规管理的前提下,重点落实拓展课程的管理。规范学校的课程管理流程:专家指导—纲要编写—课程开发—课程记录—检查反馈。前期邀请专家对教师课程开发做专题培训,提供课程纲要编写的模板,指导教师编写课程纲要,课程实施中做到有记录、有反思、有小结,记录在《拓展课程记录册》。同时,要建立行政检查制度,规范教师的课堂行为,了解课程实施的问题与困难,做好阶段性的反思与小结,记录在《拓展课程行政检查记录册》。学校管理层既要及时发现问题,改进措施,解决困难,提升课程的质量,同时要寻找亮点,推出学校的精品课程。

(2)要完善学生选课制度。拓展课程的选课流程:课程招募—自主选课—走班上课。当出现某一门课程选课学生特别多的时候,就需采取教师选拔与学校调剂相结合的方式,尽量平衡学生选课需求。

3.加强队伍建设

(1)立足教学,分层培养,提升教师专业技能。学校继续完善教研、科研培训一体化的校本教研机制和校本研训机构。基于新教师的师徒结对活动，打造教师成长共同体，促使新教师迅速站稳讲台；坚持城南学堂、校本研修月、思享沙龙三位一体的教师培养模式，开展多层次的学习和培训，努力引领全校教师前行；坚持以科研促进教师深入反思，提升专业素养和职业水准。

(2)立足生本，因需学习，成就个性特色教师。学生的需求就是教师专业发展的第一动力。学校积极引导教师基于实现学校三年发展规划的需要和学生成长的需求，不断加强个性化学习，努力形成个人风格。主要做法有：基于学科教学，形成个人教学风格。如数学老师陈欢的“玩学”风格，音乐教师沈瑾瑾的民乐特色教育等；基于育人需求，成长自我铸就特色，如高佳老师的城市书房志愿服务课程等；基于学生兴趣，跨界学习成就自我，如胡敏捷老师的微电影教学技术等。

(3)立足时代，迎难而上，打造卓越管理团队。学校通过“加强学习培训、设定年度目标、自我行动、民主测评、量化考核、总结展示”等六个方面提升学校行政干部的个人素养、专业水平和管理能力，确保更好地满足学校课程建设的需求。

4. 加强资源保障

(1)盘活校内资源。两年来学校共投入300多万元，全校建成21个市级标准化功能室，还建成了3D打印教室、智慧教室等，不断完善教育教学设施，为深化课改提供硬件资源保障。

(2)整合家长资源。学校通过建好家长学校，健全家委会组织建设，有力地团结了家长，不仅家家建立校外志愿者活动场地，而且许多家长还主动加入校外导师队伍，成为学校拓展性课程的开发者和实施者。一些家长还主动利用自身专业优势，为学校开发了不少的校外活动基地。

(3)经营社区资源。社区是学校强有力的助手，学校通过多边运营的方式，建立了良好的社区共建关系。社区服务站、网格基地、交警、法院等机关都纷纷参与学校的课程建设，有力地解决了学校在拓展性课程开发中师资、场地与经费不足的问题。

5. 完善激励机制

学校规定凡是参与拓展性课程教学的老师每周计2个课时，助教计1个课时。同时，学校还制定了《温州市城南小学教师发展性评价方案》，将教师的课程开发与建设作为年度考核、评优评先、职务晋升、职称评审的重要依据。此外，学校还专门设立课程开发优秀导师奖，对于开发的课程达到出版水平的教师将予以出版支持。

六、初期成果与思考

1. 学生发展

“新六艺”课程的开发与实施，让我们欣喜地看到学生的变化与成长（见表 12）。

表 12　城南小学学生个性化功课表(部分)

二年级

	节次＼星期	一	二	三	四	五
上午	1	数学	数学	语文	语文	数学
	2	语文	语文	数学	综合实践	语文
	3	语文	体育	品德与生活	体育	绘本阅读
	4			语文		百年游戏
下午	5	美术	音乐	美术	小鼓民打	音乐
	6	体育	品德与生活	小水滴合唱团		地方课程
	7					

四年级

	节次＼星期	一	二	三	四	五
上午	1	数学	语文	语文	数学	综合实践
	2	语文	数学	数学	语文	英语
	3	语文	古诗文阅读	美术	音乐	语文
	4	游泳	体育	科学	体育	美术

 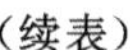

（续表）

四年级

节次＼星期		一	二	三	四	五
下午	5	音乐	科学	英语	快乐五子棋	品德与社会
	6	信息	英语			地方课程
	7	品德与社会	篆刻社			

六年级 A

节次＼星期		一	二	三	四	五
上午	1	数学	语文	数学	科学	语文
	2	语文	经典诵读	语文	语文	品德与社会
	3	科学	数学	音乐	数学	综合实践
	4	英语	英语	形体艺术	体育	音乐
下午	5	信息	科学	英语	百家讲坛	美术
	6	体育	品德与社会			地方课程
	7	美术				文学社

六年级 B

节次＼星期		一	二	三	四	五
上午	1	语文	英语	数学	语文	语文
	2	道学	数学	语文	科学	综合上
	3	数学	语文	语文	数学	美术
	4	音乐	篮球	音乐	英语	体育
下午	5	品德与社会	品德与社会	体育	数学游戏社	古诗文阅读
	6	美术	信息			地方课程
	7	英语			数学美术	

首先，个性化的功课表，不仅让学生学到自己喜欢的课程，也让校园生活更丰富和有意义。其次，通过十几年的磨炼和刻苦学习，“民乐社团”不仅将自己打造成了独具魅力的校级“金名片”，同时还培养出了一批批具有艺术特长的孩子，在国际、国内各类比赛中获得一百多项大奖。仅温州市的艺术节而言，我校的民乐队已经在温州市器乐合奏比赛中蝉联 16 届一等奖。同时还成功举办了六届民族器乐专场音乐会，强大的演出阵容，新颖独到的编排，专业化的演出水准受到一致好评，产生了强烈的社会反响，各大媒体都相继进行大量报道，充分展现了我校学生的艺术风采（见图 12、图 13）。

图 12　温州市器乐合奏比赛中蝉联一等奖

图 13　2013 年 2 月全国中小学生艺术节展演《瓯韵》拍摄现场，获得省艺术节比赛一等奖

据不完全统计，2017 年 1 月—2018 年 6 月，短短的一年多时间，我校学生在区级以上竞赛中的获奖人次已经高达 370 人次，学生获奖的“六艺”类别统计（见图 14）。

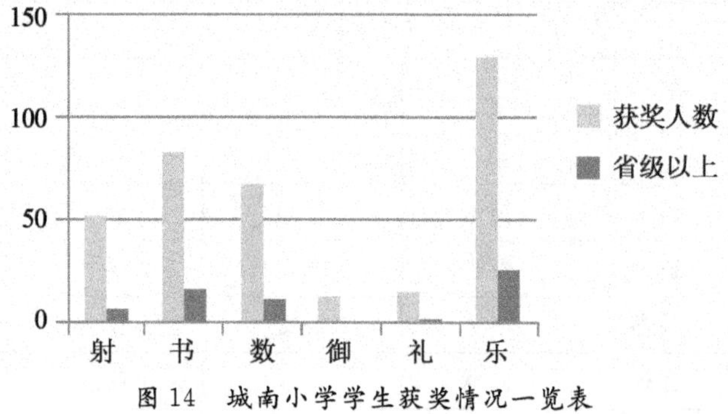

图 14　城南小学学生获奖情况一览表

我校学生在“六艺”领域能做到全面开花，而且获奖的数量和质量都是非常高的，这也从侧面反映了我们的课程实施效果。

2. 教师发展

经过这一轮的课程实践，也让教师们发挥了特长，尝到了课程教学改革的甜头，更是在教学中不断地完善自己，提高了教学和科研能力。据不完全统计，在课程实施的两年中，我校教师相关省区市评比获奖达 77 人次。另外，一些参与精品课程开发的老师，已经成长为一支强有力的艺术教师团队。如我校的“艺术”课程，吸引了许多全国及省市的同行关注与交流研讨，更有两位老师拿起指挥棒，走上了舞台，撑起了全国型的大型演出任务。沈瑾瑾老师基于民乐的实践工作支持申报了 2016 年度市级课题《民乐进课堂的可行性探索与研究》，多篇与此相关的论文发表于省市各大报纸杂志，促进了她的专业发展。陶晓迪、叶克表、瞿莉、叶欢乐等老师基于志愿者活动课程建设的成果也多次在省市区级比赛中获奖或做专题讲座。种种荣誉真实地反映出城南在教师队伍建设上取得的突出成绩，与学校有效的课程建设和实施是分不开的（见图 15、图 16）。

图 15　我校承办浙派音乐名师班“合唱与器乐教学”观摩研讨活动

图 16　城南小学“器乐进课堂”的实践现场

3. 学校发展

在全面实施课程的短短两年时间里，我校的各项工作又有了长足进步，学校内涵建设有了新的增量，成效显著。学校被评为全国第二批中小学中华优秀文化艺术传承学校、浙江省优秀大队、浙江省心理健康标准校、浙江省健康促进校（铜牌单位）、温州市小学生击剑比赛团体亚军，鹿城区田径运动会乙 B 组第一名，鹿城区小学生乒乓球赛女子低段亚军。鹿城区红旗大队、鹿城区艺术节优秀组织奖。爱心义卖课程、志远义工社、城南黄金眼先后三年荣获区少先队十大项目，民乐合奏获市艺术节一等奖，课本剧获市艺术节一等奖，器乐小合奏两个节目皆获市一等奖，学校被评为温州市德育示范校，志愿者课程获区精品课程，课本剧获省艺术节二等奖，民乐合奏获市艺术节一等奖，鹿城区艺术节优秀组织单位等。仅仅 2018 年度，我校共有 2 100 多人次的学生在全国、省、市、区级比赛中获奖，其中获省级以上奖达 100 多人次；全校共有 136 人次的教师在省、市、区各级各类评比中获得奖项。学校的各项成绩离不开我校“新六艺”课程的实施，“百年老校”已经逐渐成为老百姓心目中的“百年名校”。

本轮课程改革对基层教师的专业要求非常高，尤其是在课程整合方面的专业挑战更为严峻。然而关于这方面的教师专业培训却是比较欠缺的，这就使得基层教师一时无所适从，难以着手实施。建议教育科研部门应该制定与课程改革相匹配的教师培养计划与切实可行的工作方案。教育部门则更应该建立与课程建设相配套的机制，包括学校编制审定、教师工作量核定等。

温州市城南小学是一所具有百年办学历史的名优学校，然而这几年却备受人财物相对不足等问题的困扰。教师结构性缺编严重；办公经费不足，学校建设捉襟见肘；教师教学任务逐年增加，职业倦怠愈发严重，所有种种使得学校在课程改革中愈发无力。建议教育部门加大教师交流力度，并制订有特色项目的经费倾斜和帮扶制度，以实现学校的可持续发展。

为让每一个孩子更精彩而改进领导

——温州市少泳校“学习型学校”创建的策略与思考

学习型学校是美国麻省理工学院教授彼得·圣吉在其《第五项修炼》中提出的“学习型组织”发展而来的，是指通过培养教师的自主学习和团体学习习惯，形成学校的学习气氛，进而充分发挥教师的创造性思维能力，为实现学校的共同愿景而创造性工作的学校。学习型学校强调建立学生自主学习的环境，促进教师的反思性实践，重视教师自我超越和建立集体共同目标，并在集体共同目标的引领下合作创新，以实现共同愿景。

然而，当前学生的学习负担较重，学习兴趣不够高，主观能动性不够强，尤其是学生高阶思维的培养后继乏力。再加上教师的职业倦怠较为严重，对自我的专业发展认识有偏差。在这种情况下，通过建构“学习型学校”促进师生的健康发展、持续发展已经成为少泳校刻不容缓的历史使命。

一、少泳校“学习型学校”建设模式及其优劣势分析

学校的核心任务是促进学生的学习，促进学生综合素质的全面提升。传统学校促进学生的学习主要通过教师的讲授，而忽视了学生主体的主观能动性。“学习型学校”则主张通过创设“人人爱学习、人人会学习”的积极氛围，通过加强教师的学习来促进学生学习能力的提升，进而获得自我学习和自我教育的能力(见图 1)。

在“学习型学校”的创建过程中，我们不仅关注了教师的学习，更关注了学校领导和家长的学习，并始终引领他们将关注点放在促进学生的学习上。同时也通过学生的学习促进教师和家长进行深度思考和学习。在学校的学习系统

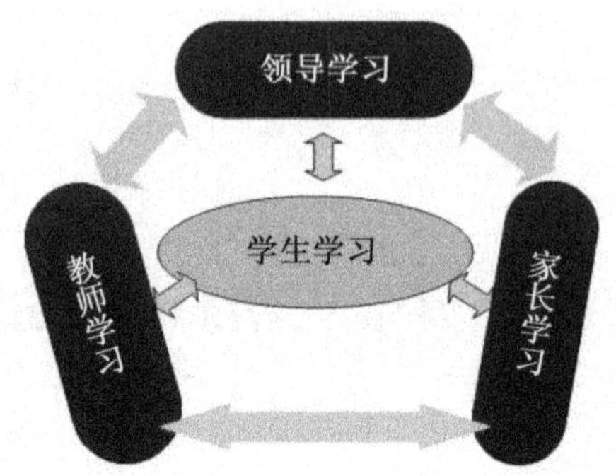

图1　学习型学校的学习系统

建构中，既有领导式的学习，也有非领导式的学习。如该校教师的“共同体学习、课程建设、课堂改进、教研组学习、智慧论坛、外出学习”等六大学习模块就属于领导式学习，而共同体的学习方式就属于一种非领导式的学习。教师成长共同体是由两位学科带头人牵头招募3～5名同学科成员组成成长共同体，并结合自身的专业特点，安排有针对性的专业提升学习和研讨活动。学校根据各共同体的活动安排内容下拨一定的活动经费，期末时根据活动成效、学生学业状况予以考核，并与绩效工资相挂钩。

登普斯特（Dempster，2009年）认为，在学习型学校里“为学习而领导”体现在：始终关注学习活动；创设有利于学习的条件；创建为学习而领导的对话机制；分享领导权力；分担领导责任等五个方面。根据登普斯特（Dempster）的研究结果，现对少泳校创建“学习型学校”做如下分析（见表1）。

表1　少泳校“学习型学校”创建模式的优劣分析

优　势	劣　势
①始终关注系统内外的学习 ②始终将促进学生的学习作为系统学习的核心和工作的归属点 ③全校建立了共同愿景 ④与家长、社区大环境联系密切 ⑤创建了一种团结向上的学校文化 ⑥在教师的专业发展上因需给力，关注个体差异 ⑦实现了分享权力领导 ⑧建立了学科对话机制	①在教学过程中，重视了教师的“教”，而忽视了学生的“学” ②没有充分鼓励学生的声音 ③家长没有与社区建立积极地联系 ④缺乏强大的实证基础 ⑤尚未形成分担领导责任的问责机制 ⑥未能充分建立与家长的对话机制

二、少泳校创建“学习型学校”的策略与组织结构

1. 主要策略

(1)创设学习环境,培育学习文化。通过创建学习环境,进而培育学校文化,这是学习型学校创建的重要目标之一。文化是一个学校能够可持续发展的重要支柱。环境建设包括两方面:一方面是物质环境的建设,另一方面是文化环境的建设。在物质建设方面,学校主要突出书吧建设和校园的文化布置。文化环境建设上主要通过书香中队、书香家庭、书香校园、书香少年、书香教师、书香家长等创建活动的推动,从而营造浓郁的书香氛围,培育和谐的学习文化。

(2)加强课程建设,实现个性学习。学校早在2005年就启动了游泳校本课程的建设,自2010年起更是基于学生个性化学习的需求,通过综合实践活动课实施选修课程和分层教育特色课程,如一年级的新生入学适应教育课程、五六年级的青春期教育课程、性别教育课程、英语口语交际课程和思维训练课程等。

(3)改进课堂教学,实现自主学习。这是学习型学校建设的核心价值取向。通过改革课堂教学传统模式,将教师的关注重点从“教得好”转移到“学得好”,这也是促进教师实践性学习、反思的重要途径。

(4)提升教师专业,服务学生学习。学校一直坚持实施教师专业发展工程,主要策略有:制定明确的培养计划,即学校根据教师分层培养目标,坚持自主选择、错位发展的原则,设置了阶段成长目标和训练要求,并引导教师对照要求,循序渐进;建立科学的评价机制,即通过制订相配套的教师专业发展评价方案进行评价和考核;健全坚实的保障体系,即通过制度、财力、保障时间等方面予以后勤保障。

(5)引领家长学习,促进学生学习。通过家长学校建设、手机微信平台、校园网络学习等途径帮助家长树立正确的家庭教育理念,掌握科学的家庭教育方法,以更好地促进学生的学习(见图2、图3)。

图 2　学生在图书馆上阅读课

图 3　学习榜样墙

(6)辐射社区学习,实现系统学习。通过向社区输出学校办学理念和文化价值追求,引领社区文化建设等载体构建学校系统内外一致的道德目标,从而更好地服务于学生的成长(见图 4)。

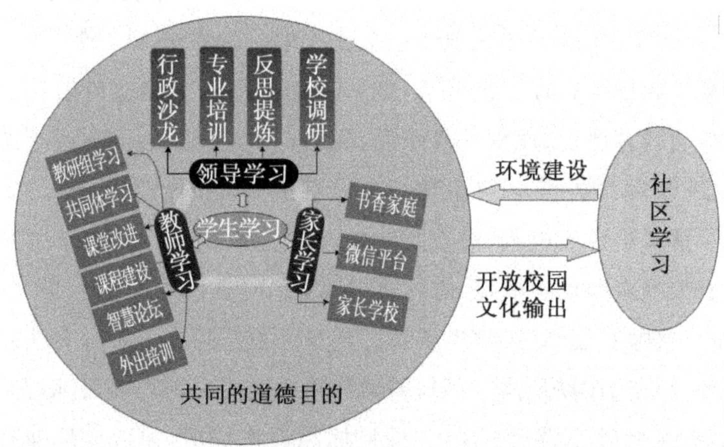

图 4　学习型学校的学习系统

2. 组织结构

此外,学校还通过开放校园,输出学校文化,加强对社区的领导来推动社区的学习。同时,又通过良好的社区文化软环境来影响和改变学校发展的外部环境,实现系统内外一致的学习目标,真正促进“学习型学校”的建设。

三、少泳校创建“学习型学校”的动力系统和预期效果

1. 动力系统

(1)实施分布式管理,获得教师支持。由于在学校日常管理中实行项目负责制,分享了权力领导,教师获得了很大的管理自主权。如在备课管理中,学校将管理权完全下放到教导处,教导处又将此项权力分享到教研组,即由教导处制定备课管理的总则和考核总纲,再由各教研组召集全组成员,根据各组的实际特点和教师的专业发展状况制定该教研组的备课管理细则和考核细则,实现了“我的考核我说了算”的人性管理,极大地调动了教师的工作积极性,也让学校管理获得了极大的群众基础。

(2)加强家校合作,赢得家长支持。我校采取家校合作机制,通过加强家长学校建设、开展定期交流会、引领家长参与制定学校发展规划等方式,大大加强了与家长的合作交流,使得学校文化进一步输入到各个家庭。近年来,家长对学校的认同感和归属感日益加强,学校工作的家庭执行力度日益加强。

(3)加强社区领导,获取社区支持。学校加强了与社区的合作交流,坚持每学期至少举行 2 次社区合作交流活动,并将引领社区文化建设纳入学校日常管理体系。自 2007 年开始学校坚持向社区开放操场等健身场所,到 2011 年实现了全年向社区开放学校图书馆,派教师到社区举办系列读书活动,指导社区开展“书香家庭”创建工作等举措,赢得了社区的认同和支持,推动了“学习型社区”的创建工作,也促进了“学习型学校”的深入开展。

2. 预期效果

(1)教师专业成长成效显著。三年来,学校教师参加各级各类教育教学比赛成绩喜人(见表 2)。

表 2　少泳校教师三年来参加教育教学活动获奖情况汇总

项　目	课堂教学	名师班录取	区级及以上公开课	德育活动评比	骨干教师评比
2011 年	1(区三等奖)	0	3	2	无评比
2012 年	6(其中,区一等奖有 3 人次)	6	6	4	3(其中市级 2 人)
2013 年	4	8	9	2	1 人获鹿城区名班主任

(2)学生自主探究能力加强,学习兴趣明显提升(见表 3)。

表 3　某年级段学生学习兴趣的跟踪比照

年级段	兴趣很高所占百分比/%	兴趣较高所占百分比/%	中等兴趣所占百分比/%	兴趣较低所占百分比/%	没有兴趣所占百分比/%
2011 年	68	11	4	9	8
2012 年	73	12	8	5	2
2013 年	76	13	7	2	2

(3)学生、家长满意度在逐年提高(见表 4)。

表 4　学校近三年满意度测评

年　份	2011 年	2012 年	2013 年
家长满意率/%	86	94	98.7
学生满意率/%	95	99.6	99.6

(4)学校书香氛围浓厚,校本文化逐渐凸显。如今校园里洋溢着浓浓的书香味,阅读已经成为师生们生活中不可或缺的一部分,学校的“水文化”价值体系逐渐形成(见表 5)。

表 5　师生、家长阅读量年平均图书借阅量统计表

年级段	学生年平均借阅册数/册	教师年平均借阅册数/册	家长年平均借阅册数/册
2011 年	4	3	0.9
2012 年	5.2	5	2.4
2013 年	14.5	8.2	4.2

五年来，少泳校一直致力于打造和谐家园，致力于创建“学习型学校”，成效显著。作为鹿城特色教育的先行军，少泳校人从不满足已经取得的成绩，意气风发、豪情满怀的他们正努力践行“每天上游一点点”的校训，为让更多的孩子享受教育的幸福，成为更精彩的自己而孜孜不倦地探索着……

2014 年 3 月

三方联动　协同育人

——城南小学基于志愿服务的社会协同育人工作的行动与策略

温州市城南小学创建于1914年,2005年成立教育集团,现辖有城南、府学巷和会昌河三个校区,共有教师146人,学生2 479人。作为浙江省第一批艺术特色学校,我们一直坚持“让每一个孩子精彩起来”的办学理念,不断深化立德树人工作,形成了“善美相谐”的精彩教育文化特质,成为老百姓心目中的好学校。自2002年以来,学校坚持“和而不同”的集团办学策略,在精彩教育理念的指引下,逐步形成差异化的校区特色项目与文化品质,实现校区之间的优质、均衡和高位运转。如今,学校民乐团已连续十六年蝉联温州市器乐合奏比赛一等奖,连续五届蝉联省器乐比赛一等奖,并获得教育部举办的中小学器乐合奏比赛一等奖,2014年开始,学校开发了普惠型的拓展课程——笛子课,2018年学校荣获全国第二批中小学中华优秀文化艺术传承学校的称号。与此同时,学校还获得全国语言文字示范校、浙江省绿色学校、浙江省标准化、浙江省艺术教育特色学校、温州市文明单位、温州市数字化校园、温州市素质教育示范学校、温州市校本教研示范校等荣誉。近五年来,学校致力于以学生志愿服务为依托,打造“家庭—学校—社会”三位一体的协同育人环境,取得显著成效。主要做法如下:

第一部分　学校德育工作理念及框架

城南小学的培养目标是“有国际视野的现代中国人与美的小使者”,其外显特质为“厚德、健体、好学、善思、乐创、尚美”。艺术教育是追求美的教育,善是人间的大美，“善美相谐”是城南精彩教育的核心价值追求。因而学校的德育工作理念就定位为“善行天下，美在城南”，其重点就是从教育孩子学会善待亲人、善待自己开始，进而学会善待万物，善心、善念、善行满天下。德育着力塑造学生六个方面的良好品质，即“诚信、仁爱、好学、善创、坚韧、担当”。每一种品质的培养在不同的学段都有不同的内容、要求与实施路径。在对众多实施路径的梳理过程中，我们发现出现频率最高的就是志愿服务。于是，这项工作就成了学校德育工作的重点内容，并成为打造“善美文化”重要载体。

第二部分　基于学生志愿服务的社会协同德育工作历程

2015 年 4 月，城南小学志愿者项目品牌建设工作全面启动。学校把原已存在的各种志愿者队伍整合成为志远义工队，并开始了正式注册之路。2015 年 10 月，学校邀请温州市民政局社会组织管理处处长蔡建旺为志愿者活动建设的总导师，并发动广大教师、家长和校友对志远义工社的发展做了顶层设计和整体规划。2016 年年底，学生的校外志愿服务基地纷纷建立，共计二十多个活动基地。2016 年，学校的“三微”志愿者活动课程体系初步形成，家校共育、社区共育的良好态势引起社会广泛关注。当年底，学校被推荐为全国小小志愿者试点学校。2017 年初，团中央傅振邦书记调研温州团建工作时，城南小学有幸做典型经验发言。同年，学校对志愿者活动项目重新进行梳理提炼，形成了志愿者活动教材，并凭借该项目一举创成温州市级德育示范校。2018 年志远义工队正式注册成为合法的社会团体组织，此时已经成为辖有三千多人的庞大组织，协同德育工作，成效显著。

第三部分　主要做法与成效

一、坚持社会即课堂，构建三微一群课程框架，创设协同育人工作空间

学校严格贯彻《中小学德育工作指南》和《温州市四品八德工作要求》，立足学校实际，制定了《城南小学德育工作目标》和《城南小学行规序列化评价标准

一览表》,并建构了以志愿服务项目为核心的社会协同德育工作机制。

1. 基于儿童立场,开发志愿服务课程

即遵循“自主发展、他人(社会)需要、志愿者能做”的原则,围绕“社区服务、社会公益、慈善救助”三大内容,根据不同年龄学生的认知特点和行为差异实施分层教育,形成了“微服务、微公益、微慈善”的“三微”志愿者活动课程群(见图1)。“微服务”即社区服务,包括对社区内孤、老、幼、残、烈军属、卫生保洁等方面的劳动;“微公益”是指对温州本土文化的宣传、交通安全、绿色环保及阅读推进等公共事业的服务;“微慈善”是指对贫、病困人群的资助和社会紧急性救助(如地震、火灾之后的救助活动)。

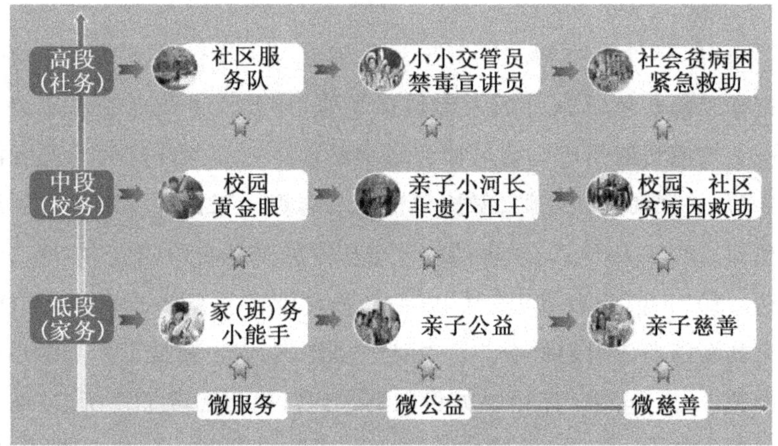

图1　温州市城南小学志愿者活动课程群落

从横向上看,基于生活自理的微劳动(服务)是起点,培养“穷则独善其身,达则兼济天下”的学生是我们的价值追求。从纵向上看,家庭是生活的起点,培养学生适应未来社会是教育的终极目标。这就形成了从“微服务”—“微公益”—“微慈善”和“家务自理”—“校务管理”—“社会治理”的三微一群的课程框架。

2. 基于成长需要,打造志愿服务基地

学校遵循从“家庭—学校—社会”的发展主线,整合家庭、学校和社会资源共同开发校内外志愿服务基地。

家庭志愿服务基地由家长自行开发,涵盖家务劳动、社区义工、慈善救助等内容，实现从“生活自理”到“服务助人”的发展路径。校内志愿服务基地由德育处负责开发，涵盖同学互助、自主管理、环境建设、活动(赛事)义工等岗位，实现从“班级人”到“学校人”的转换路径。校外志愿服务基地则由校长室牵头，联合社会力量共同开发，涵盖“社区劳动、社会公益、社会救助”等志愿者岗位，实现从“学校人”到“社会人”的成长过程。三大类志愿服务基地的建设，把家庭、学校与社会教育有机地统整在培养“善美相谐”的精彩城南人的共同愿景下，让社会协同德育工作有更小的切入口，从而更真实有效的发生。

3. 基于课程需要，研发配套活动教材

城南小学的第一个志愿者活动课程——禁毒志愿者课程(见图 2)。当时的禁毒办同志到学校来做宣讲，我们的德育校长提出，专门打造一支小学生宣讲队伍。于是禁毒办的同志也就成了我们校外的导师，并和老师一起打造该课程内容。这样的合作为学校的协同德育工作打开了一条新的道路。此后，这类活动课程如雨后春笋般拔地而起。目前，学校对志愿者活动的课程建构有了自己的总体部署。尤其是在高段，已经成为融考察探究、社会服务、制作设计、职业体验于一体的综合性实践课程。与此同时，学校还邀请家长、校外导师一起，研究并开发了自己的校本教材。

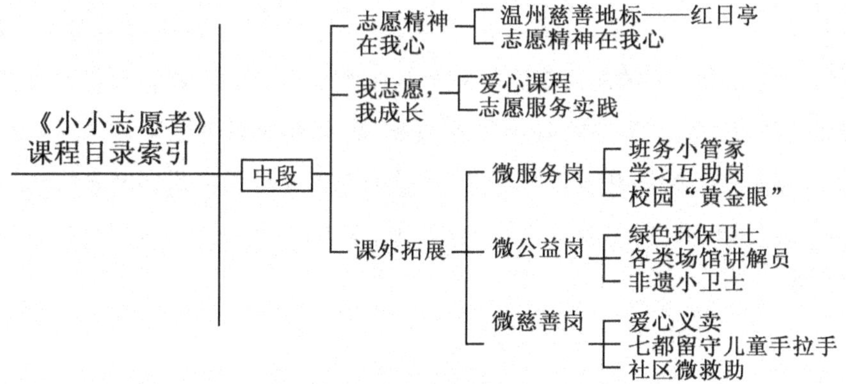

图 2　城南小学《小小志愿者》课程目录索引(中段)

2017 年，学校《小小志愿者》教材在区级校本课程(教材)评比中获奖；2018 年，我们继续启动了《善行天下》的小学生志愿者活动指南。

二、坚持导师多元化，打造三位一体网络体系，提升协同育人工作效度

“引进专业人才，让孩子在‘体验专业’的过程中实现自我的成长”，已经成为我们推进协同德育工作的行动纲领。

1. 办好家长学校，成就合格家长

学校创设各种平台助力家长成长，形成了“三三三”的联动机制，包括“家长学校、团体辅导、自主学习”的三种学习平台，包括“专家授课、家长讲堂、育儿沙龙”的三种学习方式，包括完成“学习反思、打造良好亲子关系、讲好育儿故事”的三份作业，提升每一位家长的专业素养和教育能力，从而有力地助推学生成长。

2. 聘请专业人士，实施专业指导

目前城南小学的校外导师队伍非常庞大，既有基层的社区干部，也包括国家级的专业人才；既有来自家长、校友、退休教师队伍，更有来自社会各行各业的专业人士。

每个志愿服务项目分别由校内外两位老师负责，校内导师侧重学生的日常管理，确保活动的正常开展。校外导师则负责利用专业优势开发活动阵地，确立活动内容，实施岗前培训，最终与校内导师共同指导学生完成志愿服务。如温州市图书馆活动基地的胡海荣馆长就为学生策划了“中段：侧重物化管理，维持整洁与秩序；高段：侧重软管理与导读服务，学会整理图书上架，开发导读服务岗”等课程。在这样的教育过程中，校外导师不仅发挥了自己的专长，更是潜下心来研究儿童心理、学习教育学原理，实现了家庭教育、学校教育与社会教育的同频共振。

3. 统一操作流程，提升育人效度

自2017年开始，学校建立了志愿服务导师操作流程标准，即包括一次岗前培训，一次志愿服务，一次交流展示，一份活动记录，一份过程评价，一份活动备忘录。“六个一”的工作要求规范了导师的授课行为，同时也把社会(家庭)智慧引入校园管理，真正实现了“全员、全程、全方位”的德育模式，将社会共同育人工作更加有力地向前推进。

4.坚持评价个性化，实施三环联动评价机制，营造协同育人工作氛围

学校在广泛征求校内外导师意见的基础上，推出了“志愿时”“志愿能”“志愿星”三环联动的评价机制，助推学生的个性成长和导师们的职业成就。

(1)以“志愿时”为依据健全管理制度。学校建立了“志远义工社”，下辖62个志愿中队，每个中队均有自己的志愿口号、志愿队旗与logo。学校规定每位学生每年志愿服务的最低时数(志愿时)，低中高段分别为12/16/20小时。达不到服务时数的学生，综合素质无法被评定为“优”。同时，志愿服务时数也成为学生以及导师们评优评先的重要依据。

(2)以“志愿能”为抓手提升综合能力。学校每学期根据志愿服务类别开展技能大比拼活动，如针对场馆讲解员的“最佳讲解员”评选，针对交通安全管理开展的“最美交管手势”“最强大脑·交通知识大百科”评比；针对非遗小卫士开展的“最美瓯塑宣传画”“最美瓯绣作品”评比；针对城市书房义工开展的“最佳图书整理员/编书小能手”“最佳导读员”等评选。与此同时，导师的技能专长评比、展示也在进行。

(3)以“志愿星”评比为途径培育志愿精神。2016年校友陈志远先生捐款100万设立慈善助教奖学基金会。此后学校每年开展轰轰烈烈的“精彩志愿星”“精彩慈善家庭”“精彩志愿服务基地”评比活动，并在11月28日的校庆日上进行隆重的表彰活动。同时，学校还积极利用周一晨会、午间广播、微信公众号、校园网站等平台传播“志愿星”的先进事迹。师生又把校园里发生的志愿故事以艺术的形式予以创编，形成了快板、“三句半”、课本剧、微电影等艺术作品，大大深化了志愿精神。

三年来，以志愿服务活动项目为抓手的社会协同育人工作中，欣喜地看到师生、家长和社会参与人员的变化：他们更富有同情心，更加仁慈，也更愿意为他人服务。林一乙同学被评为浙江省美德少年，并代表全省少先队员在最美浙江人展示馆开馆仪式上讲话。家长蔡建旺成长为鹿城区政协副主席，校友兼校外导师陈志远被评为鹿城区建区30周年的30风云人物；导师徐亮被评为浙江省第五届优秀中国特色社会主义事业建设者；导师郑央凡被评选为中国传统手工艺大师，温州市劳动模范。大队辅导员被评为市、区级优秀大队辅导员(先进德育工作者)。学生们的家庭亲子关系也更为融洽。仅2017年，学

校有 3 000 多人次的学生登上了国家、省、市、区级各类领奖台，有 23 个中队因为志愿者活动进入了市区各级各类媒体的宣传平台，学校先后有 7 人次登上省区市团委组织的交流平台；有 6 项基于志愿者的科研成果在市区级比赛中获奖。学校的“爱心课程”、志远义工社、“黄金眼”等志愿课程连续三年获得鹿城区少先队十大优秀项目，志愿者活动课程还被编入温州市少先队队长课程。学校的艺术特色教育也因为有了特色文化的支撑和序列化的行动跟进，品牌效应日益凸显，社会协同育人工作成效凸显。

第四部分　思考与后续行动

当然，在基于学生志愿服务的社会协同育人工作的推进过程中，学校也明显感受到诸多的困难与问题，如怎样更好地凝聚家庭、社会资源，提升家庭与社会的参与意识与服务能力，变“要我干”为“我要干”，变“我能做什么”为“孩子需要我做什么”，从而更好地提升家庭、社会的教育功效；如何从政府层面建立信息共享共建和专业技能社会培养机制，让每一个参与者都能实现成长与服务的共赢共生；如何更有效地建立激励机制，让志愿精神深入师生骨髓，从而让志愿精神、“善美文化”更好地延伸至家庭、社会，抢占社会文化高地，引领人们健康发展……

2018 年 10 月该案例被评为温州市教育改革创新典型案例

让每一位家长精彩起来

“办好两所学校,教育好两代人”是当前每一所学校都面临的重要课题。然而在现实生活中,我们经常会听到这样的声音:“忙都忙死了,哪有空去教家长”“家长学校都组织了这么多次学习,为什么总不见成效”“外来的‘和尚’好念经,但总感觉不接地气,可否让家长中的育儿高手来谈谈经验,也许教育效果会更好”……仔细分析,不难发现这些声音都指向了家庭教育和家长素质的提升。

办好家长学校,教育好家长是学校发展的自我需求,也是社会赋予学校的重要使命。首先,家庭是儿童成长的第一所学校。父母是孩子生命中的第一任老师,有什么样的家庭教育就会有什么样的孩子。其次,家庭是学校实现教育目标的重要辅助力量。儿童的发展离不开学校教育、家庭教育和社会教育,也是这三者协同作用的结果。再次,学生家庭是学校文化向外辐射的重要窗口。学校不仅肩负教育学生的重要使命,更被赋予了打造一方文化高地,引领社会高位发展的历史使命。学校一方面通过经营社区,带动社区发展,彰显其强大的辐射作用;另一方面通过影响学生家庭,帮助其树立科学发展观,倡导积极向上的价值观来体现其文化张力。

温州市城南小学作为一所具有悠久办学历史和厚重文化积淀的学校,秉承“让每一个孩子精彩起来”的办学理念,坚持“三三三”联动机制,致力于家长学校建设,帮助树立科学的家庭教育理念,不断提升家庭教育水平,努力让每一位家长精彩起来。

努力打造三种学习平台。为致力于家长教育水平的提升,城南小学致力于打造三种学习平台,即家长学校、团体辅导和自我学习。家长学校是每一位城南家长都必须参加的“学校”,随着孩子的入学,每一个家庭至少要有一位家长要注册成为家长学校的学员。家长学校坚持定期授课制,每学期至少要完成二次集中授课和一次在线学习，合计 4 小时，计 6 课时，六年共计 36 课时，每次学习后还需完成相对应的作业。团体辅导是专门针对有特殊需要的家长开发的个性化课程，由家长自主选择参加，如父母感统训练提升班、拖拉学生矫正指导班、青春期父母训练营等。自我学习是指家长的自主学习，这也是创办家长学校的重要目标之一。每一位家长根据自己的实际情况，选择合适的方式进行自我修炼，实现自我成长，从而更好地指导子女发展。

不断深化三种学习方式。在城南，学校提供给家长的学习方式至少有三种：专家授课、育儿沙龙和父母讲堂。专家授课是学校邀请教育界专家或是在家庭教育方面有突出成效的人士到校讲课，重在理念引导。育儿沙龙则是比较小众的授课方式，注重学员与老师之间的互动交流，重在技法提升。父母讲堂则是邀请在家庭教育方面做得比较好的家长到校交流，重在经验分享。三种穿插进行的学习方式，既体现了学校的选择型教育思想，也是学校实现因材施教、促进家长个性化成长的重要手段。

坚持完成三份学习作业。作为城南家长学校的一分子，每位家长每年至少完成三份作业，包括课后练习、亲子关系自我评价和形成自己的精彩育儿故事。课后练习是每次集中学习后的配套练习，由德育处设计，是与当日专家授课（团体辅导、沙龙活动）相配套的作业，侧重对讲课内容的理解与内化，重视理论方面的提升。亲子关系自我评价是指家长在经过一年的系统学习后，对亲子关系和家庭教育效能进行的自我评估。第三份作业则是家长每年梳理并讲好自己的育儿故事，主要是分享自己的育儿心得或者成功的教育案例。后两者侧重的是实践技能的提升，这也是检验家长学习成效的重要手段。

温州市城南小学基于选择性教育思想打造的“三三三”制家长培训方式，在一定程度上促进了家庭教育水平的提高，同时也为学校打造强有力的家校联盟提供了组织保障。然而，教育是一个漫长且艰难的过程，尤其是针对成人的教育，更是如此。要把学校的教育理念、价值追求融入家长已有的知识体系，并使之具有与学校同频共振的价值观与共同愿景，又岂是短短数日的培训就可奏效的。但路漫漫其修远兮，吾等将上下而求索，只为让每一个孩子更加精彩！

2016 年 9 月

打造家校和谐关系　建设学校良好形象

——温州市少泳校形象和声誉建设行动计划

无论管理者是否追求，学校的声誉总是存在的。被动的做法不能改变那些不了解学校实情的人心中对该校的印象。声誉管理能够传播学校最出彩的方面，而“不作为”的立场可能只给社区留下负面形象（Bush，1999 年）①。温州市少年游泳学校创办于 1937 年，原为鹿城区内的一所村级小学。后因教育政策的变化，归鹿城区教育局管辖。1995 年迁建新校舍，又因特色办学之需，故被命名为温州市少年游泳学校。学校占地面积 16 亩，现有教学班 24 个，学生 906 人，教师 54 人。自 1995 年以来，学校借游泳特色发力，不断丰富学校内涵，打造了一支高素质的教师队伍，形成了语文、数学、游泳三个学科教学高地。又因学校高度重视教学常规管理，教育教学质量蒸蒸日上。在 20 世纪 90 年代后期，鹿城区实行“名校发展战略”，政府倾力打造若干所名优学校，形成了以建设小学、广场路小学、蒲鞋市小学为首的八大“名校”。2005 年起鹿城区实行集团化办学策略，即一所名校兼并若干所薄弱学校成为其校区，实行统一法人制，同时又与若干所发展态势良好的学校结成松散型联盟学校，形成了一个教育集团。少泳校就是瓦市集团学校中的一所联盟小学。

一、运用 SWOT 分析方法，对学校进行综合分析

学校是社会大系统中的一个子系统，它和外界环境之间无时无刻不近发生

---

① 唐・培根，唐纳德・R・格莱叶. 学校与社区关系[M]. 周海涛，译. 重庆：重庆大学出版社，2003.

关系。因此在对少泳校进行环境分析时，就必须包括分析工作环境和大环境。为使本计划更有针对性，学校选择了一所距离较近的学校作为竞争对手。该校原为独立学校，后成为集团学校的校区，其师资、管理、学生均沿袭原来的学校。随着班级的扩招，教师不断由外调入，学校文化尚未完全融合，也未形成统一的办学思想体系。下面，我主要采取SWOT(即优势Strength、劣势Weakness、机会Opportunity、威胁Threat)分析方法来对两所学校进行综合分析(见表1)。

表1　运用SWOT分析法比较两所学校

类　别	温州市少年游泳学校	××学校
优势 Strength	1.学校管理水平高，特色鲜明、发展态势良好，教育质量日益提升 2.校长人品好、人格魅力足，善于学习，创新性强 3.学校师资水平较高，敬业精神很强 4.教育教学设施完善，尤其是室内游泳馆 5.家长为人纯朴，乐于接受学校的安排	1.名校分校，学校声誉高 2.新建校舍美丽气派 3.教育教学设施完善，活动用房足 4.生源较好 5.家长素质较高，积极参与学校活动
劣势 Weakness	1.学校所处的位置原属城乡接合部，生源质量较差 2.家长素质较差，不能主动配合学校，更不能有效参与学校工作 3.学校的校舍较为陈旧，缺乏城市小学应有的现代气息 4.学校声誉不是很高	1.校区要服从集团的统一管理，主动性、灵活性相对不足 2.学校管理效率较低 3.因为承接了较多活动，教师精力较为分散
机会 Opportunity	1.恰逢深入推进义务教育均衡化的改革热潮中，有较有利的政策和经费支持 2.温州市最高端的住宅区将落户我校施教区 3.是鹿城区首批“生本课堂”实验校	1.承接了集团校较多的对外宣传活动，媒体曝光度高 2.学校的人脉资源较为丰富
威胁 Threat	1.身处“名校”包围之中，生源竞争激烈 2.随着教师流动制的实施，区域范围内教师流动频繁，会对学校文化造成较大的冲击	1.名校发展进入瓶颈期，尚未寻找到突破的途径 2.学校“外事活动”繁忙，无法潜心思考提升学校的发展之“道”，后续乏力

二、精心设计营销活动，建设学校良好形象

美国学校教育公共关系协会执行主管约翰·怀瑞(John Wherry)说过，建立良好公共关系的4个要诀：做好工作，做好工作，再做好工作，最后再让别人知道。因此，我校在实施家校关系改善计划时，既要加大宣传力度，又要狠练内功，以赢得家长与社会各界的广泛支持和帮助，建设良好的学校形象与声誉。

1.学校营销活动策划

(1)实行校园定期开放制。学校实行开放参观政策有利于和家长的沟通交流，让家长更好地了解学校行为以及教育理念，才能更好地获得家长的理解与支持。

①定期开放学校——每学期至少举行一次校园开放日。学校邀请家长到校参观校园、观摩课堂、午餐等学生活动。学校要求来访家长填写评估表。

②家长委员会成员定期交流制——学校、各年级段、各班级均需与相对应的家委会重要成员建立定期会面制，邀请他们到校交流，关注学校工作的改进情况。

③家长会——各班定期邀请家长代表到学校，协商班级事务，提出改进意见。

(2)书面交流制。书面交流采用打印材料、信件和学生作业范本的形式，这是推动家庭与学校合作，是家长了解其子女进步的另一种方法。

①印刷材料。创办家校联系的通讯刊物《家校信息直通车》，并实现一季度一刊。同时将反映学校教学改革的教师刊物《教学反思报》和学生刊物《涟漪》寄发给每位家长。

②建立信息联络制。每位教师都必须及时给家长发短信，向家长汇报学生在校表现，尤其是出色的表现以及他们对学校的贡献。

③给家长的信。虽然书信来往渐已淡出人们的生活，但对于学校大型的活动安排、作息时间、制度变化等内容，学校仍需向家长寄发格式化信件。寄发科室负责人必须附有手写签字。

(3)建立家校专题研讨制。这是实现家校深度交流与合作的重要手段。学校必须就重大问题改革、学校发展规划制定、课程实施、道德教育等问题邀请家

长参与，并进行深入、专题性研讨。

(4)推行家长义工制。这是引导家长参与学校教育活动的另一形式，也是更为高级的参与形式。

①参与课程开发——积极利用家长专长，在学校确定教育目的、具体领域的目标以及所学课程时，引导家长积极参与其中并提出建设性意见。

②参与课堂教学——可以让家长以拥有的第一手资料为主题做演讲；也可以利用家长的专长(如医生、警察、动物园饲养员等)为孩子们讲授某个专题内容。

③参与课外活动——如邀请家长参与体育运动会；邀请家长作为学校艺术节大型演出剧组的工作人员等。

④配合开展校外公益活动——配合班主任带领本班学生走出校园，到社会上开展献爱心等公益活动。

(5)加强家长学校建设。家长学校是中国学校为提升家长素养举办的学校。利用学校的教育教学资源为家长开展各种各样的教育培训活动，以提升家长的理论素养，树立正确的家庭教育理念，提升家庭教育水平。

(6)加强教师公共关系和礼仪教育。这里的教师也包括学校后勤员工，如保安、清洁工、食堂工作人员等。他们是学校形象的最直接代表者。家长往往可以从他们身上看到学校的管理水准和专业水平。因此我们要特别加强对教职员工的公共关系和礼仪教育培训。

(7)积极组织社区联谊会。这是增加学校获得外部公众支持的良好机会，不仅可以减少学校遭受批评的次数，更有助于学校获得更好教育学生的一些合理化建议。

①向社区开放活动设施。这是提高教育教学设施使用率的机会，也是学校承担社会角色、促进和谐社会创建的重要举措。我校自 2009 年开始实施运动场所开放政策后，2012 年起更是将学校图书馆、部分功能教室向社区居民开放，实现教育资源利用的最大化。

②定期举办教育进社区联络会。加强与社区工作人员的联系，每学期至少走访社区 2 次，并定时召开社区联络会，及时沟通，有效解决问题，并有效帮助社区开展公益教育活动，赢得了社区人员的一致好评。

③定期邀请退休教师返校交流，即表达对他们的尊重，弘扬社会尊老敬老的好风尚，更是增加社会好评度、获得教育金点子的好机会。

④加强与社会政府各部门之间的联系沟通，如交警、社区卫生院、体育局、温州市图书馆、出国管理处等。实行一学期至少走访一次，既表达我们对他们长期以来帮助的感激之情，更是将我们的教育诉求传达给他们，以获得更多的交流与合作。

⑤加强与权威人士的联系。特别是教育权威人士的联系，及时向他们汇报学校工作，获得一些有意义、有价值的建议性意见，同时也通过他们传达学校已获得的成绩和荣誉，从而获取更多的公众支持。

⑥加强与媒体联系。主动分享教育信息，主动邀请媒体参观校园，积极向媒体投递学校通讯报道。

2.对营销活动的理性反思

任何学校—家庭联系活动的最终目的都是帮助儿童更好地学习。如果家长参与到联系活动中来的话，孩子们会学得更好[①]。少泳校打造家校和谐关系的初衷也是如此。只有紧紧抓住这个根本，才不会本末倒置，才不会出现为了营销、为了宣传而拼命作秀，以致学生成为作秀的道具，学校成为聚焦媒体闪光灯的“秀场”。

其次，在营销活动中，我们使用了很多的营销手段和技巧，如分析营销环境；参与广泛竞争；组合营销工具；达成顾客(学生家长)满意；开拓营销渠道；形成关系和网络；整合营销，特别是以 7P 为核心的营销组合策略的使用。但不管使用何种营销手段，前提是学校的内部管理已经做得很好，学生已经享受到了高品质的教育生活。我们所有的营销活动都必须是真诚、真实的，是有利于学生及家长的，是让广大学生和家长有所收益的。

最后，在营销活动中，还必须有一定的经费保障。学校经费使用必须有度，这就需要前期合理规划、科学预算。以我校为例，温州市各小学生均办公经费为 550 元/人，我校全年的办公经费仅为 550×903＝496 650 元，所以每年用于营销活动的经费决不能超过 1％。

三、科学制定行动计划，确保实现营销目的

学校—家长的营销活动是一个长期推进的过程，绝不是靠一两项营销活动的实施，就可以马上赢得广大家长的信任和支持。因此，我们学校既制定了《家校关系建设三年发展规划》，同时也制定了本年度的行动计划，并具体落实到人，确保执行有力（见表2）。

表2　2013年度学校—社区共建活动安排表

活动内容	时间进度	工作重点	负责人	参与人
定期开放校园	2013.2—2013.12	建立大型活动观摩制，如开学第一课	林伟式	教师、家长代表
书面交流制	2013.5.15	第一期《家校信息直通车》出刊	张盈	教师代表、学生代表
家校专题研讨制	2013.10—2013.12	学校新三年发展规划论证会	胡跃飞	教师、家委会代表
家长义工制	2013.5—12	家长进课堂授课、开展公益活动	林鹤真	班主任、家长代表
家长学校建设	2013.3—2013.12	健全授课制度，开展团体辅导	林志辉	家长学校兼职讲师、家长
教师公关礼仪培训	2013.3—2013.11	举办三次专题培训，家长交往礼仪	张雪珍	全体教师（包括后勤员工）
社区联谊制	2013.2—2013.12	教育资源开放、社会各界积极联络	杨圭跃	教师、社区人员、媒体
媒体访校交流	2013.6.5	利用与香港协和小学结为友好学校的契机，邀请媒体来校采访	陶晓迪	教师、学生、家长代表

四、营销活动中可能出现的伦理问题以及应对措施

在学校营销活动过程中，可能会出现一些意想不到的问题。这就需要学校有完善的预警机制，及时解决出现的问题，消除负面影响。

1. 失真

学校刊出的所有宣传资料都必须由校长室严格审核，绝不允许有任何夸大的、不真实的信息传递到家长手中。教师发放给家长的学校信息，也必须由办公室统一审核。在应对新闻媒体采访时，由学校办公室主任担任新闻发言人应对媒体采访或者公关危机。如若出现信息错误，一定要及时通过短信或致家长的信件予以修正。如果错误较多，受众范围广，一定要通过校园网站及时更正，并由校长出面向社会公众诚挚致歉。

2. 互相贬损

学校营销活动必须秉持共赢的策略，不能靠贬低别人来抬高自己。所以在学校宣传过程中，绝不允许有任何贬损其他学校的行为。这一点必须与教师的职业道德紧密结合，并渗透在日常的教育教学活动中。但是，如果遇到我校公众形象受损时，我们必须马上与当事学校进行有理、有力、有节的“外事交涉”。情节严重的，还可以提请教育行政部门或者公安部门介入调查。但绝不可利用媒体等公共宣传渠道“以牙还牙”“泼妇骂街”。

3. 滥用资源

学校资源极其有限。绝不可为了宣传提升学校形象，而挤占教育教学经费。营销是为了学生更好地学习，如果不然，岂非本末倒置。这就需要我们做好科学的预算和严格的经费执行政策。为防止这种情况发生，可由学校工会委员作为学校经费使用审核小组，严格控制经费的使用，发现有超标行为，马上制止。对于已经出现的经费使用超标现象，则由当事人来承担。

4. 虚伪作秀

教育来不得半点虚伪。对于有虚伪作秀行为的当事人立即责令其停止行为，并及时消除负面影响。情节严重的，必须按照学校规章制度予以惩罚。校长作为学校的法定代表人，必须确保学校开展的各种营销活动均符合教育教学规律，真实有效。同时，校长必须向全校教师大会负责，并接受工会委员的监督。

五、学校营销活动的理论支撑

(1)当代营销学界最有影响力的学者——菲利普·科特勒,他早在1969年就提出:营销是一种“普遍的社会活动”[①]。按照其对广义上营销的理解,学校也需要进行营销。少泳校是一所义务教育阶段的学校,其公益性、服务性和公平性决定了我们不能像企业那样搞“营销”。学校必须牢牢抓住学校特征和办学理念开展有序营销活动。同时,我们还须牢记营销的目的是为了促进学生的学习。

(2)营销是与市场紧密联系的,这就要求学校必须进行市场细分。“市场细分往往根据消费者在人文、心理以及行为上的差异来进行”,然后“可以判断出能为他们创造出最大机会的服务对象,这就是他们的目标市场”。接着他们“为每一个目标市场,开发市场供应”(菲利普·科特勒,2003年)。

(3)在市场营销策略的选择上我们务必要注重学校的实际情况。Murgatroyd和Morgan(1993年)提出了广泛开放、增强开放、基本利基和增强利基等四种策略。作为面向固定辖区招生的以游泳为特色的公办学校,我们采取了广泛开放在支配地位,兼用增强开放和基本利基的策略实施市场营销,让家长更清楚学校的优势,从而获得广泛支持。

(4)要特别关注营销活动中的具体细节。如在关于书面材料的宣传上,琼斯认为“一份好的学校通讯(校报)是学校用来获得家长的善意、支持和尊重的最佳途径之一”(Jones,1997年)。学校通讯也应有长期规划。

2013年2月

学校特色品牌创建的策略与思考

今日中国教育已然进入内涵发展阶段，这种内涵发展是不同于规模发展的质量发展，是不同于粗放发展的精细发展，是非同质型的个性化发展，是非模仿型的创新性发展。可见，特色建设已经成为促进学校内涵发展的重要途径与载体。学校特色是一所学校整体的办学思路或者在各项工作中表现出的积极的与众不同之处。特色是学校积极的、进取的个性的表现，也是一个学校区别于其他学校的重要标志。

(1)正确认识特色教育背景。随着国内建设中国特色社会主义理论的提出和国际教育改革浪潮的影响，我国于 2010 年 7 月 29 日颁布的《国家中长期教育改革和发展规划纲要(2010—2020 年)》中提出，“树立科学的质量观，把促进人的全面发展、适应社会需要作为衡量教育质量的根本标准。树立以提高质量为核心的教育发展观，注重教育内涵发展，鼓励学校办出特色、办出水平，出名师，育英才”。可见，“学校办出特色”是对中国特色社会主义现代教育体系的不断完善。创建学校特色的核心目标是注重教育内涵发展，提高教育质量。

(2)科学定位学校办学特色。一所成熟学校的发展需要经历规范办学、办学特色、特色学校、文化立校四个阶段。规范办学是基础，是均衡；办学特色是创新，是发展；特色学校、文化立校是拓展，是传承，更是学校追求的目标。特色学校是在学校特色的基础上形成的，是在先进办学理念的指导下，选取适合本校的突破口，经过较长时间积累逐渐形成的某方面教学优势和优质的办学风格、成果，并拉动了学校的发展。办学特色的定位，不仅要基于校情的充分考虑，要符合教育教学规律和儿童身心发展的规律，更要充分考虑师资状况以及家长、社区等社会力量的支持。

(3)特色学校建设的途径和策略。学校的特色教育品牌不仅是让孩子学会特色项目，更要以此为基点着力提高师生的生命质量；不是让特色项目成为每一个孩子的特长，而是以此为基点，让每一个孩子拥有一技之长；不仅是做好特色项目的教育，而是以此为基点，努力培育学校的特色文化，使学校的发展呈现出整体性特色。基于此，特色学校的建设要做好如下步骤：①基于校情，准确定位办学特色；②依托课程，深入推进课堂改革；③立足师资，加强教师队伍建设；④做好评价，全面营造特色氛围；⑤注重科研，实现特色纵深发展；⑥提炼精神，形成全面特色文化，从而有力助推学校特色教育品牌的打造。

(4)理论提升和必要的文化包装。特色学校建设的重要成果就是出经验、出理论。通过对学校建设的经验性反思，得出特色学校建设的一般规律，以及得出一些普遍使用的方法，从而为其他学校提供经验借鉴。这就需要学校必需进行理论提升。此外，学校特色项目的推广需要借助一定的宣传手段，必要的文化包装也就不可避免了。

学校特色与特色学校的建设是一个长期的推进过程。在这个过程中，需要校长不断加强修炼，提升专业领导力，成为间距“教育领导者、终生学习者和自主创新者”于一身的专家型校长，带领团队不断丰富学校的内涵建设，进而提升教育教学质量。

2013年12月在学校特色发展讨论会上的讲话

实践·行

德育篇

为每一个孩子的精彩人生奠基

——听谢作长主任讲座有感

2010年的第一个教师学习会。一个朔风凛冽的下午，鹿城区教师培训和科研中心副主任谢作长如约做客少泳校智慧论坛。尽管窗外寒气逼人，但房内涌动着一股学习的热浪，温馨暖人。学校教育要培养怎样的人？怎样培养人？谢主任从我国面临的教育形势和教育的发展历程谈起，在分析了学校教育任务和人的发展历程后抛出两个问题。谢主任不像一般的大师那样正襟危坐地传道授经，但却在谈笑风生中用理论指引实践、以实践佐证理论，深入浅出地剖析了当前学校教育的任务和培育目标，让我们在“听故事”的过程中感悟了许多道理。

学生不是盛装知识的容器，不是等待训练的宠物，更不是教师随意呵斥的仆人，教育是要培养大写的人，那么我们该为培养大写的人做哪些有用功呢？作为一个教育工作者，尤其是学校管理者，我们不仅要明晰这个道理，更要引领全体教师明晰道理，并孜孜不倦地去实践。一直以来，我都笃信教育是应该培养全面发展的人，是为学生的终身幸福奠基的，是为学生的可持续发展奠基的。那我们能不能一如既往地排除外界干扰，静心治教，静待花开？学生，作为一个个活生生的、成长中的独立生命个体，有其独特性、尊严性和不可复制性。花谢了还有再开的时候；房子建不好了可以推倒重来；但是孩子们成长的过程却是不可复制性的。所以，我们要把握教育的每一个关键时期，施之以可行的教育方法，引导其去探索未知的知识领域。我们不是简单地传授知识，更重要的是交给其掌握知识的办法，培养其获取知识的能力。这就需要教师积极构建有效的，而且是高效的课堂。每一位老师都应该研读课标，走进学生，走入教材，大胆地根据学生的心智发育特点，组建教材，选择合适的教学方法，引导学生遨游于知识的海洋，学会掌握驾驭未知的办法。那时，我们将是学生成长中重要的引路人。

我们的孩子不仅要长知识，更要长身体。作为学校教育工作者，我们是不是都能够提供充足的活动器材，是不是都能够让孩子有足够的空间和时间去从事体育锻炼活动。通过教师的有序组织，让我们的孩子在活动中增强体质，在锻炼中强壮身体，在比赛中学会对抗。21 世纪无疑是人才竞争空前激烈的时代，我们的孩子必须有过硬的身体素质，有良好的心理素质，这些都将成为学校教育的重要内容。也许我们的这一点点行动无法改变中国教育的现状，但却可以让任教的学校更具有活力和竞争力，也可以让我们的孩子得到更多的成长乐趣。那时，我们将成为孩子快乐童年的重要缔造者。

一个孩子就是一个世界，而且每一个孩子都是一个精彩世界。在他的世界里，不仅需要渊博的知识、强健的身体，更需要高层次的生命关怀，一个能使其成为真正的人的精神关怀。也许，这就是谢老师所说的从“人事·人文·生命关怀”的成长三部曲吧。我们的孩子从进入校门的那一刻开始，就已经把引领他成长的权利交给了我们——他们最信任的教师。我们还有什么理由去拒绝和辜负呢？我们要让他们学会诚信待人，所以我们要以身作则；我们要教他们热爱劳动，所以我们要以身示范；我们要让他们学会合作，所以我们要精诚团结……每一个孩子都是老师的影子，在孩子的身上会清晰地看到老师的言行痕迹，要教会孩子具有高尚的道德品质，就必须给予他高层次的生命关怀。教育是一种心的教育，是一种以心换心、以心交心的教育，只有达到这种境界的教育才是真正的教育，才能培育出真正的人。也许那时，我们距离教育家的日子也就不远了！

在浩瀚的历史长河中，我们只是一个微不足道的过客。生命有长有短，意义有大有小，但两者绝不是简单的等量关系。人的一生可重于泰山，也可轻如鸿毛。为人师者，让每一个孩子都能快乐成长，让每一个孩子生活得更有尊严，让每一个孩子的生命变得更有意义，让每一个孩子拥有精彩人生，这将是我们人生的最大追求。为每一位孩子的精彩人生奠基，这已成为全体少泳校教师矢志不渝的奋斗目标。

2010 年在智慧论坛中的发言

生活德育

——校园里的一道靓丽风景

不是世界缺少美，而是缺少发现美的眼睛。

今天天气很好，阳光非常灿烂。上午第二节课后，我漫步校园，竟然发现在三楼走廊的栏杆扶手上晒着很多被子，它在书声琅琅的校园里显得格外地抢眼。只见那大小不一、颜色花哨的被子沿着学校走廊栏杆一字儿排开，在浅蓝色底墙面的映衬下，显得很不协调。

“是谁把被子晒到学校里？这不是在破坏学校环境的和谐美吗?”我有些纳闷。正在这时，只见五(3)班的邱老师抱着一床被子过来了，后面还跟着几个孩子，手里也抱着被子。只见孩子们熟练地将被子搁在栏杆上，翻开、铺平、轻掸，一气呵成，俨然居家过日子的小主妇(小妇男)。短短的课间十分钟，只见五(3)班的孩子跑进跑出，忙得不亦乐乎。顿时，学校走廊的栏杆上挂满了五彩缤纷的被子，犹如“七色彩虹”悬挂在校园的一角形成了一道美丽的风景线。

从何而来的被子？为什么需要这么多的孩子们利用课间休息的时间晒被子？我疑惑不解。经过一番打听，才知道这是五(3)班道德教育的“产物”。为了引导孩子合理地利用时间，学会学习、学会休息，从一年级开始，班级就实行了午休制度，并随之实行了一整套的德育管理办法，如每天午饭后雷打不动的全班大扫除、午间时候脱鞋进教室、人人会铺床、人人会晒被子等。五年如一日，孩子们在忙忙碌碌的“琐碎”中重复着一年又一年的“故事”。于是，每天都可以看到五(3)班特别干净的教室、一尘不染的公共走廊、热火朝天打扫卫生的场景、全班总动员的午休，更有每周晒被子的劳动等。这些只是我这个新来的校长不知道内幕而已。今天，我看到了身体结实、知书达理的五(3)学子，他们待人特别有礼貌，他们的班风特别淳朴，他们班的同学在学校的各种竞赛中总能拔得头筹。我想，这难道不是陶行知生活教育的最好实践和见证吗？

很多时候，人们往往无故拔高德育的高度，认为德育就是谈爱国、爱人民、爱社会主义，认为德育就是举行各种各样轰轰烈烈的活动比赛，认为德育就是指对后进孩子进行“思想转换”。其实，德育并不是远离生活而孤立存在的，它就在我们的身边，校园中的很多活动、生活中的很多细节都是我们进行有效德育的重要载体。教育孩子养成良好的卫生习惯是德育，教育孩子学会以礼待人是德育，教育孩子学会亲近自然、保护资源也是德育。德育无处不在。生活即德育，德育源自生活。

校园里晒着的被子就是一道风景线，是学校道德教育中一道靓丽的风景。但是作为学校管理者，我们在培养、呵护这道风景线的过程中又做了些什么呢？也许走廊扶手上晒着的被子一时会影响了校园的整体美观，那么我们是不是可以独具匠心地为这种生活德育开辟一块基地、培育一份沃土？因为这样既保护了教师实施生活德育的积极性和热情，又能真正为之搭建生活德育的桥梁，促进学生健康、可持续地发展。

校园生活处处有情、步步有景，让我们用心地去呵护、用心地去描绘吧，我们的校园风景必将更加靓丽动人！

2010 年载于《走在反思的路上》

新生第一课：寻找自己的“家”

九月一日上午，一年级新生如期报到。为了尽快消除孩子们对新学校的陌生感，增强学生的安全感和归属感，以尽快适应新学期学习。学校教导处和一年级班主任根据新学期工作思路——“爱心共建和谐家园”，精心策划与组织了新生入学第一课：寻找我们的“家”。

活动一：家家有全家福

班主任根据教导处提供的学生名单和照片，提前布置了班级展示栏。展示栏内孩子们天真无邪的笑脸构成了校园最靓丽的风景。一百八十个孩子一百八十张笑脸，一张张生动的全家福定格在新生报到的第一天，也成为每个家庭的第一张全家福。当孩子们在本班教室门口的展示栏内找到自己的照片后，就轻而易举地找到了自己的“家”，无形中消除了他们对新班级的陌生感和距离感。

活动二：家家有响亮名

每个班主任都能根据自己的教育理念和教育目标，为班级命以响亮又上口的班名，让孩子一下子就记住了自己的班级。如一(1)班的小鲤鱼之家，正如班主任程聪聪所言，“希望我们的孩子都能像小鲤鱼一样活动又可爱，同时又能勇敢拼搏、力争上游，不断地超越自我。”

活动三：家家有课程表

为更好地引导家长配合学校做好幼小衔接工作，学校教导处在新生报到的第一天，就在班级竞赛栏内张贴了学生作息时间表和课程安排表。既体现了学校减负提质的决心，更强化了学校和家庭之间的交流，让家长能够从容应对新学期接踵而来的各种教育活动，有利于教育合力的形成。

活动四：家家集体亮相

十点整，在德育处的统一安排下，一年级小朋友集体亮相操场，举行始业教育入场仪式彩排。当孩子们踩着音乐节拍，排着整齐的队伍穿过红地毯步入操场时，预示着其小学生涯的正式开始。今后，纪律教育、责任感、集体荣誉感等将成为其重要的道德教育课程。

相较于其他学校，少泳校的新生第一课无疑是简单而朴素的，但其背后却蕴藏着少泳校人的办学哲思与教育智慧。

(1)入学教育主题紧扣年度工作思路，体现办学行为的高度一致性。学校每学期的工作计划都是在办学理念的指引下有序开展的，各科室、各年段、各教研组又能围绕工作计划设置相适应的教育教学活动，从而确保学校文化建设的一致性，确保办学理念的真正落地生根。

(2)“全家福”一栏的设置，彰显教育教学行为的理论指导性。心理学上指出，消除儿童对陌生环境恐惧的有效策略之一就是建立“熟悉”的联系。即在儿童陌生的环境中摆放上其熟悉的物品，通过“熟悉物品”缩短儿童的心理距离，增加儿童的安全感，继而有效适应新环境。但学校的活动场所有限，不可能摆放那么多学生从家里带来的“物品”。故德育处通过设计“全家福”环节，将学生的个人照片装饰在校园的显眼处，让每个孩子都可以轻易找到自己的位置，进而增加对新学校的接受度。

(3)朗朗上口的班名是“班风 · 班训”的通俗表达形式，体现学校德育润物细无声的特点。学校是一个长知识、学做人的重要场所。一年级儿童的认知特点还停留在感性为主的阶段，说教的方式很难真正入心、入脑。但是通过感知朗朗上口的班级名称，并以故事的形式告诉孩子们要怎么做，符合儿童的认知发展规律，也体现了学校德育润物细无声的特点。

(4)以集体为单位的亮相制度，彰显了团队建设与纪律教育的重要性。学生成长的重要场所有两处，一是家庭，二是学校。家庭注重的是个性教育，学校侧重的是集体教育。学校又是儿童走向社会生活的重要桥梁。从某种意义上讲，学校是微缩版的社会，在这里儿童将学习人际交往、公共纪律、公共道德等，学会与人合作、学会正确处理与集体的关系等内容。

学校教育的服务对象是儿童，服务于儿童的成长这也是学校所有活动的出发点和落脚点。相信基于儿童立场开展的各种教育教学活动也必将更好地促进儿童的全面发展与个性成长。

2010 年 9 月在智慧论坛上的发言

从爱心捐款到爱心义卖的思考

——浅谈学校管理中的简与繁

前日，城南小学举行了一场朴素而又隆重的爱心义卖活动。活动中老师、学生齐上阵，家长、社区共帮忙，学具、文具、书籍随处可见；学生的书画作品、手工作品、自制食物琳琅满目；各类宣传海报、宣传标语布满校园各个角落，既彰显着孩子智能发展的无限可能，又展示着学校素质教育的成果，让我们振奋不已。

一次简单的爱心捐款活动何以演变成如此隆重而有教育意义的爱心义卖活动呢？这一切完全得益于城南德育人独具匠心的课程设计观念——充分挖掘每一次德育活动的深刻内涵，让孩子从中得到体验、感悟与成长。依稀记得年初的时候，大队辅导员曾提过今年要开展爱心慈善捐款活动，但是几经讨论我们还是决定以爱心义卖的形式推进学生对爱、对如何表达爱的深刻认识。从爱心捐款到爱心义卖活动，城南人至少已经在三个层面让活动得到升级。

(1)从简单地让孩子献爱心到引导孩子知晓为什么要献爱心。

义卖之前，学校要求每个班级都必须组织一次爱心宣教活动，让每个孩子知道在中国、在温州鹿城还有一些非常贫困的弱势群体，他们中的一些人因为贫困上不起学，失学在家；一些人因为贫困无法接受必要的医治，甚至只能放弃治疗在家“等死”；一些孩子因为身有残疾从小就被父母遗弃；一些孩子因为父母长期在外打工，无法忍受亲情的缺失甚至以极端的方式结束自己的生命等。而这些人如果能够得到社会上爱心人士的救助，他们的命运就有可能改变。去年温州市南亚住宅区的一对夫妇因为煤气管道爆炸，身受重伤。幸得社会上广大爱心人士的帮助，大量救助款让他们得以重生，这样的例子举不胜举。我们需要引导孩子知道帮助社会上的弱势群体不仅是每个人必须要尽的义务，也是一个社会文明程度的体现。孟子曾说："穷则独善其身，达则兼济天下。"我们的学生从小到大，接受了来自父母、老师和社会各界的爱心。很多时候他们会认为这种爱是理所当然的。于是他们忘记了感谢，忘记了感恩。通过这个活动引导孩子学会感恩，知道表达感恩的一个重要方式就是尽自己所能帮助需要帮助的人，让社会上的每个人都能享受到爱，都学会传递爱。

(2)不是让孩子简单地把钱捐出去，而是学会通过自己的辛勤劳动获得报酬进而去献爱心。

往常的爱心捐款活动就是让孩子们将自己的零花钱、压岁钱或者父母给的钱捐出去，以表达爱心。但此次，我们却将该活动设计为爱心义卖活动，让孩子们通过自己的努力将"商品"卖出去，然后筹得一定数额的钱捐给慈善机构。这不仅是一次智商、情商的教育活动课，更是一次财商的教育活动。它不仅是一次爱心综合实践活动课，更是一次集数学、美学和人际学等课程在内的综合活动课程。最重要的是，活动让每一个孩子体会到——赚钱并不是轻而易举的事情，父母养育我们长大是非常辛苦的，进而感激父母的养育之恩，学会孝敬父母。一个卖棉花糖的孩子告诉我，往常十块钱根本不在他眼里，但是经过这次活动就完全不一样了。在他的爱心铺里每出售一个棉花糖只能赚 1 块钱，以他"笨拙"的手艺制作一个棉花糖却需要耗时十分钟，整整一个小时他只能赚六块钱。可是工作一个小时之后，他的小手却累得再也举不起来。义卖让孩子们知道了赚钱的艰辛，也让他们重新认识了金钱的意义与价值。

(3)城南小学的爱心义卖活动不仅是一次简单的"商品买卖活动"，更是各个班级素质教育成果的充分展示。

卖什么？怎么卖？如何才能卖得更好？这些内容都成了城南小学本次义卖活动中需要达成的教育目标。我们的核心要求就是"卖"的东西必须与班级的文化建设紧密结合，并能够紧紧抓住班级的特色文化。如"书香中队"卖一些学生阅读过的书籍，"墨香中队"出售学生的书画作品，"小蜜蜂中队"出售自己批发来的各类商品，也有一些班级专门卖孩子制作的各类小美食……虽然各个班级出售的东西不尽相同，但让每一个孩子参与其中、有所收获的活动理念却不能变。不管是批发商品去卖，还是学生亲自制作东西去卖，其"商品"必须是学生劳动所得。在义卖过程中，我们还要求每一个班级都制作一张宣传海报，必须精心设计自己班级的个性商铺，必须有专门的宣传人员、售卖人员、会计、出纳等。这就突破了原来简单的叫卖活动范围，让每一个孩子获得全新的职业体验机会，从而赋予了其深刻的教育内涵。

也许有人说，城南小学把一次简单的爱心捐款活动弄复杂了，投入产出比严重不足，效率太低。但我并不这样认为。余秋雨先生有这样一段话："在这阳关雪地之中，白茫茫一片，身处此种境地，巨人也成了侏儒，侏儒也成了巨人"。他道出的不仅是那一刻的认识，也说出了一种辩证的思想。其实，生活中处处存在矛盾，粗与细、繁与简、大与小、白与黑等。这种对立的矛盾在学校管理中也是存在的，如集团化办学的规模发展与学校内部的精细管理、学校的硬件与软件建设、学校管理中的制度建设与人文管理等。然而，最为关键的就是繁与简关系的处理，这也是学校管理中经常会碰到的一对矛盾。

繁指复杂，简则指不复杂。众所周知的是，我们必须把复杂的事情做简单了，这是一种境界，也是一种心态。殊不知，在学校管理中有时也需要把简单的事情做复杂了，这既是一种智慧，更是一种美丽。把复杂事情做简单了，是对教育本质去伪存真、删繁就简的认识，其目的与核心直指教育的本真——促进儿童作为人的发展。这也是当前教育的一个最高境界，是教育摒弃喧嚣、褪去功利主义色彩后的返璞归真。而把简单的事情做复杂了，这主要是在活动设计方面，是指教育者深刻挖掘教育活动的内涵，拓宽教育的途径与载体，构建更多的德育活动"磁场"，从而更好地促进孩子成长，这也是学校精细管理的重要体现。学校管理中的"繁"实是为了更好地落实"简"，只有在"至简"育人理念下开展的"繁"活动，才有其意义与价值。

在学校管理中，繁与简是一对看似矛盾、实则互为补充的相对统一体。我们不能简单地说"只要简"或是"只要繁"，而是要因时因地制宜。只有科学、妥善处理地这些矛盾，才能更好地促进学校健康、可持续发展。

2014 年 6 月在城南学堂中的发言

分数 or 素养

一个偶然的机会，我在温州都市报上读到了一篇关于我朋友儿子的文章。小学生的文笔虽然稚嫩，但还是给读者呈现了一个善良、爱帮助他人的小男孩形象。高兴之余，我赶紧给朋友致电以示祝贺。但电话那头并没有太多的惊喜，朋友不无遗憾地表示，帮助他人又能怎样，读书好、分数高才是硬道理。随后还向我咨询关于如何学数学的方法。的确，今天在温州持有这样观点的家长不在少数，分数固然重要，但它绝不是教育的全部。如何正确看待分数，如何读懂分数背后蕴藏的意义与价值，将直接影响着学校、家庭教育的方向和方法。

分数是什么？分数是以知识为导向的，在统一标准内容下，通过单一纸笔考试而测得的数值，它反映了狭义的教学质量，完全不能诠释教育质量的丰富内涵。但因为现阶段人才选拔机制的评价制度尚处于大一统的考试评价阶段，致使很多家长常常以考试成绩来评价孩子的成长状况，认为成绩就是教育质量的全部。其实，这是片面而不科学的做法，会妨碍孩子的多元发展。有人说，中国的孩子自信心明显不如国外的孩子。这是因为在中国，学生的评价方式比较单一，只是简单地以学业考试成绩论英雄，人为地造成了很多“后进生”“差生”。事实上，分数并不能客观、全面地反映教育质量，更不能反映孩子的综合素质。比如说，《国家中长期教育改革和发展规划纲要》中对学生的评价包括了运动与健康、学习能力、道德品质、公民素养等六个维度的内容。以运动与健康为例，中考体育的体育评价方式，也仅是考核三个项目，这三个项目的考试成绩又如何能全面反映学生的身体素质？可见，单一的考试（尤其是纸笔）反映的仅是人的应试能力和对某一习题的掌握情况，而很多课程标准中规定的情感、态度价值观、知识与技能、过程与方法等综合质量是无法通过分数简单地反映出来的。所以，我们必须学会理智地面对成绩，辩证地对待分数，更需要透过分数的表面认清教育的本质要求。

近年来，国际经合组织独创性地提出了“素养”一词，认为“素养”不是知识，不是技能，而是个人获取或应用知识和技能的能力，以及兴趣、动机和学习策略等，它比分数更重要。新加坡原总理李光耀也曾指出：未来的社会瞬息万变，我们不可能教给孩子应对明日社会问题的所有知识，这是不现实的。我们所能做的就是教给孩子获取知识和技能的能力，以便让学生在将来错综复杂的环境中学习新的知识以及应对的策略与技能，这才是今日教育应该做的事情。

都市报上的《我的同桌》一文让我们读到一个积极向上、乐于助人的阳光男孩。男孩身上洋溢着一些优秀的品质：积极、上进，爱帮助他人。在全球化经济形势日益加剧的今天，地球逐渐变成了一个“村落”，人与人之间的交流与合作日趋紧密，甚至有人指出世上没有人能独自成功。男孩的这些品质与素养无疑将极大地推动他的合作能力、交流能力、换位思考等素养的发展，这必将促使他获得更多的成功与幸福。人的发展的终极目标就是获得幸福，体现生命价值。冷冰冰的试卷分数不可能支撑他走向最后的幸福。同时，无数鲜活的例子也告诉了我们，一味地追求分数只会导致更多高分低能儿的诞生。某某大学生每月将脏衣服定期邮寄回家给家长清洗，某某学生因为与寝室同学不和而痛下杀手；某某重点大学的孩子因为不合群，无法融入大学生活飞身纵下高楼。种种悲剧告诉我们，培养孩子终身受益素养的意义远胜于获得卷面上的高分，因为教育的本质就是让人获得生长，获得幸福。

那么如何促进孩子的成长呢？苏霍姆林斯基曾指出在孩子的成长过程中有七个方面的影响因素，排在首要位置的就是家庭影响。可见，家庭教育在孩子的成长中起着非常重要的作用。父母是孩子的第一任老师，有怎样的父母就有怎样的孩子。曾有小学生在“中”字的组词中这样说道：“中”可组成三个词语，中国、红中和自摸红中。教师愕然。经过家访才发现，这是一个麻将之家。平时家里麻将声不断，三缺一的时候就让孩子“上阵顶岗”，出现这样的组词也就不意外了。孩子的向师性非常强，在学校里学老师，在家里就学父母。很多爱贪小便宜的家长培养出的孩子也爱占小便宜；不讲卫生的家庭里走出来的孩子脏兮兮的；满口粗话的父母教出来的孩子也是粗话连篇的。可见，家庭教育在孩子素养形成过程中所起的作用是非常大的。今日你想培养孩子讲诚信，你自己就必须说话算话。古有曾子杀猪，商鞅立木树信，今有武林门广场火烧温州鞋，这些无不给培养诚信家风的世人以巨大的启示。教育是什么？教育就是言传身教，立身示范的过程。

家庭是进行个性教育的最好场所。作为家长，我们要始终关注孩子的身心成长，关心孩子综合素养的提升，而绝不拘泥于一时的成绩；我们要目光长远，关心孩子的可持续发展，而不仅是当下一时的骄傲。对于孩子来说，没有比什么获得成功的自信更重要。多一把评价的尺子，就多了一份成功的可能。家长们每天改变一点点对分数的看法，无疑会帮助孩子迎来更精彩的明天。

2013 年 12 月于城南小学

也谈读懂孩子

今天下班回家，发现以往蹦蹦跳跳的女儿居然不吭声了。连叫了好几声，她都不答应。推开女儿的房门，发现她的小脸正涨得通红，一副埋头苦学却明显不在状态的样子。这可不像女儿的本性！到底发生了什么事情？职业的敏感让我心生警惕。经过我的“循循善诱”，女儿终于向我道出了她与哥哥闹矛盾的事情。经过我的一番工作，俩小家伙的问题终于顺利解决，一场家庭危机巧妙化解。

读懂孩子，是时下教育界流行的术语，也是教育人士公认的有效教育发生的前提。其实不仅是老师，父母也需要读懂孩子。只是，我们现在有些家长太忙了，忙得把家庭教育托给了培训机构，忙得让家庭教育只剩下学业的辅导。但是，教育不是站在圈外指手画脚就可以奏效的。只有真正走入圆圈，才能更好地发挥作用。而这些，首先就需要我们读懂孩子。

读懂孩子的第一要诀，就是要明确我们所“读”对象的特殊性。我们所面对的是一群活生生的、个性迥异、各具风格的孩子。每一个孩子都是不一样的，都有其完全不同的、丰富的内心世界。相对于大人而言，他们更加单纯，更加稚嫩，对生活也更充满好奇和探索的欲望。幼儿园的孩子模仿性很强，最喜欢模仿别人的动作和行为。对于自己不懂的问题总是要不断地问“为什么?”在同伴交往方面，主要是建立在外部条件上，如住同一街道、同一幢楼房、同一个班级或者父母相互比较熟悉。但是小学生就不一样了。虽然他们也爱问问题，对不知道的问题总想找到答案，尽管他们还是很依赖成人，但在很多问题上已经开始自己去思考问题了。在同伴关系上，他们开始倾向于选择与自己兴趣、爱好、性格和经历相和谐的人做朋友，同时也更倾向于选择受社会赞赏的、或比自己更强的人做朋友。进入青春期后，孩子们会更加独立自主，此时在他们的人际关系中，同伴关系比亲子关系更为重要。不同年龄段的孩子有着不同的心智特点，也就有了不同的发展状态。即使处于相同年龄，也会因为个性特点、家庭背景等多种元素，使他们各个不同，各个精彩。我们必须蹲下身来，用孩子的视角去观察孩子，了解孩子，真正走进他们的内心。

读懂孩子的第二要诀，就是要用心去"读"。每一个孩子都有其不同的表现形式。同样是高兴，有些孩子只是平静地笑笑，有些孩子会手舞足蹈，有些孩子就会上蹿下跳。同样是表达对他人的喜欢，有些孩子会直接告诉你，有些孩子会直接通过拥抱等行动告诉你，也有些孩子只会远远地看着你，但他的内心却有非常强烈的被关注或被拥抱的需求。世界上没有两片完全一样的树叶，世间也没有两个完全相同的孩子，想懂他们并不难，关键是我们必须用心去"读"，用心去观察，学会察言观色。读孩子的第一步，就是观察孩子的言行，通过观察他们的行为或话语，捕捉孩子的内心世界。读孩子的第二步就是看孩子最近的作品，包括作业本、美术作品、作文本等。因为在这些"作品"中都藏着孩子的一些小秘密。读孩子的第三步就是同孩子的朋友聊天，从他人的口中知道孩子最近的状态，然后有的放矢地同孩子聊天，就可获知孩子的情况。当然"读"还有很多其他的办法，但关键是我们必须用心去读。

如果说"读"是出发点的话，那么"懂"就是落脚点。"读"的目的是要"懂"孩子，"读"是通向"懂"的重要手段和桥梁，"懂"是"读"的归宿。只有真正读懂孩子，才能让我们的教育发生作用。但是，怎样才能读懂孩子呢？这不仅需要我们细心观察，更需要我们教育工作者（家长）懂一些专业知识，特别是心理学和教育学的知识，掌握一些人与人沟通的技巧和方法，这样才能事半功倍。如一位老师在孩子上交的"我的家庭"的美术作品中，发现孩子所绘的窗帘有三重之多，且颜色均为不同深浅的蓝色，画面的突出位置画了一个很大、很夸张的垃圾桶。老师从中读到了"孩子心情压抑，渴望找人倾诉心声"的信息，迅速找孩子谈心，化解了一场可能出现的危机。可见，必需的知识储备对于教育有着非常重要的作用。所以，为了孩子，我们必须努力改变自己，提升自己。

世上没有推不开的窗，也没有跨不过去的坎。用心阅读孩子，一定可以看到一个个更加精彩的世界。孩子也会因为多这一份“懂”，而变得更加开放，更易接受美好事物，从而朝着更美、更善、更真的方向发展。这才是我们读懂孩子的初衷！

2014 年 6 月 12 日于城南小学

“六个一”开启城南新生入学第一课

——谈小学的仪式教育

日本儿童诗人金子美玲的一首小诗《我们不一样，我们都很棒》，拉开了城南小学新生入学教育的第一课。

我伸展双臂，
也不能在天空飞翔，
会飞的小鸟却不能像我，
在地上快快地奔跑。

我摇晃身子，
也摇不出好听的声响，
会响的铃铛却不能像我，
会唱好多好多的歌。

铃铛、小鸟还有我，
我们不一样，我们都很棒。

这也是城南小学在“让每一个孩子精彩起来”办学理念指引下开发的新生入学适应课程的教学内容之一。自 2014 年开始，学校围绕“我们不一样，我们都很棒”的教育主线，开启了以“六个一”为主题的新生入学第一课，即赠送给每位学生一枚徽章、一次签名机会、一首小诗、一张书签、一套书和一张照片。

“一章”：即一枚徽章，一枚印刻着城南 logo 的新生徽章，体现身份认同，我是城南人。“一名”：即一次签名机会，体现自我宣告，告诉世界、告诉城南小学，我来了！“一诗”：即一首儿童诗《我们不一样，我们都很棒》，通过共同阅读小诗，引导学生正确认识自我，认识自我的独到之处，从而创造更多的个性精彩。“一签”：即一张书签，一张印刻着“我们不一样，我们都很棒”小诗的精美书签，旨在引导孩子喜欢阅读，热爱阅读。“一书”：即赠送一套书籍（含学校开学教育适应手册），一则引导孩子更快地适应小学生活；二则告诉孩子，书是人类进步的阶梯，希望每一个孩子从小养成阅读的习惯。“一照”：为每个孩子拍摄一张照片，体现城南人一步一个脚印、为生命留痕的理念。

这是城南小学坚持多年的新生入学教育仪式。虽然，“六个一”的活动内容每年有微调，但基本仪式保持不变。这些仪式体现的是城南人对新生入学工作的高度重视，彰显的是城南人注重个性发展的价值表达。它既是教育的重要契机，更蕴含着丰富的教育意义。

“仪式感”是近年来兴起的名词，强调的是个体对仪式活动的主观感知与价值观内化。安东·德·圣艾修伯里的《小王子》里有这样一段对话：狐狸对小王子说：“你要能在每天同一个时间来就更好，比如说你在下午四点来，从三点钟开始，我就开始感觉很快乐，时间越临近，我就越来越感到快乐。到了四点钟的时候，我就会坐立不安，我就发现了幸福的价值，但是如果你随便什么时候来，我就不知道在什么时候准备好迎接你的心情了，仪式还是需要的。”小王子问道：“什么是仪式？”狐狸说：“它就是使某一天与其他日子不同，使某一时刻与其他时刻不同。”

“仪式”就是狐狸为了特意迎接小王子的到来而安排的活动。“仪式感”就是基于这个特别的日子狐狸感受到的“快乐”和“幸福”，是基于活动体验产生的主观感受。仪式教育的重要目的就是将抽象的知识、品质变得更加形象生动，易于接受，从而使受教育者将组织者传达的价值观内化于心，外显于行。“仪式”是为“仪式感”服务，“仪式感”是仪式教育的重要价值追求。二者是内容与形式的关系。现实生活中切不可一味追求形式，而忽略了教育的本原。

近年来，各个学校都特别注重发挥仪式的教育作用。入学礼上，会看到很多身着汉服的学生，拱手作揖，额上点着寓意开启智慧的朱砂，向他们的老师行跪拜礼。入队仪式上，孩子们衣着整齐，胸前飘扬着鲜艳的红领巾，在队旗下庄严宣誓……这些仪式教育对孩子的尊师重教、健康成长起着积极的影响。然而之前网上流传的信息:“深圳一幼儿园将钢管舞表演引入开学典礼,结果引发家长的愤怒与抗议,甚至有家长找到园长要求退园”。姑且不论钢管舞是否适合幼儿欣赏,只从画面上看,表演者穿着暴露,舞姿妖娆确实不利于在校园里开展。看来,一些学校为了追求标新立异的“仪式”外表,已经剑走偏锋,“误入歧途”了。仪式教育至少要遵从儿童的身心发展规律与教育规律,要坚守教育底线,否则势必会“走火入魔”。

活动的设计要符合认知规律,体现儿童立场。儿童的身心发展是有规律且具有显著的阶段特征。小学生的体格、骨骼及肌肉、牙齿、呼吸系统、心脏、血管等逐渐发育。在思维品质方面,低年级的学生侧重形象思维(具体),高年级则倾向于逻辑思维(抽象);在记忆力方面,低年级侧重死记硬背,高年级则明显呈现有目的性的记忆;在注意力方面,中低段的学生约为 10～20 分钟,高段学生约为 25～30 分钟。这就决定了活动的设计必须兼具趣味性、直观性和活动性的特点,每一次活动时间的安排都不宜过长,尤其不能超过 30 分钟。每一个儿童都喜欢听故事,让儿童在听故事的过程中知道什么是好的,什么是不好的,什么是可以做的,什么是不可以做的,从而树立正确的人生观与价值观。

仪式的外在形式要相对稳定,彰显价值表达。仪式设计的程序要相对固定,否则会让人无所适从。因为基于仪式会产生种种感觉,快乐或幸福,深刻或厚重,庄严或肃穆,虔诚或神圣,敬畏或忌惮,进而激发生命个体生成一股新的力量,牵引着他们,越过生存的各种门槛,开始新的出发。仪式相当于一个按钮,当个体去做这个动作的时候就是告诉大脑,我要开始进入另一个状态了。于是,将自己的反应力、思考力、执行力聚拢起来(放松下来),迅速切换到另外一个需要的状态。如果仪式的程序经常变化,人的大脑就无法因为“熟悉”而进入惯常状态,因而也就难以滋生各种感知去支持生命实现新的成长。

仪式应注重儿童的身心体验,注重情感联系。体验是主体把自身当成客体,从而获得关于客体感性信息的一种感知方式。包括心理体验和实践体验。前者是指认识主体在观念上把自己当作客体,后者则是在实践中把自己暂时变为现实的客体,使自己暂时按照客体环境、立场、观点去观察事物、思考问题,从而获得关于客体的信息，后者甚至直接作为客体中的一分子去生活[①]。这两种体验都是认识客观世界的一种特殊的认识方式，其结果都是促进“主体内部的主观的东西——精神平衡、悟性、心平气和、新的宝贵意识”[②]等的产生。可见，若要让仪式传达的内容与价值表达神变成儿童内在的品质，则必须注重儿童的身心体验。体验可以通过角色承担来完成；也可通过设计有关联性的活动来完成，让儿童在相似的环境中产生想象，产生联系，从而把老经验和新刺激重新整理，产生新的认知、新的知识、新的经验和新的感情。把有刺激性的、冲击力的人物、事件、知识和感情积淀下来，通过“强化—积淀—内化”的循环运动过程，最终内化为人的素质，这就是仪式教育的价值追求。

一所好学校，应当是一所注重仪式教育的学校。在校园里，总有一些别样的东西，在濡染，在觉悟，在憧憬，在感召，在舒展……而这些东西，总是蕴含着学校的价值选择与教育意向。在这样的环境中浸润成长的儿童，他们的生命才会拥有一片亮丽温暖、永不蜕变的底色。

2018 年 9 月在城南小学家长学习会上的发言

---

① 朱小蔓.关注心灵成长的教育——道德与情感教育的哲思[M].北京：北京师范大学出版社，2012.

② Q.E瓦西留克.体验心理学[M].黄明等译，北京：中国人民大学出版社，1989.

教学篇

让孩子享受教育的幸福

——观翁敏云老师游泳公开课有感

草原上有对狮子母子。

小狮子问母狮子:“妈妈,幸福在哪里?”

母狮子说:“幸福就在你的尾巴上……”

于是,小狮子不断追着尾巴跑……但始终咬不到。

母狮子笑道:“傻瓜!幸福不是这样得到的。只要你昂首向前,幸福就会一直跟随着你!”

曾几何时,我们也如同小狮子般苦苦地追寻着幸福。什么是幸福?怎样才能得到幸福?可能不同的人会有不同的答案,如同一千个观众心中有一千个哈姆雷特。但是教育,一定是其中很重要的一条途径。教育的本义就是使人获得幸福,更重要的是教育的过程也应该是幸福和快乐的。今天上午翁敏云老师的一堂游泳教学课,让我真正感受到“让每一个孩子享受课堂幸福”的教学理念。

也许乐水是孩子的天性,但翁老师悉心呵护每一个参与者,关注他们的学习情绪,采取有效的教学评价,这无疑激发了孩子学游泳的兴趣。三十五分钟时间转瞬即逝,从孩子们依依不舍离开游泳池的表情中可以看出本堂课教学的成功。但在教学过程中也出现了一个问题:位于第六泳道里的女学生始终没能达到教学内容所规定的要求,或者说是根本不会游泳。一堂课下来,就见她拿着浮力板沿着扶手来来回回地走着,在泳池中显得很不协调。课后的教学沙龙活动中,有老师提出,出现这样的学生是不是就意味着教学的失败。也有老师认为，如果一堂课下来，每一个孩子都能完成教学任务，本堂课的教学目标也就达成了。大家回顾了这节课，只因为这个女孩的存在，使原本精彩的课变成了“不完美”，这不能不说是一种遗憾。为此，敏云老师做了这样的解释：“三年级的孩子处于蛙泳的起步阶段，这样的教学内容难度适中。在借班上课之前，我也了解了这个孩子的情况，她刚刚从外地转学过来，不仅不会游泳，而且比较怕水。我也曾犹豫过要不要让她上课。最后，我还是让她留下来，因为我觉得每一个孩子都有受教育的权利，我不能剥夺她应有的权利。相反，我要让她逐渐喜欢游泳课，进而学会这项技能。”

“多好的老师呀！”我由衷地敬佩。翁老师根本不在乎是不是会因为一个“不和谐”的孩子的存在而影响自己的教学效果，她只是想让每一个孩子都享受到学游泳的乐趣，并有所收获。我倒觉得这恰恰是本堂课最大的亮点和看点。正是这种真实的教学过程折射出了本堂课坚持以人为本的朴实和务实。新课程理念坚持孩子是课堂的主人，坚持让每一个孩子都能在课堂教学中有所收获、有所发展。翁老师并没有因为孩子的“不合群”将她剔出施教范围，而是不断地鼓励她，帮助她建立愉悦的学习情境，产生积极的情绪体验，使之快乐地学游泳。在课堂观察中，我特别关注孩子脸部表情的变化，观察孩子们是不是都能快乐、幸福地参与其中。我发现翁老师对这名女孩特殊的关注，使得小女生的表情、神态发生了明显的变化：从刚上课时的紧张、故意躲避老师，到下课前十分钟的比较轻松，愿意亲近老师，愿意尝试做动作，从中可以看出孩子正在慢慢地适应游泳课。尽管最后她还只是“走”在水中，但这已经是质的飞跃了。

从某种意义上讲，教育也是一种服务，我们的服务对象是孩子，服务的内容是课程教学。那么，如何让孩子享受到更多的教育幸福？我认为至少要做到三个方面：

(1)要关爱每一个生命个体。每一个孩子都是独立的个体生命。因为其身世、经历、家庭背景等的不同，而呈现出明显的个体差异。世界也正因为这些个体生命的差异性和多样性而显得丰富多彩。关爱他们，就是要平等地对待每一个孩子，尊重每一个孩子。学校要面向全体学生，追求让每一个孩子都能快乐学习，让每一个孩子都能有发展，让每一个孩子都能感受到学习所带来的变化以及由此产生积极的情绪体验。在我们的教育中，既要坚持“有教无类”，更要坚持“因材施教”，这才是对生命最大的尊重和爱护。前日，我在学校走廊听到一个有智力障碍的孩子在大声背诵古诗文，看他旁若无人地背诵，背得如此投入、如此动情，我内心久久无法平静。既感动于教导处精心安排的古诗文朗诵活动，更感动于老师那独具匠心的比赛规程。它没有排斥任何一个先天不足的孩子，相反，比赛规定所有孩子都必须参加朗诵比赛，这无疑为弱势孩子赢得表演机会提供了“制度保障”。也许这样的机会对其他的孩子不算什么，但是作为双耳失聪、语言表达有明显障碍的孩子，能够登上学校舞台背诵自己所喜爱的古诗文是多么难得的机会。在孩子知足、陶醉的表情中，我读到了教育公平所带来的显性效果，这难道不是对关爱每一个生命个体的最好诠释吗？

(2)建立有效的课堂教学评价。新课程改革的核心理念是促进学生的主体发展，主渠道在于课堂教学，而评价则是尊重学生主体地位，促进学生发展的重要环节。积极有效的课堂教学评价，能使学生学有动力、学有方向、学有方法、学有毅力；也能使教师教学有成效。在本堂课中，当翁老师第一次看到女孩敢拿着浮力板走到泳池中间时，她对孩子竖起了大拇指；当孩子拿着浮力板尝试蹬腿但因为没有掌握方法无法前行时，老师轻轻地托起她的手给予帮助；当她能够在池中艰难游动时(尽管游的距离非常有限)，老师大声地鼓励：“嘿，你真棒！有进步，再练下去一定能学会蛙泳的!”这些激励性的课堂教学评价语，激发了孩子学习游泳的信心，使她敢于做进一步的尝试，这难道不就是我们所追求的快乐学习吗？更难得的是，孩子可能也就因此获得持续学习的兴趣和动力，这不正是我们所追求的教育幸福吗？

(3)不断修炼教师的人格魅力。韩愈说：“师者，传道授业解惑也。”在现实的教育中，孩子只有亲其师，才能信其教，才能受其道。我们经常听到学生的讨论，说他们喜欢某位老师，听课就有兴趣，学得也好；不喜欢某位教师，听课时就老想睡觉，学习成绩也很糟糕。事实上，能否赢得学生的尊重和爱戴，绝不是单方面因素决定的，老师的学识、能力、品性等综合素质融铸成的人格，是一名老师吸引学生的主要力量源泉，也就是我们通常所说的教师的人格魅力。教师的人格魅力既来源于渊博的学识和教书育人的能力，更来自其宽广的胸怀和得体的待人处事方法。校园里，民主平等的老师比高高在上的老师更能得到学生的尊重；善良仁慈的老师比尖酸刻薄的老师更能得到学生的爱戴；信任、宽容的老师比严厉、包办的老师更受学生欢迎；学识渊博的老师比知识贫乏的老师更受学生的追捧。只有真正走入学生心灵深处的老师，才能触动学生心中最柔软的部位，才能让孩子在“如沐春风”中快乐成长，才能“随风潜入夜，润物细无声。”

同时，学校领导也必须转变学校管理的重点，从管理转到引领，并积极树立服务意识，服务于教师的发展与成功，服务于学生的发展与成功，让每一位老师都能感受到在少泳校工作的快乐和幸福，并能将这种幸福不断地通过自己的课堂教学传递给孩子，让更多的孩子享受到教育的幸福，体验到成长的快乐。

2010 年发表于《走在反思的路上》

校本课程建设的六大追问

温州市少年游泳学校是目前浙江省内唯一一所被评为省级单项后备人才基地(游泳)的全日制小学。作为学校管理者,我也在思考如何以特色创建促进学校的内涵发展,如何通过校本课程的开发,构建独特的课程文化,服务于学生的健康成长,推动学校的科学发展。

一、校本课程的开发与建设是办学的手段还是目的?

当特色建设充斥整个教育系统的时候,“一校一特色,一校一品牌”正逐渐成为教育界的时髦话题。为特色而特色,为特色做项目的工作有增无减。于是一些关乎特色的项目纷纷走入了课程。那么,校本课程的开发、建设,到底是办学的目的还是手段?我想,答案当然是毋庸置疑的。学校是培养人、教育人的场所,学校教育的目标就是培养能够创造幸福生活的个体。校本课程的开发恰恰就是为这一育人目标服务的,它是促进学生健康、可持续发展的重要手段,而绝不是仅为特色而生。

二、校本课程的实施主体是本校教师还是外援教师?

曾为此专门走访一些特色学校,发现该校实施校本课程的主体却非本校教师,而是校外的专业团队。一所以跆拳道为办学特色的学校,本校居然没有一个老师懂这个专业,更没有老师参与跆拳道的课堂教学;一所以羽毛球为特色的学校,也仅是开设了每周一节的羽毛球课和学生的训练工作,承担该项任务的主体也是校外人士。这与校本课程开发的理念截然相背。校本课程开发是基于本校教师、基于本土文化的产物,是为了学校的发展,促进教师专业成长的重要载体,但是任务外包后本校的老师又该如何参与其中呢?我不是反对外援，但却反对学校在校本课程实施中当甩手掌柜，扮演“资本家”的角色。

三、校本课程实施过程中如何关注个体差异？

校本课程开发的重要理念就是促进学生的发展，尤其是关注后进学生的发展。校本课程的实施要求是：面向全体学生，放低教学要求，让更多的孩子在课堂中动起来，成长起来。以游泳教育为例，我们制定的达标标准是比较低的，一年级（上）的学生只要敢下水，不怕水，敢“玩水”就能达标；一年级（下）的孩子只要学会漂浮就是成功。这种较低层次的教学要求让更多的孩子在课堂中自信起来，从而敢于做更多的尝试。至于学有余力的学生，我们则通过设置星级达标，使他们不断挑战自我，同时还通过开设游泳社团、开展游泳竞训，促使他们向更高、更强挑战。

四、校本课程的课堂教学中有教学目标吗？

本人认为，既然是课程，就应该有课程纲要、课程标准，还要有教学目标。这种教学目标不是单一的知识和技能目标，更包括了人文关怀和道德教育的要求。同样是游泳课，少泳校的游泳课不仅要求孩子掌握游泳技能，更注重培养学生养成良好的锻炼习惯，培养健康的体魄和坚忍的意志。这种德育价值功能取向在某种程度上更胜于学科教学目标。

五、校本课程与国家课程完全不兼容吗？

很多时候我们都会将两者孤立起来，认为校本课程是校本课程，国家课程是国家课程，两者毫不兼容。事实却非如此。新课程理念主张教师做课程的开发者、实践者和引领者。教师完全可以根据学生的需要，量体裁衣，适当增减，做到国家课程校本化，校本课程生本化。以经典诵读为例，很多时候我们都在苦恼如何让其进课堂。作为游泳特色学校，我们的校本课程已经开设为游泳课了，又不能随意增加课时，那该怎么办？在本次的宁波学校考察中我找到了答案。那就是鼓励教师放手设计国家课程的教学内容，比如语文学科，就可以鼓励老师对语文教材做大胆地删减，省出来的课时用于经典诵读或其他与语文素养提升相关的教学。这种做法既是对教师专业素养的极大挑战，更是对学生个体发展的最大帮助,同时也在很大程度上促进了教师的专业成长。

六、校本课程的学习止于学校内部吗?

校本课程的学习,是以学校为基点的学习,其深层次的含义就是始于学校,但绝不止于学校。是以学校带动家庭、辐射社会,让家庭教育跟上学校的节奏,两者形成有效合力,促进学生的健康、可持续发展。以游泳为例,我校很多孩子根本不能满足一周两节课的游泳活动,于是很多家长开始陪着孩子上游泳馆,家庭锻炼的氛围日益浓厚。这种氛围反过来也促成孩子养成良好的锻炼习惯。

学校校本课程建设是一门科学,更是一门艺术。校本课程建设的起始点是学生,最后的落脚点也必是学生。只有如此,教育工作者才能始终坚守教育本真,真正实现人的发展。

2013 年 6 月 10 日

为孩子打造精彩的课堂

学校是教育人的地方，但不是只有学校可以教育人。作为教育者，我一直在思考，学校应该为孩子打造什么样的课堂？又该如何打造学生喜欢的课堂？

作为传知授业的重要场所——课堂，是落实课程标准的主阵地，更是推进素质教育的主渠道，但更多时候却被我们固化在了时空二维度上，显得异常单薄。2011 年 7 月，我校有幸结交了香港协和小学，也因此让少泳校的综合实践活动课在时空维度变革上多了些许新尝试。

2012 年学校启动了有别于传统课堂的行知学堂，意为“行万里路，读万卷书”，在行走中学习，在学习中成长。它不同于一般学科的课堂教学，也不等于常见的主题实践活动，而是针对某一主题活动，为某一特定群体在特定时段打造的特色课程，并辅之以实地体验的教学模式。今年六月，学校受香港协和小学邀请，组队参加协和小学校级游泳比赛和访学交流活动。为此，我们专门为本次活动开发了配套的行知课程，包括温港市情、两地文化、安全礼仪、新闻写作、文化使者、歌联温港等六个板块，并聘请专家制定课程目标、编写教材，进行专题授课。经过为期一个月的主体学习后，又将行知课堂中学习的知识一一予以展示和深化。如让学生在香港协和小学举行的欢迎会上歌唱温州民谣《叮叮多》，并介绍温州的地理特征、风情习俗；在游玩维多利亚港的时候，诵读闻一多先生的《七子之歌·香港》，并高声歌唱《东方之珠》；参观星光大道时，组织“追星，我们该追什么”的主题沙龙活动；在参观金紫荆广场时，模拟香港回归场景等……短短的五天访港交流活动后，我们惊奇地发现还有一些学生对香港的历史、文化产生兴趣，一些参观过太空馆的学生则继续研究北斗七星的运行，而更多的孩子则热衷于给自己的协和学友写信，主动向老师请教写信的格式，甚至开始对写文章咬文嚼字，与此同时，访港交流学生的一些行为方式和学习习惯也在悄悄地发生变化。可见，通过实地游学，强化课堂教学知识，并将所授知识予以深化和拓展的学习模式，符合“最近发展区”学习原理，既大大提高了学生学习的兴趣，又使学生的学科知识与既往生活经验发生正向迁移，从而促进其良好习惯的养成和多元智能的开发。基于此，作为教育者我们要让孩子爱学、乐学、善学，至少需要解决四个问题：

(1)你是拿学生当知识的容器还是活生生的人？

陶行知先生说：教师有三类。第一类教师将学生视为盛放知识的容器，不管三七二十一，只管往里面装知识；第二类教师是拿教材教学生，但不管教材是否适合孩子；第三类教师是因学生选择教材，不仅教知识，更教获取知识的方法。作为现代教育者，我们眼中要有人，不仅教孩子适合的知识，教孩子学习的方法，更要教他们做人。

(2)你是在当搬运工还是做裁缝？

每个人都是自己知识体系的建构者。作为教育者，我们首先必须建构自己的知识框架体系，同时教给孩子建构其个体知识体系的能力。这就需要教师在教育过程中，避免当知识的搬运工，简单地把教材上的知识从自己的脑袋搬移至学生的脑袋，而应根据课程标准选择合适的知识，根据学生的实际水平量体裁衣，科学设计学科知识，并能因材施教，让每一个朴素无奇的学生经过点拨都能拥有无限发展的可能。

(3)你是高高在上的施教者还是平等友好的学习伙伴？

课堂是平等民主、开放和谐的学习场地。如果教师简单地将自己摆放在高高在上的施教者位置上，势必会形成知识由教师到学生的单向流动局面，也就不可能出现思考交流、思维碰撞、思想交融的双向互动状态。所以在课堂教学中，教师应该摆正位置，转变角色，做学生学习的引导者，更做学生学习的合作者。

(4)知识在人体内仅做左耳到右耳的瞬间运动还是将在体内做大循环运动？

知识在人体内做大循环运动意味着知情意行的统一，这其中一个很重要的环节就是体验，在情境中体验，在体验中感悟，在感悟中升华。如果缺乏了体验和感悟环节，知识就无法内化为个体的认知，可能会流于左耳进右耳出的形式，自然也就无法达到知情意行的协调统一。行知学堂的关键就在让孩子通过游历，在充分的情境中体验、感悟，以彼时彼景深化此时所学，在游历中见证所学，让所学知识在实地行走中深化、拓展，进而生出新的知识或疑惑，从而促使学生进行更高层次的探究与学习。

行知学堂只是少泳校人在探索课堂教学改革中的一个新尝试，但我们为孩子打造别样课堂的教育探索才刚刚起步。相信只要不停步，只迈小步的我们也能达到成功的彼岸。

2013 年 6 月 18 日

做媒与做课

老爸今年六十六岁，是个开明的小老头。从小到大，我最喜欢听老爸讲故事，似乎他的脑子里藏着取之不尽的故事。夏天的夜晚，小伙伴们也最乐意搬个小凳子围在爸爸的身边听他讲故事。但是，随着年岁的增长，年龄的差异就像一条无法逾越的鸿沟，我们的价值观、方法论有了明显的区别，共同话语也越来越少，他好像也没有什么可以再教给我了。

前天晚饭后，老爸突然一本正经地问我，下吕浦一带哪里喝茶比较好、喝茶有哪些礼仪讲究，与年轻人交流该谈些什么话题等，弄得我一头雾水。一旁的妈妈笑着提醒："你爸要替人做媒呐！"我才恍然大悟，真没想到老爸也爱做年轻人的好事，这好像不是他的行事风格。好歹我也促成过几对姻缘，被单位同事加封为"银牌媒婆"。于是就把自己做媒的经验一五一十地将传授给爸爸。末了，我追问一句："爸爸，这俩年轻人你都认识吗？你觉得登对吗？可别乱点鸳鸯谱！"老爸突然很认真地说："这俩孩子我都认识，我已经把他们的情况包括职业、家庭背景等详细资料都如实地告诉了对方，没加任何'佐料'。现在，双方都比较满意，我才准备实施见面计划的。这就跟你们教孩子一样，既来不得半点作假，还必须提前做好预习工作。"

昨天晚饭后，爸爸穿了外套匆匆外出。我不禁愕然，这可不像平时的他。晚饭后的新闻联播可是他的最爱，难不成有什么重要的事情？我的满腹疑惑在一个小时后全部解开。原来，老爸是到楼下的拉芳舍茶座去了。因为明天他要安排两个年轻人见面，所以他必须提前到茶座去摸底——看看环境如何，看看哪个位置比较适合，看看哪些茶点比较经济实惠等。最后，老爸又加了一句："这就跟打仗一样，知己知彼方能百战不殆。你们教孩子不是一样吗？"

今天晚饭后，老爸又匆匆外出，据说是为了抢占"有利地形"。哈哈，爸爸这个“媒公”可真是认真。

细细想来，老爸做媒的过程不就是我们做课的过程吗？两者不正遵循着同样的发展规律吗？一次成功的“介绍”不仅需要前期的摸底、了解双方情况、掌握信息，更需要创设恰当的“情境”高质量地完成“面试”。这就如同一堂优秀的教学课，我们不仅需要备教材——吃透大纲、研磨教材；更需要备学生——了解学生、尊重学生的现有水平。同时，我们还要注重研究方法和过程，既为学生设计最合适的教授方法，也要为教材设计最恰当的解读过程；既要注重教学情境的创设，更要注重学生现有水平和教学目标达成度的差距，要学会搭建教材和学生之间的过渡桥梁。在整个教学过程中，我们要做到心中有大纲、有教材，眼中有学生，手中有方法。只有这样，我们的教学工作才能“百战百胜”。

其实，教育源于生活，生活启示教育。爸爸的“媒公处女秀”活动已经宣告结束，但他留给我对教育的思考是无止境的。在我们的生活中时时、处处有课堂，只是我们疲于脚下奔波的路，却忘了追赶不及的灵魂。停一停、顿一顿，让灵魂赶上脚步，也许我们的课、我们的人生就会更加精彩！

2010 年 4 月 7 日

教研活动因开放而美丽

——观综合组教学沙龙有感

今天上午，我参加了综合教研组的教学沙龙活动，整个活动分两部分，首先是观摩翁敏云老师执教的《蛙泳中的手脚配合》一课，后半部分为全体综合组老师的评课、议课活动。课前也有一些老师提出“我听不懂游泳课，又该如何评课、议课”“这样的活动形式有效吗”的疑虑。然而在课后的沙龙活动中，老师们的思维异常活跃，交流激烈，新方法、新观点层出不穷，这种交流与碰撞，充分体现了“研讨因开放而美丽”的沙龙初衷，原先的质疑也在激烈的讨论中荡然无存。

“沙龙”是法语 Salon 的译音，中文意为客厅。从 17 世纪开始，巴黎的名人(多半是名媛贵妇)把客厅变成著名的社交场所，邀请戏剧家、小说家、诗人、哲学家和政治家等志趣相投的人，共聚一堂，一边喝饮料，欣赏典雅的音乐，一边无拘无束地讨论各种话题。这样的聚会后来就被称为“沙龙”。那么教研活动如何成为教学沙龙？原来，我们学校为提高教育教学研讨活动的实效，允许研讨活动的场地适度宽松，可以是校内任何一处适合活动的场地——办公室、阅览室或休息室，以便与会者可以更好地放松心态、坦诚相待，真诚交流，以促成新思维、新观点的产生。教学沙龙活动美在开放、味在坦诚。作为新加入的成员，我真切地感受到综合教研组浓郁的研讨氛围，也感受到了教研活动因开放带来的魅力和实效。

一、活动地点的开放

观课完毕后，老师们将沙龙活动的地点选在了洒满了阳光的四(1)班教室(该班孩子因流感样状出现较多而被停课)。因为学校老师的办公室是按年级段安排的，综合学科的老师一般都分散在各个办公室。而教师书吧是朝北的，冬日里较为阴凉,靠空调取暖明显不如太阳光照射舒服。老师们围坐成一圈,舒适地晒着太阳、梳理思路,等候执教老师的到来。教研活动地点的开放,在很大程度上放松了老师们紧张的精神状态。

二、活动时间的开放

学校的教研活动时间安排不拘一格,可以是观课活动后马上进行的评课交流,也可以是每周三固定的教研组活动时间,更可以是就随时生成的问题进行互动与交流。这种时间的开放可以让组员的教育智慧火花不会稍纵即逝,也因及时融入其他伙伴的智慧而显得更加厚实、丰盈。

三、与会者思想的开放

综合组是一个综合性学科的整合体,教师均来自不同的学科,实践着各自不同的课程标准,也正是这种学科的差异性反倒构成了综合学科教师观课、评课活动的独有文化。老师们都能打破学科的界限,站在不同的学科角度,为孩子各方面素质更好的发展提出难能可贵的思想观点,出现了"百花齐放、百家争鸣"的思想大盛宴。如翁敏云老师提出了"花朵奖励"问题,认为花朵奖励是一种外在的物质奖励,它可以促成孩子上课认真、参与热情高涨等短期兴趣效应,但就孩子的深层次发展而言,课堂教学设计的流程、环节符合孩子的身心发展特点,激发其内在求知欲、兴趣度,从而使参与课堂的学生远胜于10朵大红花的更加积极。叶信老师提出了21天效应,即在行为心理学中,一个人的新习惯或理念的形成并得以巩固至少需要21天。据此,强调了在蛙泳的形成过程中纠正孩子的不正确姿势至少需要21天,而强化巩固则再需增加90天。叶鸣老师提出了纠正孩子们不正确的泳姿可以采用装镜子的方法,从而延伸至古语"以人为镜,可以知得失",凸显生生互动评价在课堂教学中的作用等。由此可见,教学相通,学科互补,在和谐互动中共同成长。

教研活动因参与者的智慧和开放而显得更加美丽生动,也让我们的校园灵动不少!

2009年12月9日

课堂学习中学生“生长”发生的路径与策略分析

——观宁波万里学校林良富校长《数学思考》一课有感

杜威指出:教育的本质即生长。作为学校工作的核心组成部分,课堂理所当然地成为学生“生长”的主阵地。学生的生长包括很多方面,如智力的发展、身体素质的增强、技能的掌握、情绪情感的体验、道德选择与判断能力的提高等等。每一种生长对学生来讲都不可或缺。教师必须通过课堂教学促进学生真实而有效的“生长”。浙江省特级教师宁波万里学校林良富校长执教的《数学思考》一课,就给了与会者深深的促动与启发。

一、倾听是学生生长发生的可能

美国知名学者、教育学家爱莉诺·达克沃斯的《精彩观念的诞生》一书中提到,智力发展的本质就是精彩观念的诞生。达克沃斯认为每一个孩子,不管他处在怎样的年龄阶段,来自怎样的家庭,都是带着自己独有的观念来到课堂的。老师要使学生有精彩观念的诞生,首先必须学会倾听。倾听是为了更好地掌握学生已知的观念,为下一步的有效学习打下基础。在《数学思考》一课中,林校长就注重倾听他们的原有观念。

教师出题:今年学校艺术节选送节目,要从3个合唱节目中选2个节目,2个舞蹈节目中选1个节目,一共有多少种方案?

老师请全班同学进行推算,并请一些有代表性做法的学生到黑板上演示,其余学生在自己的位置上答题。答题完毕后,教师提问。

师:请你浏览四周白板上同学的做法,然后思考哪些做法跟你们的一样?哪些跟你们不一样?他们是如何思考的?

教师请演示的同学到黑板上讲解。

师：请说说你是怎样想的？

师：你们对这三位小老师有什么要提问的？

提问之后，林校长始终保持信任的态度，认真倾听学生的回答。而学生在教师创设的民主、平等、宽容的课堂氛围中，显得尤为放松，思维严谨、深刻，逻辑严密很是令人赞服。

课堂教学中教师的倾听比讲授更重要。当老师变成听众的时候，课堂的主角就自然成为学生了。只要学生会的，老师就坚决不要讲。要真正把“教室”变成“学堂”，首要前提就是教师少讲多听，甚至是多听不讲，把课堂的话语权真正还给学生。

二、有效教学情境的创设是生长发生的前提

本课的教学重点就是引导学生学会解决日常生活中的组合、搭配等问题。但学生从解决某一具体问题到能够解决这一类型的所有问题，是学生从感性思维到理性思维的飞跃，也是学生从具体思维模式到抽象思维模式的质变过程，这就必须依赖有效教学情境的设计。有效教学情境是指教师在教学过程中采取真实的自然环境或者类似于真实环境的课堂环境，然后通过设计关键问题引导学生产生新的思维，让“生长”真实地发生。

师：在你的成长中经历了那些校园节日活动？

该问题的设计基于学生的实际校园生活，将课堂从学生喜闻乐见的校园生活开始，一下子拉近了师生距离，体现了数学的生活性特点。

在学生畅所欲言之后，教师很自然地转入了近期正在进行的艺术节活动，提出了本课的组合、搭配问题，依然是生活化的数学问题。

师：学校艺术节选送展示节目，要从3个合唱节目中选2个节目，2个舞蹈节目中选1个节目，一种有多少种方案？（请用自己喜欢的方式写出思考过程，在组内交流自己的观点，并展示自己的解决策略。）

该问题的设计源于学生的校园生活，但又很有数学特点，最为重要的是需要学生呈现自己的思考过程和解决策略，实现思维从感性到理性的飞跃。在同学们纷纷阐述自己观点之后，林校长又抓住了三个有代表性学生的回答，继续

追问。

师：三位同学采取到了什么策略？对于这一策略你又有什么建议？

生：列举法。

师：采用列举法有什么建议吗？

生：一定要做到有序。

生：还有画图法。

师：画图法有什么策略吗？有什么好处？

生：比较直观、形象，看得比较清楚。

师：对于解决这样的选送问题时，你该如何思考的？

生：要一步一步来，第一步算合唱选法；第二步算舞蹈选法；第三步算好搭配方法。

师：非常好，类似问题可以分三步走。第一、二步算各自的选法，第三步再算搭配。

师：如果增加1个舞蹈节目的话，可以有几种方法？

生几乎是脱口而出：9种。

师：如再增加1个合唱节目的话可以有几种方法？

生继续快速答：12种。

师：从一年级开始到现在类似的数学主题活动，你还学过哪几种生活中问题组合与搭配问题？

生：抽屉原理、上衣搭裤子，烙饼、打电话。

师继续拓展学生的思维：为参加“艺术节”夏敏准备了4件上衣和3条裙子，请问他有几种不同的穿法？（请用最简单的方法算出）。

这个题目的设计已经属于该主题活动的纵深拓展了，属于数学学习思维的正迁移。学生很快地得出答案，也有学生继续采取图示法，但图示内容已经明显简化了。

在本课教学活动中，老师始终抓住有效教学情境的创设和关键问题的设计，深入启发学生的思维，从而引导学生创生了很多精彩的观念，真正实现了其智力的发展。

三、学会表达是“生长”发生的重要路径

李希贵老师说：我只有说，才能想。可见，“说”能促进“想”，语言表达能促进思维的深度开发和生成，经常性的语言表达有助于良好思维习惯的培养和思维能力的提升。

教师提问要从3个合唱节目中选2个节目，2个舞蹈节目中选1个节目，一种有多少种方案？

生：我采取了举例法。先从3个合唱中选2个，共有三种情况，分别是A和B、A和C、B和C。再从2个舞蹈选1个，只有2种情况。最后就是将他们进行搭配，得出3乘以2等于6，共有6种方法。

……

师：通过三位同学的表述，你们有什么发现呢？解决类似问题有什么策略？

生归纳出了三步走的计算方法。

在当堂拓展练习阶段，教师提问：学校选拔艺术节主持人，要从三个男同学中选出2个，四个女同学中选2个，能有多少种选送方式？请用最简洁的方式写出自己的思考过程。

学生练习，教师巡视并选出有代表性的学生解题方式到黑板上做书写。然后请书写的同学讲解思考过程。

师追问：你知道老师最欣赏他解题过程中的哪一步骤？

请学生进行自由推测，并说明原因。

最后师点题：他画了一个搭配方法之后，就不再一一列举了。我喜欢这种有价值的偷懒。

在整堂课的学习活动中，我们发现教师所扮演的“主持人”的角色，他总是通过关键问题的设计，让孩子们思考、交流、汇报，包括质疑其他同学的解题方法和接受质疑。不管是哪一层面的交流，孩子们都必须充分利用“嘴巴”这个交流工具，在与人交流的过程中，学生通过倾听获得思维的碰撞，重新建构了自己的认知概念，形成新的知识网，建构了新的智力结构系统。可见，学会表达是学生生长的重要路径。

纵观本课的学生思维发展过程，我们清楚地发现孩子们的思维大约要经历

五个层级的变化：第一层级是错误的层级，3＋2＝5；第二层级是一一列举，这是解决问题的基础阶段；第三层级，是通过画图的方法，穷尽的画法或者是部分穷尽的画法；第四层级：板演的方式；第五层级：抽象化的公式演绎 C3×C2＝6种。在听课过程中，我们明显发现从第三层级开始，孩子们的思维质量已经有了明显的提升，学生头脑中生长出了新的概念，这种生成显然与这种“以学定教”的新式课堂教学模式有关。

在“以学定教”的教学模式下，必须克服如下几个问题：①学生能自己学会的东西，教师就不要讲。课堂上教师要多听少讲，讲在必要处，讲在关键处，重在点拨与提升。②要尽可能暴露学生的潜意识，尤其是关注学生中“相异构想”的发现与解决。学生的潜意识其实就是学生头脑中的原有的观念。学生如果不能呈现其固有的旧观念，教师就难以了解学生，也无法创设行之有效的教学情境，继而唤起其新观念的产生。③教师必须创设完整的、有结构的、丰富多样的“学的活动”。好的“学的活动”必须包括如下有效环节的组成：自学质疑、展示探讨、巩固运用等模块。而对于学生来讲，教师应该引导学生进行六个层面的学习，如引学、试学（自学）、组学、展学、研学和固学阶段。让学习真正地发生在学生中。在实际操作中，不管是何种学习方式，教师都必须让学生的思维以“说”的方式呈现出来，以“论”的方式引导碰撞，进而促进其新观念的诞生。

教育的本质就是生长，促进学生新“观念”的是每一个教育者别无旁贷的责任与义务。课堂教学是教师教育教学工作的主阵地与核心战场，我们只有牢牢抓住这个阵地，运用有效的策略才能更好地促进学生的发展。这是教育工作者的核心工作，我们义不容辞。

2012 年 11 月

科学课，能再多些探究吗？

——观六年级科学课《做框架》有感

下午 2:15，一节六年级的科学课《做框架》就在孩子们的动手操作中“生动活泼”地进行着。

情景一：教师引导孩子动手做三角形、四边形框架。在孩子们动手操作之前，老师再三叮嘱：“请你们先看老师这里。为了让小棒扎得更牢，请记住一定要先上下缠 2 下，再左右缠 2 下，然后在左边打个结，最后绕到右边去，再扎个结，这样才能扎得牢。”在老师的“循循善诱”和“以身示范”下，孩子们上下、左右有板有眼地依葫芦画起了瓢。看起来，这更像是一年级学生在做手工劳动。

情景二：老师让孩子们拿出扎好的三角形，提问道：“请用食指按压 A 处(见图 1)，请问底部斜杠 BC 分别给两边 AB、AC 什么力？如果按压 AB、AC 两边(见图 2)，底部斜杠 BC 又分别给两边 AB、AC 什么力？”

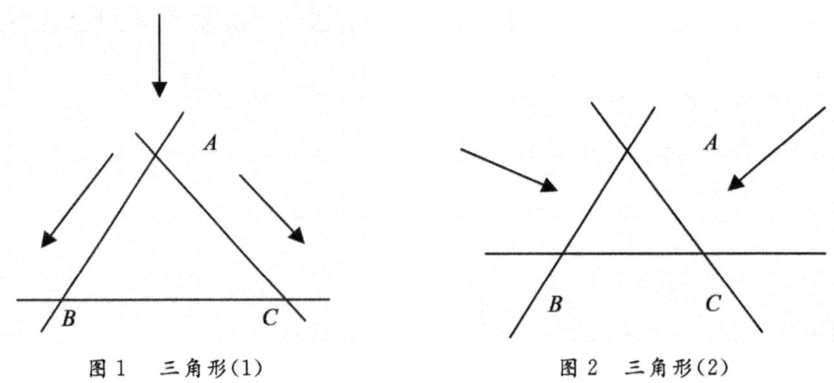

图 1　三角形(1)　　图 2　三角形(2)

孩子们一时回答不出，部分孩子甚至在思考木棒会不会被压断的问题。此时，老师又急忙引导孩子：“请看我这里的正确答案。”于是，孩子们就在老师的多媒体课件演示中“得到了”正确答案。而他们的脸部表情却一片茫然。

情景三：老师引导孩子做正方体框架，要求学生制作的正方体框架必须满足三个条件，分别是“用2条斜杠加固、用橡皮筋或胶带加固、四人小组合作共同完成。”于是，孩子们又照着第37页教科书精心“搭”起了正方体框架。

一节科学课就这样悄无声息地结束了。老师看着孩子们未完成的作品，大声宣布：“下节课，我们来比赛，看哪组同学做成的正方体框架最牢固？能承重的重量最大。”学生一片哗然。因为很多学生手中的半成品有着严重的先天性缺陷，根本站不住，更谈不上承重。

科学课是一门着力提升学生科学素养，培养孩子创新、探究精神和能力的学科，显然在这节课里是得不到体现的。从某种意义上讲，这堂课更像是一节低年级段的手工劳动课。纵观整堂课，至少有三个方面的问题需要引发我们教育者的思考：

(1)科学课应该关注实验的顺利进行还是更关注学生在实验过程中的自主探究？也许，我们的老师太害怕失败了，他们渴望学生成功的心理就如同家长渴望孩子成才的心理一样急迫。教师急于教给孩子正确的方法，是怕孩子们万一不成功影响整堂课的教学节奏，进而影响教学任务的完成？还是因为太爱学生，所以急不可待地把自己知道的一切都毫无保留地教给孩子呢？也许两者兼而有之。但是，教育拒绝包办，如同婚姻拒绝包办一样！为什么就不能让学生在自己动手的实验中找到“扎得更牢”的办法呢？即使最终的结果是失败的，但至少我们的孩子已经掌握了一种“扎得不牢”的方法！对于一堂课而言，实验能否成功并不重要，重要的是学生从中获得了什么经验？获得了哪些好方法？得到了哪些研究成果？以及在其中得到的情感体验和形成的正确的态度、价值观。我想，这才是科学课中素质教育的核心要求。

(2)科学课除了关注孩子的实践体验过程，我们是不是更应该启发孩子在观察事物表面现象的过程中进行推理、研究，从而实现学生认知过程中的理性飞跃？《国家中长期教育改革和发展规划纲要》明确提出学校教育要培养具有实践动手能力、科学探究精神和创新改革能力的新时代公民。这种能力、这种精神从何而来？关键在课堂教学。知识的形成是一个长期积累的过程，在个体知识结构形成的过程中，既有简单授受得到的知识、也有主动学习获得的知识，更包括了自主探究得来的新知。其中，自主探究获得的知识尤为可贵，它的可贵不仅在于新增了知识，更重要的是新增加了获得知识的能力，这种能力将直接影响到一个人今后终身学习和可持续学习能力的形成。同时，孩子的成长过程就包括了直接思维向间接思维发展、感性思维向理性思维飞跃的渐进过程。作为老师，我们不仅要关注每一个孩子在实验过程中的情感体验，更要积极引导孩子在体验的基础上，大胆进行科学的探究和新知的构建，引导孩子学会从感性现象到理性知识的归纳、总结与提升。这也是每一个教育工作者必须具备的教学素养。

(3)科学课中的小组合作应该合作些什么？作为近年来被许多国家普遍采用的一种富有创意的教学理论与方略，小组合作学习风靡全球。中国的课堂也不例外。几乎每一堂课上，老师都会有一两个环节是留给小组合作来完成的。似乎没有小组合作就体现不出课堂教学的最优化和新课标的理念。那么，什么是小组合作？小组合作什么？如何合作才能最大限度地促进学生的发展。教育研究发现，合作是指两个或两个以上的学生或群体，为达到共同目的而在行动上相互配合的过程。小组合作是教师以学生学习小组为重要的教学组织手段，通过指导小组成员展开合作，发挥群体的积极功能，提高个体的学习动力和能力，达到完成特定的教学任务的教学模式。它着力改变的是传统集体教学中师生单维交流、教师垄断课堂的信息源而致学生于十分被动的局面。

然而本堂课上，学生们的合作就仅限于一人拿小棒，一人缠线，共同把三根小棒做成了三角体。这种合作距离我们所追求的小组合作相差甚远。我们至少可以从以下三方面去激活学生的小组合作：

(1)引导学生思考如何做出承重最大的正方体框架？这样的问题导向能够引发孩子们思维的碰撞，从单向的师生交流变为多向的生生互动交流，能在最大限度上促进孩子思维的活跃与交流，激发学生自主学习的探究能动性。

(2)引导学生通过分工真正实现合作。教师需要让学生明白，此项任务需要完成制作、观察、记录、发现、整理实验结果和展示实验结果等步骤。让孩子们从中“选择”自己的工作，明确自己的责任和工作，并在自己的“专业领域”里进行深入的思考，以确保工作顺利完成。同时，整个合作也因每个环节的最优化，从而保障了整个实验的顺利进行和实验成果的最优化。这样的合作也将大大提升学生的人际交往能力。

(3)教师要培养孩子倾听、敢于质疑等良好的品质。合作并不是简单的流水线生产。我们需要的是集体智慧的最大化，要实现1+1大于2的产出值。所以，在合作的过程中，我们既要发挥孩子的独立性、自主性，更要培养他们学会质疑、敢于质疑，更能倾听和接受他人意见的精神和能力。而这些能力恰恰可以在小组合作中得到很好的培养——小组成员在组内进行充分的语言、思维及胆量的训练；通过成员之间的交流，使自己的见解通过语言表达出来；并在交流中逐步培养学生主动与别人交往，听取他人正确意见，进而形成自己的独立见解。可见，小组合作中老师不仅要关注学科知识的破解与落实，更要关注孩子良好品质与综合能力的培养和发展。

一堂科学课结束了，但它留给我们的思考却是深远的。教学效率固然重要，但作为教育者，我们更应该关注课堂教学的灵魂所在。只有当所有的老师都真正树立起“为一个文明、和谐的社会培养幸福人生的创造者”观念时，我们的科学课也就无须再就探究问题进行无谓的争论了！

2013年6月21日

课程改革的三知与三忌

——鹿城区深化义务教育课程改革研讨会学习有感

昨日，在广场路校区举行了鹿城区深化义务教育课程改革研讨活动，会上展示了八所学校深化课改的具体做法与经验，观摩了一堂生动有趣的电影与文学对话课，并进行了校长座谈与交流。与其说是一次展示鹿城深化课程改革成效的会议，倒不如说是鹿城校长推进课改的互看、互学、互比活动，显示了他们开放办学、抱团学习、共同成长的勇气与决心。课程改革前路漫漫，作为学校管理者，我们必须树立牢固的责任意识，清醒认识到“三知”与“三忌”，不断提升课程领导能力，有效推进学校课程改革，才能更好地服务于师生的成长。

一知：知道自己在哪里？今年三月以来，各学校已经轰轰烈烈地开展了深化课程改革的系列活动。本次研讨活动让我们更清楚地认识到自己在鹿城区整体推进课程改革中所处的位置与状态。现在已经不是学校犹豫要不要课改，而是应该思考如何更有效推进的问题。这就需要我们在认真解读课程改革文件精神的基础上，剖析学校当前的课改行动，从而做出准确的定位，并设计科学合理的发展路径。

二知：知道自己要去何方？学校由于地域、校情、人文环境不尽相同，即便其追求的核心价值一样，但外显的表现形式也不会完全相同，这就使得每一个学校的课程体系设计都会烙上深深的校本特色。同样是“幸福教育”，以留守儿童居多的重庆市南岸区迎龙中学则以“一日生活课程”为抓手，让孩子们在值周老师的陪伴下学习日常生活礼仪，培养良好生活习惯，感受家的温暖，体验生活的幸福；珊瑚中学则是以“作业自控”为切入口，以培养科学素养为重点，推进以科学为中心的不同学科相整合的课程体系建设；一所以心理健康教育为特色的学校，则是以提升幸福感知力和幸福创造力为核心的心理健康课程群建设为主阵地。作为校长，我们必须对学校发展有科学的定位，注重顶层设计，通过梳理办学思想体系，建构课程体系、教学体系、活动体系和评价体系为一体的课程框架，设计切实有效的实施策略，步步为营、稳扎稳打，深入有效地推进课程改革。

三知：知道自己如何到达目的地？学校课程改革不是一个简单地追求速度与规模的线性发展过程。不求快，但求稳定与实效；不求规模，但求质量与内涵；不求“金杯”，但求口碑与可持续发展，这应该成为我们课程改革的行动准则。其中，较强的课程执行能力显得尤为重要。清华大学副校长谢维和在《深化中小学课程改革的路径选择》文章中指出，当前基础教育领域课程改革的两种路径，一是示范引领，二是整体优化。学校需要根据校情做好路径选择。示范引领，是以个别课程或者部分学科的深化改革——特别是通过他们在改变传统教学模式、学习模式方面的突破以及由此产生的示范效应——来带动整个教育教学的全面提高。对于师资力量较弱的农村学校、发展中学校，或者教师年龄结构老化、结构性缺编严重的学校而言，前者或许比较适切。而对于师资优良、设施设备精良的城市学校或者传统名校而言，整体优化可能更有利于促进师生的发展。以北京十一学校为例，它就是面向整个学校的所有课程、所有学科以及整体和系统的优化。它不仅仅注重某一个班级、某一个项目，而力求对整个学校的教学改革进行整体建设和优化，形成结构性优势，进而提高学校整体办学水平和教学质量。这种优化不仅包括不同学科、不同课程之间的衔接与整合以及不同年级学科课程与教学之间的联系；也包括德育与智育之间的相互联系和衔接。从当下教育改革的总趋势来讲，整体优化是一个大方向，但我们必须因校制宜，稳妥推进。

课程改革表面上拼的是校长的课程领导能力，实际上则是教师专业能力与素养的大比拼与大发展。不管学校做怎样的顶层设计，采用何种的发展路径，最终无不依托教师的专业发展得以实现。所以，校长首先要提升自己的专业能力，其次就是要提高教师的职业素养和专业水准。否则，所有一切皆是镜花水月。同时，在推进课程改革的过程中还要坚持“三忌”。

一忌形式主义，用新瓶灌老酒。浙江省的课程改革已有时日。今年三月开始的深化义务教育课程改革更是将这场活动推向纵深化，这不仅对课程结构、课程类型、课程内容和课时设置做严格规定，还就教学方法改革、评价改革做了系统阐述。这就要求学校重新建构自己的课程哲学，设计课程框架以及相配套的教学、评价体系，而不是简单地玩“文字游戏”，或是套用时下流行的课程概念，将原有教育教学活动搬入所谓课程的“新箩筐”，而美其名曰课程改革。

二忌官僚主义，光打雷不下雨。课程改革是自上而下的全员行动。校长不仅自己要学习、要行动，更要带领教师、学生、家长并引入社会资源参与其中。此时的校长已不是简单的课改蓝图设计者，还必须是课改的实践研究者，是教师执行课改的协作者。校长不能只是政策文件的宣读者，不能只在纸上谈兵，更要深入一线、走进课堂，引领广大师生共同开发课程。这一切应有科学的保障机制来助推实现。为此，教育行政部门要有明确的职责界定和严格的考核机制，奖优罚劣，鼓励作为诫勉不作为的，学校也应如此。

三忌一哄而上，缺乏有效规划与部署。面对这场改革，不同学校有不同的应对态度：有按兵不动的，有局部先动的，也有全面启动的。后者面对课改的态度确实可嘉，但也要讲究章法与布局。课程改革最忌一哄而上，缺乏有效的调研与试点，缺乏科学合理的规划与部署。如拓展性课程的设置，一些学校一味追求课程开发的数量，忽视了学生的需求和教师的开发能力，既加重了教师负担，也满足不了学生的需求；一些学校简单地将社团活动更名为课程，缺乏课程建设的四维要求，与课改目标背道而驰；一些学校为拓展而拓展，忽视了学校的校情文化，没有与办学理念相接轨，忽略了学生核心素养的培养，出现了说与做相剥离的“两张皮”现象。

浙江深化义务教育课程改革的号角已然吹响，我们已经上路前行。本次研讨活动让我们对课程改革多了几分辩证性思考，也更坚定了我们对实践是检验真理标准的价值共识。一个人走，也许可以走得更快；但一群人结伴而行，一定可以走得更远。

本文略有改动，2015 年发表于《鹿城教育》

小学生书香家庭建设的几点建议

阅读涵养生命，阅读引领成长。现在，越来越多的家庭认识到阅读的重要性，但是又有很多家庭因为缺乏有效引领，从而使阅读陷入“书架子”工程的怪圈。书房建设越来越漂亮，图书购置越来越多，但孩子的阅读兴趣并没有得到相应提升。前日，我接到一位家长的来电咨询，就如何更有效建设“书香家庭”引领孩子爱上阅读进行了深入探讨。本文内容是根据我当时的答复整理而成。

一、营造氛围，培养兴趣，让书香飘满屋

父母是孩子的第一任老师，要想引导孩子学会阅读，首先家长必须热爱阅读，静心阅读。因为职业特点，我会经常阅读一些教育专著，以此提升自己的教育教学水平，如《给教师的建议》《爱弥尔》《吕型伟教育文集》等书籍。孩子爸爸本是农村孩子，高中毕业后参军，通过自学考上军校。深知没有知识就没有进步的他，一直酷爱读书，一有闲暇总是书不释手，从小说、时事、军事到政史、自然科学类，涉猎甚广，而且经常读书到半夜。为此，家里的藏书从教育类到人生哲学、自然科学、新闻、经济等，种类丰富，数量丰盈。尤其在孩子进入小学以后，家里的儿童类书籍更是与日俱增。如今家里的藏书已经增至500多册(因为居住条件限制，父母的书籍只能退位，被打包储存)。

打从女儿出生后，我们就开始精心布置女儿的读书小屋，希望能从小培养孩子阅读的兴趣。孩子的“读书小屋”采用集中式和分散式相结合的方法予以布置，集中式是指在她的卧室里，配置了专门的书架，用以储藏尚未看过的书籍和一些特别喜欢的书籍；分散式则指将她的图书布置在客厅和父母的卧室里，主要是放置一些孩子已经阅读过的书籍。这样的布置理念，一则能让孩子可随处看书；二则可以强化孩子的二次阅读，培养孩子精读书本、探寻书中人文精神

的良好阅读习惯。同时，分散式的布置也可方便家长随时阅读孩子读过的书籍，便于亲子交流的深度进行。

浓郁的书香氛围不仅需要家长们用心打造阅读硬件，更需要家长引领孩子静心阅读。在我们家里，每天晚饭后半小时至一小时都是阅读和交流的时间。有时候是父母、孩子同读一本书，有时候是各自阅读，也有时候是一家子共同扮演书中的角色，演绎故事情节。这种浓厚的阅读氛围，在不知不觉中激发了孩子的阅读兴趣，家中的书香自然就飘起来了。

二、以身示范，亲子阅读，让书香润于心

作为父母，我们都曾经历了孩子不会看书的恼人经历。女儿上小学后的第一周，班主任就告诉我，女儿不喜欢看书，也不会看书。每天到校后老师都会让小朋友阅读自带的图书，而我的女儿总是不爱看书，忙着做班级值日。这让妈妈大吃一惊。经过观察，我发现女儿爱听我讲故事，爱在家长的陪同下看书，但不会独自看书。从那时候起，如何引导孩子学会看书、学会阅读，就成为我们家重要的年度阅读研究内容。我们的策略是：

(1)亲子共读一本书。考虑到孩子的身心年龄特点，我们主要从绘本阅读抓起。走进我家的第一套绘本是《不一样的卡梅拉》，书中的卡梅拉家族给孩子留下了难忘的印象。因为孩子拒绝看书，只想听妈妈讲。于是我就想出了一个办法，我读一页，孩子读一页，对于特别好玩的部分，则由俩人共同来读。几次阅读下来，孩子就能独自慢慢阅读了。在接下来的共同阅读中，妈妈抓住了孩子希望流利阅读书本，想快速知道故事情节发展的心理特点。于是，轮到妈妈朗读的时候，妈妈就故意装作不识字，或者慢吞吞地读一字停一句的。这样一来，孩子便“剥夺”了妈妈的阅读权利，变成了孩子读妈妈听的阅读方式。妈妈的教育目的也就达到了。但孩子毕竟年龄尚小，识字量有限，很多时候都是妈妈陪着她一起阅读。这种情况一直持续到一年级结束。

(2)阅读提问交流法。就是针对故事中的某个情节或知识点，设计问题，让孩子学会从书中找答案，以提升阅读兴趣。比如《三国演义》中，问孩子在桃园里结拜的是谁呀？知道他们的武器吗？《草船借箭》的是谁？向谁借箭？对方愿意借吗？《不一样的卡梅拉》中，卡梅拉的儿子是谁？卡梅拉的儿子希望妈妈

给她生个弟弟，最后有没有实现？这样的问答，不仅激发了孩子阅读的兴趣，而且锻炼了孩子的思维能力和语言表达能力，让孩子更喜欢阅读了。

(3)全家演绎故事书。每阅读完一些书后，就由孩子挑出其最感兴趣的一本书，然后由家长和孩子一起演绎书中的人物。从幼儿园到现在，我们已经演过了《白雪公主》《卡梅拉》《月亮的味道》等绘本里的故事。这样的阅读方式让孩子的阅读从平面走向了立体，更有利于对人物的深层次理解和对作者创作精神的探究。

通过几个月的努力，女儿终于学会了阅读，而且看书的兴趣大增。现在，孩子每周课外阅读的时间增加到了 9 个多小时，每周阅读量达到 1～2 本。爸爸妈妈的每周阅读时间也达到了 5 小时，每月阅读量为 1～2 本。更为难得的是，孩子养成了爱书、保护书的好习惯。每天出门前，总要将家里的图书柜整理得干干净净，放学回家时，也总要将班级的图书角整理得井井有条，为此还多次得到老师、同学们的一致称赞。此时，书香已经滋润到了孩子的心田，成为她生活中不可或缺的一部分了。

三、作息有律，交流无限，让书香沁入心脾

也许是因为工作和恋家的原因，我们家的生活非常简单，很有作息规律。为了孩子，父母几乎谢绝了一切“外事活动”(除非是全家总动员的亲子聚会)。家庭所有的时间几乎都用在了课外阅读、游历、观看经典电影等促进个体成长的有益活动中。作为一个普通的工薪阶层，我们的生活也非常有规律：

每天 7:30—8:00　　送孩子上学、亲子交流、上班

每天 16:10—18:00　　孩子做作业、课外阅读、撰写每周灵感

每天 18:00—18:40　　晚餐，席间可以谈论学校或者阅读的事

每天 19:00—19:30　　亲子锻炼

每天 19:30—20:00　　阅读、书法、交流等

每天 20:00—20:30　　洗漱、亲子交流(女儿的洗澡和妈妈的洗衣服是同步进行的)

每天 20:30　　熄灯睡觉

每周至少一个半天泡图书馆、科技馆。

每月一次经典电影赏析，亲子交流，共写观后感；每月一次郊游……

因为有固定的作息时间作保障，阅读、亲子交流时间也得到了有效保障，从而确保了孩子良好阅读习惯的顺利养成。

值得一提的是，我们家的亲子阅读交流题材非常宽泛，不仅有儿童文学类，也有科普知识类，最关键的是，我们还会密切关注时事动态。曾经有一段时间，父女交流的是钓鱼岛问题，母女俩谈论的是莫言获诺贝尔文学奖的事情等。总之，无限的交流时间、交流空间和多维度的交流内容，让书香在不知不觉中沁人心脾，促进了孩子的身心发展。

四、翰墨飘香，指点江山，让书香伴童年

为进一步提升孩子的国学修养，促进其阅读的面更广、更深，我们还将每周四、五的晚上开辟为国学学习时间，包括儒家经典阅读、书法练习等。五年来，我们一起阅读、背诵了《三字经》《弟子规》《千字文》《唐诗三百首》《大学》《中庸》《论语》等经典名篇。

因为父母工作的特殊性和家庭成员学科结构的偏向性，我们一家人总是特别关注国内外形势动态，中央台的新闻联播和新闻频道的新闻时讯经常成为关注的焦点。同时有益的电影、电视节目也会成为阅读拓展的新渠道。因为我们坚信，只有关注世界、关爱祖国、关心社会、关爱生命的孩子才能成为幸福生活的缔造者，才能真正成为社会的有益人才。这也进一步坚定了我们用书香捍卫孩子纯洁、幸福童年的决心。

多年的阅读经历，不仅提升了全家人的素养，同时也让我们学会了如何做人，如何服务社会，如何追求更高层次的幸福生活。也许今天，距离我们心中的书香人家的建设目标还有一定的距离，但我们一定会继续努力，相信功夫不负有心人！

书海泛舟心自惬，
学海无涯漫步行。
翰墨书香励志勤，
每天上游一点点。

2013 年 4 月在温州市妇联接听家长热线时的答复

管理篇

今天，我们这样做校庆

温州市城南小学是一所以民乐教育为特色的省级特色学校。多年来，学校一直坚持以“成人、成才、成功”校训为导向，以“让每一个孩子精彩起来”为办学理念，以艺术教育为载体，全面深化素质教育，促进学生综合素质的提升和个性特长的培养，形成了具有城南特色的办学模式。值此建校百年的重大契机，为总结与深化办学特色，进一步开发与整合课程建设，努力打造城南小学的文化场，助推每一位师生享有精彩人生，经过反复研讨与论证，全校上下形成了“百年城南，让每一个经历者更精彩的”校庆理念，并决定以校庆年的形式庆祝属于城南人的共同节日。

校庆年，意为用一年的时间采取系统思维的方式，建构基于教育教学常态、丰富学校内涵建设的系列庆祝活动。校庆活动从2013年11月28日起到2014年12月31日结束，通过开展“六个一百”主题系列活动，包括展示百年课堂、玩转百年游戏、走访百家校友、开设百家讲坛、智慧百年论坛、举行百年庆典等庆祝建校一百周年。校庆的正式时间为2014年的11月28日，百年校庆大会在这一天于学校操场内举行。

一、筹备校庆工作

2012年11月26日，四位曾长期从事小学教育工作的老同志章华敏、邱宪光、陈云洲、王鸿彬受邀来到城南，并组建校庆筹备办公室。随即进行了长期而艰辛的史料搜集工作。短短的一年时间里抢救、搜集、整理了大量鲜为人知的学校历史资料；搜集了323个班级的学生名单、400多位历任教师的名册；基本理清学校历史沿革与历任领导任职时间；完成了2.6万字的《城南百年纪事》初稿……

2013年12月起，学校先后召开历任校长书记会议、历任教师、班主任会议、历届校友联络会、知名校友座谈会，师生座谈会、家长座谈会和共建单位座谈会，集思广益，并就如何更好做好校庆工作进行了深入地探讨与研究。同时，也利用各种会议发动大家群策群力，积极提供图文资料、提供校友线索、撰写回忆文章……从此，城南小学以“立足今天，回顾昨天，展望明天”为主线，通过校庆年的形式，以“六个一百”为主线开展序列校庆活动，既提升了校庆筹备的水平，更深化了举办校庆活动的意义，助推学校的内涵建设与发展。

二、推进“六百”活动

1.展示百年课堂

课堂是学校教育的主阵地。一百年来，城南小学始终抓住教学改革的主旋律，通过不断的学习、实践与反思，吸取精华剔除糟粕，更新教育理念，改进教学方法，为实现课堂教学的最优化，真正促进学生的综合素质而不断努力。一百年来，城南小学的课堂教学改革始终走在时代发展的最前沿，一堂堂备受好评的精品课，一位位受人敬仰的名优教师，一批批知书达理又有个性特长的城南学子不断从这里走出，学校知名度、美誉度不断攀升……在百年校庆活动中，我们特意设计了“百年课堂”这一活动板块，坚持以今日课堂为立足点，以提升学生综合素养为目的，研究、剖析传统老课堂的优势与魅力并加以科学传承，同时又积极研究“翻转课堂”“慕课”等新式课堂的内在价值与核心本质，从而积极改进当前课堂的教学方式，以提升课堂教学效益。

百年课堂活动的开展，不仅深刻反映出一百年来课堂教学的演变与改革进程，更重要的是引导教师深入反思过去、现在与未来课堂的走向与教育发展的内在规律，最终达到传承城南百年课堂的精髓与魅力，掌握明日课堂发展的动态与趋势，实现打造今日高品质精彩课堂的目的。

2.玩转百年游戏

青青花柳塘畔，郁郁大榕树下，百年城南正焕发出勃勃生机。校园内，编花绳、跳皮筋、踢毽子、摸珠子、跳格子……童谣清脆，童戏无邪，引得无数成年人驻足观看，激发了“偷闲学少年”的欲望。这是城南小学百年校庆活动中的另一特色活动——玩转百年游戏。学校老师独具匠心地收集了一百年来深受城南孩子喜欢的传统小游戏，并结合今日体育课程标准的要求，与学生一起对传统小游戏进行有机改编，并使之进入城南体育校本课程中，进入了孩子们的体育课堂。今年，城南小学第20届田径运动会上开幕式上就出现了二千多孩子共同表演传统小游戏的生动画面。通过百年校庆游戏板块的设计，我们找到了今日孩子与昨日孩子的精彩碰撞点，既勾起了各代校友对童年的温馨回忆，更激发了老教师、老校友重新投入新城南建设的热情与主动。既丰富了今日学校的课程建设，大大丰盈了学生的体育课堂和课外生活，更让孩子们在蹦蹦跳跳中，在益智玩耍中强身健体，变得更加聪慧精彩。

3. 走访百家校友

大学之大，不在于大楼而在于大师。学校之美，不在于硬件设施高大上而在于精神之美。城南小学以其历任校长之担当、务实精神，以其历任教师爱生敬业之言行，培养了一批又一批的精彩学子，今日他们或成文学家、科学家、艺术家、政治家、企业家等，或以其一介平民成就其独特世界，彰显人生价值，其身上的宝贵精神无不激励着每一个城南人。“走访百家校友，发扬城南精神”就成为百年校庆活动的重头戏。

首先是发动全体学生利用寒假开展“寻找身边老校友”的综合实践活动。一时之间，“您是城南小学毕业生吗?”的问题传遍了城区花柳塘畔，通过登门拜访、电话回访、亲友推荐等多种形式，城南小学的“寻亲”活动顿时响彻整个鹿城区。其次是现任师生相继组团开展漫长而有趣的登门拜访活动。各个班级利用寒暑假、周三下午的综合实践活动时间，以正副班主任、学生、家长为主体组成了若干个家访团，相继拜访了一位位校友。一些校友在家接受学弟学妹们采访时，他们非常诧异，说:“我都毕业这么久了，母校居然还记得我这个如此平凡的孩子!”刹那间，校友的心被紧紧地团结在一起了。再次是城南校级领导组成的访问团，探访了几十位知名校友，包括孙成堪、谢惊春、陈锵、奚德平等。经过为期一年的走访、访谈，他们身上的精彩故事不断地被发掘，他们身上的宝贵精神不断被放大:诚信、勤奋、坚毅、拼搏、仁爱……我们还不断组织召开各界座谈会，探讨与提炼城南精神的核心本质，同时还打算将这些宝贵的励志故事与精神编入城南的校本德育教材《精彩校友伴我行》，去感染、启迪和激励新一代城南人奉献社会，进而实现自我的人生价值。

4. 开设百家讲坛

一百年来，城南小学以其校长学识渊博、责任心重、专业能力强，以其教师爱岗敬业、专业水平高，以其培养的学生综合素质好、社会美誉度高闻名温州市教育界。为了更好地服务于今日学生、教师、家长和历届校友的发展，城南小学决定邀请知名校友、知名教师重返校园，利用其专业特长分享知识、分享思想，以促进全体师生的发展。自 2013 年 11 月 28 日起，1974 届校友《温州日报》视觉总监孙焊生给历届校友做了第一个专题讲座《感恩与成功人生》；紧接着 1966 届校友著名学者谢浩老师重返校园，给历届校友做《学习传统文化，修炼幸福人生》的专题讲座；1969 届校友迪拜温州商会会长陈志远和 1958 届校友、原温州市府秘书长何包根又分别以《感怀师恩，回报社会》和《感恩、励志、成长》做了专题讲座，无不传达出一个重要信念：感恩为成功积蓄能量。在这个论坛上，全国特级教师俞正强与城南集团校长陶晓迪分别以《做个好老师》和《与子女一起成长》阐述如何凝聚家庭和学校的教育合力；1990 届校友、省高级工艺美术师郑央凡为全校师生所做的讲座《瓯塑，一门无止境的艺术》使大家大开眼界，提升了艺术修养；来自美国 M-digital. studio 公司董事长彭善明校友为动漫爱好的学生所做的《我有一个梦想》，使现场群情激昂，孩子们流连忘返。与此同时，我们还利用百年校庆这个平台邀请了各界精英莅临城南百家讲坛，如律师陈文俊的关于诚信校园建设的讲座，温州大学教授周奇的《学会沟通》的家长学校学习会都给广大校友、师生、家长以精神洗礼，促其成长共享精彩。

5. 举办百年论坛

在“百年校庆年”的精神感召下，各界知名校友、家长、教师纷纷登场，展开一场专业层面的智慧分享，共同谋划学校未来新发展。2014 年 1 月 23 日，城南知名校友齐聚母校，共商如何利用校庆促进学校内涵发展的专题讨论会；5 月 14 日，当代著名教育家杨一青及省内知名学校校长参观了城南社团活动并就“学校社团建设与管理”展开对话交流，临别题词城南小学“精致和谐”四字，含义深刻；10月南京理工大学博士生导师冯俊文莅临我校，就《学校特色项目管理》做重要指导；11月沈阳师大孙绵涛教授莅临我校，就《城南小学“精彩教育”办学思想的实践与探索》展开专题谈论；同月，教师代表举行“城南小学百年办学成效大家谈”的专题论坛，鹿城教师齐聚城南聆听林晓敏老师关于如何读书的专题论坛；随后，全国著名特级教师俞正强、朱乐平等名师大家都将陆续登临城南论坛，开展如何更好承担教书育人重任的讨论……百年论坛活动，不仅促使城南人更深刻地反思百年办学的成败得失，更重要的是让我们对如何办好今日学校，如何谋划明日发展有了更系统、全面的思考。

6.举行百年庆典

百年庆典，这是城南小学延续一个世纪文脉的欢庆仪式，也是学校用自己独特方式庆祝建校百年的文化标识。在这个平台上，校庆纪念邮票、校歌、校庆文化石、校庆吉祥物、校庆标、宣传标语相继粉墨登场。全校师生、家长、校友共同参与了“童心飞扬”邮票设计大赛，“童趣校园”吉祥物最终在庆标设计中脱颖而出；“唱响城南”歌咏大赛中，校歌成为每个城南人的心声，响彻校园内外；市邮票局友情赞助的明信片打印机已紧急待命，随时可将城南学子用手机拍摄的校园写真打印出来，写上祝福寄给远方朋友，成为“放飞城南”的一大景观；教师们精心创作的诗词歌赋、书法、美术作品，成为百年校庆中一道靓丽的风景；各路名家亦不甘落后，校友林剑丹偕众书画名家聚首母校，以“书画城南”专场活动献礼城南。除此之外，代表城南小学百年艺术教育成果的“百年书香·瓯韵城南”民乐专场音乐会在温州大剧院隆重登场；代表城南历届师生心声、汇集城南百年办学成果的“百年城南·妆点精彩”庆典大会在学校操场拉开帷幕……城南人的百年庆典活动隆重而又简约，既渗透素质教育的各个环节，又有机提升了学校办学内涵与品位，构建了一个独具城南特色的文化庆典。

三、共襄百年盛世

在百年校庆的筹备过程中，我们看到了一幕幕感人至深、情真意切的校友反哺母校、共襄盛世的义举。一批批历任教师齐聚城南，他们中有白发苍苍的老者，有正当盛年的骨干教师，也有走上政界的领导，但为了共同的百年校庆欢聚校园，出谋划策，出钱出力。一批批历届校友重返母校，不管是功成名就的各界精英，还是淡泊名利的普通劳动者，还是刚刚走出校门的城南学子，他们对母校的深刻感情，无不令人感念。校友黄建国得知母校百年校庆之事，已定居上海的他马上赶赴温州，用了近2个多月的时间手绘了一幅反映城南教师家访艰辛的《城南教师家访线路图》；校友高智谦虽然身有残疾不便行动，但为了母校校庆一事奔波劳累，毫无怨言；校友黄滔、周晓琳省吃俭用，为母校送来一万元现金；校友陈志远不仅资助教师书吧的建设，还为师生添置校服，大大提升了学校教师的精神面貌；校友奚德平、陈锵为了很好地再现城南历史，出资修订了百年校庆史册；校友陈忠友、林和平为了改善学校环境面貌，出资建设了“百年华诞”校庆石，并修缮了学校校园环境；校友徐亮利用其社会知名度推动了学校校本课程建设，还精心设计、购置了校友纪念杯；校友狄昭文、荣誉校友蔡卓明纷纷出资共襄母校；李夏老师任教的五个班级筹资十几万为母校制作了百年华诞纪念邮册，以感谢母校培养之恩；校友林剑丹以高超的书画造诣走进母校，在与学生的互动交流中传播国学，提升学生的国学修养；校友陈雯留学澳洲，因其“学霸”气质受到澳洲国家督学接见，知道母校百岁华诞后第一时间致信母校，既感恩母校的培养更为学弟学妹做表率……尤其是6月15日温州市城南小学教育发展促进会成立之后，社会各界的赠款、赠物现象尤为火爆，校友们在其各自岗位上，通过各种形式共襄百年城南，传递各自精彩。

365天，相对于百年历史长河犹如沧海一粟。但百年城南却以其穿越时空的文化魅力，影响和哺育了一代又一代城南人。站在熠熠生辉的校园里，我们深感任重而道远。教育事业之路正在不断地拓展，我们的脚下永远是起点；城南人将永远怀揣教育梦，追随伟大的时代浪潮奋力前行！

书于2014年11月29日，后在2014年12月举办的百年校庆总结会上做致谢发言

今天，你读孩子了吗？

——谈学校管理中的“儿童”视角与立场

今日午餐时间，忽闻教室里传出阵阵欢呼声和呐喊声。一问，才知道是学生因为中午吃蛋炒饭而欢呼雀跃。看着孩子满脸兴奋、吃了一碗又一碗的样子，我也深受感染。这不禁让我联想到几天前女儿在艺术节比赛中发生的几件事。学校艺术节比赛中的个人项目是可以自由选报的，包括独舞、独奏、独唱、相声、小品、诗歌朗诵等。每个孩子可以任选一项参加。女儿放弃了自己擅长的独唱项目，执意要与伙伴们合作参加小品比赛。看着小家伙们集创作、编剧、导演、灯光、舞美于一身的超常能耐，我不禁诧异：这还是三年级的孩子吗？更让我吃惊的是，还有个女孩子报名扮演小品中的小狗。我记得当时还特别交代女儿，不能让演小狗的同学没有台词，还要一直跪在地上，至少要让她有个特写的“露脸”机会！女儿却说，每一个角色都非常重要的。比赛当天，我看到了那个演小狗的女孩，白白净净、一副机灵的样子，她是全场小品比赛中唯一租了服装参演的“演员”。虽然她一直跪在地上，但还是一脸陶醉的样子，似乎很享受这次的参演机会。我不禁愕然，看来是我太不了解今天的孩子。

作为一线教育工作者，我们每天所面对的都是一群活生生的个体，他们是那样的真实、真诚，没有功利心，毫不造作，只是我们时常以自己的是非评价标准去要求他们，强迫他们按照我们的行为模式去从事并非他们喜欢的“工作”，这岂不违背了教育的本真吗？我想，要让教育真正发生作用，要让每一个生命个体得到自由真实的舒展，我们必须学会读懂孩子，读懂每一个生命个体的内心奥秘，并施之以“儿童立场与视角”的教育，使其作为人的自然个性和作为公民的社会属性得到和谐生长。

读孩子，是为了读懂他们；读懂孩子是为了更好地引导他们学习，进而培养他们终身自学的能力。香港统筹局曾指出：学校管理者必须把学校变成充满活力和创意的学习场所，让学生成为主动性强、具有探究精神和创意的学习者，使他们获得深厚的知识基础，并培养广阔的世界观，最终养成终身自学的态度和能力。而其中，读懂孩子就显得非常重要，这就要求学校管理者必须有“儿童视角与立场”。

一、放低管理重心，多去听听学生的心声

学校教育的核心与落脚点都在学生身上。我们时刻强调学生第一，但事实上我们并没有始终将学生的利益放在首位，有时候甚至为了管理的便捷就随便忽视学生的需要。学校艺术节比赛强调人人参加、班班选拔，而实际操作中很多班主任为了班级荣誉和工作上的方便，就直接根据孩子的特长替孩子们做了主。比赛的永远是那几个孩子，坐冷板凳的也总是这一批学生。校级层面的比赛也是如此。德育处为了方便操作，就直接将名额分到了班级，于是一场全校性的艺术节比赛，就变成了几个有艺术特长孩子的角逐，大部分的孩子则成了过客。我们为什么不听听孩子们的心声，问问他们喜欢怎样的艺术节？在项目设置上，我们为什么不能给孩子更多的话语权与选择权？诚如今日的蛋炒饭一样，这纯属管理中的歪打正着。因为一次意外，学校没法提供正常午餐，不得已给学生准备了蛋炒饭，没想到居然大受学生欢迎。于是有了每月至少供应一次蛋炒饭的安排。结果，每逢吃蛋炒饭这一天，学校就像过节一样热闹非凡，孩子们的就餐情况也比任何一天都要好。

可见学校管理者必须加强调研，经常走到学生中间，听听他们的想法，看看他们的需求，然后根据他们的需要做出更开放、更民主的决策，这样才能更有利于教育工作的开展。

二、呵护童心，切不可将大人的意志与价值观强加于孩子

童心是歌，童心是诗，童心是世界上最美的旋律。作为教育工作者，我们必须要呵护童心。女儿放弃独唱比赛，我一直都觉得很遗憾，耿耿于怀她失去了

一个展示才艺的很好机会。但事实证明女儿参演小品也是一个很不错的选择。小品比赛充分锻炼了孩子们的综合能力，小小年纪的他们必须自己编写剧本、独立排演，准备道具、设计场景等。小品比赛还培养了孩子们的合作能力。一群以自我为中心的孩子走在一起，在角色分派、台词设计方面就出现了矛盾，但经过协商他们学会了妥协，学会了让步。当然，小品比赛也满足了他们的猎奇心理和创新意识，激发孩子敢于向自己从未涉足的领域做探索与研究。正因为是选择了自己喜欢做的事情，这群孩子工作起来特别带劲，能量也超乎大人的想象。我庆幸自己一开始并未武断地拒绝孩子的要求。放弃独唱比赛只是失去了一次校级拿奖的机会。她的这种才艺始终都在，不会受到丝毫的影响。更何况展示这种才艺的机会也非常多，时刻都能进行。但小品表演就不一样了。而且在孩子们的眼里，角色也不存在“人”与“狗”的区别，他们非常单纯，认为只要演好小品，拿到奖项就是成功。但大人们的想法就完全不一样了。我总觉得小品比赛没有独唱、独奏比赛那样上规格，上档次。既然上舞台表演了，能说上几句话的才算是个“角”。但这些外在的东西却丝毫不会影响孩子的自我价值判断。

每个人都有自己的价值观与世界观。大人们常常会因为世俗的眼光，多一些功利的标准。在读孩子的过程中，我们可以尝试接近孩子，但切不可将自己的意志强加给孩子，只要没有原则性错误，我们都应该支持孩子去接触更广的未知领域。杜威就曾指出，最好的教育就是从“生活中学习，从经验中学习”。所以，我们务必抛开世俗的功利，为舒展童心创造更多的机会，让每一颗童心都享有出彩的机会。

三、尊重学生的需要，并引领其向更高层次的需要发展

教师应该尊重学生的合理需要，并努力满足其合理需求。但作为自然人的本质属性，孩子的需求中也可能有不合理的成分。作为教育工作者，我们必须学会梳理，加以区别，再加以引导。前日在报纸上看到一则新闻，一家长投诉乐清某寄宿学校食堂给孩子食用过多的油炸食品，从而导致孩子在短短一个月的时间里增重 3 公斤。记者经过明察暗访发现，原来该校苦于孩子们经常抱怨伙食差，于是一味迎合孩子的需求供应了大量的油炸鸡翅、油炸猪排等油炸食物。

孩子自然欢喜,但害处却不少。可见,人的需求中总有趋利避害的特性,教师必须学会合理对待孩子的要求,同时还须引导孩子向更高层次的需求发展,从而拥有并不断地实现自己的梦想,进而拥有的精彩人生。

每一个孩子都是一本书,每一本书都各有自己的精彩,我们必须学会读懂他们,方能引导每一个孩子书写更精彩的自己。

2014 年 2 月

对鹿城集团化办学的几点思考

鹿城教育自2003年实施集团化办学以来，已有十一个年头。经历了“名校＋新校”“名校＋弱校”“名校＋乡校”三种集团办学模式后，现已进入集团办学的深水区。在全国上下日益激烈地讨论“大学区制”，深入推进义务教育均衡优质发展的今天，我们有必要重新审视鹿城教育集团化办学的成效与得失，进行系统反思，从而为进一步做好“以集团化办学促进优质教育资源均衡”，促进鹿城教育整体高位发展提出新的破解思路。

一、鹿城集团化办学出现的背景与内涵特点

随着鹿城经济的飞速发展，城市中出现许多新建小区配套学校，加上城乡学校间本来就存在巨大差距，择校热及办学效益不高等诸多问题，为进一步促进鹿城教育的均衡发展，鹿城区委、区政府确立了以集团化办学推进区域教育优质均衡发展的战略，并于2003年开始实施。

鹿城的集团化办学模式实质为名校集团化办学模式。具体运作方式为：以行政指令为主，将一所名校和若干所学校组成集团学校，以名校为龙头，在教育理念、学校管理、教育科研、信息技术、教育评价、校产管理等方面统一管理，实现管理、师资、设备等优质教育资源的共享。名校校长就成为集团学校的校长。其实质就是以优质学校为龙头，通过校际资源重组，充分发挥优质学校的业务优势与品牌效应，输出教育管理，扩大教育规模。2012年，沁园小学开始办学，这也预示着鹿城集团办学出现了另一种重要模式——“名校办民校”。

二、鹿城集团化办学的实际成效与价值功能

(1)带动薄弱学校、新建学校、农村学校的发展，大大推动义务教育的均衡

发展。在鹿城集团化办学的前期过程中，主要以“名校＋乡校”“名校＋弱校”“名校＋新校”三种模式开展合作办学。输出的主要形式包括：学校品牌、办学理念、校园文化、硬件设施、课程谋划、师资培训、组织备课、教研活动、统一评价等方式进行，使得“待提升”学校能够迅速地统整到名优学校旗下，大大促进了交流、合作与文化引领。因为名校本身就有一整套的管理标准与制度，输出管理后使得集团内部学校的管理更加专业化、现代化与标准化，从而使得一批学校的办学质量与成效得到迅速提升，极大地促进了鹿城教育的均衡发展。

(2)实现了优质资源共享，相互取长补短，实现共同发展。实施集团化办学后，使得同一集团内各学校的资源共享、共建，在优质资源的辐射带动下，促进优质资源的再造，实现优质资源的快速扩充，优势互补，弱者变强，强者更强。以城南小学(集团)为例，府学巷小学因为其办学场地局促、师资不强，历史上欠债较多，学校发展举步维艰。自加入城南小学之后，得到了名校强有力的教育资金的注入和教师人才培养、流动机制的建立，教师专业素养得到大幅度提升，学校面貌发生了翻天覆地的变化，社会满意度极大提升。而城南小学也因会昌河校区的加入，硬件设施有了大幅度的提升。

(3)促进优秀教师的合理、有序流动，推动了教师的专业发展。实施集团化办学之后，教师在校区之间的合理流动成为必然的常态。也因为有了大批优质教师汇集一校，使得很多综合学科的教研活动更加有效开展。以府学巷校区为例，共计 34 位教师，合并前区级及以上教坛新秀仅 3 人，没有一位中学高级教师。合并之后通过五年时间的交流与发展，现教坛新秀占全校区总人数的 28%，中学高级教师有 2 人，小学高级教师比例也大大提高。而其中，绝大部分优质老师是“新生”出来的，并非总校优质人才稀释的结果。与此同时，因为教师总数更多了，也使得原先一些小学科教师的教学交流活动更加规范化、优质化。如美术学科，府学巷校区原本就一位专职教师，音乐老师也仅一人，很多正常的教研活动无法常态、高效开展，但这种情况在集团办学后就不复存在了。

三、当前鹿城集团化办学中存在的问题及对策

(1)健全人才流动机制，提升教师队伍的整体素养。鹿城实施就近入学、“零择校”之后，原本的集团学校因为没有再招收集资生后，学生人数剧减，班级

规模数减少，但教师人数并未改变，原本就结构性缺编的现状得不到有效缓解。如果要等到其自然平衡的话，没有五年时间是很难实现的。以城南小学为例，学校教师现平均年龄36.2岁，过去的四年时间里没有一位新教师进入来。如果接下来五六年时间里都没有新教师分配进来，不仅学科平衡得不到有效解决，而且紧跟而来的教师年龄结构断层、偏老化等新问题会接踵而来。所以强烈建议教育局必须健全人才流动机制，特别是加强集团之间优质学校的互动交流，以促进教师整体素质的提升。

(2)各校区特色办学与集团学校整体发展需和谐互动。集团学校内各校区特色办学与整体发展的矛盾如何有效解决是新的问题与思考。现如今很多集团学校的办学成效是只见茂密树林一片，却未见有特色的独木一株。尤其是新建学校，很多时候就成为名校解决其自身硬件设施不足的“后防营”，因为接受了本校过多的输出，从而成为总校发展的“复制品”，失去了校区独有的文化和特色。今日城南正尝试打破这种怪状，积极建构以“民乐”特色教育品牌为抓手的各校区特色建设与发展。集团学校秉承同样的办学理念，“让每一个孩子精彩起来，让每一位师生拥有精彩人生”，但在校区的特色发展上则各做文章，如城南校区的定位则是国际化、“大家范”，继续做好民乐教育；府学巷校区的定位则为传承国学促现代，主抓小乐器教育；会昌河校区的定位则为儿童化，现代化，主抓行进中的打击乐。我们期待通过艺术教育品牌的打造实现以艺立德、以艺促智、以艺健体、以艺怡情的育人策略，从而更好地促进学生的发展。

(3)集团化办学评价机制有待完善，尤其是组合和分离必须有适切的评价机制。鹿城教育在经历了十一年集团化办学历练后，对待当前的集团化办学也应有更成熟的思考与更有力的推进举措。集团化办学是促进教育均衡发展的有力途径，但绝不是唯一途径。集团化办学也是教育发展历史长河中的一时行为，绝不会贯穿始终。所以，当前鹿城教育必须有对集团化办学进行科学评价，完善其制度与载体，而不是任由其自行发展。借鉴一些成熟地区的做法，一般一所集团学校都有一个专门的发展顾问团(或督学团队)，与各校区校长组成决策机构负责学校共同体的整体规划，并形成相应的执行系统、监督系统与反馈系统。其次，还必须由教育行政部门对集团办学进行科学、统一的评价机制。最后，托管一个新校区或者剥离一个成熟校区，也都必须有完善的考评机制。

一般情况下，校区的组建也总是优先考虑在地理位置上相对靠近的新学校，否则将会带来管理上的不便和资源上的浪费。以城南小学的会昌河校区为例，距离水心小学仅一桥之隔，但跟城南小学却有二十多分钟的车程。因为距离远，导致交流上尤其是教师流动上有诸多障碍。另外，为更好地促进优质学校的发展，还应本着“成熟一个剥离一个”的办学原则，还校区更大的办学积极性和自主性。

(4)需建立集团化办学经验定期研讨制度，在交流中实现共同发展。多年前一本畅销书名为《没有人能独自成功》，对于时下的管理界也依然适用。建议教育局应积极创建交流、展示的平台，让各个集团学校积极提炼成功办学经验和办学理念，并鼓励学校将成功经验固化为文字，从而形成鹿城教育的特色文化。从某种角度讲，搭建一种交流、展示的平台也是一种鞭策，倒逼各个集团学校努力探索成功办学经验，避免坐吃山空，促使各个学校在互动交流中实现整体办学水平的提升。

(5)集团办学经费显然不足，需有专项的经费支撑系统。实施集团化办学以来，集团在联盟学校与教育行政部门之间发挥着极其重要的角色，需要安排大量的教育管理和教育教学活动，而这些都是需要专项经费的支持。而目前教育局仅拨给集团办公室一年 3 万元的经费开支，这显然是满足不了工作需要的。因此建议教育行政部门应设法增加集团校管理的专项经费，以更好地推进义务教育均衡高位发展。

2014 年 5 月在鹿城区教育局召开的校长座谈会上的发言

孩子，我可以拿什么保护你？

——一位校长妈妈的忧思录

早年读到台湾作家张晓风的文章《我交给你们一个孩子》，并没有什么特别的感觉。直到我当了妈妈，特别是当了 815 个学生共同的妈妈时，这份神圣的使命感和沉重的责任感才油然而生。现在对于我来说，每天最幸福的事就是看着学生们健康上学，快乐回家，还有什么比看着这群可爱的天使们健康快乐地成长更让我欣慰的呢？

当我和我的伙伴们从孩子的父母手中接过这群天使时，我就清醒地意识到这八百多个家庭已经把他们的信任和希望交给了我。我无比激动，但又忐忑不安。我生怕因为我们这个团队工作的不周而毁坏了这些家庭美好的希望和梦想。于是，我和我的伙伴们每天起早贪黑地工作，从早上八点到下午五点，从晚上八点到深夜，我们或上课、或备课、或批改作业、或辅导孩子、或与家长交流、或读书充电……日子就这样在年复一年的烦琐细致的工作中悄然而逝，但我们是这样的快乐和满足，因为我们深深知道一个国家、一个民族已经将他们的下一代交给了我们。为了解决孩子们中餐无人看管的问题，我们义无反顾地牺牲了自己的午休时间，接受了学校的午间管理工作；为了解决孩子下午放学回家后无人照管的难题，我们又义无反顾地承担起这份社会责任，参与了社区四点钟学校的管理；为了更好地与家长沟通，我们暂时放下了家庭事务，放下了对自己孩子的教育，在电脑里、电话里当起了家长们的“家庭教育指导顾问”……这一切的一切，都是为了“人民教师”这个光荣的称号，为了心中的那份责任和使命，对此我们感到无上荣光。

校园里，我们已经为孩子筑起了一道严实的安全防线，孩子们可以尽情地享受其中。但是,我们的孩子不能被“圈养”,他们必须走出学校,必须与社会接触,必须在社会实践中开展活动,既锻炼自己也提升自己。为此,我们忧心忡忡。毕竟这方面“血”的教训太多了,多得让人揪心,多得让人痛心!所以我们必须尽自己所能为孩子打造一次又一次安全而有意义的校外实践活动。以组织一次春游为例,我们总是再三推敲学校的春游活动方案和安全预案,以确认活动的安全性和实效性;我们总是多次与旅行社联系、面谈,以确保活动使用的车辆和司机的安全性;我们总是多次到实地进行踩点和旅游线路演练,以排除可能发生的安全隐患;我们甚至还提请相关督查部门对旅游景区内游乐设施的安全性能进行检查……这一切的一切只为给孩子们建构一个安全的游玩环境,只为促进他们健康、和谐地发展,只为履行人民教师的神圣的使命和责任!

驻足校园,看着孩子们天真而喜悦的脸庞,我常常欣慰不已。只是看着校园外车道上的斑马线,我又愁上心头。这条斑马线位于市区车站大道的交通主干道上,来往车辆多,车速快,给孩子们的出行安全带来严重的隐患。为此,我们上访了交警中队、洪殿街道办和派出所,希望引起相关部门的重视。在多方呼吁无效的情况下,我们派出学校老师作为学生过斑马线的安全护送员。学校围墙外面的人行横道上有许多流动摊贩,他们经营各种油炸食品和饮料,花样繁多,但卫生情况堪忧,无形之中对学生的身体健康构成了很大的隐患。为此,我们又联系了行政执法局和洪殿街道工作人员加强管理,但成效甚微。在这种情况下,我们又派出了值日老师参与校外管理。看着老师们拖着疲惫的身体游走于课堂、办公室与校外街道上时,我无比心痛又无能为力。为了孩子们的健康成长,我们的付出毫无怨言,只是我们不知道,我们柔弱的肩膀到底还需要承担多少原本不需要我们承担的社会责任?

社会治安问题,人民警察责无旁贷;流动摊贩不法经营,行政执法局该出手时就出手;旅游风景区的安全问题,旅游局及相关部门重任在身;礼让斑马线,全体公民人人有责……只要人人自觉遵守法律,自觉履行社会义务,我们的孩子不就可以享受到更多的成长乐趣吗?可是很多时候,我们在相互指责中过日子,却没有从根本上解决问题。行人指责司机没素质,司机指责行人不守规矩,流动摊贩主指责行政执法局不人性执法,行政执法局的工作人员指责流动摊贩主们占道经营，警察指责市民法律意识淡薄……到最后，人们又会把问题扔给了教育，质问学校“你们到底培养了什么样的人？”可怜的教育工作者们，用毕生的精力捍卫着心中的这份道德情操，维护着校园的安全、纯洁和向善，为什么很多可爱的孩子一出校门就变得那么不可爱？为什么我们教孩子助人为乐却被世人耻笑为傻瓜？为什么我们教学生过马路要走人行横道，但仍有那么多鲜活的生命血洒斑马线？为什么……尽管有如此之多的为什么，但我们依然孜孜不倦地引领一批又一批的孩子追求善良、追求完美！这就是教师的神圣使命！

我亲爱的孩子，我可以拿什么保护你？也许我柔弱的肩膀无法为你撑起一片蓝天，但我愿意为你拱出一个安全的“窑洞”，我们会倾尽全部为你打造幸福快乐的童年，这也是我此生无憾的选择！

2010 年 5 月

值班引发的思考

2016年8月26日是G20安保工作要求实行24小时值班的第一天。虽然学校也安排了值班教师，但我还是觉得心里不踏实。21:25，我还是决定到学校看看。一则是检查一下给值班人员准备的休息室和物品是否齐全，二来也看看他们是否有什么困难，我们可以第一时间予以解决。

21:30，到达城南校区。大门紧闭，一片漆黑，连传达室的灯都已经熄灭了。在门外等候五六分钟后，传达室值班人员才光着膀子从传达室跑出来，满脸惊讶地看着我："校长，你怎么来了？"

"这么早就睡了？晚上巡视校园了吗？"

"这不，白天太累了！晚上看看没什么事情，也就早点躺下了。"

"嗯，工作确实很辛苦。但必须的工作还是要进行。晚上的例行巡视不能因为你个人劳累的原因，就可以擅自取消的。"

"是、是、是，校长！我等会儿就会按要求去巡视校园的。"

"今天晚上，谁在学校值班？"

"今天？晚上值班？没有人呀！他们在晚上九点多的时候回去了。"

"噢？"

我沉默了，心想：不好！老师们肯定没有高度重视这次值班任务，也没有很好理解24小时值班意味着什么？于是，我迅速电话联系了分管安全的校长，并请她马上到校。

五分钟后，分管安全的林校长风风火火地赶来了。

人还没进门，她就马上说开了："校长，我正要打电话给你，咱们一定要去校区看看。听说区委副书记此刻正亲自带队到各单位检查落实值班工作。我也正担忧我们学校的值班情况，你的电话就来了。你看怎么好？"

“那你觉得呢？教育局的24小时值班制度是不是需要落实呢？”

“那是当然。只是，刚刚我们校区的值班同志因为肚子痛得厉害，已经提前回家了。现在临时到哪里找人？”

“你马上了解一下其他两个校区的值班情况，如果还没有落实，请校区校长马上予以落实。城南校区如果找不到临时顶班人员，我们俩中间必须有一个人留下来值班。”

“哦！”她面有难色，一副欲言又止的样子。我知道他的公公刚刚做完手术，现住在她家里疗养，身边需要人伺候。她也是不容易。

“没事，如果你有困难，今晚就由我先来！”

“那多不好意思！怎么能让你先留下来值班？”

“什么不好意思！没轮到值班的人，难道就不能提前先安排值班吗？再说了，难道校长就可以有特权不用值班？我们都是一家人，不要太介意。互相补台，才能好戏连台。”

我们落实了城南校区的值班工作后，她马上去了解其他校区的值班情况。五分钟后回来告诉我，府学巷校区值班人员也缺岗了。原来，当天值班的老师已经在校工作一整天了，身体非常疲劳，向校区校长请假后就不来了。考虑到G20期间，安保工作重于泰山，不能有一丁点儿的马虎。林校长马上致电府学巷校区校长，请他速速落实值班人员之后，我们又火速赶往了府学巷校区。

出乎意料的是，途中我们就接到了府学巷校区值班老师的电话，说：“现在的值班任务这么重，临时也找不到可以顶班的人。我不能因为自己的事情耽搁了学校工作，还是我自己来吧！”

在我们到达府学巷校区后不久，值班老师也一脸疲惫地出现在校园里。我们三人巡视了整个校园……

这一天就这样过去了。

这一夜，我终未入眠。

思考：很多时候，我们在布置学校任务的时候，总是习惯于“布置”，而缺乏相应的跟进措施，致使许多美好计划最终搁浅。如同这次的值班安排，我们有具体的人员安排、值班地点，但却没有真正贯彻落实。首先，这当然是态度上的问题，以为没关系，以为不重要，全凭自己的主观臆断随意更改上级的行政决策。其次，也给管理层很大的提醒，任务不能只布置，而不检查。如果没有后期的跟踪、反馈与落实，也许什么都会成空，同时将会滋长管理团队弄虚作假、忙于应付的敷衍态度，长此以往，学校必将走向“衰败”。

2016 年 8 月 27 日凌晨

“贫困”中的思考

——送教下乡活动的几点思考

2010年的1月15日，在晨光熹微中，我们驱车3小时来到了位于文成县富岙乡的培头小学，开展送教下乡活动。文成县是浙江省欠发达县，培头小学是文成县山区的薄弱学校。这一天的气温很低，但我们内心的教育热情早已驱散了冬日的寒流。从上午的结对仪式到下午的送教进课堂，从对孩子的慰问到对教师的问候，处处可见少校人的热情、大气和细致。活动非常顺利，也很成功，双方都获益匪浅。但其中的几个镜头，也引起了我对本次活动的几点思考。

镜头一：文成县教育局分管局长早早地到校迎接我们，并亲自主持会议。

镜头二：全校学生分列校门两边，身着畲族传统服饰，手举小彩旗欢迎远方而来的客人。电视台记者一路跟踪，拍摄活动全过程。

镜头三：评课互动中，一老师向授课的林鹤真老师提问：“请问林老师，你上课用的教具都是哪里买的？”林鹤真老师微笑着答道：“都是我自己做的！”该教师一脸愕然，非常吃惊的样子。

镜头四：在最后的总结发言中，雷校长说：“你们一定要常来指导，你们的上课方法真的很好，孩子们很喜欢。可惜我们学不来，以后一定要多来，让孩子们多得实惠……”

几个普普通通的人，几句简简单单的话，即让我感受到了本次活动的真实有效，也让我对如何引领暂时处于薄弱状态的学校走出困境，实现新的飞跃有了更深层次的认识。

一、正确对待送教活动,自我奋斗最重要

对于本次活动,学校、教育行政部门都非常重视,教育局局长亲自接待并主持会议,并邀请了电视台记者拍摄活动全过程,可见接待规格很高。由此可见,领导们也希望借助这些机会,为农村学校赢得更多的有利资源和帮助,为实现农村学校的发展和腾飞创造有利的外部环境。作为一所农村薄弱学校,培头小学已经失去了一些发展的有利条件,他们特别期待一些优秀的兄弟学校拉一把、扶一把,心情是可以理解。但是与其坐而等扶,不如寻找合适的支点主动踏跳而起。结对不是目的,只是一种手段。结对可以为受帮扶的学校打开更多的窗子,透过窗子可以看到外面的精彩世界。但是这些精彩是外在的,要想把它内化成自己的东西,必须通过自己的努力学习、大胆实践、积极反思和认真提炼。单纯的"拿来主义"解决不了问题,因为一方水土培育一方文化。

二、激发教师的创造激情,以智慧启发智慧

在提问教师一脸愕然的表情中,我突然觉得很可悲。刹那之间,我想到了一个故事,一农家孕妇将自家母鸡产下的蛋拿到城里换饼干以补充营养,因为她觉得城里人吃的东西就是最好的。也许在农村老师的眼中,城里买来的教具就是最先进的,恰恰忽视了最先进的教具是基于教学实际而由教师自觉创造的。没有自觉创新的教师,哪来创造性的孩子?教育是一朵云推动另一朵云。

三、在互动合作中赢取发展的契机

合作是实现自我发展的重要途径,结对就是促进合作的有效载体。通过合作,加强交流,互通有无,从而促进自身的发展。优秀的学校不一定什么都是优秀的,再小的学校也有其优势,要取人之优而用之,揉以己而为之。在平等的互动交流中提升自我,改变磁场,进而赢取发展的契机,最终实现自我的腾飞。

2010 年 1 月 16 日凌晨

运动会后，我们该反思什么？

天公作美，城南小学第二十届校园田径运动会终于顺利落下帷幕。本届运动会在师生、家长的共同合作中胜利完成，各项赛事精彩纷呈，孩子们的表现可圈可点，共有八人次打破校级比赛记录，给与会者留下了深刻的印象。但纵观整场比赛，还是有很多地方留给管理者无尽的思考。一个学校有没有持续发展的新增长点，主要看其有没有深刻的反思能力和直面问题下的破解能力。那么，本届运动会又给城南管理团队留下了什么？我们又该反思些什么呢？我不禁陷入了深深的思考。

镜头一：临近开幕式时，却发现主席台的位置没有布置好，嘉宾的名字牌还没着落。

镜头二：德育校长弓着背在主席台前准备名字牌，费力地将一张张席签安放进塑料夹里，旁边站着、坐着一群闲聊的老师们。

镜头三：比赛已经开始，场内的安保人员却还没有及时到位，家长、学生扎堆挤在场内，整个比赛乱哄哄的。

镜头四：保安到位了，但却不知道该干些什么，任由学生、家长随意进出赛场，场内一片混乱。

镜头五：发令员到岗后，却发现仅有一把发令枪，而没有其他配套的工具，如哨子等。

镜头六：跳远比赛场地因为经常有学生穿插而过，导致比赛多次中断。

镜头七：总有几个孩子在比赛进行中横穿赛道，甚至在400米预赛中还有一个三年级的孩子直接冲进了赛道，蹲在赛道上玩耍，跟后面跑上来的运动员撞了个满怀。

镜头八：每个比赛项目一结束，裁判员立刻离开场地，导致一些需要核实的数据因为当事人的离开而无法进行，以致耽误最后的分数统计工作。

诸如此类的状况层出不穷，这让我们不得不重新思考本届运动会的成败得失。作为百年老校，我们已经不止一次地举行全校性的田径运动会，那么为什么还有这么多的老大难问题无法解决呢？学校管理如同一台高速运转的机器，离不开其中任何一个零部件的有效运作。为有效解决如下问题，我们必须从如下几个方面去解决。

一、大型活动事先必须有充分准备，并有周详的方案

纵观本次活动，最大的问题在于事先没有周详、细致的部署。很多环节都是主管线负责同志理所当然的想法，缺乏有效的、系统的思考。思想上麻痹大意，以为这是老生常谈的事情，只要按惯例去做就可以了。正是因为有这种思想在作祟，结果每年都会发生的意外事故自然还是会一如往常地发生。作为学校最大型的活动之一，本次运动会只开过一次教师会议，由分管校长和体育组长做了常规性的部署，而没有再召开配套的协调会和部署会，比如计时裁判员的岗前培训会，安保人员的岗前培训会，行政人员的分工部署会等。同时，每位老师也只分到了一本秩序册，其他配套的细节文件一个也没有，包括开幕式上表演学生的站位图，开幕式上工作人员的分工表，裁判员的工作细则等。因为没有周详的部署，自然就导致职责不清，出现了很多管理上的空当，纰漏不断。建议德育处今后必须针对整个运动会出台细致的任务单，将工作中的每一个细节都落实到人，并做好提前沟通与部署，包括话筒、席签、音乐播放等细节工作都必须由专人负责，确保每一个环节都不能处于真空状态。

二、科室之间的通力合作是实现成功的必要前提

这世界没有人能独自成功，学校管理也是如此。要想高效、和谐地完成一项工作，必须实现各科室的通力合作。但是在实际工作中，我们却发现科室之间缺乏有效合作，出了问题时就互相推诿。在赛后的总结交流中，我听到了德育校长说后勤工作没有落实到位；后勤校长则表示，我们的重点工作就是做好早餐、点心和午餐的供给，除此之外别无他事。体育组组长也在抱怨，什么事情都是我们组员做，事情太多了，我们忙不过来。科室之间的职责不清晰，责任不

明确，导致合作不顺畅，运动会中状况自然不断了。建议以后必须提前举行校级领导的协调会议，将需要协调的各条线的工作摆到桌面上谈，一一分工并逐项落实到人。比如与交警的协调，就可交由分管安全的校长去落实，场地的布置可以交代后勤校长去部署，局领导的接待工作可落实集团书记去做等。然后由各分管校长按照任务单召开专门的科室工作部署会议，以确保每一项工作落实到位。

三、必要的沟通与交流是增加成功的筹码

凡事预则立，不预则废。但是再周全的计划也会因突如其来的变化而变得有所不适，此时必要的沟通与交流是非常重要的。比如近几年来，老师们不断地反映上午比赛时间长，吃早餐的时间早，以致很多人到了十点半肚子就饿得咕咕叫。但学校的点心供应按照惯例一般都是在下午进行的。而下午比赛一般只需要两个小时就全部结束了。可见，点心供应的时间安排还有欠妥当。但是老师们习惯向德育校长提出建议，而点心供应则是由后勤校长分管的。一个小问题连续几年都没解决好，可见各条线的沟通和交流是非常欠缺的。建议每次活动结束之后，要召开工作总结会，分析成败原因，总结经验。同时，每条线都必须做一个工作备忘录，并由分管校长汇总至校长室，形成一个完备的工作备忘录，为来年更好的工作提供经验借鉴。

作为学校管理者，我们清楚地知道学校的每一点进步都离不开对当前现状的辩证性反思与强有力的改进行动。不积跬步无以至千里，学校发展又何尝不是如此？

2014 年 5 月在校行政会议中的发言

学校应让学生多些知情权与选择权

近日我校六年级学生到七都学生实践基地学校参加综合实践活动。作为校长，我也饶有兴致地跟着孩子们一起去参加实践活动。春日里的实践基地显得尤为漂亮，绿草茵茵茶花浪漫，再加上课程安排丰富、有趣，孩子们寓学于玩，边学边学自然不亦乐乎。忽然，实践基地的负责老师问我："为什么去年的五年级实践活动你们学校没参加呢？"一旁的老师听了之后马上你一言我一语地说："校长，为什么去年我们学校没有安排参加呢？""太可惜了，不知道还能不能补上？""我们强烈要求让五年级的孩子也能补上一课。"我尴尬地笑笑，在得知不可能再给孩子补上一课的同时，内心深感不安。此时，去年安排综合实践活动的一幕幕情景又重新浮现在了我的眼前。

鹿城区七都学生实践基地学校于去年九月份正式挂牌成立。作为新生事物，很多学校都对安排学生去实践基地开展活动心存疑虑，既有担心经费问题，也有担心活动内容问题。我们学校也不例外。于是，我让分管教学校长带领教导处、大队部等相关科室人员前去实地考察，回来再做安排。后来得知实践基地学校规模不大，接待能力有限，不能一次性安排全体五年级学生前去参加，必须将全体学生分成三次前往活动。这就给我们的管理带来一定的难度。而我们城南小学向来有一个惯例，我们的任何活动都是以年级段统一行动来进行的。于是，思量再三，我决定先暂缓活动。没想到，后来很多学校反映都非常好，而我们已经没有机会再给学生补上这堂课了。这也成了我到城南小学任职后最大的一个遗憾。

作为学校管理者，我们必须尽最大努力促进学生的健康发展、全面发展和个性发展。办学校的第一任务就是培养人、造就人，要始终把学生放在教育教学的第一位，要始终为学生创建适合他们成长的教育。可是在现实生活，我们却常常为了自己的管理更方便，而随意剥夺学生“参与活动、体验成长”的过程。常常打着“爱”的旗号剥夺孩子童年的幸福，这不得不令人深思。反思整个管理事件，我想我不得不做深刻地自我检讨。

检讨一：学校管理到底是“便捷第一”还是“学生的成长第一”？

“便捷第一”无疑是指向了学校管理层，或者说是教师层面。北京十一学校的李希贵老师曾说过，我写过两本书《学生第一》与《学生第二》，有人质疑我是自相矛盾，其实不然。从管理者的角度来讲，没有教师的主动参与，各项教育教学任务很难落实到位，因此是教师第一，学生第二。但从教育者追求的核心价值来讲，促进学生发展始终是第一价值诉求，自然也就是学生第一。“教师第一”的提出其实是为了更好地落实“学生第一”，学校的各项教育教学工作的有序开展就是为了更好地促进学生的发展。管理是为了更好地服务于学生成长，我们切不可为了便于管理而剥夺学生成长的机会，这显然是本末倒置了。

检讨二：不要因为墨守成规，就轻易拒绝新事物。

每个人可能都有自己长期以来形成的思维方式和行动习惯。好习惯可以让人事半功倍，效率翻番。但是有些惯例的存在本身就没有特别的意义，又何必因此拒绝新事物呢？尤其是那些因为要沿袭过去做法就不敢有新尝试的行动，这本身就是非常愚昧的做法。学校管理就是要因时因地制宜的，我们绝不能墨守成规。教育工作者应当是勇于创新的，我们要敢于打破旧常规，正如国际歌所言，要让思想冲破牢笼。只要是有益于学生成长的新事物，我们都要敢于尝试，这也是提升自己管理能力与水平的大好时机。

检讨三：校长有权力决定各项教育教学工作的开展，但绝不能剥夺学生的知情权与选择权。

学生是学校的主人。他们有权利知道学校的各项工作安排，并提出自己的意见与建议，选择性地参与适合他们成长的各项活动。今日之教育不是为培养奴性接班人而开展的，我们培养的是社会主义新时代的建设者和接班人，他们有权参与教育教学活动的全过程，有权参与课程的开发与实施。美国知名教育家爱莉诺·达克沃斯指出，教育就是为学习者——不论是教师还是学生提供机会，让他们主动建构自己的知识。可见，学生不是教育的外围力量，他们不仅是教育的对象，更是教育的主体，他们不仅有知晓权、选择权，还有课程的开发权。学校管理者必须要努力将学生从学习只是学习间接知识中解放出来，让更多的孩子在自然情境或是创设的自然环境中参与活动，获得感悟与体验。只有这样，才能更好地促进学生的成长。

检讨四：校长对学校是什么，该办怎样的学校，如何办学应有更多哲学层面的思考，以形成自己的理性认识和系统观念，并设计科学合理的实施载体。

校长对学校的引领，首先是教育思想的领导。教育真理是普遍存在的，但是有思想的校长必定要将普遍真理与学校实际情况巧妙结合，产生校本化的教育理念，也就是我们通常所说的办学理念。如温州市实验小学的“创设适合学生成长的教育”、蒲鞋市小学的“智慧教育”，水心小学的“生态教育”，无不是校长及其团队教育智慧的高度体现。城南小学也当如此。我校是以民乐为特色的学校，学生在民乐合奏比赛中上取得了辉煌的成绩。无数次的精彩演出让他们收获了鲜花、掌声，演奏让孩子们的生活更加精彩。同时，中国的传统乐器有着其特殊的表现力，即表现力有着更多的不确定性，如古筝、二胡、琵琶、唢呐等的发音会因演奏者技巧与情感的不同而体现出鲜明的个性，同一个音可以有许多不同的表现方式。教育也应当像演奏中国乐器一样充分把握和展现每个学生鲜明的个性，让每一个音符发出最美的旋律，而且在不同的排列组合中发出更精彩的声音。加德纳的多元智能理论奠定了“每一个孩子都具备精彩潜质”的理论基础。在此基础上城南小学提出了“让每一个孩子精彩起来”的办学理念。办学理念是一面旗帜，它必将统整学校的各项教育教学活动，只要是符合办学理念的活动，我们都应当大力推进，认真组织。

人非圣贤孰能无过，学校管理者也是如此。在深刻反省自我的同时，我也决定对今后的每一次管理行为进行理性反思，发现问题及时改进。只有这样，才能更好地办好学校，让每一个孩子都能真正精彩起来。

2014 年 10 月

关于温州义务教育阶段实行“五四学制”的杞人忧思

在今年的校长聚会中，讨论较多的就是“五四学制”对小学的影响。一些名校校长在痛述“五四学制”给他们学校带来影响的同时，也担心鹿城优秀生源的后续教育问题。对此，我不是特别关心，主要原因就是坚信“天倒大家事”，既然是大家的事，那我们一群老百姓又何必干着急呢？然而作为一线教育工作者，对于此类教育问题当然是无法回避的。每每想到，我就如鲠在喉，焦躁不安，仿佛忧天塌的杞人。

忧思一：温州市的教育经费投入本身已不足，是否会因此雪上加霜？

众所周知，但凡改革总要加大经费投入。所谓兵马未动，粮草先行也。而温州教育经费投入不足问题由来已久，但是否会因加大对“五四学制”探索性研究经费的支出，而使本就已捉襟见肘的经费问题雪上加霜。再则，如果实行“五四学制”，这意味着所有初中编制的学校都将增加三分之一的规模，包括硬件设施、人力资源及配套问题。以市直属学校为例，全市共 15 所有初中学校，这就等于温州市教育局直属学校在三年时间里要新增 5 所初级中学，平均每年增加 1.67 所初级中学，这还不包括其他 11 个县市区的新增学校？在温州市教育经费总体投入已经不足的情况下，还要负担新建学校的沉重负担，试问还有能力顾及那些发展中的小学校吗？我不觉油然而生“城门失火殃及池鱼”的悲戚感！

忧思二：小学规模的缩小，势必会导致小学教师总量富余，处置富余的小学教师是否会引发新的社会问题？

实行“五四学制”，小学将面临着缩编，每一所小学将缩小六分之一的办学规模。如果能让现有的师资、办学硬件设施都按原规模保持不动，这将是我们小学教育的最大福音。但恐不是如此。那么小学里被“多余”的教师将何去何从？是被分流到其他行业呢？还是经过再培训后到中学去任教？不管哪一种处理方式，势必都会引起教育界不小的“地震”！教师绩效工资改革已经整整两年了，各种矛盾与潜在问题已经日益尖锐，是否有必要再让原本脆弱、敏感的教师群体再次被推到改革的风口浪尖？

忧思三：“五四学制”让少数优秀孩子体验成功的同时，是否会让更多的孩子承受了“小升初”考试失利的挫败感？

众所周知，温州市实行“五四学制”的初中是通过面向全市（主要是鹿城区）小学生选拔考试择优录取的。这不仅破坏了义务教育阶段初中就近入学的规定，更打破了免试入学的制度。更为重要的是，不管是率先实行招生“五四学制”的第二外国语学校，还是紧随其后的绣山中学、第二实验中学，都只能招收个别优秀的学生。而在众多实验学校刊登的优秀师资、优秀办学条件、优秀课程设置的招生广告中，不少家长趋之若鹜。然而，招生的数量毕竟有限。考上的学生家长欣喜若狂，大宴宾客，感谢师恩，于是乎各大酒店的谢师宴红红火火，好不热闹。考不上的学生则垂头丧气地回到原来的学校继续就读六年级，幼小的心灵可能就被烙下了“我不够优秀”的印痕。一个原本可以开开心心度过的童年暑假，也可能因此被蒙上了“我不如人”的失意涩色。学生时代的第一个“大考”失利挫败感是否会因此提前到来。为什么要通过人为的“自相矛盾”的政策让学生提早感受考试的挫败呢？我很是不解。

原因之四：“五四学制”带给社会不正确的导向，引发不明就里的家长对当前学校教育的过多干涉，是否会让学校承受更多不需要承受的社会压力。

在群众的眼里，似乎带“实验”字眼的东西都是最好的。因为所有人都不会拿“实验”来砸自己的政绩。于是，近两年小学升初中的最热门的话题就集中在了“五四学制”上。于是乎，能考上“五四学制”初中的，就是孩子优秀、家长有能耐的象征。于是一些家长就将压力转移给了学校，希望学校提前将应对“五四”选拔考试的内容纳入教学计划，以提升孩子的考试成绩。2011 年 3 月开始，我校教导处就陆续接待了几批来访的学生家长。他们联名提出，要求学校提前对孩子进行应考辅导，以确保更多的孩子能顺利考入率先实行改革的“名校”。这样的要求显然是不符合逻辑道理，也不符合素质教育的要求，更不符合教育教学的规律。为此，我们一而再，再而三地对前来访校的家长好言劝说，晓之以理，动之以情，才说退了一批又一批的家长。不管来访的家长是否真正被说服，但此项工作已使学校承受了无比巨大的压力。只是不知，这种压力是否也同样落到其他兄弟学校的身上？

忧思五：“五四学制”是否违背了教育教学的客观规律，使原本该在秋天采摘的果子要提前在夏季下树？

众所周知，教材的编写有其内在的逻辑体系和价值理念。“五四学制”使用的教材应该与“六三学制”的不一样的。但是纵观现行的“五四学制”学生，他们是在没有准备的情况下，放弃了完整的小学教育，提前一年到初中接受中学的预备教育。更让人费解的是，他们学习的内容几乎与小学三年级的一样。如此这般的话，有必要让初中的老师来教小学的孩子吗？难道小学老师就做不好六年级的教育吗？那么提前一年入初中的价值与意义又如何凸显？要知道五年级和六年级的学生在身心发展上还是有本质的区别。如果仅是为了让孩子提前接触初中，更早适应初中教学以备中考的话，那更是无稽之谈，孩子岂只是应考的工具？春播秋收，大自然有其不可违抗的规律，明明秋天采摘的果子何必苦苦强摘于夏季，难道只为抢占市场的先机？科技发达的今天，大棚种植已经打乱了水果正常上市的季节，但我们又何尝不是感慨，缺乏必要气候、阳光、地气等滋养的反季节水果，其味道总是不及正常种植、摘收的时令水果。最重要的问题是，我们的孩子不是水果。

作为温州市 20 世纪 80 年代“五三学制”的末班生，我至今还非常清晰地记着。我们的老师很兴奋地告诉我，你们是学校最后一届小学读五年的学生，以后的孩子再入学，就要读六年的小学了。这句话，我印象深刻，我觉得自己赚了一年的时间，更重要的是，我知道了但凡改变总是从一开始，从基础开始，要有一个完整的酝酿和发展过程，更要给老百姓以清晰的认识和选择过程。再后来，我发现下一届的学弟学妹们使用的教材也跟我们的不一样了，这也更坚定了我的信念，“五三学制”与“六三学制”是不一样的。但今天，我很难看出“六三学制”与“五四学制”有什么本质的区别，也许这正是我作为一个普通老百姓的愚钝之处。我只是觉得水果尚未成熟，又何必一定要赶早采摘呢？我们的孩子不是实验品，更不是名校抢夺优秀生源的牺牲品，我们民族的未来和希望不是靠牺牲某些实验品来换取社会进步的。否则，这将是中华民族最大的悲哀！

2011 年 11 月校园长座谈会上的思考

凡事多问“为什么”？

——迎接区委书记到校开展儿童节慰问的活动策划与反思

友人曾给我讲过一个笑话，说一位哲学家想要拜访北京大学，并扬言要与北大最厉害的教授展开一场学术辩论。当他到达北大校门的时候，被一位年轻的保安拦住了。小伙子问了他三个问题：“你是谁？”“你从哪里来？”“你要去哪里”？顿时把这位造访者吓住了，心想：“区区一保安就能问出人类的三大哲学问题，那他们的教授必定深不可测。北大如此卧虎藏龙，我还是择日再访比较好”。于是，造访者悄悄溜走。这当然是个笑话。然而，作为教育工作者，尤其是一线教育工作者，对“我现在哪里？”“我要去往哪里”“为什么去往那里”“如何去往那里”“怎样才能评判自己是否已经到达那里”等问题是否都能保持清醒的认识？凡事多问“为什么”，这比急着去做一件事情更为重要。把要做的事情想清楚了、弄明白了，做起来也就更顺了。

那日，得知区委书记王立彤要来会昌河校区进行“六一”儿童节慰问，校园里着实一阵沸腾。作为一所投入使用未足两年的新校区，能够得到区委领导的高度重视，特意在儿童节前夕到校慰问师生，全体城南人倍感荣幸。只是欢喜过后，我们又陷入了新的思考。作为一所集两岁和一百岁于一体的城南小学会昌河校区，我们该如何展示百年办学底蕴和新建校区的个性化与特色化发展？怎样的接待才能既不失城南人的待客之道，展示素质教育的个性成果，又能抓住机会赢得资源实现学校新的跨越式发展。为此，城南人陷入了深深的思考。

一时之间，大家都在争着思考“我们该做些什么”，但很少有人思考“我们为什么要做这件事”。其实只有把后者想清楚了，弄明白了，才能更好地完成前者。“为什么”解决的是价值观问题，“怎么做”是方法论的问题。价值观指导方法论，方法论体现价值观。

随着群众路线地深入开展，社会各界对作秀式的慰问、接待活动越来越反感，这也是对人性的尊重和对自由、民主、平等、法制精神的最大体现。教育界的每一次活动都是为了更好地激扬生命，展示个体灵性的成长痕迹，促进学生的个性发展和全面发展。作为一个仅有两个级段、七个班级的校区，学生人数仅 268 人，最大的学生也不过九岁，这些小屁孩能够承担如此高规格的接待任务吗？答案当然是肯定。教育是崇真尚美的活动，只要能够呈现这个年龄段孩子该有的真实思想、真实才能的言行都是美丽的。真实就是力量，稚嫩也是美丽。我们不能因为孩子的言行没有达到成人世界所需要的高规格、模式化的"美丽"，就加以否定，进而排斥，那是违背人性学、伦理学的"伪科学"和"伪教育"。基于这样的深层次认识，学校认为展示常态而真实的校园生活，展示儿童真实的感受与习得，让学生在本次接待活动中增长知识、提升能力，同时为学校发展赢得新的资源和力量是我们的价值追求（见表 1）。

表 1　温州市城南小学迎接"六一"慰问活动设计表

领导慰问意图	主题板块与设计意图	接待内容
关心下一代	儿童展示 （设计意图：培养学生民主、平等、法制等精神，引导学会参与社会治理，学做社会小主人）	1. 红领巾迎宾 2. 课程学习成果展示 3. 共玩游戏 4. 红领巾参与社会治理
了解新建学校的发展态势	校区展示 （设计意图：展示校区建设的成效，同时提出办学中的困难与需要解决的项目）	1. 学校硬件建设展示 2. 通过课程建设、师生行为、环境布置等渠道展示校园文化建设成效 3. 校区建设存在的问题及解决策略
了解区域基础教育发展水平	集团校展示 （设计意图：展成效，摆困难，提建议）	1. 集团学校发展态势 2. 集团学校发展的问题与策略

为此，学校设计了一套简单朴素而又大方得体的接待方案（见图 1）。

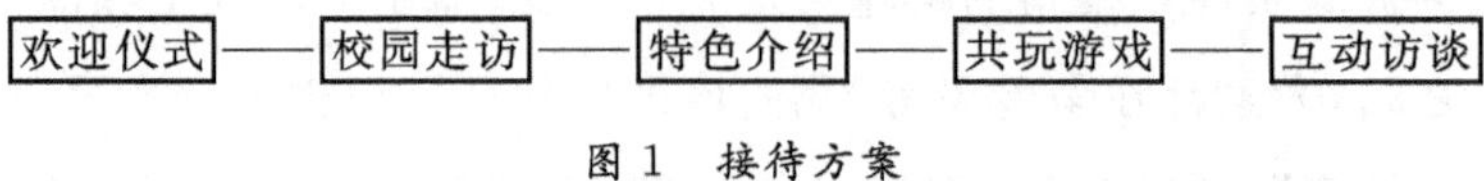

图 1　接待方案

程序一：欢迎仪式——系红领巾，小型欢迎仪式。设计意图：教孩子学会如何招待客人。给客人系上红领巾既是表达少先队员对客人的尊重之情，也是巩固少先队知识的重要环节。同时也锻炼孩子的胆量，让其勇敢地学会表达。

程序二：校园走访——参观校园，学校发展介绍。设计意图：由学生做导游，带领领导参观校园并介绍学校文化及办学成绩。这一过程事实上也引导学生进一步了解校园、热爱校园的过程，同时也将大大提升学生的语言表达与待人处事的能力。

程序三：特色介绍——校区介绍，特色课程展示。设计意图：回顾校园生活，表达真实的学习生活感受，同时也提升对学校文化的认同感。

程序四：共玩游戏——童心游园，来宾共庆六一。设计意图：让领导走近学生，与孩子一起玩转游戏、感受童心，从而引导学生建立人人平等的自由、民主精神。

程序五：互动访谈——我与书记面对面，访谈促进成长。设计意图：给学生一个成长的平台，引导学生关注社会、关注校园，提升参与社会治理的主动性、积极性，培养“社会时事”敏感度与书写报道能力，同时也引导孩子学会在领导面前真实表达意愿，敢于提问领导，敢于质疑领导，进而培养孩子的平等交往能力、创新能力和沟通能力。

有了这套方案后，我们就开始行动了。事实上所有的工作都是针对孩子某一具体能力开展的有针对性的教育。校园小导游、小主持人就由语言社团的导师来进行训练；迎宾学生就由大队部的负责老师开始训练；民生实事组则由教导主任负责，通过带孩子走访社区民生问题进而提出自己的“施政策略”……校园里顿时活跃开来了。

一周之后，接待工作开始了。虽然在接待过程中，孩子们的讲解非常稚嫩，经常漏词、忘词，甚至还出现小导游“开小差”，被游园活动吸引过去而忘记了自己的“任务”。但是领导们的宽容和鼓励给了他们更大的学习与展示空间。当孩子忘词时，王书记鼓励他们用自己喜欢的方式介绍学校，孩子居然侃侃而谈，俨然小教育家。当王书记问孩子你有什么“拿手本事”时，孩子居然大方地表演起拉丁舞，尽管现场没有音乐、没有灯光，但他沉浸于舞蹈的满足感还是感动了不少人。当王书记为孩子打着雨伞、搭着孩子的肩膀，两人宛若父子般穿梭在校园里时，我更深深感动于王书记对孩子公民意识、平等精神培养的以身示范。

最难能可贵的是，当孩子们就自己的调研情况与书记面对面交流时，如校区附近没有公共自行车停放点，难以解决居民出行的最后一公里问题；周边社区的公交出行不便捷；学校附近的会昌河地域文化有待提升；学校特色项目发展应有特色经费支撑等，居然大获点赞。王书记甚至在现场办公，指导相关部门到学校附近勘测地形，办理设置公共自行车停放点……这更是大大激发了学生“参政”“议政”的积极性，也为其公民意识的培养提供了大好的机会。

本次接待活动圆满成功，城南小学不仅展示了学校素质教育的可喜成果，为发展赢得了更多有利资源，同时也大大促进学生综合能力的提升。教育需要对临时生成状况的智慧把握，更需要前期的精心预设。一场四十分钟的校园接待活动宣告结束，但学校抓住每一个教育契机对孩子们开展针对性教育和创设浓郁的人文关怀教育氛围才刚刚起步。我们不会特别在意接待活动给客人留下些什么，但更看重的是老师和孩子收获了什么，成长了什么？也许在每一个活动开始之前，在精心设计“教育案例”前，我们多问问为什么以及怎么样？这将更有利于我们对教育教学活动做理性做思考，更助于我们去伪存真、削繁就简，做最简单的教育，简单地做教育，这也必将更有利于师生的成长。

2014 年 6 月 1 日

今天，我们怎么做教育评价

——福建教育学院教育评价培训学习有感之一

关于教育评价，我所在的学校这些年也做了不少，但很多时候都是在无人指引的情况下闭门造车。不知是否科学，只是觉得适合就好，能引领教师、学生科学成长就好。得知温州市教育评价院将组织部分小学校长前往福州开展专题培训活动，我欣然往之。四天学习果不负所望，收获颇多，感触亦不少。

时代变了，教育评价也应随之变化

“我们不能走得太快，让灵魂跟不上脚步；也不能走得太慢，让脚步跟不上时代的节奏。”第一次工业革命让人类世界进入了蒸汽时代，第二次工业革命让人类世界进入了电气时代，而全世界范围内的电子计算机的飞速发展及其运用则让人类进入了电子时代和大数据时代。曾在网上看过一则订比萨的故事。一位顾客致电比萨店，接线员接通电话后就要他把会员号告诉自己。当顾客告知会员号后，接线员就把他家电话、公司电话、手机号码一咕隆地全报了出来，并问他打算用哪个电话付费？这让顾客非常吃惊，问对方是如何知道这些信息的？服务员笑笑说，因为他们店都已经联机到 CRM 系统，系统可以查阅到他的个人信息。当顾客提出想要海鲜比萨时，被客服人员拒绝了，因为客服根据系统显示的医疗记录，知道他的血压和胆固醇都偏高，于是向他推荐了低脂健康比萨。更离奇的是，该客服还只给他推荐了 99 元的比萨。原因是知道他家就六口人，且母亲刚刚做了心脏搭桥手术还处在恢复期不能吃比萨。当顾客提出要刷卡时，又被客服拒绝了。因为比萨店已经知道了他的信用卡刷爆了，甚至连欠银行 4 807 元钱都很清楚。最后客服还建议他自己上门取货。因为比萨店根据 CRM 全球定位系统查到该顾客的摩托车正停在距离比萨店几十米远的地方。

看完这个故事后，我们不禁要诧异信息时代的飞速发展，感慨于大数据时代的人的“全透明式”的存在方式。全球知名咨询公司麦肯锡提出，“数据，已经渗透到当今每一个行业和业务职能领域，成为重要的生产因素。”换言之，“大数据”已经引起了人类、生产、生活方式的根本性变化，在这种情况下，我们的管理势必也要发生变化。那么作为教育管理及其评价手段、方式又怎么可能以不变应万变呢？

评价，坚持“必须道、法、术、器”四个层面的和谐统一

《黄帝内经·素问》中有一篇文章叫异法方宜论，其中记录了黄帝与岐伯的对话。黄帝问曰：“医之治病也，一病而治不同，皆愈，何也？”岐伯对曰：“地势使然也。”“故圣人杂合以治，各得其所宜”。道就是最后让医生选择这种方法的原则，治病的方向即为“道”，至于采取内服还是外治的方法？用什么样的工具，如何分阶段实施，那就是法、术与器的整体协调合一了。就像我们本次学习的返程一样，从福州返回温州的总方向是往北走的，这就是道。至于选择怎么走就是法的层面了，如水路、陆路还是空中交通？如果选择陆路，那就要涉及走高速、走国道还是走羊肠小道呢？这就都是具体操作层面的事情了，也就是“术”。器就是有形的需要借助的具体的交通工具了，到底是使用汽车、动车、马车、摩托车还是自行车呢？教育评价也是如此。首先，我们必须清楚知道我们为什么要评价，评价的方向是什么？斯塔费尔比姆提出：“评价更重要的意图不是为了证明，而是为了改进。”评价是为了更好地促进学生作为“人”的全面发展，更好地提升教育质量，更好地提高师生的幸福指数。这就是评价的“道”，至于具体怎么评价，包括如何操作，如何设计量表，如何获取数据，如何分析处理数据，借助什么样的工具，怎样形成评价报告，这就是我们所提到的“道、法、术、器”的和谐统一了。

本次福州之行的四日专题培训，对广大参训者来说获益匪浅。但这次培训

也仅仅是属于教育评价的“普及推广式”的学习，难以真正使校长们掌握科学的教育评价的方法。新课程背景下教师专业成长的途径等于“专家引导＋同伴互助＋自我反思”，对于校长评价能力的提升也应如此。建议教育评估院还应对本次参训者有更系统深入地培训，以及基于所在学校的教育评价具体个案的帮扶，再配以翔实的个案分析（学校观摩）、校长论坛、成功案例推广、教育评价项目评优评先活动等实践培训行动，以期形成“学、研、思、行”四位一体的方式，帮助基层校长不仅掌握“道”，更会“法、术和器”。

要评价，也要学会保留保护评价的“纸屑”

台湾著名学者林清玄写了一篇文章叫《陶器与纸屑》，文中提到他曾在香港特别行政区的百货公司买了一个石湾的陶器，百货公司为其专门打包。经过打包后，装有陶器的大纸箱体积增加了四倍多。纸箱四周塞满碎纸。打包人员对他说现在就是从三楼扔下去也不会坏了。林清玄的陶器本来只有两尺长、一尺高、半尺宽，现在居然被包装成一个庞然的箱子。因为嫌箱子体积太大，不好带回家，于是就舍弃了纸箱、碎纸和破报纸，找来一个手提袋提着。没想到在行路过程中手提袋撞到身旁的椅子，陶器摔坏了。林清玄心里非常非常的后悔，后悔没有采纳包装工的建议，更悔把纸箱丢弃。可见，“对一个珍贵的陶器，包装它的破报纸和碎纸屑是与它相同珍贵的。”我们不能只想保有珍贵的陶器而忽视那些看来无用，却能保护陶器的东西。生命的历程也是如此，在珍贵的事物周围总是包着很多看似没有意义，随手可以舍弃的东西，但我们不能忽略其价值，因为没有了它们，成长就不完整了。同样的，我们也不能忽视那些人生里的负面因素，没有负面因素的人生，就得不到教训、启发、锻炼，乃至于成长了。

教育评价又何尝不是如此。在数据时代来临之前，很多学校已经有了一些原始的、传统的做法，虽然相较“数字评价”的高大上，它显得很是不入流，甚至有些“下里巴人”的气息。但这些同样是无比珍贵的，是不应该被全盘“革命”掉的元素。同时，作为新引入的数据评价方式，教育评价也总会面对一些“乌云和暴雨”。然而现实生活中，学校教育已经不堪重负，在教育行政部门无法给我们减负,也无法给我们更大办学自主权的情况下,作为管理者的我们要一定学会扬弃,保留好的东西、好的做法,还要保留保护好做法的“纸屑”,让好做法能够有效保存,并发挥重大作用。

教育评价是一门科学,但也是一种艺术。此路漫漫其修远,吾等必将上下而求索!

2014 年 9 月 24 日深夜十一点

知道、懂了与会操作

——城南校区安保人员培训会议之后的反思

上午九点，基于对上月全区校园长安全工作会议上反馈的问题，城南小学分管安全工作的林月校长组织城南校区安保人员开展了四月工作例会及安保技能微培训活动(见图1、图2)。

图1　林月校长在布置工作

图2　一键报警器及监控调取考核

在培训过程中，我们发现一个有趣的现象。当林校长问保安："你知道如何使用一键报警器吗？"

"知道。"在座的保安都自信满满地回答道。

"很好，那请你说说它的使用方法吧。"林校长把目光投向了保安老翁。

"第一，按下报警器；第二，30秒之后再按下复原键……"老翁的话音刚落，旁边的家旺就紧跟着说："不对，不是这样的，按下报警器之后，应先扳动钥匙……"

"啊，这，这……"老翁支支吾吾地说。看来"知道"并不等于真正"懂"了。

"既然这样，我们就来一次现场模拟演示吧。老翁，你先来演示一下。"林校长建议道。

正当老翁准备现场演示的时候，家旺急忙打断他："不行的，我们如果就这样贸然按下报警器，等会儿派出所的同志赶到这来怎么办?"

"对，我建议我们应该预先跟安保公司的同志讲清楚，我们这儿正在进行报警系统的模拟演练，以免造成误会。"安保处主任姜逸老师应声和道。

在取得与安保公司的联系之后，校区安保人员的安全演习正式启动了。

保安人员经过现场的"微学习"培训之后，纷纷表示"懂了"。于是，实战模拟开始了。

老翁第一个上场。

第一步，摁下报警器。顿时警铃大作。

第二步，扳动钥匙。

一切都很顺利。就在这个时候，他忽然回头问自己的伙伴 ："时间够了吗?"在没人回应他的时候，他又迅速地实施了第三步——摁下了复原键。然后嘴里嘟嘟囔囔地说："反正是练习，时间差不多就好"。然而，在按复原键的过程中他又出现了一些纰漏。

这一轮的演习被判定为"不合格"。理由是摁下报警器的时间不足 30 秒，且复原键的使用没有规范到位。看来所谓的"懂了"也不等于真正会操作(见图 3、图 4)。

图 3　警棍使用考核

图 4　辣椒水使用考核

经过了"一键报警器、监控调取、使用辣椒水和警棍"四个"考核"科目的逐一演示、逐个过关，确保没有安保技能盲区之后，城南校区安保人员的实践技能"微"培训活动终告落幕。

这件事给我很大的震撼。很多时候，我们都觉得经过上岗培训的、由上级部门派驻而来的安保人员，这些基本技能自当都会。于是，在例行安全检查中，我们也常常只是以询问的方式进行:“你会了吗?”当对方回答“会了”的时候,例行检查也就理所当然地走过场了。

殊不知,这口头上的“会了”与实践层面上的真正“会操作”还相差甚远。我们似乎可以做这样的比喻:对一件事情,只要大于零的知晓程度,都可以称为“知道”;大于零小于百分百的知晓,都可以称作“懂了”;只有百分百知道、且能准确演绎的,才可以视为真正掌握或者叫真正“会操作”。然而在学校的自查过程中,这样较真的管理人员已经不多了。于是,很多学校自然就会出现在第三方检查中纷纷“落马”的安保人员了。可见,安保工作要多一份较真的劲。为了避免这种形式主义的出现,我们还可以采取如下方式加以弥补。

(1)当你向对方布置或传达某项工作时,最后不应以对方回答“我知道了”来结束,而应以对方能够完全重述你布置的工作为结束。

(2)在例行检查工作中,不应以询问对方“你会吗”作为检查方式,而应以对方能够准确演示某项技能为准则。

(3)检查应以常态工作为基点,而不应以运动式的、甚至是妨碍日常工作的形式来进行。

学校安保工作无小事。我们必须坚持人人都是安保人员,时时处处都需增强安全防护意识和实际行动时,才能真正为师生撑起一片安全的蓝天。

2018年4月城南小学行政学习会上的讲话

红眼病事件中的思考

上午八点，正在办公室工作的我接到学校卫生导师的电话："一(3)班发现9例红眼病患者，这一定跟他们班昨天下午的游泳课有关，我建议学校马上暂停游泳课，校长你觉得呢?"鉴于最近红眼病高发的态势，我在电话里慎重地告诉老师："先别急着停课，也别急着做决定，以免造成不必要的恐慌。等学校了解清楚之后，再由校长室做通知。"作为以游泳教育为特色的学校，如果贸然停掉游泳课的话，势必会引发家长不必要的恐慌。但同时，学生的健康也是不可儿戏的。鉴于游泳课一般要到第三节课才有，这其中至少还有两个小时，学校完全可以先调查后做决定，故有此决定。

放下电话，我马上通知教导处将最近两天内上过游泳课的班级名单调出，然后请相关同志去上述班级调查红眼病的发病情况，如果确实跟游泳有关，学校就需要马上对游泳馆进行封闭并消毒，停课势在必行。经过两节课的调查，结果显示：近两天内上过游泳课的班级共八个，然而有发现红眼病疫情的班级只有两个，且每班均只有1例。看来，游泳课并不一定是导致红眼病的罪魁祸首。但有一点，如果红眼病患者在池中游泳的话，势必会带来很多的细菌，就容易导致红眼病疫情暴发。鉴于此种情况，在咨询了相关医学专家后，学校做出了以下决定：

(1)班主任坚持严格的每日晨检制度和报告制度，凡是有发现有红眼等有传播性的疾病，立即对该生进行隔离，并及时报告卫生导师。

(2)班主任加强对班级学生的安全教育活动，帮助孩子掌握预防与应对红眼病的策略。

(3)体育老师严把入馆游泳孩子的健康关，凡是发现因有红眼病或者其他疾病而不能游泳的孩子，请及时进行隔离。

(4)游泳馆管理人员加强每日消毒工作,不仅要做好游泳池内的水质监测与消毒工作,同时也要做好馆内其他教育教学设施的消毒工作,以确保游泳馆环境安全。

(5)通过“致家长一封信”“校讯通”等手段,对家长进行有效的处置红眼病疫情的教育活动,提升家长的处置能力。

(6)对于病情爆发严重的班级,学校根据相关停课条例,在报备教育行政部门后实行停课。

(7)中秋放假期间,班主任加强对学生的疾病调控和汇报工作,建立每日疫情汇报制度。全校于当日16:00前将班级孩子的健康检查情况反馈至卫生导师处,再由卫生导师反馈至校长室。

因为学校采取了强有力的管控措施,红眼病疫情很快就被控制住了。然而,纵观该事件的处理全过程,我觉得作为学校管理者必须牢记几点:

(1)在碰到突发事件时,切勿恐慌,更忌匆忙下决定,以免引起不必要的恐慌。

(2)要注重实地调查,强调在研究中做事,要充分利用科学数据做决策。

(3)学校必须按制度行事,坚持制度立校。碰到突发事件时,更要按照安全预案行事,切勿急躁。

(4)学校领导不要越位代行。鉴于本次活动中,学校卫生导师在一二节有课,而事情又非常紧急,所以校长、书记、教导主任、德育处主任直接参与了事情的调查。这样做,事实上会给该岗位上的老师一种感觉,以后只要与上课冲突,再紧急的事情我可以不用做,反正学校领导会代办的,从而增加其工作的依赖性。另一方面,因为学校领导插手干预了事件的执行,容易让当事老师产生置身事外的错觉,也不利于后续工作的开展。

2010年9月21日

教师篇

教师需要什么“范儿”?

——从彭丽媛 style 说起

最近,中国“第一夫人”彭丽媛吸引了全球目光,不论是穿着打扮,还是言谈举止,都引起了世人的高度关注。外国媒体评价其“惊艳亮相,优雅大气”,更有媒体指出,“彭丽媛范儿”将大大提升中国的外交软实力。

那么作为小学教师的我们,又需要怎样的“范儿”? 纵观彭丽媛的个人成长史,我们不难发现,这位“第一夫人”确实有很多“范儿”值得我们去学习。

“范儿”一:专业化。体现在热爱从事的专业,不断学习,刻苦钻研,努力提升自己的专业水平。

彭丽媛 14 岁起专攻民族声乐,1980 年以一曲《包楞调》震动京城音乐界。但她并未就此满足,后考入中国音乐学院声乐系继续深造。经过十二年的专业学习直至获得声乐硕士学位。导师金铁霖这样评价她:“特别勤奋用功,从来不睡午觉,而是把所有的时间都充分利用起来琢磨自己的演唱技巧。”同学送她“三点一线”的外号,即“琴房—食堂—教室”。正是这种专注和与执着,成就了彭丽媛的歌唱事业。

相比彭丽媛,我们很多人都是速成的教育工作者,经过 2～4 年的师范技能培训后,就走马上任了。大量事实证明,教师的职前教育主要解决的是教师的职业道德与职业基本技能的问题,至于能否胜任教师岗位以及优秀与否却需要通过职后教育来完成。这就要求教师必须不断地学习、钻研,努力提升自己的职业道德,完善自身的知识体系,打磨自我的教学技能。只有这样,才能真正实现专业化。

“范儿”二：大局观。凡事做到长远考虑，统筹兼顾，以得与失的辩证关系原理看待问题。

有人问彭丽媛如何看待事业和家庭，她的态度很鲜明：“事业和家庭都很重要。若叫我为事业，不要家庭、不要孩子，我觉得不可以理解……”事实上彭丽媛为了事业经常舍弃小家庭的温馨相聚。就在她新婚的第四天，就回北京参加全国艺术节，紧接着又被派往美国、加拿大文化交流，这一别就是两三个月。这样的别离在生活中实属平常。但是，当他的先生当选为中央常委后，她就毅然淡出了自己心爱的歌唱事业，退居幕后。我想这就是大局“范儿”的生动表现吧。

人是社会的动物。我们每个人都要承担各种角色义务，在家要尽到父（母）、子（女）、夫（妻）、兄（弟）姐（妹）的角色义务；工作上要努力履职，完成教书育人的神圣职责；同时还要履行各种社会角色义务。这就需要我们有大局意识，统筹兼顾，学会智慧地生活。可现实生活中总有一些老师特别忙，忙于教书，忙于科研，忙于上公开课，忙于带徒弟，忙于做报告，忙于外出讲学，忙于著书立说……甚至没有机会给自己喘口气，这是否有利于教师的可持续工作？这是否就是我们追求的师德楷模呢？我想，社会一定会尊重他们，但绝不会鼓励所有的老师都成为这样的楷模。也许我们很难成为“全能冠军”，但这并不妨碍我们成为优秀教师。我们要在履好职的基础上学会有所放弃，追求特色化的个人专业成长。今天少泳校里就出现了这样一些老师，他们有的玩转“几何画板”，有的擅长文学创作，有的精于德育工作……正是他们独特的“范儿”成就了学校的精彩。

“范儿”三：国际范。指的是有国际视野，善于学习外国先进文化，也善于“输出”中国先进文化。

彭丽媛是中国第一位融合西洋美声唱法和中国民族声乐传统唱法的民族歌唱家。她一直努力把中国歌剧和中国民族声乐推向国际舞台。她曾代表国家出访过 50 多个国家和地区，每到一个地方都以“中国唱法”的多彩多姿赢得当地观众的喝彩。联合国成立 60 周年之际，庆典委员会邀请她到美国林肯艺术中心举办个人独唱音乐会。但她放弃了个人独唱的大好机会，而是将新编的歌剧《木兰诗篇》带上了国际舞台。《木兰诗篇》的成功演出大大提升了中国歌剧的国际知名度，也实现了中国歌剧与世界大歌剧的成功接轨。在最近的外交活动中，她一身“中国制造”的优雅亮相巧妙地展示了中国服装产业的独特魅力，也让我们再次感受到了她的国际“范儿”。

邓小平提出：“教育要面向现代化、面向世界、面向未来。”“面向世界”就是指要向别的国家学习，吸收别的国家先进的技术和经验，从而赶上和超越世界先进水平。面向世界，首先要求教师要有科学的育人观。教育的目标是培养有中国灵魂的世界公民。中国灵魂是人才之根，世界公民是人才培养的最终目标。其次，教师要善于向世界学习，取他人之所长。我国正实行教育国际化政策，使得大批教师有机会走出国门，这是非常难得的学习机会。我们一定要抓住机会学习他人长处，努力提升自我。再次，面向世界还要善于“输出”，即将本土的优秀文化“营销”出去。以我校为例，我们每年都与香港协和小学举行年度交流活动。交流中我们既加强学习，也善于营销自我，将温州乡土文化、学校课堂、课程建设的研究成果以及游泳教育成果加以推广和展示，以进一步提升学校的办学声誉和国际知名度。

彭丽媛的身上还有很多“范儿”，不管是哪种“范儿”，究其深层次的动力，往往都是源于对事业、对人民的无限热爱。教育工作者也是如此。没有爱就没有教育。只有真正发自内心地喜欢孩子、热爱孩子，才有可能练就属于自己的“范儿”。在我们学校里就有一位“只愿一辈子当班主任”的老师。那年她生了一场大病，身体极其虚弱，有时候根本没办法跟全班孩子做交流。于是，她培养了一位小干部，在她无力讲话的时候，就将小干部拉到身边讲“悄悄话”，然后由小干部负责传达她的“声音”。前年她不慎摔伤了腿，没法正常走路，为了不影响工作，她每天打着石膏“蹦蹦跳跳”地来校上课。这种爱不就是为人师者的“范儿”吗？

教师应该要有自己的“范儿”，这种“范儿”不是刻意追求标新立异的外在“范儿”，而是基于学生成长和中国教育发展需要的内在“范儿”。这种“范儿”不是统一的、固定的模式，而是基于个体精神生命的“范儿”，是因人而异的。在我们的学校里，每一位教师都是一个精彩世界。作为学校管理者，我们要努力打造适合教师的平台，促进教师的专业发展，引领其精神生命的成长，让每一位教师都绽放精彩，练就其独特的“范儿”。只有这样，才能更好地服务于学生的健康成长。

发表于2013年4月《鹿城教育》

今天你思考了吗?

——国外高校培训活动一瞥

近日,我参加了由浙师大举行的中澳教育硕士培训班第一次主题活动。这是我从教以来第一次系统地参加国外高校组织的学历进修活动。短短的七天时间,让每一位参培者在积极的头脑风暴、思维碰撞中,对全球化的概念、教育的领导力有了更深刻的认识。笔者试着将本次培训与平常接受的国内各种培训活动作比较,发现在以下三个方面有着质的区别:

(1)注重学员的反思交流,淡化教师的单向传授。纵观国内教育培训机构组织的各类培训活动,无一不是以专家授课为主。讲台上,专家侃侃而谈,讲台下,学员昏昏欲睡。一天下来,笔记摘了一箩筐,但是事后又有谁会多看它几眼?所有的感动、激动也只是瞬间而已。但是,这次的培训就截然不同了。课前,老师已经把所有的授课课件全部复印给学员,甚至连所有需要谈论的问题和某知识点相关联的背景知识统统都复印给学员。为期三小时的单位学习时长中,时间分配如下:老师讲一个小时,学员讨论 30 分钟,学员制作观点展示板 20 分钟,小组观点展示约 1 小时,课间休息 10 分钟。用老师的话来讲,培训就是进行头脑风暴的过程,通过对某一问题的“二人讨论—四人讨论—小组讨论—全班观点展示”过程中,将促使学习主体不断地从自己的头脑仓库中取出大量的信息资料,并与老师传授的知识、老师提供的课外信息中快速作用,形成全新的观点和见解,并不断地深化为自身的内在信息。课堂中,老师并不是很注重自身准备的知识讲授情况如何,相反,他们更在意的是,在自己的授课中是否给学员们搭建了交流和碰撞的平台。所以,老师总是积极地创设交流的平台,包括:小组交流、小组汇报、头脑风暴、利弊分析法、图示法等,让学员们在交流中真正实现了思维的碰撞。

(2)注重知识的深度研究,淡化课堂信息的数量。外国教授特别注重引导学员在某一问题上进行深度思考。这在老师的授课时间安排上就可见一斑。课堂上,老师讲的不是很多,课堂信息量也不是很大,但是在某一关键问题上会挖得很深。这就需要学员事先必须做足功课,只是大多数学员一开始并不适应这种授课方式。比如在"可持续领导七个基本原则"问题上的探讨,老师先是用了一个多小时的时间,给我们讲授了可持续领导基本原则的内涵和要义。之后,要求全体学员以小组讨论的形式探讨对该原则七要义的看法,及该要义在教育实践中的运用和成效,并将小组谈论的结果记录在展板上。在注重观点碰撞与交流的谈论过程中,我们确实对该原则有了更深入的思考。可持续领导的第一原则就是深度性。什么是深度性呢?根据讲义提供的答案,深度就是指深刻和广泛地学习,其基本道德目的就是愿意承诺和持久地关怀其他人,领导学习和领导关怀他人。学习和关怀两个看似不相关的概念,居然都出现在深度的特性中,为此,我们展开了激烈的讨论。整整二十分钟后,我们才达成了基本的共识,深度表现在领导者必须深入地思考和学习,才能实现自身素质和能力的提升,才能更好地带动团队前进。而团队要成长,就必须学习。作为领导者,要创建学习型的团队,不仅要关注他们学得怎么样,更要想办法怎样才能让他们学得更好!领导者要学会关心他人,关注他人的内在需求,从激发内需、情感关怀的角度出发,让每一个人都能广泛而深入地学习。两个小时里,我们仅探讨了一个问题,可能相较国内培训,这样的信息量太小了。但却能使每个学员深入研究,主动探究,甚至持续研究,这样的深度学习方式又岂是信息轰炸式课堂所能企及的?

(3)注重学员的过程体悟,更重视学员的后续研究。国内的传统培训一般都是在培训结束后,由培训机构发一张民意调查表,由学员对老师、对本次培训进行教(办)学成效的评价。至于学员们学到什么、成效如何,就没有人关注了。但在这次培训中,我发现国外的老师不仅注重学员们在培训过程中的学习体会,而且还特别关注学员的学习效果及后续的行动研究。如老师在授课中,总是在学员中来回走动,与学员进行必要的眼神等方面的交流。同时,老师总是让学员们对某一问题小组谈论后,以文字的形式呈现在展板上,并予以展示,这样就可以让老师随时掌握学员们的思想状况和学习效果,并结合学员们的学习情况及时调整教学节奏。更为难得的是,老师在每一次学习完毕后都要安排进行学习成效的专题汇报,这样老师就可以很清楚地掌握整个培训活动的学习效果了。在培训结束后,导师又会与每位学员逐个交流他们的后续行动研究内容——即如何把培训学到的东西在本职岗位上运用或深化研究。

短短的七天培训,也许不可能从根本上改变我的思考方式和生命行走的轨迹,但它带给我学习方式的变革及思考习惯的改进却是会永久发酵的。“今天你思考了吗?”也许将会成为我生命中最高频率的话语。

2013 年 7 月于浙师大高培中心

别随便背走老师背上的“猴子”

下午，学校卫生导师来办公室找我，谈关于个人职称晋升的事情。估计这个问题已经困扰他很久，但见他满脸困惑、一筹莫展的样子。我一边安慰他，一边了解情况。

“校长，我有个问题想问问你，可以吗?”

“当然，我很愿意听。”

“是关于职称晋升的事情。”

“哦，不是还没到今年职称评审的时候呢?”

“我知道，不过我的情况比较特殊。我是校医，毕业已经八年了，同年毕业的分配到卫生院工作的同学都已经取得主治医生的职称了，我还是小学二级职称，你说我该怎么办?”

“我不了解具体情况，那你觉得怎么解决比较好?”

“我是医学院护理专业本科毕业生，这些年我所接触的学习、考试也都是医疗系统的，我希望自己能够参照医生的职称评审系列去获得中级职称。”

“你非常好学，也要求上进，我非常欣赏。只是，在教育系统里如何评医生系统的职称，我还真是不清楚。”

“校长，你可以去问问其他学校的做法。”他看着我，继续说道。

“你刚才说，你们那一年共分配了九位医护专业的大学生，有分到学校工作的，也有分到卫生系统工作的。你可以去打听一下他们是怎么操作的，届时再结合学校的实际情况去做就可以。”

“校长，其实我已经了解过了。当年的九位毕业生有三位考上了公务员，有四位考上了教师资格证，现正参照教师系列评职称，还有一位是十七中的校医，她评上了中级职称。你是从十七中调过来的，你可以去问问她是如何参评的?”

“哦，这位老师我是知道的。我也有她的电话号码，我可以去问她。因为隔行如隔山，一些细节问题我可能会问得不到位。你们专业一致，你自己去问效果会更好？”随后，我把电话号码给了他，让他自己去问。

“校长，其实这个问题我也已经了解过了，他们学校是按照卫生局的要求建立卫生室，并聘请了一位护士。这样就使老师具备了参评医生职称系列的资格。”他一口气说完。

“帮助老师晋升职称、获得专业成长是学校义无反顾的责任。只是具体情况我不太了解，我觉得你还是亲自去了解，问清楚细节后我们再商量比较好，你看如何？”

“好的。”说完，他拿着电话号码兴冲冲地走了。

看着他的背影，我陷入了沉思。其实，在学校管理中我们会经常碰到类似的事情。当李老师第一次向我提出，“校长，你觉得这事情怎么处理比较好时？”这个问题其实就是管理学上所说的“猴子”。当你在帮他回答，谋划解决问题策略时，这个问题也就成了你的问题。他的“猴子”无形中也就成了你的“猴子”。

当我回答“你觉得怎么才好呢？”其实就是不让“猴子”跨过来，依然将任务还给他。因为这事关乎老师的切身利益，他们往往已经考虑了很久，且心中是有答案的。与其这样，还不如让他们直接把答案说出来更好。

当老师再次提出“校长，你可以去问问其他学校的做法”时，我还是坚持让他自己说答案，道理也是一样。作为学校管理者，我们支持老师寻求解决问题的答案，并愿意满足教师的合理需求去解决问题，帮他们圆梦，一则体现学校对老师的尊重，有助于提升教师的工作积极性与主动性；另一则也能培养老师解决问题的能力，从而提升教师的行动力，助推师生的精彩成长。

现实生活中，这样的事情层出不穷。当你的同事或朋友通过问问题或请你定夺的形式，就可能把原本属于他的工作转嫁到你的身上，让你成为帮他背“猴子”的人，而他则成为你工作的监督者。这其实是很可怕的。前些年，当我还在另一所学校任校长时，当时有一个班级约三四个学生得了腮腺炎。卫生导师急匆匆地跑来问我，要不要实施停课？因为我刚调到这个学校，一些情况还不是很清楚。于是，我就说了一句“隔离病孩，马上启动学校疾控防治安全预案”。导师愣了一下后告诉我，学校没有疾控防治安全预案。我交代她马上草拟一个方案给我。结果，她却说“校长，我不会写，你能不能帮我起草呢？而且，接下来我有两节课，实在没有时间写。”看着她那么着急、又那么“可怜巴巴”的样子，我心一软就答应了下来。随后事情发生了戏剧性的变化，我似乎成了她的工作人员。两节课后，她跑来盯我了，“校长，写好了没有？我还要上报教育局呢！”因为手头事情很多，我还没完成，于是答应下午交给她。一个下午她都没课，不仅没想到自己去做这个方案，反而多次跑我办公室催我交方案。我想，也许这就是典型的“背猴子”案例吧。这件事情给了我很深地触动，也让我重新反思自己的管理工作。

比尔·翁肯曾提出一个有趣的管理学理论——“背上的猴子”，来比喻责任和事务在管理者和下属之间的转移。在腮腺炎的安全预案制定过程中，本来是我给下属布置“猴子”——责任，但是当我因同情对方工作繁重时，猴子就被对方转移到我的身上。于是，管理者接了下属的角色，而下属就变成了监督者。最可怕的是，当你接收了下属所看养的“猴子”时，他们就会觉得是你自己要这些“猴子”的，于是今后，你身上的“猴子”会越来越多。学校管理中最怕的就是校级做中层的事情，中层做老师的事情，老师反过来干校长的事情，每天“指指点点”，评头论足，这将极大地妨碍学校工作的顺利开展。

而要避免这种情况产生，首先就要求校长不代办、包办教师的事情。学校工作坚持职责明确，该谁的工作就由谁来完成，真正做到人尽其才，人尽其责，真正实现“人人有担子，个个挑重任”。其次，校长要培养教师的自我管理能力。坚持让教师学会按计划办事，每天必须腾出一定的时间用于反思与总结，并学会不断地提炼自己的工作经验，实现工作从感性向理性的发展。同时，还要引领教师多学习，学习相关理论知识和实践经验，不断提升自己的专业水平。最后，校长要学会包容，对于教师工作中出现的问题不要动怒，更不要冲动地取而代之。校长要学会始终与具体的事务保持一定的距离，要体谅老师的工作，但绝不能越俎代庖。当你剥夺了教师做自己本分工作的机会，其实你就是剥夺教师成长的机会。学校管理中，我们要充分相信教师的潜能，要不断提供机会，要精心加以指导，只有这样才能换来教师的成长。

学校提倡人性化管理，校长要对教师多一份关怀、多一份呵护，但管理绝不可越位、错位，只有各安其位，和谐互动才能真正推动教师的专业发展。

2014 年 2 月

让“说”更加理直气壮

——如何成为“能说”型的班主任

近日，参加了任小艾老师组织的“全国班主任专业成长”的学习培训会，对于任老师提出的“三能型”班主任的培养颇感兴趣。何谓“三能”型班主任？简而言之，就是“能干、能写、能说”的新型班主任。新在哪里？不再是过去的任劳任怨、埋头苦干的保姆型、警察型或老黄牛型的班主任，而是既能埋头苦干更能抬头思考，也能充分表达的，兼具“干、想、写、说”于一身的智慧型班主任。可是很多老师提到“干”，他们绝不会含糊，撸起袖子就能干得有声有色。至于“写”，勉勉强强也能写上一些。但对于“说”，尤其是对着同行、对着领导、对着专家地说，很多老师就望而远之了。听了任小艾老师的一堂课，突然觉得“说”也并不是一件很难的事。那么如何让“说”更加理直气壮呢？

(1)调整“说”时的心理状态，让“说”更有气场。很多老师有这样的感慨，对着学生可以滔滔不绝地讲上几个小时却毫不费劲，但是面对同事、同行们的目光时却经常手脚短路、大脑缺氧。这就需要我们在说话时，及时调整自己的心理状态，视观众如酒瓮，做到目中无人。同时坚决贯彻十二字方针“不心慌、不白脸、不虚汗、不发抖”。主要技巧如下：①以深呼吸调匀气息，控制心跳；②以缓慢的语速压住场面，控制节奏；③以表情语调提升气场，控制场面。

(2)调整“说话”的内容形式，让“说”更有吸引力。很多班主任觉得在自己的职业生涯中确实有很多的教育故事，但是如何在公众场合讲好这些话，让人有兴趣听，且能有所启发或收获的，就是一个大难题了！那么到底该讲些什么？以什么样的形式讲？我认为最好的讲话内容就是讲案例，将教育中的育人故事以案例的形式讲出。讲述的过程中还要善于阐述个人观点、寻求的理论依据，以及一些名师大家的经典语录。简而言之,“说”的内容的三要素就是“讲故事、表观点、植经典”。

(3)让“说”经常性、常态性地进行,让“说”更流畅。将自己育人过程中的“故事”经常性掏出来讲讲,包括与身边的同事分享、交流,与自己的亲人沟通、分享;与自己的朋友交换意见、碰撞思想。这些讲的经历就是为今后正式登台演讲做前期的铺垫和常态化的“演习”。李希贵老师说:“我只有说,才能想。”在不断讲故事的过程中,学到:①可以让自己对所要讲的教育故事更加熟练,日后登台不再惧怕;②可以重新引发自己对该案例的深入思考,从而为今后的工作总结更好的经验范式;③可以更好地提炼自己的教育理念和观点,从而形成个人的教育思想。

其实,“干—写—说”就是一个不断实践、反思、提炼、再实践、再反思、再提炼以至无穷的循环往复的实践过程。干是写和说的实践素材,写和说是干的经验提炼和推广,三者不可或缺。作为班主任专业成长的必经途径,我们一定要用心地做事,静心地思考,细心地提炼,再理直气壮地去推广。让班主任工作因为有了“说”这个平台和载体,多一份成长的助推力,多一个展示自我的精彩舞台。我想,压力也必将成为成长的新动力。

2013 年 11 月发表于浙江省杨一青名校长工作室学员学习感受汇编

毕业典礼上的随想

都说现在的孩子越来越难教，没有责任感，没有同情心，不会感恩，不知报答，很多时候都过于冷静，一副酷酷的样子，很难被感化。这使得当下的德育工作非常难开展。其实不是我们的孩子难打动，可能是我们还没找到打开心门的钥匙。

过去，学校组织的毕业典礼都重在欢庆毕业，营造感伤又依依不舍的惜别之情，却常常忘记毕业典礼的重要教育使命——感谢师恩，共勉明天，让孩子们带着母校的期许，明确肩负的新使命，奔赴各自的明天。也正因为此，轰轰烈烈的毕业典礼却总让人夹杂几分遗憾。

但是，今年少泳校的毕业典礼却在很大程度上弥补了这种遗憾。首先，画面很煽情，这不仅是因为德育主任林志辉老师的现场主持，其煽情的话语、临场火候的把握及高水平的"调情"能力。更重要的是林老师独具智慧地融入了影视、音乐等多感官教育的手段，让学生的心门在不知不觉中被打开，教育的目的自然也就水到渠成了。

(1)背景音乐的选择。整个典礼的背景音乐分为四种风格，即喜庆、温情、感伤、激情，在不同的活动阶段发挥不同的教育功能，情景交融，引人发思。伴随着学生进入现场的是热闹、喜庆的背景音乐，非常应景。因为此刻，对于经历了六年刻苦求学的毕业生而言，他们的心情是放松的、喜悦的，他们也迫切地要与人分享这种喜悦。再加上，毕业考试之后的短暂小别，让重聚校园的孩子们兴奋不已。喜悦、动感的背景音乐让孩子们有了几分的"他乡遇知己"的激动之情，也使孩子很快融入了典礼，并始终跟着典礼的节奏律动。随着全体学生逐渐入座，背景音乐也巧妙地过渡到温情的、柔和的曲调之中，这有助于孩子们静下心来。六年的小学时光配合音乐、课件悄然现于脑海，昔日同窗求学、老师细微呵护、快乐校园生活的点点滴滴温馨再现。这是一个关键的情感铺垫时期，再配上主持人温情的话语，柔情地述说，很多孩子的心门瞬间被打开了，教育的最好契机开始了。后半段略带伤感的吴奇隆的《离别》响起时，很多孩子的眼眶再度湿润。这时的孩子已经不再是那个事事麻木，神情淡漠的他了，他们个个都沉浸于不舍同学、难忘师恩的离别感伤中。最后的音乐则选择了激情高昂的曲子，勉励孩子们带着同学的祝福、带着母校的寄望、带着老师的谆谆教导踏上征程，续写人生的奋斗之歌，也让孩子们带着积极奋进的情绪状态走出了现场，迎接人生另一高峰的到来。

(2)班主任独具匠心的课件制作。今年毕业典礼上出现的影像资料是非常丰富的，这不得不让人感叹班主任们的用心和教育智慧。从一年级刚入学时吸着鼻涕的稚嫩画面，到六年级毕业考试当天的种种情景，都在电子屏幕上一一呈现。不管是优秀生，还是希望生，不论是性格外向的活泼学生，还是话语不多的内向学生，不仅有大型活动时的宝贵资料，更有平常生活中的寻常镜头，每一个孩子都以自己独特的姿态出现在了众人面前。这让平常不太引人注目的中等学生尤为兴奋，因为今天，他们也有机会成了某一片段的主角。在背景音乐的衬托下，孩子们渐渐融入其中，感动不已。很多时候，我们的教育手段往往是用优秀人物的光荣事迹去打动、教育、激励孩子。其实，更具有教育力量的是孩子自己。每一个孩子都是自己最好的老师。“本我”苏醒后的他们必将是教育自我的强大力量。而教育工作者所要做的就是唤醒。

(3)各程序的合理安排。以往的毕业典礼上，学校会花比较多的时间放在领导讲话、老师讲话、优秀学生代表讲话、颁奖和拍照留影上，孩子们所要做的就是鼓掌，鼓掌，再鼓掌。对一批没有出色“业绩”的孩子来讲，就是坐冷板凳，看别人领奖。仿佛他只是来参与一个与己无关的颁奖典礼而已。但是今天，我们的老师却让每一个孩子都有幸成了众人关注的焦点，成为那一刻全场瞩目的焦点。而这一功效的达成，就在于我们把往常只作为入场背景的音乐和影像资料，做成了全场的重头戏。整个序曲环节就历时四十多分钟，仅其中的“温情回顾”之影像欣赏部分就长达二十多分钟，且精彩花絮更是贯穿典礼始终。过去举办的毕业典礼中，背景音乐及影像资料总是在学生入场之后就戛然而止。

随后就是主持人出场，不管学生有没有情感共鸣，不管孩子们有没有情绪准备，就“霸王硬上弓”地将学生拽入设定的情境，开始了所谓的教育。而这次则不然，老师们精心制作了开场前的精彩花絮，让每一个班级都有充分展示自我的精彩镜头，让每一个孩子都有露脸的机会，这就马上吸引住了学生，让其迅速安静下来，并很快进入了情绪准备的最佳状态。影像欣赏环节从进场时刻的安神凝气作用，到过程中的打开心扉功效，为本次教育作用的达成发挥了极大的功效。

(4)主持人的临场把控。林老师果然人如其名，志辉者，智慧也。整个典礼在他的主持下妙趣横生，笑声不止、掌声不断。学生的思绪和状态极为放松，教育也迎来了最佳的契机。林老师适时点拨，适时煽情，不愤不启，不悱不发，让很多孩子备受感动，让很多孩子热泪盈眶，让很多不善言辞的孩子对着老师直说“谢谢您”。好的主持人让整个典礼为之一亮，尤胜画龙点睛之妙也！

一场完美的舞台剧需要好的剧本、好的导演、好的演员，除却这些因素，舞美、音效、灯光、场记又何尝不重要？作为教育工作者，我们不仅要高度关注自身作为“导演”所需具备的各种能力、素养的提升，更重要的是我们要注重调动各种积极因素和一切有利资源，开展形式多样、丰富生动的教育活动，促进受教育对象道德认知、道德情感、道德判断能力的提升。林志辉老师是学校资深的德育处主任，从事学生德育工作已有些年头，策划的大型德育活动不计其数。细数他近几年策划的活动，最大特点就是有创意，贴近学生的实际。这首先源于他高度的敬业精神。尽管从事德育工作已经熟门熟路，但他总是将自己视为新人，不断请教同事，善于借用他人的智慧丰富自己的活动创意，努力让每一次活动都能做出仪式感，真正入心入脑。其次，他有一颗好学之心，并善于学以致用。这次毕业典礼上大篇幅地运用影像资料，就源于他的一次学习心得。近期学校里的数学团队尝试用“几何画板”破解教学中的难点问题，也是他偶然学习所获并一直在坚持深化研究的产物。最后，他致力于提升自己的专业技能。几年来，他通过坚持写每日随笔、开放课堂教学、每学期至少一篇教学论文等方式不断磨砺自我，努力提升自我的专业技能。我想，这也正是少泳校每年举行的毕业典礼总有新亮点的原因吧。

人生是一个大舞台，教育只是其中的一场戏。这场戏没有戏种区分、没有地域限制，只要能够促进学生心智发展、促进学生健康成长、促进教育者自身提高，同时又能积极影响社会，助推社会新风尚形成的，都是好戏。教育不应该是独角戏，教育工作者要善于调动各方积极性，营造家庭、社会、学校三位一体的立体型育人网络，方能更好促进学生的全面发展和个性成长，方能真正实现自我的专业成长。

2012 年 6 月在智慧论坛上的讲话

浅析教师专业成长的内在动力障碍

民族振兴的希望在教育，教育发展的关键是教师。教师直接决定着学校的发展，影响着学生的成长。因此每个学校都把提升教师专业素养，建设高素质的教师队伍视为办学的首要任务。然而在实际办学过程中，尽管学校做了大量工作，但教师专业成长的现状仍不尽如人意。那么教师专业成长的动力障碍到底在哪里呢？通过对七所不同层次中小学校教师的走访、调查问卷，经过分析、比对，发现主要存在如下问题：

(1)对教师专业成长的认识有偏差，导致成长动力不足。为促进中小学教师专业发展，建设高素质小学教师队伍，教育部专门制定了《中(小)学教师专业标准》(以下简称《专业标准》)。《专业标准》明确规定教师的专业内容包括专业理念与师德、专业知识、专业能力三大板块，具体包含了职业认同感、对小学生的态度、对教育教学的态度与行为等13个方面，合计61个指标。然而很多老师却片面地将教育教学能力等同为专业能力，甚至认为这就是教师专业发展的全部内容所在。个别老师认为自己既能较好地完成教育教学工作，又可以平平安安地带好一个班级，这就证明自己的专业水平已经可以了，也就不需要再发展了。也有一些老师认为专业发展就是评优评先，评上高级教师、教坛新秀(中坚)、优质课获奖等。这种肤浅的认识让教师专业成长蒙上太多的功利色彩，也把一批精心执教、淡泊治教的老师“驱”出了成长队伍，过早地放弃了成长。

(2)对学生成长的内涵理解过于狭隘，导致职业素养不高。叶澜教授曾指出：“没有教师生命质量的提升，就很难有高的教育质量；没有教师精神的解放，就很难有学生精神的解放；没有教师的主动发展，就很难有学生的主动发展；没有教师的教育创造，就很难有学生的创造精神。”孩子的成长不仅仅指学业成绩的提高，更重要的是综合素质、学科修养、创新精神与个性特长的发展。可见，教师的根本任务在于“育人”，在于促进儿童和青少年的精神生命成长和精神世界的丰富，而不仅仅是教学生做“知识的搬运工”。这就决定了教师必须了解学生，准确把握孩子身心成长的规律，能对多种知识进行多层、多次创造性的开发、转换与复合，这就使得教师不仅需要有高深的专业知识与精湛的教育技能，更要有前瞻的专业理念与高尚的职业道德。但是个别老师却狭隘地理解学生成长的内涵，认为只要掌握知识、会做题目、考试得高分就是教师专业水准的最好表现。而自己教的学生成绩都不错，平均分、优秀率都处于中等以上水平，就认为自己的专业水平够高，从而放松对自我的要求，安于现状，不思进取了。事实上，每一个孩子都是一个动态变化、不断成长的个体，若要促进每一个孩子学得好，学得有质量，就需要教师不断地研究教材、开发教材，研究学生已有的知识经验和发展状态，并且研究为使教育教学达到最大效度而采用的方式、方法。并在教育教学中积极实践，这才是真正的教师专业成长之路，而这种“成长”更是每时每刻都必须进行，不可放松的。

(3)过于强调教师专业成长的利他性，导致个体成长内需不足。教师专业成长对于学生的成长、教育质量的提高、学校的发展，乃至整个民族的进步都起了巨大的推动作用。也正是因为过于强调教师教育工作的利人、利校、利国的“利他”性，致使很多教师错误地理解为，原来老师所做的一切努力都只是为国、为民、为社会、为他人服务，对自己而言则无一丝好处！再加上专业成长本身就是一件漫长、辛苦的工作，需要不断地实践、思考、提炼，再实践、再思考、再提炼如此循环往复的过程，持之以恒方有点滴收获。于是一些“境界不高”的老师就逐渐放松了对自己的要求，渐渐淡出专业成长的队伍，过着“不求有功但求无过”的“撞钟生活”。其实，他们并没有真正认识到教师专业成长的“利己性”。本人曾观察过学校同年段两个平行班级不同风格老师的教学工作：一个班级是位已有 20 年教龄的中年语文教师，教学经验较为丰富，但属于凭经验行事的人；另一个班级则是教龄刚满 5 年的年轻语文教师，年轻有活力，属于反思型教师。前者每天只用 20 分钟备课，却要用两个多小时的时间给孩子“补差”，而且经常听见她不断地抱怨学生笨，怎么教都学不会；另一位老师则每天要用三个多小时的时间备课、学习与反思，却很少见她留学生课后辅导。五年后，这名老教师的教学压力似乎越来越重，孩子也越来越不受教，“补差”占据了她所有的校园生活，苦不堪言。而年轻教师似乎越来越轻松，学生似乎也特别聪明，特别受教。她除了照样花那么多的时间用来备课、上课、反思外，仍有足够多的时间参加学校组织的各类社团活动，更难得的是每周还有足够的时间去休闲、娱乐，而且个人也先后获得区级、市级教坛新秀的荣誉。于是，很多人纷纷羡慕年轻教师运气好，抽到了好班级，省时省力又能有好的教育质量。仔细分析后我们不难发现，这并非简单的运气缘故，而是教师注重自身专业成长后带来的良性循环。可见，教师专业发展的最大受益者是自己，不仅可以最大限度地降低自身能耗，实现“投入产出比的最大化”，提升工作效益进而解放自己，同时更可以利人、利校、利国，一举多得，何乐而不为。

(4)对生命的本质意义缺乏正确认识，过早放弃成长。黑格尔的《小逻辑》指出成长是生命的本质，是生命的规定。人及宇宙中的任何生命，都必须把成长作为生命基调。任何生命脱离了成长，就会走向枯萎、衰竭。人作为一种特殊的生命体，除了身体、年龄的成长以外，还需要思想、精神和心灵的成长。当我们不断成长时，自己的生命就能不断地接近生命的规定，就能感到愉悦、满足与幸福。反过来，当我们放弃成长，沉迷于欲望中时，就会越发痛苦。人的欲望是无止境的，欲望越大，就越会脱离人的本性，离生命的规定越远，人的生命痛苦就越多、越大。然而现实生活中就有很多老师未能清醒认识到专业成长的本质属性，总认为这是外界强加于自己的“枷锁”，因此拼命摆脱、放弃成长，转而追求所谓的“物欲”享受。其实，这才是将自己导向无尽痛苦的开始，因为生命的本质是成长。

当然导致教师专业成长后继乏力的原因还有很多，比如缺乏成功感，学校文化氛围的缺失等，这里就不再一一赘述了。教师专业成长是人类发展史上的永恒话题，如果我们不能从本质上引导教师正确认识专业成长的意义，激活其内在发展需求，那么再多的外部机制、管理模式都可能只是昙花一现。作为学校管理者，我们不仅要构建积极、和谐的成长环境，更要关注教师的内心需求，务必做到多管齐下，形成有效合力，真正促进教师专业的持续成长。

2013 年 11 月 13 日教师学习会上的讲话

特色篇

行进在特色教育的路上

2011 年 9 月，温州市少泳校将迎来 38 周岁的生日。作为昔日的黎一村小学，如今凭借游泳教育的特色，历经 16 年的风雨洗礼，一跃成为鹿城特色教育的排头兵。今日，少泳校继续借特色发力，勇于创新，既脚踏实地，更仰望星空，一步一个脚印地行进在特色创建的路上。细数学校特色发展的 16 年建设之路，依稀可见三大行动支撑下的三个发展阶段。

行动之一：寻求特色促发展

1992 年学校新校舍奠基，为寻求学校发展的新途径，时任领导班子经过多方考证，在充分考虑外部需求（温州是游泳之乡，但温州以游泳作为教学特色的学校尚无，学校附近的东瓯游泳池吸引了众多的游泳爱好者，也有广泛的群众基础）和自身条件的基础上，确定了以游泳为特色的办学思路。

1995 年 6 月学校新校舍落成时，鹿城区人民政府为学校授牌"温州市少年游泳学校"，正式确定"游泳"为学校的办学特色。学校实现了由村小到鹿城区属学校的华丽转身，实现了其成长过程中的重大突变。

2000 年 7 月，由区财政全额拨款，为学校建设了一座拥有了六条标准泳道，配有全套水过滤系统和热水锅炉的儿童室内游泳馆，并特拨专款每年 12 万元作为特色教育的专用经费。游泳馆的诞生和特色办学经费的到位为学校游泳特色教育提供了有力的物质保障。从此，学校正式走上特色办学之路。

行动之二：依托特色厚内涵

古语云：事物之独胜处曰特色，言其特别出色也。一个学校所有的孩子都是“名牌缠身”，是一种特色，但这显然不是学校追求的目的。特色教育应为“学校在实施教育的过程中，根据自己的优势和特点，逐步形成的独特的、不同于其他学校的教育模式”。当前，基础教育正从整体上进入了内涵发展的新阶段，不管是哪一种教育模式，都将更加注重提高教育质量，更加注重内涵发展。所以，少泳校也走上了以游泳特色为依托，实现学校内涵发展的重要阶段。

一、准确定位特色，抓住内涵发展的有效载体

游泳特色不仅是让每一个孩子学会游泳，更重要的是让孩子在学游泳的过程中增强体质、掌握技能、塑造良好的意志品质。如果少泳校的孩子个个身体强健、肢体协调性强，掌握动作、技能快，又有敢于挑战、不服输的精神，那么我们特色教育的初级目标也就达到了。为此，学校启动了系列特色项目建设，包括建立领导小组、健全学校制度、引入游泳人才、开发特色课程、编写游泳教材、规范教学管理、实施教学评估等。

值得一提的是，在游泳特色教师队伍的建设上，学校不仅抓好游泳教练员的专业发展，还狠抓了他们作为体育教师的专业素养，实现体育教师的水陆两栖。2008 年学校专门聘请了国家级游泳教练陈剑岳老师为游泳教育顾问。陈老师不仅每天下午亲临游泳馆，督促校游泳队的训练，还于每周二上午组织全体体育老师加强理论学习和教研组活动。自 2010 年实施教师专业成长工程以来，学校确保每位体育老师每年至少参加一次的高端专业学习，以促进其业务素质的提高。

二、深化学科建设，突破内涵发展的核心重点

素质教育的主阵地在课堂，内涵发展的主渠道同样也在课堂，其核心就是要加强学科建设。以游泳学科为例，学校首先解决的是周课时数以及课时从何而来等问题。为此，学校邀请了专家共同探讨课程设置等问题，考虑到游泳学

习的特殊性和运动周期等特点，最后确定了游泳课的周课时数为两节。从体育课和校本课中各拿出一节课，两节课合在一起上，实行每周活动一次，每次两课时的活动安排。

课时有保障了，接下来就要解决教什么的问题。于是，学校以课题的形式推进游泳校本教材的编写。2007 年 9 月学校完成了《我爱游泳校本课程的完善性研究》(以下简称为《爱游泳》)，推出了全新的游泳读本。《我爱游泳》读本有独立的课程标准，既有知识性目标，又有技能型目标。读本还根据各年龄段实行分层教学，分成低、中、高三册，每册都有配套的评价标准。《我爱游泳》小学生游泳读本的诞生，既解决了我校特色教学教材缺乏的现状，同时也填补了国内这一领域的空白，为加强学科建设提供了强有力的保障。

此外，学校还加强了特色学科的教学常规管理。对每一阶段的游泳教学目标设定了标准，如一年级学生的学习目标是学会漂浮，二年级的学生是学会蛙泳，三年级为自由泳，四年级为仰泳，五年级为蝶泳，六年级为四种泳姿的混合泳。之后通过加强备课管理、开展随堂课调研、定期举行游泳研讨会、教学质量检测等多种手段以提高课堂教学效率。每学期结束时，由全体行政人员到各个班级蹲点，协助游泳老师共同完成阶段教学质量检测，通过对学生的质量测评评定教师的学期教学成绩。学校还专门设计了《少泳校学生期末素质报告单》，专设“游泳学习”课程板块，采用等级评价，使游泳学科成为与语文、数学等学科并驾齐驱的课程，也为更好地推进素质教育提供载体。

三、狠抓教育质量，凸显内涵发展的高质要求

内涵发展的最终目标就是要追求高质量的教育效果。为此，学校千方百计地通过规范教学流程管理、加强课堂指导与调研等方法，提高教学质量。以每周二的教学调研日为例，近几年学校在不断调整调研的形式和内容，2009 年是随堂课调研，通过教师的常态课发现问题给予指导；2010 年改为蹲班调研日，组织教学、德育骨干教师通过为期一天的蹲班调研；2011 年则改为精品课展示，由教师准备一堂精品课邀请骨干教师进班听课。虽然形式各不一样，但其宗旨始终不变。教导处通过加强备课管理、过程调研、及时反馈、科学评价等机制，始终将提高教育教学质量作为中心工作，既凸显了内涵发展的质量要求，同

时也大大深化了素质教育。

近年来，少泳校在各方面都取得了不俗的成绩。团队连续三年参加省级游泳特色学校比赛连续两年蝉联冠军，学校被评为“省游泳特色学校”“省单项体育后备人才基地”“市示范性学校”“市文明学校”“市行规达标学校”“市群众体育先进单位”“区校本教研先进单位”“中国/WHO健康促进学校”……与此同时，学生的学业成绩以及综合素质也有了进步。在今年的六年级毕业考中，学生的语文、数学学业成绩优良，尤其是以游泳作为班级特色的六(3)班全班数学成绩均为A等；在艺术节比赛中，胡萌瑶、王以心同学参加市级篆刻、绘画比赛分别获得了第一名和三等奖的好成绩。

行动之三：特色文化育真人

万川锦苑房产开发公司中的一句广告词：“每一个邻居都是一段传奇”，移植到我们的校园里就是——“每一个师生都是一段传奇，每一个师生都是一个精彩世界。”学校就是一个让师生展示精彩的地方，更是引领师生创造精彩的地方。这就需要我们转换三大观念，推进三种策略，以实现特色教育进入第三阶段，培育特色文化，走向卓越。

(1)不仅是让孩子学会游泳，更要以此为基点着力提高师生的生命质量。

以下两个鲜活的例子，生动形象地论证了学校一直坚持的观念：

例1：1992年，温州市第六中学组织学生春游，因为驾驶员判断错误导致车祸发生，一辆满载着学生的旅游车翻入江中，死亡20多人。一些孩子因为会游泳逃过一劫。可见，游泳是一种保护自我的生存技能。

例2：今年初，学校工会组织教师参加健康工程。很多老师加入了教师游泳社团，利用中午或双休日的晚上坚持游泳。三个月来，很多老师逐渐体会到了游泳的乐趣——舒缓筋骨、释放压力、强生健体，进而实现生命自由。

善于游泳的少泳人比同龄人多了一份健康、自信与从容。在学游泳的过程中，他们强健了身体，学会了肢体的协调，学会了在水中搏击，更学会了坚持，从而拥有了更健康的心理品质，而这些能力与品质也随之迁移到了学习中、生活中，从而大大促进了其生命质量的提升。

(2)不是让游泳成为所有学生的特长，但却以此为基点促进所有的孩子拥有一技之长。

学校坚持“多元色彩”的办学理念，坚持“合格＋特长”的育人目标，鼓励并积极创造条件让每个孩子拥有一技之长。作为游泳学校的孩子，他们拥有天时地利，游泳让他们在同龄人中变得更自信、更优秀，也为他们赢得了骄傲。但不是所有的孩子都适合练习游泳。那么，怎么才能让所有的孩子都拥有属于自己的荣耀呢？学校在做好常规课程服务的同时，又积极开办了各种各样的学生社团，通过提供不一样的课程服务，为学生的个性化发展提供条件和可能。至今，学校已经开办了游泳社团(5个)、合唱社团、舞蹈社团、绘画社团、篆刻社团、书法社团、科学社团、七巧板社团、IT社团、小记者社团、摄影社团、篮球社团、乒乓球社团、路跑社团等共计18个学生社团。在这些社团里，师生共同制订了活动规程、编订了课程标准，提供了个性化课堂教学，帮助更多的孩子拥有了自己的特长和爱好。在新的三年发展规划中，学校将再增加22个学生社团，并将社团活动和一些拓展性课程有机结合，努力使每一个孩子拥有一技之长，拥有一个兴趣之家，拥有一批志同道合的朋友，使学校成为他们成长过程中的精神家园。

(3)不只是做好游泳特色教学，更要以此为基点培育学校的特色文化，从而使学校的发展具有整体性特色。

游泳教学是学校的办学特色，但绝不是学校发展的唯一特色。作为曾经助推学校发展的特色项目，学校更应该赋予其全新的内涵和时代意义，并且持续推进该特色的过程中，形成更多有特色的育人模式，从而实现“一校多特”的理想局面，全面助推师生的成长。

培育特色文化，首先就要提炼学校的办学理念和文化精神。少泳校人已经形成“开放的胸怀、多元的色彩、和谐的家园、整体的发展”的办学理念，提炼出“泳”字精神——培养智者、强者和恒者的目标，凝练出“每天上游一点点”的校训。并在这种精神文化的引领下，营造了浓厚的制度文化和物质文化，也形成了很多少泳校人在推进素质教育过程中的新的做法：如“333”制校本研修制度，既展示了少泳校人的教育智慧和独特视角，也助推了教师的专业成长；丰富多彩的社团活动，为促进学生的个性化发展，满足新时代教育的价值诉求提供了成功的范本；教师的健康社团建设既促进了教师的身心健康，也为新时期的工会建设提供了成功的经验……这些特色做法以及由此产生的特色文化，正推动着学校向更高水平的特色学校发展。

在转变三种观念的基础上，我们还要积极推进三项措施。

(1)以培育特色教师为载体，助推教师的专业成长。如果把学校教育也比作是一种社会生产的话，那么教师无疑就是校园生产力各因素中最革命最活跃的因素，直接决定着学生发展的宽度和深度。为此，我校于2010年推行了以项目支持为核心的教师专业成长实施策略，旨在引导教师在学习、实践和反思三大层面，通过师徒结对、跟岗实践、项目帮扶、经费保障等措施实现个人专业发展，并通过教师的专业成长带动学校的深层次发展。今年，我们还将大胆地教师专业发展评价方案引入教师绩效考核评价体系内，借以此为导向促进教师的专业成长。

(2)以加强课程建设为抓手，深化学校的内涵发展。在新的三年发展规划中，学校将着重加强以综合实践活动课程为重点的综合学科建设，以及与拓展性课程相结合的社团活动的建设。具体做法如下：①动员教师、家长与社区工作者，开发课程资源，构建综合实践活动课体系；②构建1＋X型的导师队伍，将导师队伍向校外适当拓展，让有一技之长的专业家长、社会工作者进入我们的导师队伍；③丰富活动形式，兼具综合与实践活动两大特点。

(3)以加强对外交流为途径，促进学校的持续发展。学校发展至今，尚有两大难题正在解决中，一是向上对接没出路，二是向外对接难着陆。具体表现在尚无以游泳为特色或者招收游泳特长生的中学与我校相匹配，这就使得以游泳为特长的毕业生在进入中学之后必须“忍痛割爱”；缺乏与我校办学相适应的优质学校作为对外交流窗口，使得我校借特色促发展之路尚处于初级阶段。第一个问题已经引起了市、区两级教育部门的高度重视，相信会在十二五规划期间得到解决。第二个问题在区教育局的支持下，已经迈出了难能可贵的第一步。今年暑假，学校已和香港协和小学的行政班子进行了深层次的互动交流，预计今年底或者明年初，两校将签订友好协议，相信今后两校教师、学生层面的互动交流将会给我校进一步的发展空间。

武侠小说中练剑之人有三重境界：“手中有剑，心中无剑”“手中无剑，心中有剑”“手中无剑，心中无剑”。学校借特色促发展之路，亦是如此。历经了“手剑、心剑”的特色发展之路后，少泳校人将坚持每天上游一点点，继续深化内涵建设，以文化铸就学校品牌，以人文推动师生发展，实现“无剑”的至高境界，为师生们打造一所能让每一个精彩竞相绽放的生命世界。

2011 年 8 月在鹿城校(园)长论坛中的发言

社团,成就师生的精彩生活

——温州市城南小学艺术社团建设的策略与思考

城南小学创办于1914年,原为永嘉县立第十初等小学,后发展为城南小学,历史上有虞师里小学、纱帽河小学、城南二小、府学巷小学等校并入。作为鹿城区第一批集团学校,城南小学现辖城南、府学巷、会昌河三个校区和学院路小学、马鞍池小学、七都小学和瓯越教育集团等四个联盟学校。城南小学作为一所以民乐教育为特色的温州市德育特色学校,在历经了百年风雨洗礼后提炼出了“让每一个孩子精彩起来,让每一位师生拥有精彩人生”的办学理念。

一、学校现有社团建设情况

学校社团建设的主要任务是要让学生得到全面发展、个性发展和可持续发展。社团不仅要促进校园生活丰富多彩,让校园成为快乐的学园,有效化解学生过重的课业负担和心理压抑感受;更要充分发挥社团建设的群体凝聚功能、思想教育功能和能力素质提升功能,促进学生综合素质提升。为了更好地促进师生的学习,助推师生的个性、自由发展,精彩师生的校园生活,进而成就师生的精彩人生,学校建构了两大主体构成的社团——教师社团和学生社团。

1. 学生社团

(1)学科类:书法社团、英语社团、硬笔书法社团、朗诵社团、文学社、小记者团。

(2)艺术类:民乐社团(涵盖多个小社团)、视觉艺术社团(涵盖多个小社团)、舞蹈社团、合唱社团、打击乐团、表演社团。

(3)健体类:游泳社团、篮球社团、田径社团、乒乓球社团、围棋社团。

2. 教师社团

(1)学科类：英语社团。

(2)艺术类：民乐社团(包括笛子、古筝、二胡、阮四个小组)。

(3)健体类：游泳社团、现代舞社团、瑜伽社团、羽毛球社团、拉丁舞社团、乒乓球社团。

二、学校社团开发的背景与意义

1. 学校艺术教育成效显著

早在20世纪40年代，学校艺术体育教育卓有成效，如三希小学的雨伞操、城南小学的花草操、南市区二小的拍手操等。1990年起，学校大力兴办第二课堂活动，先后成立美术、书法、朗诵、舞蹈、小歌手、阅读等26个小组，相当于今天的社团活动。1998年学校校刊《城南风》创办，学校文学社随即成立。2003年城南小学第一期器乐培训班开始活动，这也是学校民乐社团的雏形，奏响了城南小学“器乐进课堂”的旋律。

2. 学校特色建设必要载体

20世纪90年代中期，鹿城教育提出了特色化发展的整体思路，率先在温州推出了“五朵金花”——少泳校、少艺校、少书校、少棋校、少美校。城南人顺势而上，凭借温州民乐特色教育尚属空白的天时，温州著名指挥家潘悟霖住所毗邻学校之地利，城南广大师生对民乐教育推崇的人和之利，于2003年成立了民乐队，也就是今天的民乐社团。

3. 为学生开放个性发展空间

城南人对“什么是好的教育？学校应该是一个什么样的地方？如何才能办成学生喜欢的学校？学校教育的本真是什么？”等问题的理性思考，无不把矛头指向了学生作为人的发展。杜威说：“教育即生长。”亚里士多德说：“人是社会的动物。”人是各种社会关系交错织就的网络里的动物。因而人具有了自然属性和社会属性。教育不仅要促进人作为自然人的率真、自由的发展，教育又要为人更好地适应社会生活而做准备。为此，城南人积极建构自己的教育体系，并形成了以社团活动促学生个性发展的活动模式(见图1)。

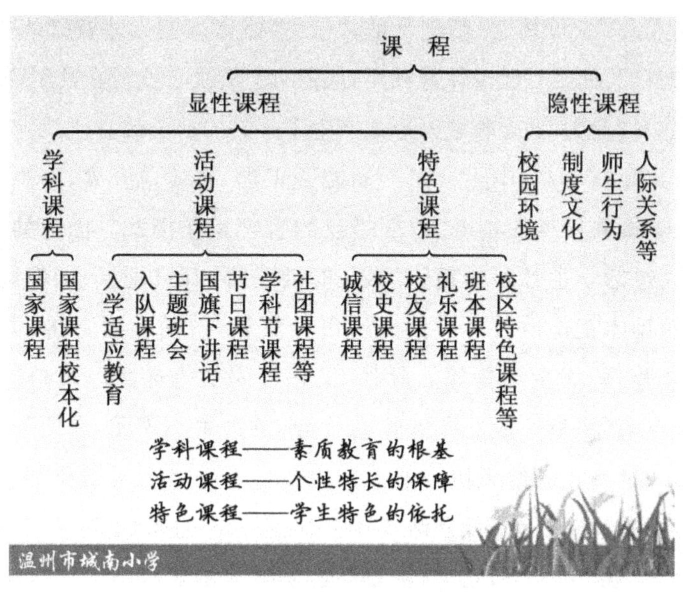

图 1 课程建模的初步思考

三、学校社团开发与管理的策略与实践

1. 民乐社团建设的策略

城南小学的民乐团享誉省内外，现主要以民乐社团的建设为切入点，总结社团建设的策略与实践。

(1)“三力齐聚”铸就精彩。

①硬件投入“给力”，学校非常重视学生的艺术教育，将艺术教育定位为学校的办学特色，将民乐社团和“视觉实验班”作为学校艺术教育的龙头给予优先发展。明确提出要将城南小学民乐团办成一个高品质、高水平的精品乐团，并提出场地保证成果，推出打造专业教室和排练厅的举措。2012 年的暑假，装修了 12 个专业教室，并在当年 9 月份开始投入使用。今年又装修了一个书法教室和一个美术教室，装修风格做到文化品位、现代气息和人文精神三者的完美结合，为学生的发展和个性特色培养创造了优越的环境。上学年，学校继续投入大笔资金用于购买与更新乐器以及乐队必需的各类配置，保证乐队的排练质量，努力为学生打造最好的成长平台。

②合作联办“借力”，我校利用学校的游泳馆和田径场等体育资源，联合市、

区体育局，建立了“阳光体育”活动基地，“借力”体育局的人才资源优势，组建了游泳社团、篮球社团、田径社团等体育社团，从根本上解决了我校在社团开展中师资短缺的问题。这种“借力”的合作联办形式产生了一定的社会效益，实现双方共赢。

③齐抓共管“合力”，学生社团活动能否正常、有效地开展，取决于日常的组织与管理。学校采用点面结合、以面带点的管理运作模式。面上的工作由教导处具体负责，包括学生社团的整体规划、时间安排、师资配置、课程设置、考核评价等；点上的具体工作由各学科教研组负责实施，包括社团宣传、课程内容、开展活动、学员管理、学生评价等。此外，民乐社团机构庞大学员众多，为了加强社团的管理与沟通，专门成立了家长委员会，挑选关心乐团，自愿为乐团出谋划策、献计出力，有一定的组织协调能力的家长为家长委员会委员，并要能代表大多数家长的意愿；在社团的日常活动中起到了桥梁纽带的作用，有利于家长对学校、乐团工作进行指导和监督，从而促进学生的成长。

(2)“五子登科”启迪精彩。

①定“调子”，我校在保持和继承学校原有的“民乐社团”和“视觉实验班”两大艺术教育社团特色外，针对各个校区的实际情况，制定了各校区今后社团建设特色发展规划并予以实施。城南校区在民乐特色教育的基础上开发民乐校本课程，把民乐教育从精英教育走向普及教育，开发笛子、二胡、古筝、琵琶四种乐器的校本课程，编制教材，二年级新生自主选择一种乐器进行学习，在排课上实行自主走班式教学；府学巷校区全面开展传统文化校本课程，包含书法、围棋、泥塑、民族吹奏乐等内容，打造传统文化教育基地；会昌河校区开设行进打击乐课程，每班每周开设两节课，现阶段由天洲打击乐俱乐部提供全部师资，并帮助编写校本教材、培训本校教师。

②给“方子”，没有规矩不成方圆。各社团结合自身情况及发展需要，加强制度建设，如民乐社团制定了《城南小学学生艺术团章程》，并以此为基础，先后制定完善了《乐团活动制度》《乐团考勤制度》《乐团学生管理办法》等多项管理措施，并与校外专业辅导教师签订协议，这些措施及制度的执行保证了乐团稳步健康的发展。同时，我校对各个社团的建设与管理，在制度上进行了完善，招生选拔、课程开展、经费管理、考勤考核，一切都有章可循，保障了社团更加健康有序地发展。

③编“本子”，由于各个社团的部分专业指导师都是外聘，课程内容具有不

稳定性和随意性。为了更好地规范社团课程，也为了课程能从专业化向普及化发展，我们开始着手编写民乐校本教材。为此，学校专门赴杭州与艺术高等院校和专业艺术团体联系，得到了他们的指导和支持，确定了编写的原则和方法，部分教材已启动编写。

④列“式子”，学生社团的日常管理犹如一道式子，既要有章法，更要有规范的活动流程。现在各个社团经过实践与总结，形成了一整套系统完善的管理流程。无论是日常训练、专家授课、假期集训还是外出比赛与交流活动，都在教师到岗时间、管理范围、训练方法上有明确要求；对学生出勤、纪律、技术等方面均有考评制度，严格记录。建立了教练课程记录制度，分别设有专业教师课程活动记录册和学生活动记录册。要求专业课教师对本专业的单技课进行记录，有时间有点名有目标有过程，避免授课的随意性。学生活动记录则由不同组别分推选一名专业水平、人缘、威信、特长和管理能力都较强的学生为负责人，进行点名和管理。

⑤搭“台子”，学校积极为各社团的学员搭建展示交流的平台，让学员们在实践中提高，在交流中张扬。如民乐社团一年一次乐团内部演出，全员参加，面向全体专业老师和家长进行汇报，上学年的分年级段汇报演出，开展得红红火火，有声有色；六年级段的孩子更是走出校园，将一场爱心满满的音乐盛宴带进了儿童福利院；还有两年一次高水平的民乐专场音乐会、每年的艺术节比赛、受邀演出等，甚至走出国门，参加国际性的展演；“视觉实验班”学员们“澳洲之旅”艺术考察活动、走进大自然写生活动、主题晨会的作品展示、博物馆美术馆的艺术参观等。这些平台的搭建，让学生们尽情地展示自己的个性与特长。

2. 具体流程

因为有了民乐社团、视觉艺术社团建设的成功案例，学校对于后来名目繁多、形式多样的社团建设也有了基本的流程和范式。

(1)因需产生。学校社团的产生主要采取“自下而上的需求”和“自上而下的供给”相结合的模式。即每学期针对全校师生进行不少于一次的问卷调查，根据学生的需求确定下学期即将开设的社团项目，同时也根据教师的特长及能力开设项目以供学生选择。对于教师开设的项目如果没有学生选择，则责令教师重新设计个人项目以满足学生成长的需要。对于学生提出的合理需求，学校目前又没有教师能够开设该社团的，则通过引进外援和培养本土教师相结合的方式以满足学生的需求。

(2)专人负责。学校教导处除配置正副教导主任外,还专门设置了教导员一人,并有其专门负责社团项目的开发、运作及评价工作。每学期初要做好项目申报、审核工作,并指导学生做好选择工作。学期中要负责对社团实施情况的检查与考评,学期末要做好评价工作。

(3)宣传广告。各社团导师对每学期的招生工作必须做足功课,做好宣传工作。每个社团除了要有精美的社团招生海报外,还必须提供给学生充分的“见习”机会,让孩子有充足的选择机会。

(4)双向选择。学生参加社团活动坚持双向选择的原则,一方面学生可以自由选择社团,选择教师;但另一方面社团导师也可以选择学生,只有在达成双向满意的情况下,方可入社团学习。

(5)六有模式。社团活动坚持六有模式,每一个社团都有固定的导师、固定的活动场地、固定的活动时间、活动章程、课程大纲及经费保障。每一个社团都必须有具体、详尽的课程大纲,包括课程目标、课程内容、课程实施、课程评价等方面构成。社团活动经费中的人员经费由绩效工资保障实施,活动器材费由办公经费予以保障。

(6)汇报展示。每一个学期结束时,各个社团必须要承办一次汇报展示活动,音乐类的可以是汇报演出,绘画类的可以是作品展,文学类以报纸杂志等形式刊出。总之,学校必须提供给每一个社团成员充分展示其才艺的机会,让每一个孩子都有展示自己的机会。

(7)社团评价。社团评价主要包括两个方面:一方面是社团导师对学生活动情况、成长变化的评价;另一方面是学校对该社团开设情况的评价,不仅有来自学生的评价,也包括学校行政层面对社团整体运作情况的评价。这些评价将决定该社团下学期开办与否的命运。

(8)总结表彰。学校每学期都要对表现突出的社团以鼓励和表扬,并有一定的经费支持。

四、学校社团建设的初步成效和办学成效

学校社团开办至今已有十二个年头,社会效益初显,学生特长得以培养。

以视觉艺术社团为例，今年我校学生参加鹿城区绘画类比赛，共获得八个项目中的五个一等奖，还有四个项目直接晋级参加市里比赛。

民乐社团连续十一年获得温州市中小学生艺术节合奏比赛一等奖，还获得了浙江省一等奖、教育部一等奖的好成绩。学校也因此被评为浙江省艺术特色教育学校。

另外，学校篮球队、舞蹈社团、话剧社等也都获得了区一等奖的好成绩。

五、城南小学社团开发的思考与后续行动

在素质教育深入推进的今天，城南人也一直在思考学生社团开发过程中出现的问题，以及如何有效解决此类问题。

(1)如何与办学理念、育人目标有机结合？学校各项教育教学活动应有机统整，并为落实办学理念和育人目标而有机开展的。但纵观现实，发现很多学校的社团开设，纯粹是为了开办社团而开办，结果出现千校一面，办学理念归办学理念，社团活动归社团活动，两张皮情况严重。如何有效落实办学理念，为培养出预期的目标人才而有针对性地开设社团，将成为我校今后社团开发的价值取向。

(2)社团建设如何真正尊重学生的选择权？学校社团能在多大程度上满足学生的需求，真正尊重学生的选择，作为学校管理者，我们真的是比较没底气的。学生充其量是在为数不多的社团项目中选出相对满意的社团，有时候甚至是没有合适的，或者根本不喜欢，但因为学校规定每人必须参加一个社团，也只能硬着头皮上阵了。今后，我们应该思考的问题就是如何真正让学生参与选择，并选到自己喜欢的项目。同时，我们还要鼓励学生大胆表达想法，引导教师开发社团，对于学有余力的孩子还可以鼓励他们做导师自主开发社团。

(3)如何实现社团活动与课程的深度整合？社团活动不是“散兵游勇”，必须实现课程化、系统化。为更好地落实办学理念，社团活动必须与课程有效对接，并成为校本课程中的重要部分，发挥着其重要作用与价值。社团活动如何实现与课程的深度整合，这已成为城南人下一阶段急需破解的行动课题。

2014年6月在省杨一青名校长工作室学员考察学校时的发言

社团建设:办好有选择的好教育

当代著名教育家杨一青老师率浙江省“杨一青名校长工作室”众学员来到温州进行为期四天的交流考察活动。城南小学作为温州市百年名校有幸迎来了省内众校长的来访,在短短的四个小时的交流活动中,城南小学通过校长汇报、展板介绍、实地考察、学生导学、社团呈现等多种形式展示了学校社团建设的基本做法和实际成效,会后也得到了众专家的互动与交流。

城南小学现拥有15个综合性社团,共涉及学科类、艺术类、健体类三个方面,参与学生达800多人。其中,仅民乐社团就有三百多人。学校社团建设成效显著,民乐社团的合奏比赛已经连续十一年获温州市中小学生器乐合奏一等奖,甚至囊括了浙江省乃至教育部组织的中小学器乐合奏一等奖的好成绩。与此同时,视觉艺术社团、篮球社团、游泳社团的学生参加市区级比赛也是捷报频传。以2017年为例,学校视觉艺术社团的学生参加区级绘画类比赛共囊括了八个比赛项目中的五个一等奖,并直接被推荐到市里比赛。然而经历了十一年的社团建设之后,学校再度陷入了深思,社团建设难道就为了部分学生获得精彩吗?社团建设能在多大程度上实现学校的办学理念呢?社团建设如何真正赋予和尊重学生的选择权?经过三个多小时的头脑风暴,经历了思考—交流—碰撞—重建等阶段之后,学校也对完善社团建设有了更深层次的思考和行动策略。

社团建设需要顶层设计,需贯彻选择性教育思想,使之上接“天线”。

社团建设应满足学生需求,并尊重学生的选择权,使之更具“人气”。

社团导师的配备与培训,亦需尊重教师个性特长,使之更接“地气”。

2014年6月

让每一个孩子精彩起来

——温州市城南小学深化艺术教育特色的再思考

温州市城南小学创办于1914年，是浙江省第一批艺术特色学校。一直以来，学校秉承“成人·成才·成功”的校训，坚持“让每一个孩子精彩起来”的办学理念，大胆创新，锐意进取，不断深化素质教育，是有口皆碑的好学校。自2003年成立民乐团以来，已经学校已经连续十二年获市器乐比赛一等奖，并获得浙江省及教育部组织的中小学生器乐合奏比赛一等奖。2014年11月27日，学校在温州大剧院成功地举办了《百年书香·瓯韵城南》百年校庆民乐专场音乐会，更是引发社会各界广泛关注。如何让艺术教育特色真正从精英走向普惠，让艺术教育成为助推学校深度发展的战略项目，是城南人一直思考和迫切需要解决的命题。基于此，学校制定了深化艺术特色品牌建设的行动策略。

1. 实现意识形态共识

意识形态共识就是让艺术教育从精英走向普惠。艺术教育特色不是属于少数学生的服务项目，而应致力于全校师生艺术素养和审美情趣的提升。民乐特色教育也不仅仅是让孩子会演奏乐器，更重要的是一种特色文化的创建。这种特色文化不仅包括宏观层面办学理念的建构，更是到具体实施策略的有机策划，实现从精神文化到制度文化、环境文化和活动文化的有机整合。

2. 重构办学理念体系

重构办学理念体系(见图1)。

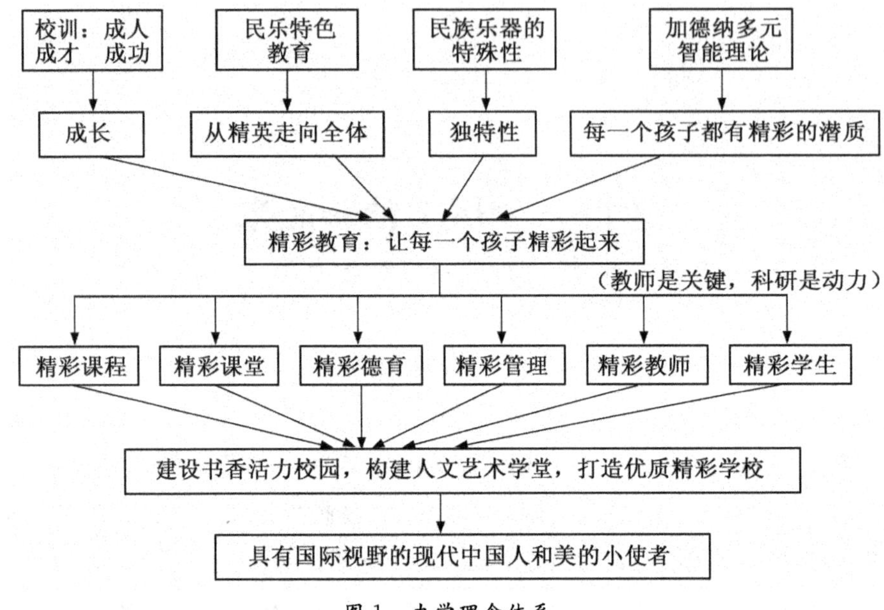

图 1　办学理念体系

3. 加强音乐学科建设

基于民乐特色项目的成熟与师资力量的相对强大，学校选在将民乐教育作为艺术特色建设的突破口，通过开发课程、开设课堂、研发教材、校区推进、三课统整、深化课题研究的方式予以落实。

(1)开发民乐课程（见表 1）。学校特色项目的有效实施途径就是开发课程。为此学校教导处积极组织教师制定课程纲要，通过明确课程目标、课程内容、课程实施途径与课程评价等内容，开发了民乐课程。

表 1　民乐课程

课程目标	1～2 年级	3～4 年级	5～6 年级
知（民乐史）	了解城南小学民乐发展史	聆听校民乐团学员演奏的部分曲目	参与校乐团的演奏
识（民乐器）	认识民族乐器，初步了解其音乐及特点	认识民族乐器分类（吹奏、弹拨、拉弦、打击）	认识民族乐器，了解民乐的种类、分类、基本队形等
听（民乐曲）	聆听民乐经典片段，养成良好的聆听习惯	聆听经典曲目，听辨不同乐器的音乐特点	拓展聆听，感受不同乐器表现的不同音乐风格，曲式结构等

（续表）

课程目标	1～2 年级	3～4 年级	5～6 年级
奏 （乐器）	学习简单的民族打击乐器；学习笛子吹奏基本技巧	学习笛子演奏方法，能演奏 2～3 首乐曲，培养良好的演奏习惯	主动参与各种演奏活动；能演奏 3～5 首乐曲；能对自己、他人或集体的演奏做简单评价
赏 （美学鉴赏）	激发与培养对音乐的兴趣，体验美感	培养感受与欣赏能力，养成良好的欣赏习惯	提高音乐感受与评价欣赏的能力
创 （创造美）	通过乐器探索声音的强弱、长短和音色	能用所学乐器模仿演奏	能运用乐器表现一定的情境，学会合作演奏

（2）开设民乐课堂（见表 2）。根据课程纲要，鉴于教学的循序渐进性原则，学校决定从一年级开始设立民乐课程，课时取自音乐学科，每两周一节民乐课，逐年推进。

表 2 “民乐课程”内容安排

次序	内容	次序	内容	课时
一	认识二胡	九	民族乐器的分类（一）拉弦乐器	2
二	聆听二胡《赛马》	十	民族乐器的分类（二）弹拉乐器	2
三	认识琵琶	十一	民族乐器的分类（三）吹管乐器	2
四	乐器欣赏：琵琶《草原放牧》	十二	民族乐器的分类（四）吹管乐器	2
五	认识笛子	十三	乐器欣赏：唢呐与笛子《小放牛》《荫中鸟》《百鸟朝凤》	2
六	聆听笛子《牧民新歌》	十四	认识与聆听篁《杨柳青》	2
七	认识古筝	十五	名曲名家（一）刘天华与《光明行》	2
八	聆听古筝《浏阳河》	十六	名曲名家（二）华彦钧与《良宵》	2

（3）开发校本教材。学校积极与音乐学院、市区两级的音乐教研员开展合作研究，组织教师编写校本教材。

（4）校区推进原则。坚持“和而不同”的策略，主张从高度集中走向校区特色，从民族走向世界，鼓励各个校区根据自己的校情建构自己的艺术教育特色，如今城南校区的民乐教育、府学巷校区的小器乐、会昌河校区的行进打击乐现都已各树一帜。

(5)实现课程、课堂、课外活动的高度整合。学校不仅有基础课程中的民乐赏析内容、有普惠型的拓展课程(三个校区分别为笛子、小器乐、打击乐),有选择性地拓展课程(周四学堂中的阮咸、民打等课程),有面向"精英学生"开设的社团课程,还有系列的综合艺术拓展活动,也包括家庭参与的校外音乐会课程等。如今在城南小学有丰富的音乐类综合实践活动,如每月的午间音乐会、晚间文化驿站、年度专场等综合实践活动,从而实现课程、课堂和课外活动的高度整合,从而有利于学生演奏技能与审美情趣的提升。

(6)通过课题研究的方式深化特色建设。2013 年结题的课题《民乐校本课程的开发与实践》获市级二等奖,并推荐省里参评。2014 年学校将继续开始新的课题研究——《城南小学"精彩课程"建构的实践与研究》,以此深化特色建设。

4.加强教师专业发展

(1)民乐教师的发展策略:发展本土教师,借力外来资源,打造教师民乐社团,创造人文艺术氛围。

(2)学科教师的发展策略:分层推进、特色助推、社团建设。分层推进即根据教师的年龄不同、专业发展程度不同进行相应的专业培训,提升专业素养。特色助推就是鼓励教师形成个人的特色教学项目,如沈谨谨老师的指挥、李密老师的民乐赏析课堂教学、舒琼老师的小器乐教学等,学校进行有针对性的包装与提升。社团建设是针对全体教师开设的,鼓励更多的老师拥有自己的一技之长,至少会一种乐器的使用与演奏,从而在全校范围内形成浓郁的艺术氛围。

5.强化校园环境建设

围绕艺术特色,打造校区高位文化环境。首先是校区环境文化的定位:城南校区坚持厚重优雅,府学巷校区主张精致典雅,会昌河校区主打活泼文雅的风格。其次通过环境文化布置将城南小学的精神、历史通过场馆、校园小景的建设予以凸显。

6.深化战略品牌建设

(1)加大宣传力度,积极通过校园网站、微信平台、校刊、校园杂志、校庆博客、各大媒体、社区座谈会、家长座谈会等途径,加大学校的宣传力度。

(2)积极组织专家团队对学校的特色项目进行深度论证与理论提升。

(3)做好学校特色项目的展示活动,通过组织或承接上级教育部门组织的"器乐进课堂"活动,提升学校特色项目的知名度与美誉度。

2015年1月在城南小学思享沙龙上的讲话

志愿服务，让每一个孩子更加精彩

——温州市城南小学德育特色品牌建设的实践与思考

温州市城南小学是一所以艺术教育为特色的百年老校，学校坚持“让每一个孩子精彩起来”的办学理念，通过“以艺育人”的策略，不断深化立德树人工作，培养“有国际视野的现代中国人与美的小使者”，努力建成老百姓心目中的好学校。2017 年 12 月，学校凭借志愿者活动项目创成温州市德育示范学校，其主要策略与路径如下：

第一部分　学校基本情况

温州市城南小学创建于 1914 年，2005 年成立教育集团，现辖有城南、府学巷和会昌河三个校区，教师 146 人，学生 2 479 人。自 2002 年以来，学校坚持艺术教育特色，不断深化素质教育，三个校区坚持“和而不同”的策略，在精彩教育理念的指引下，逐步形成差异化的校区特色项目与文化品质，并凝练成统一的“善美相谐”的精彩教育文化特质。

第二部分　创建工作历程

2015 年，温州市首批德育示范校创建工作启动，那时候的城南小学，刚刚经历了百年校庆的系列活动，站在新的历史起点，学校也在思考如何更好地传承与发展，如何以新的项目统领学校的发展？就在这个时候，学校的老师提出了“教育的功用就是顺应人类求知、想好、爱美的天性，使一个人在这三方面得到最大限度地调和与发展，以达到完美的生活”的理念。艺术教育是追求美的教育，善更是一种人间的大美。学校要通过善美两大抓手助推百年城南的新发展。而志愿者活动就是实现这一目的最有力载体。从2015年班子形成共识，全面动员，2016年的整体部署，全面推进到2017年的梳理提炼，直至创成市级德育示范校，学校整整走了三年时间。

2015年04月　班子动员，统一思想，酝酿特色

2015年09月　志远义工，走入视野，初成特色

2016年03月　全面铺开，班班参与，人人投入

2016年12月　校友赞助，成立基金，奖励义工

2017年05月　正式申请，内外联动，全力创建

2017年08月　城南义工，媒体关注，特色凸显

2017年09月　市区评估，重在指导，帮助提升

2017年12月　赢得点赞，创建成功，继续深化

第三部分　主要做法与成效

一、活动课程化，让服务与成长和谐共生

学校严格执行《温州市中小学德育工作指南》文件精神，立足学校实际，制定了《城南小学德育工作目标》和《城南小学行规序列化评价标准一览表》。在该文件的指引下，积极开发志愿活动项目。即基于儿童立场，遵循“自主发展、他人(社会)需要、志愿者能做”的原则，围绕“社区服务、社会公益、慈善救助”三大内容，根据不同年龄学生的认知特点和行为差异实施分层教育，形成了“微服务、微公益、微慈善”的“三微”志愿者活动课程群(见图1)。

城南“三微”志愿活动形式既解决了师生对志愿者在认识上的误区，使之成为城南学生“学会生活”“学会参与社会治理”的重要实践平台。

这是城南小学的第一个志愿者活动课程——禁毒志愿者课程(见表1)。当时的禁毒办同志到学校来做宣讲。事后，学校的德育校长就提出，学校可以打造一支宣讲队伍，禁毒办同志也可以省力，学校的孩子也可以得到锻炼。于

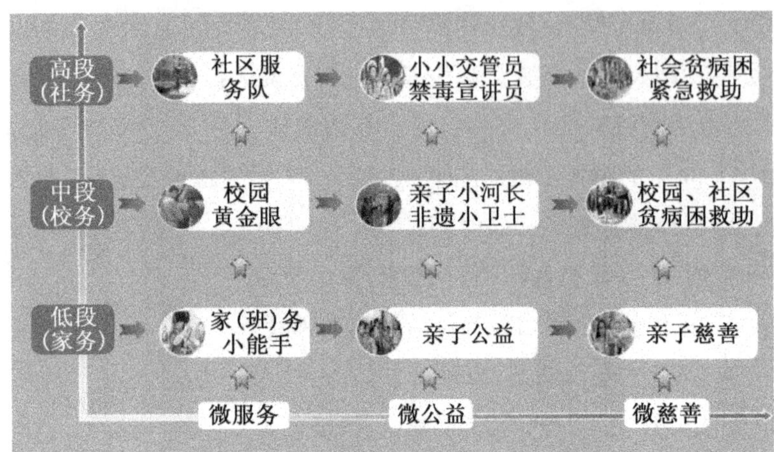

图1 温州市城南小学志愿者活动课程群落

是就成交了。但条件是禁毒办的同志必须成为学校该志愿宣讲队的导师，并和学校的老师一起打造该课程内容。于是就有了今天学校的禁毒宣讲义工队。

表1 温州市城南小学禁毒志愿者活动课程纲要

课程目标	具体内容	实施途径与载体	课程评价
1.知晓毒品的危害，自觉远离毒品、抵制毒品 2.掌握必备的宣讲技术和方法，能制作简单的宣传资料 3.学会与人沟通 4.践行“诚信、仁爱、合作与担当”的学校精神	1.知道毒品的危害性 2.学会表达；掌握必备的宣传教育的手段 3.学会收集材料，制作宣传材料 4.掌握必备的社交礼仪	1.班队课——毒品的危害(2节课) 2.禁毒宣教主题课(周四下午拓展课，共8节)，包括学会表达、学会制作宣传版画、学会收集素材，制作宣传资料，编排宣讲项目等 3.品德课(2节课)——简答的社交礼仪，“我为禁毒代言”等 4.宣讲课(视社会需求而定)——到各个学校巡回宣讲	1.学生自我评价 2.导师的评价 3.受助单位学生代表的评价 4.个性学生评比

此后，这类活动课程如雨后春笋般拔地而起。而最让学校引以为豪的是，学校的老师会时刻关注学生需求，根据学生的需求产生很多的动态课程。如产生于去年三月的“支持山区学校小型图书馆建设的志愿者活动课程”(见表2)。起因就是三位学生参加温州市小学生交通安全知识竞赛，喜获最具人气奖，并赢得了人生第一笔奖金——价值1 800元的书城代购券。他们主动提出把这笔奖金捐献出来以支持贫困山区孩子的阅读行动。于是在大队

辅导员的支持下，在班级老师、家长的倾力帮助下，学生版山区小学图书馆建设课程出炉了。

表 2　山区学校小型图书馆建设活动课程（节选）

活动设计	为什么捐	捐到哪里	捐什么书	怎么捐过去
设计意图	解决认知问题，针对“情感态度价值观”的设计	解决认知问题，针对“情感态度价值观”的设计	针对“知识与技能”的活动设计	针对“过程与方法”的活动设计
活动目标	了解温州部分山区的经济发展情况，了解同龄儿童因父母外出务工，家庭教育缺失严重的现状	了解温州县域经济发展不平衡的现状，初步形成关爱弱势群体的情感、态度与价值观。确定1～2所捐建对象	1. 知晓捐建学校的基本情况及学校图书馆的现状 2. 知晓捐建学校儿童的阅读水平 3. 了解小学阶段儿童阅读的书目要求 4. 综合上述信息，购买所需书籍	1. 联系家长、老师，放大志愿活动的声音，吸引更多热心人士加入 2. 联系车辆 3. 告知当地妇联等机构，获得外界支持 4. 联系媒体，通过舆论营造氛围，加大对山区儿童的关注

志愿者活动课程化的最大亮点就是实现了儿童个体成长与志愿服务的有机整合，赢得了家长、学生和老师的欢迎，从而有效克服“小学生志愿活动”在实际执行过程中“持续推进难”的问题。学校对定期发布志愿服务信息，学生先学习，后培训，再上岗。

目前，学校对志愿者活动的课程建构有了自己的总体部署。尤其是在高段，已经成为融职业体验、社会服务、综合探究为一体的综合性实践课程。

今年开始，学校更是对综合实践活动课程进行了倒逼式的课程改革，目前已经形成了初步方案（见表 3）。

表 3　温州市城南小学社会服务课程课时安排表

级段	总课时	内容模块及课时		课外志愿服务时数	课外服务导师
低段	8	认知学习	2	共 12 小时，包括家（班）务劳动、亲子慈善、亲子公益等	家长、班主任
		技能培训	2		
		志愿实践	4		

（续表）

级段	总课时	内容模块及课时		课外志愿服务时数	课外服务导师
中段	12	认知学习	3	共16小时，包括家（班）务劳动、班级互助岗、校园志愿劳动、亲子公益、亲子慈善等	家长、班主任、大队部
		技能培训	3		
		志愿实践	6		
高段	20	认知学习	4	共20小时，包括班级互助岗、校园劳动、社区劳动、社会公益、社会救助等	校长室、大队部、校外导师、家长
		技能培训	4		
		志愿实践	12		

学校教师开发的《小小志愿者》教材也在2017年的区级校本课程（教材）研发评比中获奖（见图2）。

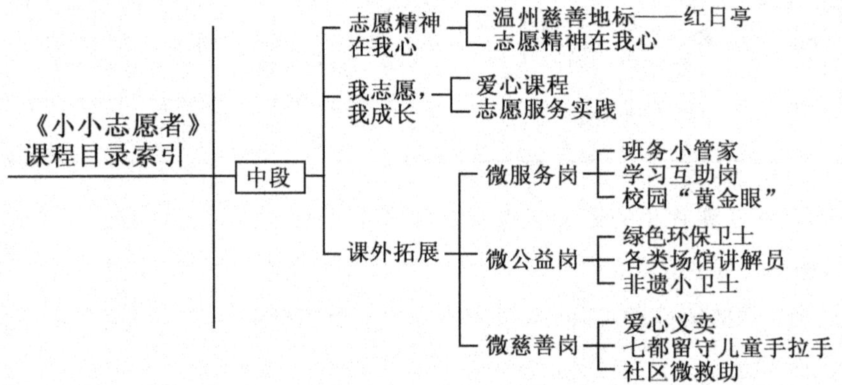

图2　城南小学《小小志愿者》课程目录索引（中段）

二、导师多元化，真正践行“三全”德育模式

为进一步提升志愿者活动的效度，加强学校与家庭、社会和谐互动，学校结合各志愿活动站点的特质，聘请了一批专业素质很高的校外导师，打造了一批有特色的志愿活动基地（见表4）。

表 4　城南小学志愿者活动校外导师一览表(部分)

活动类型	活动站点	校外导师	导师工作职务	导师服务时间
微服务	家庭自理岗	家长(监护人)	家长	全天候
	温州市图	胡海荣	市图馆长	上班时间
微公益	瓯塑宣传队	郑央凡	浙江省工艺美术大师	周二、四下午
	小小交管员	陈大欢	市交警一大一中队	上班时间
微慈善	通泰爱心亭	陈佩佩	社区主任	全天候
	城南爱心岗	孙焊生	温州日报视觉总监	一三五上午

(1)实行项目负责制。每个项目分别由校内外两位老师负责，校内导师侧重学生的日常管理，确保活动的正常开展。校外导师则负责利用专业优势开发活动阵地，确立活动内容，实施岗前培训，最终与校内导师共同指导学生完成志愿服务。如温州市图书馆活动基地的胡海荣馆长就为学生策划了“中段:侧重物化管理，维持整洁与秩序;高段:侧重软管理与导读服务，学会整理图书上架，开发导读服务岗”等课程。

(2)推行操作标准制。自 2017 学年开始，学校初步建立校外导师操作流程标准，即包括一次岗前培训，一次志愿服务，一次交流展示，一份活动记录，一份过程评价，一份活动备忘录。“六个一”的工作要求规范了导师的授课行为，让家庭、学校和社会教育有效衔接，从而形成全方位育人的良好态势。

(3)建立定期评比制。学校定期举行的优秀导师、优秀志愿家庭、优秀志愿共建单位的评选活动，既打造了良好的育人网络体系，也建构了浓郁的社区志愿氛围，也真正践行了“全员、全程、全方位”的育人模式，让学生获得更全面发展的可能。

三、评价个性化，让每一个孩子登上奖台

学校坚持“志愿时”“志愿能”“志愿星”三环联动的评价机制，注重培育学生核心素养。

(1)以“志愿时”为依据健全管理制度。学校建立了“志远义工社”，下辖 62 个志愿中队，每个中队均有自己的志愿口号、志愿队旗与 logo。学校规定每位

学生每年志愿服务的最低时数(志愿时),低中高段分别为12/16/20小时。达不到服务时数的学生,综合素质无法被评定为“优”。同时,志愿服务时数也成为学生评优评先的重要依据。

(2)以“志愿能”为抓手提升综合能力。学校每学期根据志愿服务类别开展技能大比拼活动,如针对场馆讲解员的“最佳讲解员”评选,针对交通安全管理开展的“最美交管手势”“最强大脑·交通知识大百科”评比,针对非遗小卫士开展的“最美瓯塑宣传画”“最美瓯绣作品”评比,针对城市书房义工开展的“快手·图书整理员”“快手·编书小能手”“最佳导读员”等评选。

(3)以“志愿星”评比为途径培育志愿精神。2016年校友陈志远先生捐款100万设立慈善助教奖学基金会。此后学校每年开展轰轰烈烈的“精彩志愿星”评比活动,并在11月28日的校庆日上进行隆重的表彰活动。同时,学校还积极利用周一晨会、午间广播、微信公众号、校园网站、个人风采展板等平台传播“志愿星”的先进事迹。师生又把校园里发生的志愿故事以艺术的形式予以创编,形成了快板、“三句半”、课本剧、微电影等艺术作品,努力形成积极向上的价值观导向,深化了志愿精神。

三年来,以志愿者活动为抓手的德育示范校创建过程中,学校也欣喜地看到了师生、家长的变化:他们更富有同情心,更加仁慈,也更愿意为他人着想、为他人服务。他们的理解力、表达力、沟通力及对美的感受力、创造力也变得更强,他们更自信、能担当,也更有成就感。林一乙同学被评为浙江省美德少年,并代表全省少先队员在最美浙江人展示馆开馆仪式上讲话。仅2017年,学校有3 000多人次的学生登上了国家、省、市、区级各类领奖台,有23个中队因为志愿者活动进入了市区各级各类媒体的宣传平台,学校先后有7人次登上省区市团委组织的交流平台;有6项基于志愿者的科研成果在市区级比赛中获奖。学校的“爱心课程”、志远义工社、“黄金眼”等志愿课程连续三年获得鹿城区少先队十大优秀项目,志愿者活动课程还被编入温州市少先队队长课程,学校被推荐为全国小小志愿者试点学校。学校的艺术特色教育也因为有了特色文化的支撑和序列化的行动跟进,品牌效应日益凸显。

第三部分　思考与后续行动

当然,学校在志愿者活动项目的创建过程中也感受到诸多的困难与问题,如怎样更好地与学科整合拓宽志愿者活动渠道,深化项目式学习;如何建立更有效的激励机制,让志愿精神深入师生骨髓;如何使志愿精神更好地延伸至家庭、社会,抢占社会文化高地,引领人们健康发展……

成绩只能代表过去,城南小学在深化立德树人的道路上从未止步。站在新的历史起点,城南小学将在上级教育部门的坚强领导下,团结拼搏,扎实工作,奋力开启城南“精彩教育”的新征程,为鹿城教育开创更加辉煌耀眼的明天努力奋斗!

在2018年4月19日温州市德育工作会议上做典型发言

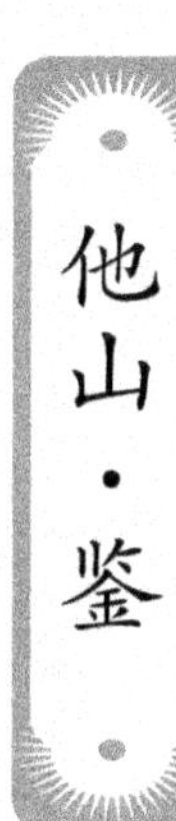
他山·鉴

为每一个呵护精彩世界的教育者叫好

——香港特别行政区教育考察有感

2010 年 12 月 1 日，我有幸作为鹿城区校长研修班的成员参加了华师大的培训课程，进行了为期九天的学习。作为一名年轻的求知者，在培训的过程中，我有幸聆听到了众多名家大师的精彩讲座，更是有机会考察了香港特别行政区的协和小学。只恨时间太短，要学的东西太多，心中不无遗憾。

香港特别行政区作为全世界闻名的国际金融、贸易中心，是全球最富裕、经济最发达和生活水准最高的地区之一，是享有“东方之珠”美誉的国际大都会。那么，这座兼具中西色彩的现代城市，又有着怎样的教育世界呢？带着些许好奇，我走访了香港特别行政区的协和小学。经过一番考察，我发现协和小学的教育管理者“为促进每一个孩子终身发展”的理念是非常清晰而坚定的，这对内地的教育工作者不无启示。

一直以来，我都坚信“每一个孩子都是一个精彩世界”。少泳校人也正是秉持“开放的胸怀、多元的色彩、和谐的家园、整体的发展”的教育理念，精心呵护每一个精彩世界的成长，致力于为孩子的终身发展奠定基础。也正因为有了这样的认识，我们的校园才显得生机勃勃、精彩纷呈。无独有偶，在香港特别行政区的中华基督教会协和小学下午校里，我同样捕捉到了其学校管理者“呵护每一个精彩世界”的教育气息，让人深有感触的同时，不禁为教育者的这份用心拍手叫好！

用心之一：让孩子们学得更好

过去也曾考察过一些学校，校长所做的介绍不论是长或短、朴实或花哨，我们都会在其无比自豪的话语中听到学校的荣誉及其辉煌业绩。然而在协和小学下午校里，接待我们的校长——一位朴实的不像校长更像是虔诚信教徒的中年男子。他以自己独特的文化魅力和学术功底向远道而来的同行们介绍了学校的育人理念和策略。在短短的四十五分钟时间里，辛校长介绍了学校的办学愿景、历史变迁、课程设置、学习策略和学校活动，其中让我感到耳目一新的就是校长没有介绍学校的辉煌历史，而只是客观地讲述了学校的发展变化。他用了较多的时间去介绍该校教师在教育教学过程中为使孩子们学得更好，经反复论证后大力推广的学习策略，如合作学习策略、元认知学习策略等。在元认知学习策略中，他提到了思维导图（Mind Mapping）、K-W-L 策略、错误分析法（Error Analysis Method）、思维日志（Think Log）、出声思维法（Think Aloud Method）、自我提问法（Self Questioning）等多种方法。此外，他还专门介绍了增强学生记忆效果的具体的学习方法，如记特例、图表法、口诀法、唱歌法等。在他的介绍中无不强调一点，那就是——学校是学生们学习的地方，作为教育者，我们不仅要让孩子们学得好，更要让孩子们学得轻松、学得有效率。我想，一个堂堂的校长在对外交流时，只字未谈学校的成绩和荣誉，而更倾心于学习策略的研究和介绍，其校内教师对学生学习效率的关注度就可想而知了。正如上海十佳青年校长郑杰所言，优质学校必定是讲求“质量、效率和人道关怀”的学校。我想，这也就是协和小学下午校的魅力之处吧。

用心之二：让孩子们学习感兴趣的东西

中华基督教会协和小学于 1911 年在广州创办，1948 年来港办学，1969 年分为上、下午校。我们所参观的是协和小学下午校，现有教学班 33 个。当校长介绍到学校全方位的活动时，我不禁叹为观止。学校现有学生千余人，为进一步促进学生的全面发展，培养孩子的学习兴趣，实现人人有所好、人人有所学、人人有所长的百花齐放的局面，学校开办了62个学生活动类社团，包括制服社团6个(如升旗队等)、体育活动社团9个(如游泳队、篮球队等)、音乐社团29个(如古筝队等)、舞蹈社团12个(如东方舞等)、多元化其他活动社团6个(如各种棋类队等)。在一个全校不足百名教师，教师周均课时量高达20多节课的小学里，高质量的学生社团居然达到62个，这不禁让人叹服。作为游泳特色学校的校长，我发现他们校内并无游泳池，也无专业的游泳教练，那为什么要开办游泳社团呢？在与辛校长交流的过程中，其坚定而简短的回答深深地震撼了我——“因为学生有这个需要！”因为孩子们有这个需要，所以学校就开办了游泳社团，这将在多大程度上增加学校的工作量呢？学校要专门安排一位教师作为游泳社团的校内导师，再另聘一位校外教练，还要安排校车，在规定的时间里由校内导师将孩子们送到校外的游泳馆里，再由外聘的游泳教练对孩子们进行培训。其办学成本之高让人咋舌，但所有的一切均在校长淡定的“孩子们有需要”的话语中忽略不计了。放眼全校，这样的社团很多，但不同的是，很多社团的导师都是由本校教师兼任的(除非本校确实没有硬件设施条件和师资力量的，比如游泳)，学校根据教师的专业素质和个人爱好、特长，再根据学生的学习需要，选拔、培养和造就了一批专业导师。这些导师必须在完成周均18节课的教学任务的基础上，再承担社团导师的教学任务。这在很大程度上，加重了学校和教师的负担。但是小学，作为义务教育阶段的起始阶段，除了必须完成的教育教学任务之外，就应该最大限度地激发学生的学习兴趣，培养孩子的自主选择能力，让孩子们在兴趣中学习，学习感兴趣的东西，在学习和实践中培养动手能力、创新能力，发展特长，为今后的终生学习、终生发展、终身幸福奠基。我想，这就是协和小学下午校的魅力所在！

用心之三：让孩子们有充分展示自我的机会

学校是孩子们追求梦想、实现梦想、寻求实现梦想力量的重要地方，也是每一个精彩世界积蓄能量、尽情绽放的重要场所。作为教育工作者，我们不仅要让孩子学得好，更要提供展示自我的机会和平台。精彩是需要绽放的，阶段性精彩的绽放，不仅会让我们的校园更加精彩，更会帮助孩子们树立自信，从而为下阶段的学习提供持续的动力和能量。在协和小学下午校里，我们看到了学校为孩子们搭建的各种展示的平台，如一年一度的圣诞音乐会、文艺汇演、制服团队训练营、陆运会和水运会等，这既是检验阶段教育教学效果的大好时机，也是各类社团活动的孩子们展示自我的舞台。在每年的圣诞音乐会上，低诗、高诗、中乐、管乐、节奏乐等各种音乐社团的孩子们积极参与其中；在每年的文艺汇演上，音乐类、舞蹈类以及多元化社团类的孩子们都可以享受其中，尽情展示……这些活动既充分展示了孩子们的才能，同时也锻炼了孩子。特别值得一提的是，学校的水运会（游泳比赛），因为学校没有场地，也没有足够的参赛选手，如果仅是社团内孩子们的比赛，无异于平时的竞技训练。于是学校又积极开拓新的平台。经过多方努力，赢得了中华基督教会香港区会的大力支持，学校动员了该区会下属的所有学校（因为协和小学下午校直属于该区会），以及其他一些游泳爱好者的参与，组织了一场高质量的跨校际的年度水运会。作为该赛事发起人的协和小学下午校，虽然在组织过程中要承担更多的义务与责任，而且比赛结果也无任何功利而言，但学校依然孜孜不倦地乐于其中，这不也是协和人的魅力吗？

九天的学习时间可谓是“白驹过隙”，考察的学校也是“各领风骚”，但留给我的却是无尽的思考和更加坚定的教育信念。作为校长队伍中的“新兵”，我享受学习的快乐，努力实践教育的理想。也许在追求理想教育的过程中，我会受到来自各方面的干扰，但我坚信，淡化功名利禄，坚定信念追求，潜心教育研究，精心教育服务，必迎精彩到来。

“寥寥九日时光，
探访沪港狮城，
穿越冬秋夏春，
感受中外教育。
体验文化差异，
采撷教育精华。
呵护精彩世界，

贵在以人为本。
坚持面向全体,
重在因材施教。
着力多元色彩,
精致教育细节。
淡化功名利禄,
必迎精彩绽放。”

2011 年 12 月 10 日夜

本文先后发表于 2011 年《鹿城教育》《温州教育》

走进十一学校

得悉北京市十一学校，源于《学生第一》一书。《学生第一》一书是李希贵老师2011年出版的作品，是他离任山东潍坊市教育局局长后，远赴北京倾力打造“北京一流 全国示范 中国名校”期间的教育智慧结晶。《学生第一》是一本非常耐看的教育书籍，通俗易懂但又蕴含无数教育哲理。每读一次，我就被书中闪耀的教育智慧吸引，也愈发产生了要到北京来看看十一学校的念头。经工作室导师陈钱林老师介绍，我有幸参加了第二届新学校论坛，也因此走进了北京十一学校。这个无数次在我梦中出现的学校，居然就这么向我敞开了大门。当我轻轻迈进十一校园的时候，发现这其实也就是一所普通的重点中学，只是多了一份温暖的教育情怀和人文气息，因而显得别具魅力。

感触一：是人，就会有弱点；是学校，也总会有不足之处。没有谁是十全十美的，特别当它处于世人挑剔的眼光之下。

今日的十一校园，因为校园基建项目正在施工而显得凌乱不堪；今日的十一校园因为秋风乍起而略显萧条；今日的十一校园，因为校园运动会的召开略显随意有余严谨不足。驻足校园道路，到处可见施工的工程车和来来往往、握着工具的作业工人。不规则的碎石校间路，一不留神就会让穿着高跟鞋的女士崴脚，也使人无法将十一学校与“全国一流的中国名校画上等号”。然贯穿校园任意角落，流连学校的任一宣传橱窗，我们都可感受到十一人将校园的每一个角落打造成师生展示自我舞台的人文情怀。这也更加坚定了我“真正的教育可以没有大厦，但一定要有大爱”的教育信念。

感触二：见之于笔尖的唯美，只因为加入了作者的个人情感，才显得那么神圣、高贵。但教育绝不是高高供奉在上的，既食人间烟火，自然就会有懈可击。

曾在《学生第一》一书中，读到十一学校的“奥林匹克运动会”，对将单纯的体育运动会办成融体育教育与世界文化教育于一体的文化活动，大为感慨。幸运的是，我们本次活动的第一个程序就是观看十一学生的运动会开幕式。本届运动会的主题是五洲城市运动会。开幕式上进场的各个班级分别代表了不同的城市，并在三分钟时间内演绎所代表城市的风土人情和文化特色。与书本中呈现的照片传达的唯美感不一样，现场我更看到了学生真实、可爱的一面。第一个出场的是国际部的留学生，他们展示的是中国文化和中国武术。虽然他们的表演非常稚嫩，笑料不断，但其率真的诠释获得了场上阵阵掌声。此后入场的学生们，虽然奋力表演，努力诠释城市精神和文化内涵，但终因年龄、认识得不到位而频频出错。比如莫斯科代表队进场的时候，呈现给大家的是莫斯科人民通过顽强的抵抗打败了法西斯德国，最终赢得莫斯科保卫战的胜利。但表演过程中使用的国旗却是今天的俄罗斯和德国的国旗，这显然有悖于历史。尽管如此，作为旁观者，我还是折服于十一教师这份独特的匠心，让孩子们在这样的大型活动中既锻炼了身体，更增长了见识，培养了其国际视野和世界眼光。

感触三：教育不是轰轰烈烈的，回归于平淡的教育才是真实的教育。

透过《学生第一》一书，我似乎看到了十一学校内开展的各种各样的校园活动，如“月度人物、每月之星、校园之星”等的评选。我想，在这些精致的海报中一定蕴藏着各种轰轰烈烈的活动。然而，当我真正走进十一学校之后，才发现这只是我一厢情愿的理解。月度人物的评选是在学校朴实的教研组或者学部里进行的，老师们每月推荐一个在某一方面或者某一领域里做出了值得他人借鉴、学习和感动的事情的教师。推荐活动是很平淡的，推荐的人物也没有那样显赫的丰功伟绩。但是，月度人物的宣传海报却是精心制作的，照片很大，给人的视觉冲击很强，而且在校园里出现的频率非常高，足足有十处，均是学校最显眼的地方。除了有大幅照片之外，还配有人物解读和人物点评。这些简短的解读和点评恰恰体现了学校主流文化的价值取向。于是，随着每一期月度人物的海报的出现，学校的主流文化得到了尊重和弘扬，大家的思维方式和行为准则得到了强化，学校文化的塑造也就有了一个良好的开始。一个平淡无奇、但却寓意深远的学校文化塑造工程就这样悄无声息地进行着。这不就是我们追求的回归平淡的真教育吗？

漫步十一校园，如同散步于熟悉的自家校园。走下书本的十一校园不再神秘，但却因为真实、温暖而倍感可爱。

2011年10月16日凌晨1点

也说教育智慧

——杭州大关小学参观有感

教育需要智慧,办好学校更需要智慧。智慧是指对事物能迅速、灵活、正确地理解和解决的能力。智慧不仅有其丰富深刻的内涵,更有其形式多样的外在表现。在杭州大关小学短短半天的交流中,大关人对教育的坚定和执着,学校管理中处处地跃动着教育的智慧和灵动,无不让参观者赞叹有加。

镜头一:民俗音乐馆。在古筝悠扬的乐声中,众校长在学生导游的引领下漫步民乐馆。从浙江民乐的发展到杭州民乐,乃至大关小学的民乐发展历史,在小导游的讲述中娓娓道来。从二胡到古筝、笛子等一件件民族乐器在孩子的引荐下,一一跃入眼帘,众人无不被中国民乐的博大精深而折服。此时,突见小导游话锋一转,对着一拉二胡的小音乐人说:"可别小看了他,他也是我们学校的民乐启蒙教师之一哦。"众人皆笑。或许这是属于大关人独有的幽默,但我却觉得这也是一种智慧。艺术本就不是束之高阁的膜拜物,它只有走下"神龛"般的宝座,走入大众的生活,才能牢牢地根植于现世。艺术教育也应该是雅俗共赏的,扎根于学生的生活的,符合学生的身心发展特点,这样的艺术教育才是有生命力的,大雅即大俗,大俗也即大雅也。这样幽默的表达方式又何尝不是一种智慧呢? 幽默甚至是教育智慧的高级表达方式。

镜头二:大关小学的课程体系建设。作为杭州市一所以艺术教育为特色的小学,大关人早在 20 世纪 50 年代就开始打造自己的艺术教育特色名片。从学校民乐队起步,到民乐专业小学,再到国家级的艺术特色教育学校,大关人用自己的智慧和努力开创了学校发展的新篇章。但是睿智的大关人并未就此止步。2011 年开始,大关人开始打造自己特色的学校课程体系。"学校课程建设是为学校发展？还是基于学生的需求呢？”“艺术教育不能被技能化，大关更应该培养‘有艺术素养’的人。”这是金校长引发在座校长共鸣的思想话语。教育是应该有温度的，是需要温暖到每一个参与其中的学生。那么如何保证能够持续保温度，且能永远温暖到每一个个体，仅靠维持现状显然是不够的。大关人开始把目光对准了校本课程。在大关的校本课程中，不仅有艺术技能的培养，更有艺术修养、艺术实践、艺术创造，乃至艺术习惯培养等多方面的教学设计。这种设计也让大关的艺术教育走上了新的台阶，实现了跨越式发展。

如果说校本课程建设是大关人小试牛刀的话，那么其国家课程的整体重构工程真可谓“大动干戈”。学校保留了语、数、英、科等四大基础学科，以提升学科素养为着力点，而其他课程全部被整合为美育课。如整合了信息技术、劳动技术课，实现了跨学科合作综合科；音乐、艺术学科被整合成立普及与加修两大类，分设舞蹈、文学、书法等科目；以美育实践活动为主体的活动课深受师生们的热烈欢迎。这样的重构形式不得不让人惊叹，我们既感慨其学识和胆量，更感动于其创新精神和合作意识。从某种角度讲，课程是最能体现一个学校办学实力和校本特色的金名片。课程是一个学校学生所应学习的学科总和及其进程安排，因为它直接决定了学校的育人目标能够实现，同时又是服务于师生成长最直接的手段和渠道，因而也就成为各个学校提升软实力的重要载体。如今，大关人勇敢地拿起了“手术刀”“钳子”“针线”等，对国家课程大胆地进行开刀、肢解、组合、重构，这又何尝不是一种高层次的教育智慧呢？所有学校都有自己的文化，有自己的价值追求，这些内容的精神内涵在本质上都是一致的，但是其排位的顺序却是不一样的，这也就构成了其独特的校本文化。大关人基于自己的校本文化，基于艺术教育为基点的全人教育观，恰是其突破常规教育、指向教育本真的重要推动力。这是一种难能可贵的教育创造性，不正是我们努力追求的教育智慧？

镜头三：三斤半书包。三斤半书包乍一听，似乎只为吸引全社会眼球。但从书包的设计，到配套书桌的设计、采购，再到每日一次的书包称重工作，不得不让人佩服大关人缜密的思维方式与务实的工作态度。减负提质的源头在哪里？动力又在哪里？我想，这一点大关人比谁都清楚。没有良好的学习习惯，没有足够的学习兴趣，没有高效的课堂学习质量，减负提质势必只能成为一句没有生命力的口号。大关小学是一所注重内涵建设，注重教师专业成长，注重学生习惯养成的精致化的学校。学校积淀了百年办学的文化精髓，已经充分练好了减负的内功，但同时又能为自己选择一件朴实又不失精妙的“外衣”，自然也就能成为众人关注的焦点。而期间，最让我感动的还是大关教师强有力的执行力。正值放学时间，我“游荡”在各班教室门口。发现各班班主任都在认真组织学生称量书包的重量。对于一些超重的书包，班主任则毫不客气地将此扣留，并予以现场纠正。

教育向来不乏智慧，诚如国家不缺制度一样，关键在于落实和执行。教育需要创生智慧，但更需要强有力的执行。务实、高效、扎实地推进不正是教育智慧内在强大的支撑吗？

教育需要智慧。教育智慧的创生有其广阔的土壤，学习是其不可或缺的原动力。子曰：“学而不思则罔，思而不学则殆。”爱学习、善思考已经成为大关人的一种习惯。以金校长为例，她爱学习，善学习。她不仅努力向书本学习，向同行学习，更为难得的是她善于跳出教育系统向一切“高人”学习。如在提升学生艺术修养过程中，她就借鉴了艺术界高人的建议，遵循了学生身心发展的规律，通过“养眼”“导赏”“互动”的三步策略，让孩子们在高雅艺术品的熏赏中陶冶情操，提升艺术修为。在课程文化建设过程，她虚心向书本学习，向专家请教，在与教师、专家、理论的和谐互动中，创生了校本课程体系重构的新样本。在三斤半书包的减负提质过程中，她基于自己的潜心研究，又不忘发动广大教师参与其中，终于实现了减负工作的“名实一致”，从而开辟了减负工作的新路子。这种教育智慧的产生，不正是大关人爱学习、勤思考的长期积累吗？

“一所没有跑道的学校，一群心怀感恩的教师，一位聪慧又有激情的校长”，这是大关小学给我的印象。就是在这样一所普通又特殊的学校里，刷新了中国教育减负工作的新篇章，也让我们看到了大关人智慧灵动的另一面。智慧不会从天而降，也不可能简单移植而来，它是基于自身长期的专业研究和校本文化的特色因势而生的。而其中，专业的理念和师德则是其重要的催化剂。大关人用教育智慧谱写了百年老校的动人乐章，我也坚信，只要每一位教育工作者坚守教育沃土，执着理想追求，提升专业修养，务实开展工作，大胆推进创新，必迎精彩到来！

2012 年 5 月 6 日夜

载于“浙江省杨一青名校长工作室”学习感受汇编

观温州市实验小学运动会开幕式有感

早前拿到市实验小学的运动会通知单，看到今年开幕式的主题为“城市风·中华情”，颇不以为然。因为近几年这方面的运动会开幕式主题秀实在是太多了。从北京十一学校连续三年的“迷你奥运会、民族运动会和城市运动会”主题开幕式后，各地纷纷掀起开幕式主题秀热潮。以温州为例，去年广场路小学“拥抱世博·畅想六一”开幕式可谓“惊艳”四方。这样一想，倒也替实小捏把汗，毕竟背负有这么多成功案例在前，要想做出新创意来，确实不容易。

那么，作为温州市基础教育界的重要领跑者，实验小学又是如何在运动会中渗透办学理念，展示学校独特魅力的？抱着探根寻究的态度，我悄然“混入人群”端坐在观众席上，从头至尾看完了实验小学的运动会开幕式。入场伊始，看台上人声鼎沸，跑道上人头攒动，场地中间密密麻麻地坐着不同方阵的孩子们，其宏伟的架势绝不逊色于一场伟大的城市运动会。即便是看多了各类精致有创意的开幕式活动，但实验小学长达九十分钟的运动会开幕式还是留给我许久的震撼和诸多的思考……

何为学校文化？顾名思义就是学校发展过程中逐渐形成的与众不同的物质文化、制度文化和精神文化的总和，是学校持续发展的内驱力，并时刻表现学生、教师和家长的言行举止中。一直以来，都有听到实验小学的校训——关注世界、关爱生命，但很多时候都感觉这样的校训对于小学来讲似乎比较难以理解，距离学生比较远，如何让其真正走入孩子的生命，根植于他们的思想，我一直心存疑虑。但今天在运动会开幕式上却让我感受到了名校的文化魅力。

(1)运动会主题的定位恰恰是实小人“关注世界”校训的具体体现。做一件好事并不难，难得的是一辈子做好事。定一个别出心裁的运动会主题并不难，难得的是长年如一日地坚持在常规活动中追求创新。纵观北京十一学校实验小学几年来的运动会主题，从“迷你奥运会”到“民族运动会”，再到“城市运动会”，其最大的特点就是在结合教育自身发展规律的基础上，始终将学校教育置身于国家、民族和社会大发展的时代背景下，引导学生不仅关注学校，关注学校活动，更从学校活动的体验中延伸社会触角，感受社会上发生的大事小情，从而培养学生的社会性。实验小学也如此，正如白莉莉校长在开幕词中提到的一样：“今年7月，刚刚在江西南昌举行了中国城市运动会，今天又在我们实验小学的校园里举行了盛大的‘城市风·中华情’2011年趣味田径运动会……”这其实也就是实小“关注世界”校训的最好体现。

(2)全方位、多角度的学生展示活动正是实验小学人“关爱生命”全人教育的行动实践。实验小学运动会开幕式全长90多分钟，这也是实验小学历史上规模最为浩大的一次田径运动会，是实验小学集市府、籀园两大主校区之外，又有新城、光明、国际部等校区加入的精彩聚会。开幕式除了传统的运动员进场程序之外，又别出心裁地推出了轮滑表演、独轮车表演、健美操表演、武术表演等诸多学生社团的精彩演出。运动员进场环节则采用城市代表团的形式，由一个校区整个年级段的同学共同演绎所要代表的城市风采，包括城市特点、风土人情、文化背景、传统文艺等。如市府路五年级同学展示的西安风采，作为中国历史上的古都名城，西安有着渊源的历史，而秦始皇陵兵马俑更是吸引了无数古今中外的政治、军事迷们蜂拥而至。而孩子们的着装也就是古代将士的装束，一袭黑衣黑裤外罩铜盔铁甲手持一柄重剑，活脱脱一群将帅兵士的模样，在行经主席台的时候，孩子们又像模像样地表演了一番军姿舞。如演绎北京城的六年级同学则紧紧抓住了天安门、京剧等典型建筑和文艺特点，在京韵十足的音乐中演绎了六年级学子对古都北京的了解和热爱。而海南省则在一群夏风十足的孩子的精彩演绎中展示了天涯海角的美妙情景，青岛则在孩子们的蓝色飘带舞演绎的海面上上演了帆船、滑水等运动项目……社团表演则是学生校园生活的缩影，看着孩子们尽情玩耍轮滑、独轮车时的投入劲，我仿佛看到了孩子们生动活泼的校园生活和实验小学寓教于乐的全人教育。素质教育是什么？当若干年后孩子们已经完全忘记了课本知识之后的所留下的东西那就是素质教育。实验小学创造各种条件让孩子们玩耍，在玩耍中学习、在玩耍中生活、在玩耍中创造，这也正是其关爱生命的高度体现。

(3)让每一个孩子都能成为每次活动的主角是其最为难得的人文关怀，是“学生第一”教育理念的深度展示。很多时候运动会开幕式是部分学生展示的舞台，而让一些孩子成为单纯的看客。但实验小学的开幕式却让全部孩子(除却一年级学生和极个别行动不便的孩子)都成为演员。因为人数众多，不可能安排所有的学生绕场一周，实验小学安排了每个年级段60人的方阵代表绕场一周并作3分钟的城市风情演绎，该年级段余下的同学则提前在规定的场地内站好，当本方阵表演的时候，这些同学则配合方阵同学共同演绎城市风情，一时之间“主会场”和“分会场”和谐互动，宏大的气势震动全场。更为难得的是看台上的一年级小朋友，因为刚刚进入学校，年龄较小，他们不适合演绎进场方阵，于是学校又别出心裁地请他们担任校歌表演。随着校旗在体育中心上空冉冉升起的时候，全体学生齐声高歌，看台上的一年级孩子载歌载舞，用他们稚嫩的表演唱出了对学校的热爱，也以他们的实际行动完成了生命中第一次大型运动会的表演任务。纵观全场，每一个孩子激情澎湃，神情高昂，每一个孩子都得到了高度重视，每一个孩子都感受到了自我的不可或缺。我想，这种被尊重、被重视的感觉将会伴随着孩子们一生，进而有效地激发他们的自信心和自豪感，促使他们在今后的人生岗位上充分发挥作用，为家乡和祖国的繁荣昌盛立下汗马功劳。

一直以来，我的脑海中都留存这样一个镜头：一个小女孩被选拔进了由40人组成的班级广播操训练队。她很开心，也很努力地练习。但在临比赛前夕，却被班主任告知因为身形太胖，不适合参加比赛，而失去了参赛的机会。她虽硬生生地忍下了即将夺目而出的眼泪，但却为此伤心了好久。这件事在她的心中留下了难以磨灭的阴影，并久久影响着幼小的心灵。今天，已经身为教育工作者的她，更加明白被忽视的感觉，所以从她当老师的第一天起，就告诉自己教育应该是公平的，给孩子们的机会也应该是均等的。教育必须让每一个孩子都成为真正的主角，让每一个孩子都享有人生出彩的机会。实验小学的开幕式表演给了我深深地心灵震撼，我想，这才是真正的名校的魅力。

2011年12月7日

走在行知路上

初秋时节，乍凉还暖。迎着南下的弱冷空气，我再次走进中国乡村教育的典范——南京市行知小学。校长还是那个校长，只是行知小学却早已非昨日之行知了。

印象中破旧的四合院式校舍已然不见，取而代之的是宽敞明亮、富有苏式园林味的教学楼。大厅墙上镌刻着陶行知先生的教育名言“捧着一颗心来，不带半根草去”，诚如行知人在教育大道上执着前行的生动写照。杨瑞清校长也一如多年前的他，温文尔雅、谦逊有礼，只是言谈举止中更多了一份从容与淡定。学校荣誉墙上似乎又增加了几个新的奖牌，更为难得的是学校的国际知名度大幅提升。如今的行知小学(也包括行知实践基地)不仅要接待大量的来自东南亚国家和台湾地区的学生团队，而且还成为国际青奥会运动员的实践活动基地，这在中国教育史上是绝无仅有的。行知人无疑是聪明的，他们借助陶行知生活教育的平台，把握时机，有效整合各种资源实现了学校发展的跨越式前进，取得了令人刮目的卓越成绩。

佩服一：从经营学校到内涵建设的质的飞跃

七年前初到行知小学时，感觉这是一所很普通的乡村小学，甚至让人担心其生存问题，但是善于经营的杨瑞清校长却带着一群敢于创新、勇于拼搏的行知人，硬是让行知小学从弱变强，继而摆脱了消亡的命运。只是感觉那时的行知人商业气息较重，校长的“经营”意识较浓，学校发展比较注重外观和器物层面的变化，如注重学校规模的扩张，学校占地规模的不断扩大，并出现了以行知小学为核心的行知实践基地等；注重校园环境的建设，学校绿化面积的增大，充分利用各种社会资源壮大学校，包括开办农场、校办工厂等；注重各种文体活动、庆典活动、主题活动或节日的开展。我认为在当时的形势下，这种发展是必要的，但发展如仅限于这种方式，没有自觉的、丰厚的内涵发展为支撑，就有可能流于浅薄。借用物理学的术语来说，单纯的外延发展还只是一种"表面物理"。但是，今日的行知小学已然脱胎换骨。它追求的是一种质量的发展，强调提升学校的教育教学质量，提升学校文化的"软实力"，把注意力集中在办学水平的不断提高上，实现规模与质量、效益的协调统一。与此同时，行知小学也已建构了其完善的办学理念体系，并形成了行知课程、行知课堂、行知团队、行知管理、行知文化等具体操作系统，使得学校从而转向了内涵发展的道路。

佩服二：从学校特色到理念办学的整体建构

学校特色是学校在全面贯彻国家教育方针的前提下，根据自身的传统和优势，运用先进的办学理念，在长期办学实践中逐渐形成的教育思想、培养目标、教育管理、课程内容。特色发展也是一种内涵发展，它是通过特色的形成和品牌的培育过程使学校上升到更高的水平。印象中的行知小学一直着眼于陶行知先生的"生活教育"，坚持实施生活即教育、社会即学校、教学做合一的教育理念，主张将教育同实际生活相联系，反对死读书，注重培养儿童的创造性和独立工作能力，在德育方面走出了一条不寻常的道路。只是那时的行知人尚未以特色为基点着手培育学校的特色文化，学校的发展也未能呈现出整体性特色。今日再访行知小学时，我们已经诧异于行知在理念办学路上走出的一个又一个坚定的步伐，包括办学思想、办学理念、价值规范上的特色；在制度、规模、结构等行为方式上的特色；在文化、课程体系、教学模式、教学方法方面的特色；在物质环境、校容校貌建设的各个方面的特色，并已形成了成熟的行知学校文化体系，取得了显著的成绩。

佩服三：从行知学校到行知教育的华丽转身

借用杨瑞清校长的原话，如果将他的教育生涯一分为三的话，那就是"行知小学—行知基地—行知工程”;如果一分为二的话,那就是“行知学校—行知教育”。不管是行知基地还是行知工程,始终感觉并未触及教育的核心,而是一种追求教育规模急剧扩大的粗放式发展,是一种量的变化,却不是质的发展。但是从行知工程到行知学校的变化,却已超越简单的文字变化,真正体现学校走上内涵发展的道路。教育是一个系统工程,包括学校教育、家庭教育和社会教育。行知人能够立足学校教育,辐射家庭,带动社会共同发展,打破传统学校的界限,让教育走出了校园,更好地实现了行知人“生活即教育、社会即学校、教学做合一”的教育理念,从而实现学校的跨越式发展。诚如杨校长在最后的结束语中提到的:“要办世界学校,做行知教育”。这一华丽的转身,不仅将大大推动行知学校的发展,势必也将引发中国教育界的重大变革。

“携手走在行知路上,并肩缔造教育精彩”,这是行知人的教育格言。也许行知之路有多长,我们这批教育晚辈无法用简单的脚步来丈量。但是,我们也只有执着前行、脚踏实地,才会真正体悟行知之路有多远,行知人生有多精彩!

载于2013年10月《浙江省杨一青工作室学员学习感受汇编》

行进在教育理想的路上

——苏南教育考察小记

人不能没有理想，也不能纯理想化地活着。世界太现实了，但教育必须在功利的现实环境中营造一方圣土，这就要求教育工作者必须在理想和现实之间寻找最佳结合点。

前几天，在温州大学教师教育学院的组织下，我们鹿城校长任职资格班一行 27 人前往南京、苏州等地进行教育考察。苏南教育一直处于我国教育的前列，政府在教育投入、教师培养、教育管理、教育创新等方面都有较大的动作，从而使地区教育有了长足的进步。本次考察的学校分别是南京市下关区民生实验小学、苏州市新加坡工业园区胜浦实验小学和新城花园实验小学。每一所学校虽然都只有短暂的半天的停留时间，但我们通过校长介绍、校园文化考察、师生访谈等渠道，还是深深地感受到其先进的办学理念、鲜明的办学特色和高尚的文化品位。下关区民生实验小学——一所硬件设施正在改善中的“古老”学校，一所交织着历史办学辉煌和现实艰难前行的“老牌”学校，一所正在寻求突破的老城区学校；胜浦实验小学——一所大得让人误以为是进入了高等院校的小学，一所年轻的农村精锐小学，一所努力打造特色提升整体办学实力的发展中学校；新城花园实验小学——一所在“螺蛳壳里做道场”的学校，一所处处为师生发展谋求广大空间的优质学校，一所处处闪耀着灵动办学智慧的名牌学校。三所学校不同的办学风格，不同的发展定位，不同的办学成效，但都生动地演绎了学校管理的个性化和创新性，生动地再现了教育人为实现理想教育的理想情怀。

一、校长的理想教育情怀

对于一所学校而言，校长就是灵魂。怀有崇高教育理想的校长将使整所学校都置身于理想的光环之中，从而焕发出勃勃生机。民生实验小学杨俊校长提出了“教育不能丢弃任何一个学生，教育不应该实施无意义比较，教育不能心太急、不能揠苗助长”的品质教育论；胜浦实验小学徐海鹰校长提出了“为学生营造智慧而灵动的发展空间”；新城实验小学陈蕾校长提出了努力打造师生共同成长的“心灵家园、个性公园和文化圣园”，这些校长都将自己的教育理想融合于学校实际并形成了基于学校校情的办学理念，形成了全体教师的共同理想，使全体教职员工有了更加明确的价值追求。特别是民生实验小学的杨俊校长，在面对教育局征询调动意见时，毅然舍弃了社会知名度更高、群众认可度更高的天妃宫小学，来到了身处发展困境的民生实验小学，只为了心中不舍的“民生梦”，这就是一个教育人的教育理想。面对学校艰难发展的现状，校长积极斡旋于社会、街道和上级教育局之间，争取经费、人员上的倾斜，并为此做了大量的工作，只为了完成其“改造旧民生、建设新民生”的不懈追求，此亦为教育者的理想情怀；为了激发全体“民生人”的斗志，鼓励更多的“民生人”投入学校建设的宏伟事业中，杨校长多次给全体教师做动员讲话，并以促进师生的发展与成功来获得学校发展的恒久动力，此亦为教育者的理想教育情怀。教育是一个长期的工作，也许五年任期内的杨校长所做的努力对于学校发展的漫长历史而言微不足道，但其在交流过程中流露出来的乐观的心态和充满期待的眼神已经完美地再现了一个校长对自己教育理想坚持不懈地追求，这就是一个教育人的教育之梦的再现。

二、学校的务实创新管理

理想，是一个指路明灯，是前进道路中的目标，但是要把理想变成现实，还需要务实有效又敢于突破的教育教学行为，诚如我们的温家宝同志在同济大学即兴演讲中提道：“一个民族有一些关注天空的人，他们才有希望；一个民族只是关心脚下的事情，那是没有未来的。我们的民族是大有希望的民族！我希望同学们经常地仰望天空，学会做人，学会思考，学会知识和技能，做一个关心世界和国家命运的人。"对于学校的发展而言，也是如此。既要有脚踏实地的务实行为，更要有仰望星空的远大抱负。教育如果故步自封、墨守成规，势必会被历史淘汰。在胜浦实验小学里，我们看到的是一群既能继承，更能创新的教师团队，作为一所由苏州市名校长挂帅的乡镇小学，这里的孩子可能不如城里的孩子大胆、自信，但他们同样充满生机活力；这里的老师可能没有城市老师那么时尚、前沿，但在他们精心布置的校园环境和独具匠心开发的校本课程中，我们读到了教育的大手笔和大胸怀，看到的是一群为实践理想教育梦而不懈奋斗的理想者团队。在该校副校长所做的教师素质提升工作经验总结中，我们并没有看到校方空洞的、口号式的宣传，更多的则是务实行动。比如学校领导能够人性化地根据教师的专业发展需求为其配备导师，提供针对性的帮扶措施。在胜浦实验小学，一位从教八年曾多次获得工业园区优质课比赛一等奖的教师，却因为"笔拙"，不善于提炼，始终未能将自己多年的实践经验提炼总结，以致教科研方面的收获始终是"一穷二白"。于是，学校为其及有同样困惑的老师配备了导师，对他们进行了手把手的指导，从指导论文撰写—初改—提炼—再指导—再修改—再提升，直至满意为止，并最终帮助其撰写的论文发表在市级刊物上，使得被帮扶的教师有了成功的体验，从而有了更深层次追求专业发展的动力。总之，在我们所考察的三所学校里，我们都深刻地体会到学校为实现教育理想而开展的卓有成效的探索活动。教育理想，也正因为教育工作者脚踏实地的创新工作和持续推进的不懈努力变得更有意义。

三、努力打造的精神家园

学校是我们共同的校园，但能否将生物体意义上的校园打造成共同的精神家园、精神乐园，是许多教育工作者毕生追求的理想。在这三所学校里，我们都清晰看到学校为此努力的痕迹。特别是新城花园实验小学，在陈蕾校长声情并茂的介绍中，我们深切地感受到了学校教育的价值追求——"激发灵性，让师生的光彩点亮生命的课堂；陶冶品性，让人文的气度渲染文化的校园；优化个性，让和谐的教育创造诗意的生活"，感受到了学校为努力打造师生精神生命成长的共同家园而不断奋斗的轨迹。在这里，学校成立了教师专业成长工作室，从2001年开始启动教师专业成长规划，分别是：2001—2003年的教师课堂教学技能提升工程，2004—2006年教师专业发展自我规划工程，2007—2009年教师专业发展共同体工程。三轮的教师专业成长规划使得新城花园的教师素质有了质的提升，更难能可贵的是广大教师享受到了成长的快乐，享受到了教育的快乐，并孜孜不倦地沉浸在教育的幸福中。在这里，学校成立了全国第一个中小学生轮滑俱乐部，并修建了全国唯一的标准的学校轮滑跑道，为孩子们配备了专业的轮滑教练，并通过校本活动课、学生社团等多种形式让所有的孩子都享受到童年玩耍的乐趣，在“能玩、善学、爱创造”的校园大氛围中，孩子们享受到了教育的幸福，享受到了精神生命成长的乐趣。

也许今天，这三所学校都面临着发展的深层次问题，但他们都没有回避和退让：民生实验小学提出了“创设有品质的教育”；胜浦实验小学提出了“乘均衡教育之风，扬优质教育之帆，在‘达标升级’中实现学校的跨越式发展”的奋斗目标；新城花园实验小学提出了以教师队伍的高品位发展推动学校的进一步提升，在他们的身上我都读到了教育者为实现教育理想而不懈努力的坚韧品质。历史是漫长的，发展是渐进的。也许，在学校发展的漫长岁月里，我们都只是“过眼云烟”，都只是微不足道的“历史过客”。但是学校教育会在每一个受教育的个体身上留下或浓或淡的历史痕迹。不要贪慕一时的功名，不要渴望在自己的生命史册中留下浓重的一笔，教育不是你往自己身上涂抹华彩的工具！抛弃功利的面具，恢复教育的本原，回归儿童成长的本真，让我们的教育多一些神圣的、无功利的追求，这也许就是教育者回报社会、回归教育本原的最好方式。执着、淡定的理想教育情怀将使我们的教育本真之路走得更远，走得更稳健！

2010年5月在鹿城区首届校长任职资格培训班上的思考

在比较、融通中前行

——2016 年赴美研修培训小结

2016 年 10 月 23 日至 11 月 5 日，我有幸作为浙江省小学课程设置与建设研修团的成员，应中美国际教育协会的邀请，对美国基础教育发展、教育教学理论、课程实施、学校管理模式等方面进行为期十五天的考察访问。其间，我有机会深入美国印第安纳州的各类学校和幼儿园，通过“走校园、看课堂、访师生，聊管理、探发展”等交流方式，全方位学习美国课程开设及应用模式，多角度地体验美国中小学教师教学工作及学生学习方式，并与美国教育官员、学区学监、校园长及教职人员进行广泛座谈交流，对美国教育有了自己的理解和感悟。现将团队考察情况简要报告如下：

一、美国基础教育概况

1. 学制设置及学校性质

美国的学校教育，整体上可分为四个阶段：学前教育、初等教育、中等教育、高等教育。从学前教育、初等教育到中等教育，都是美国的基础教育，包括幼儿园、小学、初中及高中，与我国相当。美国实行 12 年基础教育，一般定为小学 1～6 年级、初中 7～9 年级和高中 10～12 年级。因每州、每个城市或乡镇的不同情况也有差异，如有的是六年小学及六年中学制，有的是小学六年和二或三年制的初中及四年制的高中等。一般学童在十八岁时应完成中等教育。由于美国的义务教育普及，大约有 90％以上的适龄儿童接受中等教育，90％学生可完成学业，其中约 60％再进入大学，开始他们的高等教育。不过，高等教育能在四年完成学业的仅占 50％，即我们通常所说的严进严出，很多学生要花上多于四年的时间才能走出大学校门。

美国的中小学校有公立和私立两种，公立学校占主导地位，大约于19世纪40年代创办，主要因为移民需要统一语言，学校发展由政府税收支持，学生免费就读；私立学校多由教会和基金会及个人支持，也包括那些合乎相当学院基础的私立学校。在初中和高中阶段，大约有30%的学生就读于私立或教会学校。而高中毕业就读私立或教会大学的约有25%的学生。

美国的教育行政实行中央和地方分权，联邦教育部主要起规划、指导和协调作用。在中央与州两级管理中，以州为主。中央除立法和拨款外，不干涉地方的教育行政事务。在地方教育行政机关与学校的关系中，强调学校办学的自主性。

2.课程设置及学生课表

美国中学的课程设置分为必修课和选修课两种，必修课开设有英语、数学、自然科学(生物、化学、物理或地理、环境)、社会科学(美国历史、世界历史、经济学、心理学)、体育(游泳、篮球、美式橄榄球等)、艺术、卫生安全等。未见比较系统的政治学科，可能放入美国历史中教授。也没有设置思想品德，道德与法制学科。估计家庭及教会承担了大量的工作。选修课是美国各学区或学校自定的传统，一般有视觉艺术(绘画、摄影等)、行为艺术(戏剧、舞蹈、电影、器乐等)、新闻/出版(校报、年历、电视制作等)、计算机(文字处理、编程、图像设计、网页设计等)、职业技术(陶艺、木工、金属加工、汽车修理等)等。美国高中学校的选修课是在开设必修的基础学科的同时，由学生自主选择对应学科的高级班选修课程，选修课程更注重学生的实践能力、创新能力、团队意识的培养，同时学习内容对接美国高校设置的相关课程，为学生以后进入高校奠定基础。类似我国目前大多数省份实行的高中新课程改革。

在美国，每个学生都有自己的课表。学校教学管理部门在假期向学生公布学校在下学期即将开设的选修课，每个学生根据自己的学习能力和兴趣爱好选择其中的课程，并将自己的选择在规定时间内上交到学校，学校根据学生的选择设置课程，调整老师的课务，安排课程表等，学期开学发放到学生手中。我们在学校看到有校级、年级以及学生个人三级的课表。

3.教室布置课程化,小学实行全科教学,初中推行走班上课

在美国很多学校,每个教师都有固定教室,和自己的办公室合二为一,教室门边的墙上写有教师的姓名以示区别。各个教室因老师的兴趣爱好和所教学科布置不尽相同,每个教室都很有特色,教室里面的墙上常常悬挂学生的作品或作业,有的也展示教师所取得的成绩。这和我们省厅省教研室倡导的学科教室课程化建设不谋而合。每位老师每节课教授的学生不同,教学内容也不同。上课的学生人数因课而异,每个班的人数在 20 人左右,一般不会超过二十五个,是真正意义上的小班化教学。小学实行全科教学。

美国初高中学校不分固定的教学班,学生均走班上课。学生根据自己的实际情况选择课程,学生之间的课表不同,每个学生要按自己的课程表到相应的教室上课。学生没有固定的班级,学校没有教学行政班,学校也不设专职班主任岗位。学生由于没有固定的教室,故学校为学生提供了专门的场所给学生存放书包和学具(一般在教学楼走廊),并且是一人一柜一锁。与这种班级组成相适应的是没有班主任,只是在小学设了班导师,中学设有专职咨询辅导教师,学生如有学习、生活、家庭、社会、心理、生理等各方面问题都可以找班导师或咨询辅导教师求得解决。

4.校园优美安全,设施齐全精良

美国绝大多数学校没有围墙,也没有明显的大门,只是在各个进入学校的道路口象征性设一个标志。这和我们国内不同,大部分学校是开放给公众的,有个铁门就算是正门。所有的教学建筑风格各异,校园布局合理,与周围的环境融为一体,校园旁边是在大片的绿地和树林,空气清新,环境宜人,整洁安静。置身校园,如同漫步在公园中,满眼是草坪、各种花木与林荫道,学校能真正做到是学生的花园、家园、乐园。特别值得一提的是,有的学校体育设施附近用木屑铺垫,以防学生在运动过程中受伤。

在美国,不论是公立学校还是私立学校,各种教学设施齐全而精良,既能满足教育教学需要,也能满足学生的特长爱好需要,每个学校都篮球场、足球场、室内球馆等,稍微有名气的中学还有游泳馆。教室都配有多媒体,以备学生随时查阅资料,教室还配有投影仪、电视机等。理化生教师实验器材一应俱全,完

全方便学生实验需要。很多学校还为每位高中学生配备一台笔记本电脑供学习使用。不仅如此,美国学校阅览室的使用率极高,它的配备水平比国内要高出很多,图书借阅系统非常先进,各种图书应有尽有,不仅有电脑、休息场所,还有甜点和水果供学生享用;同时,阅览室管理员必须是相应专业的教师,而且在安排教师数量上也很多,目的是指导和帮助学生查阅资料和下载资料。

5. 学生遵规守矩,文明自主

学校规定教学区内不允许带食品入内,每个学生都能严格遵守,无论早餐还是中餐,都没有任何同学违规;开放的阅览室,每个入内的同学都会压低嗓音安静交流,不妨碍他人的学习,所有这些让我们颇为感叹:表面上美国的孩子很开放、很闹,可实际遇到需要安静或正式的场合都能够自觉的约束和管理自己。在课堂上,美国学生自由发言、自如谈笑、坐姿百态,当教师将问题提出让学生展开讨论时或需要学生回答时,学生就会立即安静下来,积极回答问题,表现欲望强烈,参与程度极高。美国学生浅学重行。在美国读书愉快、压力小,可以很好发展自己各方面的兴趣爱好和特长。下午 3 点半放学后,可以进行各种各样活动。

6. 教师敬业辛劳,有应试压力

美国的教师周课时一般有 20～25 节,比我国教师承担的教学时数要多。要求教师在 8:00 之前必须到学校,当学生放学之后,还要开会或批改作业、备课等,一般在 17:00 左右离开学校。美国教师的教学任务较重,同时压力大。探访的几所学校都谈到应付州考有压力。

美国对中小学教师的聘雇要求较高:①聘雇中小学教师学历要求高。美国大部分州规定,学士学位是中小学教师最低学历资格,因此有大部分教师都是硕士学位;②对教师的考核评价要求严。如果是长久的正式的教师,每两年一次评价,不满十年的教师每年都要评价。评价者由学校校长、学科组长和专业评估人员组成。每年什么时间进行评价都有明确的规定。评价的重点是在课堂上观察,评估者对课堂上老师的观察时间基于四十分钟或者一节课,也有可能更长。每年由评价者到课堂上观察(听课)1～2 节课,一般观察(听课)前 5 天通知老师准备,观察(听课)后 10 天交上课的教案、课程说明和课程设计思考等全套资料。每年年底老师还要交自我评价，要写明是否准时上课，听课评课怎样，对学生态度如何等。再过10天后老师将收到一份“评价摘要”，阅后签字。

二、美国基础教育课程设置与建设现状

当前，我国基础教育正在进行史无前例的课程改革。多数学者认为：课程概念的内涵主要包括四个方面，即课程作为学科、课程作为目标或计划、课程作为经验或体验、课程作为复杂的会话。在课程设置与实践的发展中，课程概念的内涵发生了重要变化，出现了新的趋势，主要包括：从强调学科内容到强调学习者的经验和体验、进而强调课程的会话本质；从强调目标、计划到强调过程本身的价值；从强调教材的单因素到强调教师、学生、教材、环境等因素的整合；从只强调显性课程到强调显性课程与隐性课程并重；从强调实际课程到强调实际课程和“空无课程”并重；从只强调学校课程到强调校本课程与校外课程的整合。

通过聆听专家讲座、参观拜访中小学等教育机构，实地接触美国的基础教育。美国的基础教育课程设置充分体现的“大课程、小教学”的理念，让我们印象深刻。

1. 学区、学校拥有课程设置权，造就各校都有自己独特的课程体系

当前，美国联邦政府教育部虽然规定了核心课程及其标准，但约束力松散。学区、学校可以根据需要安排具体的教材、内容、难度、进度。同时，在核心课程外，各学区也可以设置地方特色课程和校本特色课程，这些课程甚至可以没有教材。在美国考察期间，我们都惊讶于每所学校都有自己独特的课程体系。

在美国，学区、学校的预算重点之一就是支持课程建设。学校管理队伍也注重课程管理。学校的对外品牌介绍中，重点不是学校的教学模式，也不是学校考上多少个耶鲁和哈佛，而是主要介绍丰富的课程以及学生社团。学生社团大都与具体的课程相联系。可以说，社团是课程的延伸与应用。换句话说，一所学校的实力，是由这所学校课程的数量与人们的认可程度决定的。由此看到，美国的基础教育把课程设置权下放给学区、学校，让学区、学校根据自己的具体情况设置、选取课程，从而使各校都有自己独特的课程体系，为学生的发展

创造了更好的条件。

2. 教师拥有课程开发权，促成老师形成不同的教学风格

在美国，教师可以依据课程标准自行选择教材、教学顺序、研究主题等。学校的各类其他活动，如教师会议、学生活动、家长联系等，都不得占据课程时间。教师的主要工作精力放在课程开发和实施上，校长也没有权力要求老师中止课堂去参加其他活动。丰富的课程体系使教学方法百花齐放，促成老师形成不同的教学风格。

3. 学生拥有课程选择权，保证学生个性化发展

在美国，基础教育的核心课程有：英语、数学、科学、历史、地理、艺术等，课程不局限于抽象的概念、原理，学生在课程选择中拥有选择权，一人一课表，通过实践，学生都能慢慢找到自己的兴趣和能力所在，也对自己的人生规划逐渐清晰，保证了学生个性化发展。

“大课程、小教学”的基础教育课程设置理念，让美国学校充满着创造与创新的气氛。课程理念的先进、课程开设的科学，使得美国基础教育，尤其是精英教育部分，培养了一大批有实践能力和创新精神、有社会责任感的公民。尤其是互联网时代以来，美国人创造了一个个创业神话，从 Yahoo 到 Facebook，从 IBM 到微软到苹果公司等，这与其基础教育课程对创新精神和实践能力的培养是分不开的。总之，对比中美基础教育，是各有所长，各有所短。美国有他的优势，我们有我们的长处，美国有他的短处，我们有我们的劣势。在学习借鉴美国教育好的方面的同时，也必须看到他们不好的一面，引以为戒。比如美国没有班级建制，不利于学生的集体主义教育；美国学生在学校不打扫卫生，不利于学生劳动观念的培养；美国老师对学生的作业批改不如我们及时认真等。

三、小学课程的考察

印第安纳州的学校分公立学校、私立学校、特许学校和幼儿园中公立学校占 90%，幼儿园都是私立学校。大多数小学都是 K～5 年级，初中为 6～8 年级，高中是 9～12 年级。根据学区实际和学校容纳量，也有学校是 K～4 年级，

5～6 年级进行设立。

在对小学的考察中，我们分组参观了印第安纳波利斯埃文学区(avon)的白橡木小学(white oak elementary school)和松树小学(pine tree elementary school)，以及西田学区(westfield)的橡树小学(oak trace elementary school)和枫谷小学(maple glen elementary school)。

1. 小学课程实施概况

小学课程包括阅读(语文)、数学、科学、音乐、体育、艺术(美术)。教学形式是由一位教师实行包班教学，负责阅读、数学、科学的教学。这位教师可以上午教阅读加科学，下午教数学，也可以上午教数学，由完全由教师自行安排。只要能完成州课程标准就行。所以，小学中没有课程表，只有作息时间表。其中阅读课中会穿插图书馆课堂，也就是让学生在图书馆进行学习，开展读书活动。

学生每天有一节专业课，或音乐、或体育、或艺术，一般安排在上午，音乐、体育、艺术有专门教室，由专任教师教学。

课程内容(教材)一般是州里有统一的教材和学生练习册，可以供教师、学生使用，但是鼓励教师自主整合或研发教材。

学生课程学习的学业评价都是由教师评定，更多地注重过程性评价。教师会将课程标准的评价内容分到每个周，每周进行一定的测试，然后给学生一个评定，也告之家长。

整个印第安纳州十分重视教学成绩，以法律的形式规定每年都要对三年级以上的学生进行全州的学业水平测试，主要包括阅读和数学、科学。并以学校为单位进行排名，名次直接影响学区对学校的投入。就算是一、二年级不参加全州的统一考试，学校也会进行统一的测试。而且三年级的成绩直接影响一、二年级教师的薪酬。因此，美国的校长和教师对教学质量也是非常重视。

2. 校本课程的考察

从小学整体来看，小学还是以州(国家)课程为主，以校本课程和学生社团并不多，但是有的学校也十分出色。

(1)白橡木小学的“老军人”校本课程。白橡木小学在学区的支持下，有一片近 6 亩的实践基地，里面有一所建于 1846 年的小木屋，木屋主人是印第安纳土著，曾参加过朝鲜战争。所以学校就在这个老军人和部分志愿者的支持下，再现了1846年的生活场景，这些志愿者穿着1849年的服装，不仅向来访者介绍自己小时候的生活，也介绍1846年当时的生活。并可以学习染布、锯木、劈柴、挤奶、缝补衣服等技能，让学生鲜活地了解和体验传统文化。

(2)枫谷小学的“农场”校本课程。枫谷小学在家长的捐赠下，开辟了一个小农场和阳光大棚，每年能生产近千磅的蔬菜，提供给少食物的人。一方面是让学生通过劳动，掌握种植的技能，了解植物特性和生长规律，是对科学课的一种很好的拓展；另一方面是让学生通过将劳动所得进行捐赠，培养社会责任意识。

3.课堂教学的观察

虽然在美国，学生的学业成绩也是校长和教师的巨大压力源，但是我们所考察的学校无论校长还是教师都更注重学生是否全面、快乐地成长。就像很多美国校长提道：我所观察一个课堂是否好，重要的是看课堂的氛围、师生能否互动交流，以及是否在民主、平等和充满爱的环境中交流。

小学课堂从一年级起就实行小组教学形式，学生分成几个小组进行学习。在一节数学课上我们看到学生在学习几加几等于十，有的学生在用白豆数十，有的学生用数字卡片拼十，有的用骰子游戏，有的在填几加几等于十的表格，有的在电脑上测试。完成后，可以再轮换。所以教学中很注重学生的经验积累和尊重学生不同的学习方式。在阅读课上，学生分成不同的组来表演所学的单词，学生在快乐中学习。

当然，教师也十分注重对个别学生的辅导，教室内有专门的辅导桌，教师随时进行辅导，使大家能共同进步，不带问题回家。

四、初中课程的考察

这次学习我们主要考察了布朗斯堡东初级中学。这个学校有800多名学生，60位教师，50多位其他雇员，设有6～8的三个年级。

初中课程包括阅读(语文)、数学、科学、社会、历史、音乐、体育、艺术(美术)。教学形式是分学科教学，由4位教师组成一个团队，分别教阅读、数学、科学、历史。学生走班学习，教师在固定教室上课。

课程的教学时间上采用长短课时，有的85分钟，有的60分钟，中午吃饭时间为30分钟。学生每天上四节课再加一节辅导课（辅导课是每天的最后一节，一般为40分钟），音乐、体育、艺术还是或音乐或体育或艺术每天一节。辅导课主要根据不同层次的学生进行不同层次的学习，成绩较差的进行当天学习的辅导，成绩较好的学习更难的内容或新的内容，也可以参加第二外语的学习。教师从上班起就不停地授课，除午饭时间外，没有其他时间可以休息，直到下班后。课堂教学采用小组学习方式，注重学生相互间的交流。在教室三面都有书写板，保障学生能在上面进行板演。

五、美国基础教育考察的借鉴

1. 学生的学业提升是学校发展的根本

我们经常听说美国小孩子的学习很轻松，学业压力几乎没有。但从我们对印第安纳州波利斯这几所小学和初中来看，学生的学业提升仍然是学校、教师、家长最为关心的问题，也是学校发展的根本。甚至学校排名的靠前，亦可以提升当地的房价。这与国内相同。

教师对学习成绩较差的学生的关注一点也不比中国教师少，在和松树小学教师座谈交流中，一位教师说，我经常很迟才回家，老公打电话来我总说马上回，马上回，但是到家还是很晚。在我们提到作为教师的压力在哪里时，他们都不约而同提到了学生的学业成绩。

2. 课堂有更多的时间进行过程性的探索

我们考察的学校对音乐、艺术、体育课进行了压缩，每周只有一到二节，每天只安排一节音乐或艺术或体育。而对数学、阅读、科学的课大幅延长，从而使学生在学习这几门课程时有大量的时间来进行过程性的探究。也为学生练习巩固和教师辅导留下了一定的时间。所以，学生基本能消化当天的知识。

3. 对学生的爱是所有教育的前提

进入印第安纳州的学校，我们深刻感受到对学生的爱是所有教育者的共同认识。在课堂上我们更多地看到教师和学生平等地交流，在对待学生上美国教师比我们可能有更多的宽容。他们允许学生上课可以跪着、趴着，甚至可以坐在橡皮球上。

但是，我们也看到美国教育中对规则尊重的要求。在入学手册中，有详细的上下校车、吃饭、走路、同学交流、甚至意外伤害如何处置及如果学生不遵守，将受到怎样的处罚都有详细的细则要求。我们在参观学生下校车时，发现没有一个学生可以擅自下车，都要由教师或校长统一指挥，哪几辆可以下人了，从哪个门进入学校，都有严格规定。所谓的民主，是基于尊重规则基础上的自由。

4. 学校管理更专业化

(1)校长和教师是不同的考评。教师主要是从事教学，校长主要从事管理。我们问枫谷小学的校长 joe montaione 先生上不上课时，他说："在做校长前我教了十三年的书，做校长后就不再上课了，一方面是管理的事务太多，精力不够；另一方面是我现在考虑最多的是管理，再教课可能会因时间或质量无法保障而对不起孩子。"同时，学区对校长和教师是不同的考核，校长更重要的是凝聚教师队伍，提升教学质量。

(2)特殊学生的教育更专业。印第安纳州除了特殊学校外(盲、聋学生)，大部分特殊学生是在普通学校就学的。但是每个学校都配备了特殊教育教师，并且不属于校长管理，由负责特殊教育的学监统一管理。这些特殊学生除了和普通同学一起上课外，还需根据发展要求由特殊教育教师进行单独辅导。

(3)社区对学校有更多的支撑。印第安纳州也为每个学校配备了校医和心理辅导师。但是校医和心理辅导师并不属于学校，而是属于当地社区医院。当学生有意外伤害事故，由校医作为第三方可以及时、客观地介入。

六、美国的基础教育对我们今后工作思考

1. 教育硬件软件建设上更趋向于公平

教育公平包括三方面的含义：①机会平等，人人有机会接受平等的教育；②过程平等，在接受教育的过程中平等地享受教育资源；③结果平等。

几天参观下来，我们充分感受到了美国基础教育的公平性，无论是白人，黑人还是亚裔，每个人受到的教育机会是均等的，他们也充分享受到学校优质的教育资源。从我们见过的四所公立学校来看，他们虽属于印第安纳州不同的学

区，学区的经济基础也存在着一定的差异，但是从硬件上来说基本上是没有差别的。每个学校都实行封闭式的校园室内管理模式，学校文化建设扎实有效，设施与装备很先进，配置很高端，每个学校都有体育馆、图书馆、报告厅、音乐厅、餐厅和为各种选修课配置高端的专业化教室和活动场地。每一间教室里都配备有电话、打印机、复印机、自动削笔刀和可以随意调整角度的实物投影仪和视频展示台，教室的前后墙上有电子挂图和投影幕布。现代化的高端教学设备为培养学生的创新思维和实践能力提供了良好的条件。

从教学软件来看，学校教师没有涉及其他与教学无关的事情，也没有我们这里要求的课题研究（不像我们有国家级、省级、市级课题；有总课题，还有子课题），但美国教师是真正把研究落实在课堂中和每一个教学活动当中，非常实，非常细。教师校本开发的能力很强，非常注重行动研究，从不喊空的理论口号，专业成长是扎根在实实在在的教学活动当中的。每所学校都有促进教师发展的评价机制，力度也比较大，教师的去留往往是能力出现了问题，而不会为了其他原因到其他学校发展，校际之间的教师专业水平也比较均衡。

从教育的公平性来看，虽然我们也在追求教育的均衡化，也获得了很大的发展，这几年教育的发展从硬件上来说城乡之间差别不大，但在以下几方面值得我们去努力。

(1)硬件上我们努力实现均衡化，但在使用上却不能完全为教学服务，甚至有些流于形式，缺乏后续的跟踪监督。

(2)教师层面来说，特别是教师的专业发展上。现在城乡教育之间的差距可以说在增大，我们是否可以制定一些评价的措施，如加强城乡教师之间的交流，把它作为教师进职的必需条件。扶植的力度能否更大一些，真正做到教育的全面公平。另外教学以外的东西能否减少一点，使教师能够静下心来教学，为学生的发展服务。

2.教学内容方式上更趋向于考虑学生的可持续发展

美国的基础教育在教学内容上更多体现的是多而广，而我们的教学内容则表现为少而深。由于教学内容的差异，直接带来了教学方式的差异。

几天来我们深入课堂，共同的感受是：美国的课堂教学，教师结合学科学生年龄特点，考虑学生已有的学识水平，在教学方法的选择上灵活多样，课堂气氛活跃，并取得很好的效果。

(1)以“做中学，玩中学”为特色，这是这次考察的一个最大体会。我们发现美国学校课堂教学的一个重要特点，是教师要关注并支持每一位学生参与到教学活动中(这就要求学生人数比较少，美国学校的班额控制在 23～25 人之间，这是我们做不到的，我们最低限度达到 45 人)，让学生动手做一做，在做中发现规律，并产生自己的想法，得出自己的结论。两节数学课的教学充分说明了这一点，学生真正在实施自主学习，这里不做具体的阐述。

(2)以问题解决为主导的学习方式。纵观美国学生的课堂，不难发现，任何一类课堂都是在以问题的解决过程中自然地将知识、能力、态度培养等教育内容融为一体，课堂上教师不是单一地传授知识，而是引导学生带着问题去主动实践和探索。学生为解决问题去查阅资料，请求老师的帮助，团队相互讨论研究，制定解决问题的方案；最后要以报告、设计等多种形式呈现解决问题的结果。这种知识是活的知识、有效的知识而不是死的知识，因此，学生的学习兴趣非常高。

(3)在教学内容和方式上实行学科的整合。由于在小学阶段，美国的课堂实施的是包班制，这样一方面对教师提出了更高的要求，另一方面使教学更灵活，更能针对学生的实际情况进行个别教学。包班制使得美国小学教育“质量”一向不好。一个老师从早上上班到中午放学，必须每时每刻都在跟班上课，没有时间休息，更没有时间备课、反思、设计作业、批改作业、导优辅差等。当然，事物是一分为二的，包班制导致教师课堂教学的松散、自由。学生只能凭兴趣来学习，从而也让学生有了更多独立、自由发展的空间，因此，也能够不拘一格地培养更多各方面的人才，而不是在制造一个个的标准件，学生是独立的思想者和终身的学习者。

我们的教育现在的困境在于什么都想要，而又什么也得不到。我们缺乏放弃的勇气，更没有把教育与社会发展的关系理清楚，从而缺少一个坚定不移始终如一的价值追求。所以必须改革我们的教学，我认为可以从以下几方面入手：

(1)必须在内容上做大胆改革，教学内容必须适应学生的年龄特点，要删除繁而难的知识，内容上改革了，才会促使教师教学方式的变革。现在课程改革我们认为内容有点偏深，教师也难以把握，学生逐渐丧失了学习的兴趣。

(2)要变革我们的课堂，不但要考虑到知识的落实，更要呵护学生的学习兴趣，思考学生能否成为终身的学习者。强调学生学习的过程，让学生在学习的过程中体会学习的乐趣。要加强个别辅导，尤其是那些特殊的随班就读的学生，要让他们在学校得到更加体贴周到的照顾，让个别辅导成为一种常态，真正用行动实现“不让一个孩子掉队”。

(3)努力实施学科之间的整合，这一点是目前我们最欠缺的。建议把学科整合体现在综合实践活动中，让学生在选择中学习，让学生在选择中感悟，使每个孩子得到更可能的发展。

3.社会资源综合运用更趋向于多元化

美国学校没有围墙，一切讲求简约、实用，这可能是西方学校的一个特点。学校与周围社区相通相融，与社会资源相互共享，特别是对校内外教育资源的高度整合与高效利用，成为美国教育的一大亮点。例如在 Pine Tree 小学，充分挖掘当地印第安的历史文化，利用学校的综合实践基地，邀请当地的志愿者，对学生进行历史文化的教育，培养学生的动手能力和实践意识，具体来说呈现以下几个特点：

(1)社会教育资源内容极其丰富。美国社会教育资源丰富，各类博物馆、科学馆、艺术馆、纪念馆、图书馆、公园、植物园等专供公众参观、活动的场所众多。美国的学校还非常注重开发社区教育资源，一方面是将课堂延伸到社区中去，另一方面是把社区融入学校中来。学生家长更是如此，他们参与各种各样的义工行动，尽可能地为学校开展各项活动提供帮助，要么捐款、捐物，要么义务到学校帮教、帮助开展活动，这些参与全都是自发、自觉的。教育并不仅是学校的工作，而是全社会共同的义务，这一理念已经深入到每一个人的理念之中 ，成为美国社会的一种常态。

(2)社区资源相关服务设施一应俱全，学校积极参与。社区教育资源不仅规模大、标准严，而且开发水平都非常高，安全，力求形象直观、简单易懂、生动活泼、风趣幽默。有的参观活动项目还通过增强实践性、参与性和互动性来激发中小学生的兴趣，孩子们非常乐意参与到活动之中来。作为学校来说，此类活动在教学中作为学生的一个必修项目，与学校的考核评估直接挂上钩。

(3)特别重视各类资源的教育功能。美国没有专门的德育课程，美国教育的理念和育人思想渗透在学校的每一个角落，德育无处不在，行为习惯的养成教育无处不在。如学校的每一间教室里都醒目地张贴着校训：负责、尊重、诚实、自信；再如每天向国旗宣誓。美国的学校每一间教室里、实验室、图书馆、体育馆和校长的办公室都悬挂着国旗，学生每天第一节课前要面向国旗宣誓，内容大概是：忠于美国。孩子们宣誓时要把手放在胸前，神态很庄重，美国社会资源都特别重视教育功能。

从我们的教育来看，由于学生人数众多，有限的社会资源已经远远满足不了学生的需求，我们必须做好以下几方面的工作：

(1)需要教师大量开发课程资源，特别是开发学校的历史文化资源，这些资源必须要与学校的实际相结合，点要小，要接地气，抛弃那种华而不实的东西，并做到资源的共享。

(2)要积极合理利用社会资源，提高全社会的教育服务意识，教育不是为了生活，教育就是生活。而不是把眼光只盯在家长上，要发动全社会的力量，主动全面积极为我们的学校，为我们的教学服务，并对学生进行思想教育，我们的教育必须实现全社会协同育人，做到全程育人、全员育人、全方位育人。

(3)要安全利用资源，安全两个字对我们的束缚太大了，学校为此放不开手脚，教师放不开手脚，社会放不开手脚，必须制定一系列的制度，用制度和法律来保障教育资源的最大限度利用。

本报告由考察团第一小组成员共同撰写

2016 年 11 月 9 日

我们需要怎样的课程观？

——温州市城南小学校本课程建设的一点思考

2月底，教育部在北京市十一学校举行了2014年度的新闻发布会，并将十一学校推行了五年的“创新育人模式改革”公之于众。北京市十一学校鲜明的办学特色、优质多样的课程、开放共享的资源和充满活力的办学体制深深感动了每一位参会者。全校有4 174个学生，有4 174张功课表；学校通过对国家课程的校本化，共开发了265门学科；学校开发的分层、分类、综合、特需等不同类别的校本教材超过400本；学校共开发了300多门综合实践活动课；学校共有272个学生自组社团，其中公益慈善类30个……其课程改革的力度与尺度之大，均超过以往的试点学校，受到了全国教育工作者的盛赞。一时之间，北京市十一学校红透大江南北。作为鹿城区一所普通的小学，我们不能照搬照抄十一的课程改革模式，那么我们又该有怎样的课程改革观念呢？

一、课程改革的核心是促进学生生动、多元、自主地发展

北京市十一学校的课改精髓是“以一切为了人的自由发展、尊重每个孩子的个性发展为己任，最大程度地保留学生的学习个性，针对每名学生的个性需求因材施教，最大限度地引导学生发现自我、自主学习，激发学生学习的主动性、积极性、创造性和学习潜能，给学生充分施展才能的舞台，让学生全面健康成长。”香港统筹局也曾指出：学校管理者必须把学校变成充满活力和创意的学习场所，让学生成为主动性强、具有探究精神和创意的学习者，使他们获得坚实的知识基础，并培养广阔的世界观，养成终身自学的态度和能力。可见，课程改

革的核心与焦点始终是围绕学生进行的,如何促进学生自主、创新地学习,引导学生发现自我,因学施教,让学生学得更好,让学生更具探究精神,是我们必须关注的问题。在十一学校里同样是一节语文课,不同的孩子可以根据自己的学业状况、学习兴趣、未来发展方向选择更适合自己的课堂。作为国家普通高中课程方案中的信息技术和通用技术两门课程,十一学校共开发出了数据库、移动互联应用、电子技术、机器人、电脑平面设计、影视技术、机械技术、汽车造型设计、服装设计与制作、厨艺等15个模块课程;体育课变成了田径、篮球、足球、排球、网球、游泳、艺术体操、击剑、滑雪、龙舟等22个模块。这种课程改革的模式涵盖了所有学科,学生可以自主选择,自由走班学习。其着眼点已经完全超出了“提高学生综合素质”的范畴,而是让学生在不断选择的过程中,自己发现兴趣、才能和需求,将学习与自己的人生方向联系在一起。课程改革归根结底是育人模式的改革。

二、课程改革的主体是师生,课程改革是促进教师专业发展的重要途径

美国知名学者、教育家爱莉诺在《精彩观念的诞生》一书中指出,“课程就是使学生关注并学习身边事物的方式,是在师生的共同研究中不断创生的存在。”可见,师生都是课程改革的主体。

课程改革的核心与焦点是学生作为人的发展。所以,我们的课程势必不能绕过学生,而只将他们作为被动的接受者。我们要走进他们,了解他们,关注他们的需要,让他们参与课程开发的前期调研与论证活动,实现“我的学习我做主”。学生是具有主体能动性的学习者,他们也有能力建构自己的课程,尤其是我想学什么,我想怎么学等方面,完全可以由学生说了算。应该让学生参与课程实施的监督与评价。学生是学习的主体,一切课改都是围绕学生进行的,课程受不受学生欢迎,是不是能更好地促进学生学习,其评价主体当然也少不了学生的参与。

教师是学校发展之本。任何改革一旦脱离教师的理解与支持,势必会走向失败。教师大多倾向于保守,可能是因为教师知道任何改革影响的都是活生生

的孩子，教师行为对孩子的影响是不可逆的。课程改革是涉及千家万户的敏感问题，教师是课程改革的最重要实施者，所以，我们必须发动好广大教师。同时，课程改革也是促进教师专业发展的重要途径。新课程背景下教师已不再是简单地教书、教教材的教者，他们更是手拿“手术刀”“剪刀”“镊子”的新型教师，他们要学会根据学生的需求，根据课程标准对教材做大胆的开发与建构。新课程更关注人的发展，如何根据孩子的认知特点和身心发展规律，激发学生的自主学习，让孩子生动地学，更具探究性地学，就需要对原有课程做大胆地开发与深度整合，这已经成为教师的新使命，也是促进他们专业成长的重要途径。

三、课程改革必须做好顶层设计，并有系统的规划

改革是一个复杂的过程，需要从技术、政治与文化的角度来检视，而其中文化的引领显得尤为重要。课程开发与改革需要整体意识，更需要顶层设计，并辅之以具体可行的行动方案与策略。

城南小学建校于1914年，是一所以民乐教育为特色的区内优质学校。学生民乐社团的演奏水平享誉省内外。然而，作为一所拥有两千多名学生的百年名校，艺术教育的成果却只能惠及不到十分之一的学生，这不能不说是一种遗憾。因此，学校将“让每一个孩子精彩起来，让每一位师生拥有精彩人生”定位为学校的办学理念。精彩的内涵指向了学生成长的六大维度，包括健体、好学、乐思、善创、厚德与尚美。课程建设也就围绕着这六大维度来推进。有了这一育人目标的清晰定位后，我们就要通过文化引领建构属于城南人的共同愿景，并做好课程建设的发展规划及具体方案。

作为基层学校，我们的课程建设必须突出务实、有效和持之以恒，其具体工作包括：成立课程开发领导小组（由教师、学生、家长与社会合作力量构成）、确立课程建设指导思想、前期调研与论证、建构课程模型、课程的开发与执行、课程的监督、课程的评价与完善、课程的调整与完善等八大方面。特别是课程建模方面，这是决定我们课程建设能否顺利实施的关键，我们不仅要广泛发动教师的力量，更要吸引学生、家长以及课程专家的加入，在充分论证后建构城南小

学的课程体系结构，并在实践过程中，不断修正与完善。

十一学校的课改模式我们无法复制，但其先进的教育理念、科学的思维模式、高超的创新能力以及勤奋的敬业精神是非常值得管理者学习与借鉴的。学校改革的核心与重点在课程、课堂，这是绝不容动摇与忽视的，我们只有用心打造“学习型学校”，抓好教师队伍的建设，才能真正推动学校课程改革的发展，真正实现人的发展。

2014 年 3 月在城南学堂中的发言

走进南方科技大学

有幸走进传说中的南方科技大学(以下简称“南科大”),我倍感荣幸。此前关于南科大的所有信息均来自新闻媒体的报道。在铺天盖地的信息轰炸中,我看到的是南科大人坚毅而执着的理想追求,看到的是新事物诞生必将引来诸多非议与质疑的惯例,看到的是南科大学生及其家长对世俗文凭的不屑和对信仰的坚定维护。因为这种种原因,使我对南科大有了更多的好奇。这日,鹿城区的校长们借着在深圳南山区培训之际,晚饭后就以探望在南科大就读的孩子为由,共同走进了“高在云端”的南科大。

校门口迎接我们的是南科大首届自主招生的四十五名学生中的一位,也是温州市建设小学校长陈钱林的女儿陈杲。一个看起来略显瘦弱,略带腼腆、似乎尚未褪尽稚气的女孩。乍眼看去,很难让人将她与南科大首届学生联系起来。只是这孩子眼里透射出的坚定气息,倒有一种大家之气。在我的印象中,女生一般都不太爱搞科学研究,尤其是在这个只盼女儿有稳定工作、将来嫁个好老公的世俗环境里,女孩更多的是与师范、文化传媒等专业联系在一起。因为之前在网上搜过南科大的信息,知道这是深圳“举全市之力”建造的一所创新性大学,也是国家教改综合实验学校,承载着中国探索培养创新人才模式的重任,以期建成类似加州理工学院和洛克菲勒大学那样的小规模高质量研究型大学。再加上沿途又听陈校长介绍了许多南科大的信息,如校长朱清时原为中国科技大学校长;学校高薪聘请了4位中科院院士为学生导师;学校将传统的宿舍改造成充满生活和学术气质兼容的独特“书院”,并聘请了原香港中文大学副校长为书院院长;学校聘请了美国顶尖科学家作为学生社团导师……基于此,我更迫切地想知道这所学校及生活在其中的学生状况与特质?

趁着孩子带领我们参观校园的时候，我走近女孩，悄悄地问她："在南科大学习与生活，你觉得自己最大的幸福或快乐是什么？"

女孩仰着头看着我，脸上再次透出一股坚定的信念，以超乎18岁孩子的心智特点坚定地回答道："自由，一种从未有过的自由。"

她的回答引发了我们一行人极大的兴趣和好奇，大家不约而同地问道："什么是你所追求的自由？"

"在这里，我可以有更多的机会探索前沿科学，有着其他学校学生根本不可能得到的实验机会和竞赛平台。如我们社团刚刚申请到了关于生物物种基因探究的实验项目，并且有机会在明年参加美国麻省举办的该类项目实验比赛。这个难得的机会，让我感到无比兴奋，也让我有了更大的兴趣和学习动力，我知道我将有机会挑战世界最前沿的生物实验项目……"女孩滔滔不绝地讲着，她的脸上洋溢着对挑战全球顶级比赛的憧憬与自豪。

"在整个学习过程中，你不觉得很累，很苦吗？"我继续问道。

"苦和累，当然在所难免。但生活就是这样的，咬咬牙也就过去了。然而当一个项目成功之后，那种幸福的感觉简直美极了，让我获得了无比巨大的动力和快乐。"女孩依旧坚定地回答道。

……

这之后，我们跟着她参观了大半个校园。沿途，她既是一个可爱的导游，更像是一个传播自由与信仰的学者。孩子身上呈现出来的对现实生活的满足、向往真理的探索精神和笃定前行的坚韧气质，都给我留下了深刻的印象。不知不觉间，我们在校园里已经逗留了半个小时。这时候，小女孩突然停住脚步，转身，一脸抱歉地对她爸爸说："对不起，爸爸，我今天只有半小时的休息时间，接下来我要准备PPT，明天上午还有一个项目申请报告……"钱林校长虽有几分不舍，但依然微笑地说："谢谢你带领我们参观校园。你只管忙自己的，爸爸和叔叔阿姨们也还有学习任务呢。"小姑娘与我们道别之后，转身消失在夜幕中。她的背景虽略嫌瘦弱，但向前走去的每一步却异常坚定。

这就是我看到的南方科技大学，中国高等教育改革的先锋模范地；这就是我看到的南科大学子，集坚毅、勇敢、自律、追求真理于一身的现代大学生。如果说南科大将来能培养出一大批会做研究、善做研究的优秀人才，这毫不稀奇，因为这里有深圳市政府无比巨大的政策和经费保障，最难得的是，培养出了一批乐观、积极、敢于挑战世俗的未来科学家，在他们的身上承载了中华民族伟大复兴的重大职责。南科大以其独特的教育教学行为诠释了对当代中国社会主义核心价值观的理解和创造。也许，这才是我们所希望的中国高等教育改革。

2012年5月12日

重构教科研文化 实现学校可持续发展

——金华市汤溪镇中心小学考察有感

走近金华汤溪镇中心小学，一座白墙黑瓦、徽派建筑风格的校园马上跃入眼帘。校园很宽敞，也很美丽，与印象中校舍简陋、办学设施落后的乡镇学校沾不上边。校长以其精练的语言和翔实的教科研资料向考察者展示了学校工作的特色做法与成效，让人深深感受到乡镇学校基于教育科研带给学校的跨越式发展。

汤溪镇中心小学创办于1906年，由九峰书院改建而成，如今已成为金华市示范小学，深受社会各界的广泛好评。然深究其成长之路，却也是困难重重。首当其冲的就是师资的匮乏和流动性大。其次就是生源较弱，外来民工子弟占三分之一，流动性大且行为习惯差。但是学校通过卓有成效的教师研训模式培养了一大批骨干教师，通过系列德育活动引领孩子成为自信、精彩的阳光少年，终于实现了办人民满意的学校的初衷。

汤小人无疑是聪明的，他们在推进师生发展和学校进步的过程中，始终牢牢抓住教育科研这根主线，将教研、科研和教师培训紧紧结合在一起，形成了一套行之有效的教科研工作模式。比如针对学校年轻教师人数众多，自我发展意愿强烈的特点，创建了“80后教师工作室”；通过建构“教师帮帮团”等模式，将一批年富力强的中青年教师吸引到专业成长工作中来；通过建构“教师志愿者服务队”将一批年轻骨干力量培养成教学与管理能力并重的学校管理后备军，这种新颖的教科研模式给与会者留下了深刻的印象，也让我对教科研工作有了新的认识与定位。

(1)学校教科研应成为教研与科研的有机整合，并具有很强的问题意识。

很多时候人们都将课题、论文等同于教科研，甚至认为这就是学校教科研工作的全部所在。但是在汤溪镇小却看到了不一样的做法：融教研、科研、教师专业培训于一体的务实、有效的教科研模式。笔者认为，学校教科研应突破常规的“论文+课题=教科研”的狭隘认识，应有更开阔的视野去审视。①学校教科研应有鲜明的“问题”意识，围绕着问题的产生、解决而进行，一切发生在校园里、为解决教育教学任务、提高教育教学效率、促进人的发展的研究都是教科研。②研究的主体可以是教师、可以是学生，也可以是家长和校友。虽然他们的身份各不一样，但都可以成为问题的研究者和解决者。作为基层学校，教科研应有更强的草根意识和问题意识，一切都是以围绕解决问题进行的。同样是做教师的专业发展，汤小人采取“80后教师工作室”“教师帮帮团”“志愿者队伍”等形式展开。而温州市城南小学是通过建构教师成长共同体，实施项目推进制实施教师分层培养。同样是做学生的行规养成教育，汤小人采取的是“汤小梦”“学生争章”策略，而城南小学是践行“城南十大行规宣言”和“争做城南卫士”等载体加以推进。虽然名称不同、做法不一，但其核心价值追求却是一样的。究其根本原因就是校情不一样，生情不一样，问题产生的根源不一样。可见教科研也是因校而异，问题决定课题。

(2)学校教科研工作应更指向人性需求，以促进人的发展为最高价值追求。人的学习有三重境界，学得、习得和悟得。学的是知，习的是术，悟的是道。其实学校教科研工作也是如此。很多时候我们都会看到学校采取各种各样的手段引导教师去做研究，甚至包括写一篇论文多少奖励，写一份案例可以加多少分等，或通过制度建构，或通过“经济利诱”，或通过管理者与之情感交流，引导一批又一批的老师走上了教科研之路。虽然屡有获奖，成绩不菲，但似乎也只是为获奖而撰写的论文，在实际应用和推广中却无太大意义。管理层应对学校教科研工作多些理性思考，不仅要清楚地知道怎么做教科研？更应该清楚地知道为什么要做教科研？如果不从哲学层面解决好这个问题，那么所有的教科研工作都只是无源之水、无本之木，最终必将走向枯竭。真正的教科研应该是与人的发展(包括教师和学生的发展)相结合，与教育教学各环节紧密联系。邓小平说“科技是第一生产力”。这不仅体现在自然科学领域里，也同样适用于社会科学领域。只有当我们运用好教科研这个“武器”真正实现投入产出比最大化时，学生才能获得充分自由的生长，教师才能从繁重的工作中解放出来，这才是我们所追求的真正的教科研，也是学校教科研的核心价值和魅力所在。

（3）教科研文化是学校文化的一部分，同样具有显著的校本特色。任何一个学校都会有自己的文化，学校文化体现的是社会背景下以学校为地理环境圈，由全体师生在学校长期的教育实践过程中积淀和创造出来的，并为其成员所认同和遵循的价值观、精神、行为准则及其规章制度、行为方式、物质设施等的整合和结晶，其本质意义在于影响和制约学校内人的发展，其最高价值在于促进学校内人的发展。一方水土养育一方文化，校情不同、教育哲学不同，直接决定着办学者价值诉求的不同。虽然每一所学校追求的办学理念核心价值都一样，但其各个价值内容的排序却并不都一样，这也就构成了各个学校不尽相同的校本文化。教科研文化作为学校文化的重要组成部分，同样也具有自己的校本特色。如杭州学军小学的教科研文化就是“整体发展”，金华师范学院附属小学的教科研文化是“成长即成果”，而我们城南小学则追求“让每一位师生精彩起来”。虽然是其外在的表现不尽相同，但其核心本质却是一样的。

学校教科研工作是一个永恒的话题，我们必须常抓不懈。学校不仅要做好夯实教科研的基础工作，更要做好顶层设计，从而持续有效地推进教科研工作，让教科研之花时时绽放，处处发力。学校发展，教师为本；教师发展，科研先行。只要真正认识教科研工作的重要性，规范教科研管理，引导全体教师以科研工作为抓手，既埋头苦干，又仰头思考，从而不断提升教育教学质量，从事实现自我、学生与学校的可持续发展，让每一个生命更加精彩生动！

2013 年 11 月载于《浙江省杨一青工作室学员学习感受汇编》

立身·修

且说得理饶人

人常说“得理不饶人”,我却觉得“得理也要饶人”。现实生活中,我们会碰到各种各样的人和事,也常常会与人发生争执、“理论”,此时此刻你的表现最能反映你的气度与胸怀。这种气度与胸怀不仅有利于事情的解决,更关系个人的身心健康与今后的发展运势。

昨日,一小学同学打电话咨询我,关于教师体罚学生应受何处罚的事。电话那头的她,显得格外气愤,似有不把老师治罪就难消心头之恨的架势。事情的起因是她儿子在运动会的前一天发烧了。作为班级主力运动员,孩子承担了1500米、400米和4×100米接力等重要比赛项目。家长心疼孩子,不愿意孩子带病参加比赛,但孩子坚决要参加比赛。老师不明就里,亦希望孩子能坚持上阵。经过“协商”,家长从孩子的实际情况出发,允许孩子参加后两项比赛。但班主任不理解,认为孩子就是故意临阵脱逃,于是在运动会后的班级总结大会上对孩子加以批评,认为这是逃兵行为。孩子非常伤心,母亲亦很气愤,认为老师做得太过分。于是就要到学校论理,要求老师当面向孩子赔礼道歉,还要求学校必须拿出处罚当事老师的具体方案。听完家长的讲述后我深表理解,但又坚决反对家长的做法。

在此案例中,老师的做法可能有失妥当。即便孩子真的“临阵脱逃”,我们也应该以教育为主,更何况还没查明事实真相,就马上“刀剑相逼”、恶语相向呢!作为家长,我们也不能因为自己得理了,就要将对方往“死里打”。老师也是人,人都有可能犯错的。对于初犯者,教育往往比批评更能起作用。在跟家长交流时,我始终强三点:①老师的行为果真触犯“规矩”了吗?请家长全面、客观地了解当时情况,不可只听一面之词。在没调查清楚之前,不要随意给老师扣帽子。人非圣贤,孰能无过。且“功过是非”也不是家长可以随意下结论的。②你是解决问题还是找人吵架？如果是解决问题，那就应该讲究态度和方法。③你做这件事情的最终目的是什么？是为惩戒老师还是更好促进孩子发展？如果仅是前者，有意义吗？当一个人不能真正反省自己的行为，不能真正认识自己错误时，外在的惩戒只会加重其错误认识。这岂不是两败俱伤。如果老师能够深刻反省自己的过失，其自身可能已经背负心理包袱，还需要外在惩戒吗？给孩子最大的保护，就是激发孩子身边的人的善美之心，让孩子在足够强大的爱的磁场中健康成长。更何况人生不如意十有八九，孩子在今后的成长过程中还会碰到很多的挫折，家长不可能事事都挺身而出，更不要事事抢占上风，最重要的是抓住契机对孩子进行教育与梳理，培养孩子具有良好的耐挫能力和宽容大气的格局。这才是解决事情的全部关键所在。诚如新加坡前总统李光耀先生说："我们不可能教给孩子应对今后生活的全部知识，但我们必须培养他获取知识和应对各种状况的能力和素养。"教育很多时候就要抓住这些具体的情境来进行。家长听从了我的建议，平和地去找老师交流。

得理不饶人，从情理上讲是可以的，但从长远发展来看，此"得"未必是"真得"。今天下午我又接到了家长的来电，她在电话里向我连声道谢。她说自己本来是准备到学校大干一场的。但因为听了我的建议，她重新调整了心态找老师沟通。结果，不仅不用吵架了，双方还和和气气地交换了意见，老师也非常大方地当众向孩子表达歉意，并表示今后一定会注意自己的言行。

得理饶人，从表面上看似乎输了气势，但事实上赢得了长远。人不讲理，是道德上的缺陷；人若"硬"讲理，则是处事方法上的缺点。"理直气'和'"远比"理直气'壮'"更能说服和改变他人。兵家有言，不战而屈人之兵方为上上策也。得理且能饶人者，事实上已经在心理上完全战胜对方，体现的是君子的气度与修养，大有会当凌绝顶，一览众山小的超脱气质。换个角度讲，留一点余地给别人，也是为自己留一条后路。有时候饶人就是饶己。

佛家有言：冤冤相报何时了？得饶人处且饶人。路是走出来的，只要人人学会谦让，这条路势必会走得更宽坦。

2011 年 9 月在少泳校智慧论坛上的发言

生命因思考而美丽

——《走在反思的路上》后记

前不久，前任校长金子翔同志来电话，建议将少泳校教师这些年来所撰写的富有借鉴意义的约13万字教学反思文章结集成书并出版。我和他一样，认为出书无疑是一件好事，同时认为应让此事成为驱动学校可持续发展的动力之一。对于一所学校而言，能够培养出众多优秀的学生，成就很多成功的教师，提供许多办学经验，这是衡量学校发展水准的一个重要标志。办学经验的积淀和推广，不是依靠王婆卖瓜式的自吹自擂所能奏效的，它首先需要我们致力于将自身的办学经验从实践层面向理论层面提升，并不断地予以论证，然后再用于指导实践，在如此循环往复的运动过程中形成自己的理论体系，最后还应通过文字予以固化。这可以说是每所学校尤其是优秀学校所必须承担的义务和神圣职责。今天，我们的少泳校人勤于实践、勇于反思，作了基于校本、基于实践、基于学生的理性思考，并撰写成了诸多的教学反思文章。作为学校管理者的我们，就很有必要将此加以肯定并推广，以形成少泳校人的教育文化。这也是对我们"泳"字精神之"智者"内涵的诠释，是此次将文稿汇集成书并出版的理由之一。

也许今天的少泳校还未成为一流水准的学校，但作为鹿城区"五朵金花"之一的我们，毕竟在完成基础教育所规定的任务之外，已具有了游泳办学等多方面的特色。我想型号再小的学校，也是有属于自己的优势和长处的。人需要勇敢地面对自己，更需要勇敢地展示自己，作为一所学校又何尝不是如此。相比鹿城区的一些名校、强校，我们的综合校力虽然还不是很强，但我们还是需要展示自己的成功经验，展示少泳校人在教学历程中那些富于哲理的智慧性思考。

我思故我教，我教故我思。我们绝不是为了博人眼球，而是为了学校的发展。敢于在强校如林的教育大市率先推出一所普通学校教师基于一线教学实践的教学反思文集，这是需要何等的勇气和魄力啊！这正是“泳”字精神之“强者”的表现，也是此次将文稿汇集成书并出版的理由之二。

汇集少泳校人智慧和才气的教学反思文集《走在反思的路上》即将出版，但少泳校人的实践、反思、提炼之路不会就此终结，我们必将继续前行，且将一路前行一路歌唱。歌者，非为引人注目，实是对自己的鼓励和肯定。《走在反思的路上》一书，仅仅是我们少泳校人在探究教育规律、追求教育真理过程中的一次著作尝试，这只是春天的序曲，它刚刚拉开了少泳校人为推进义务教育新发展而贡献智慧的序幕，此后，我们必将迎来夏的灿烂、秋的丰实和冬的蓄势。在年复一年的螺旋式上升的教育实践中不断实现着我们的教育理念，并将继续反思提炼、书写成文、汇集成书，让更多的同行分享思考的喜悦，体验成长的乐趣，享受教育的幸福，此乃“泳”字精神之“恒者”的体现，也是此次将文稿汇集成书并出版的理由之三。

也许，还有很多理由可以通过各种平台让我们少泳校人把智慧和执着的结晶呈现在同行的面前。但是，我们更希望少泳人以此为契机，勇于反思、勤于笔耕，让思考成为生命的一部分，让生命因为思考而更加美丽。

2009 年 12 月载于《走在反思的路上》

三识杨先生

——写于杨一青名校长工作室开班首日

杨先生何许人也？杨一青是也，浙派教育家也。

初识杨先生是2008年的9月份。那年我参加了浙江省“领雁工程”农村小学骨干校长培训班，有幸在杭州市学军小学跟岗实践。有一天，正在校园里“闲逛”的我，远远看见一位老者带着一群远道而来的校长在做参观交流。只见他激情洋溢，意气风发，“指点江山”，全然不像已年过花甲的六旬老人。那时候，只是觉得杨先生是一位爱校如家，对教育有执着追求的老校长。

再识杨先生已是2010年的7月。那时的我，有幸作为鹿城区中小学校长的代表之一，参加了在杭州市萧山区举行的杨一青校长工作室首期学员结业典礼暨办学思想交流会。在长达3个多小时的观摩活动中，看着手上一本本丰厚的学员培训成果集，听着台上学员们一句句发自肺腑的感恩话语，感受着学员间教育思想和办学智慧激情碰撞的精彩瞬间，我心生向往之：要是也能成为杨先生的弟子那该多好！从那时候起，一个伟大的教育家形象深深地镌刻在我的心间。

三识杨先生已是2013年的3月12日。当我手捧杨一青名校长工作室的入学通知书出现在芳草苑里，如此近距离接触杨先生时，我的心情无比激动但又忐忑不安。当我准备自我介绍时，杨老师居然已经亲切地叫出了我的名字，并询问我所在学校的一些情况。这一细节，更让我感动不已。开班典礼上，杨先生就工作室的办学理念跟我们做了简单的交流，并一再强调在我们的班级里，人人都是导师，人人都是学生，即使身为导师的他也不例外。我们不仅是师生，更是亲密的朋友关系。这等虚怀若谷的博大胸襟更是让我等小辈高山仰止。

同时，杨先生又就工作室的培训模式向我们做了说明。他主张校长的成长一定要根植于教育的沃土，扎根于学校的土壤里。校长只有坚持不断地学习、实践、思考和提升，坚持向书本学习，向同伴学习，向实践学习，不断挑战自我的未知，大胆剖析自我，勇于创新，并坚持理性思考和理论提升，才能真正实现自我的专业成长。这种遵循人才成长规律，不浮躁，脚踏实地的治学精神和学术修养让我们深受启发。临近结束时，有学员提出住宿安排可否更好些的要求时，杨老师居然郑重地起身致歉，真诚地就自己没能做好后勤服务工作向全体学员表示抱歉。现场顿时掌声一片，大家纷纷被杨老师“俯首甘为孺子牛”的大爱情怀所感动。我想，这就教育家的人格魅力吧！杨先生如书，一本予人智慧，教人向善，更让人学会“爱”和“付出”的经典著作。古往今来无数教育工作者，但真正能称得上“家”的人却少之又少，而其中最为重要的恰恰就是这种无法用学术来衡量的大爱精神！

大学之大，不在其楼高；大师之大，不仅于学问高深。杨先生以其独特的人格魅力，高超的学术水准，精湛的专业技术、深厚的文化底蕴和富有大爱的教育家情怀折服了我们每一位学生。作为基层教育工作者，作为一线校长，不仅要学习杨老师的高风亮节，更要将这种文化浸润于所在的学校，用我们的人格魅力去影响老师，改造学生，进而实现自我与学生的健康成长。

于我而言，得入“杨”门，幸也；得先生所教，乐也；有幸与先生为友，更乃人生之大幸也！我必将珍惜这难得的机会，努力在实践中学习，在学习中成长，即让自己，也让更多的孩子享受教育的幸福和美好！

2013 年 3 月载于《浙江省杨一青工作室学员学习感受汇编》

游宁波慈溪石窗博物馆有感

我喜欢行走，无论是陪父母、亲人出游时浓浓的天伦情，还是外出学习得隙间游走的悠闲，抑或是走访、观摩省内外知名学校时的激情，都让我倍感心灵的舒展。我一直觉得行走是提升生命质量的重要补充手段。身与心，总要有一个在路上。读万卷书行万里路，行万里路读万卷书，互为裨益，互相促进。作为新时代的读书人，我们不仅要能读万卷书，更要行万里路，在读书与行走之间获得心灵的成长，此乃人生之大乐也。

我曾与家人游玩过宁波慈溪的石窗博物馆。这是个名不见经传的博物馆，但它给我最大的冲击就是在这里感受到了中国传统文化的源远流长和博大精深。石窗博物馆是长三角地区最具规模的郊野风格私家园林，是一个专门展示中国古代石窗艺术的园林，也是中国目前唯一的石窗博物馆，它融绘画、雕刻、建筑艺术于一身，是我国古代建筑的奇葩，更是中国传统文化的一道靓丽风景。石窗园里共展示了一千多块古代石窗，由动物主题馆、精品馆、人物主题馆、石刻主题馆组成。其中在精品馆里展出的石窗多为宋明时代的历史文物，镇馆之宝更是一块价值数百万元的精品石窗。中国是一个有文化的国度，中国人用他的智慧和勤劳在人类历史上创造了辉煌的成就。石窗艺术是其中很不起眼的一部分。在中国五千年的历史长河中，仅是与窗户有关的文化，就可让人数不胜数。从窗户的材质上分，就有木窗、石窗等之别，从窗户的雕刻造型上看，包括人物、动物、神话故事、“福禄寿”等主题，从窗户的装饰上就包括窗花、雕刻等内容。从年代上讲也是风格迥异：魏晋以前的门窗朴素、不求装饰；宋代开始门窗装饰空前普及；唐宋数百年间门窗逐渐被规范，实用与装饰并举；明清时代门窗文化进入了黄金时期，风格典雅、朴实大方、造型简练、线条流畅。尤其是清朝乾隆年间，门窗装饰更是达到高峰，留下了大量的传世珍宝。

在欣赏和赞叹古代能工巧匠为我们留下众多瑰宝的同时，我也不断叩问自己，每天工作的意义与价值何在？我的劳动又能给今天的孩子和以后的孩子留下什么？同样是做一件事，是敷衍了事还是一丝不苟呢？不同的态度，不同的价值取向，个体每一细微劳动的不同，留下的成果可能就完全不一样。这也让我对自己的工作有了更多的要求和警示。

(1)要有好的态度。这是我们能做好事情的重要前提。态度决定一切。没有端正的态度，很多时候就会敷衍了事，得过且过。只要下定决心做一件事情的时候，就要把它当成创作一幅绝世佳作来对待。从前期筹备到过程创作，每一环节、每一过程都不容忽视，务必精益求精，就像这次接待杨一青工作室的校长们来访一样。这次来访城南小学的主题是“学生个性发展与学校社团管理”，程序包括校长汇报、实地考察、学员诊断、互动交流、专家点评等五个环节。接到任务后，我们班子就展开了激烈地讨论，我们需要展示什么？如何展示？展示的目的和意义是什么？经过这三个问题的充分讨论，班子成员达成了完全一致的看法——展示百年城南办学成效，同时也以原生态的面貌接受专家诊断，为新三年规划的制定提供原始素材。在本次接待中，我们充分展示学生是校园主人的理念，让学生走上前台，让教师成为孩子的“陪衬”，既锻炼了孩子的综合能力，也让孩子充分展示各自的精彩。为了仅四个小时的接待工作，我们前前后后共开了三次协调会议，调动了近 10 个社团的导师、学生参与活动的设计与开发，力求做到每一个环节都能充分展示城南人的魅力。果然，功夫不负有心人。这次考察既让城南人收获了无数掌声与喝彩，更重要的是也让我们“暴露”了一些问题，从而得到更多学校管理中的“金点子”，让班子成员深有感触。

(2)要有好的工作创意。创意来自生活，来自学习，来自行走间的灵动思考。一个不爱学习，不爱思考的人是很难有好的创意的。这也是我特别看重的学生素养。有人说，中国人可以完成世界上最完美的复制品，但却很难做出世界上首创的精品。为什么？究其原因就是缺乏创新意识。有人把世界各国人们平均每年读书的数量做了一个统计比较，中国人均阅读图书为 4.35 本，日本人均阅读图书为 40 本、韩国人均阅读图书为 11 本、法国人均阅读图书为 20 本、以色列人均阅读图书为 60 本。同时联合国对世界 500 强企业家读书情况进行调查发现日本企业家一年读书 50 本，中国企业家一年读书 0.5 本，相差 100 倍。不爱读书，死读书，不爱思考是中国人缺乏创新意识的重要原因。所以我们必须学会有计划地看书，学会在学习中思考，学会在大自然中阅读，学会在游走中阅读，这样必会获得更多的创意与灵感。慈溪石窗文化园就是一个很好的创意。它原为宁波雅戈尔集团为了推销达蓬山度假旅游区而建设的一个休闲文化园。但是作为地处偏僻的达蓬山度假酒店，如果没有配套的旅游设施如何吸引客源？为此雅戈尔人提出了做有品质、有内涵的休闲文化旅游，将全国各地收集而来的精致的石窗汇集一起，并专门请人策划建成了石窗园。据说，这也是雅戈尔高层在考察了国内外知名旅游文化之后锁定的建设目标。这一配套建设也大大提升了达蓬山度假酒店的入住率，打响了达蓬山的旅游文化知名度，为他们赢得了金杯和口碑。

(3)必须持之以恒。这是一个人能否获得成功的重要条件。没有决心和恒心的人是一定不会成功的。著名国学大师南怀瑾先生有一个弟子，这个弟子是他众多弟子中最不显眼的一个。一天，这个弟子提出想要练钢琴，很多人都嘲笑他，有人甚至说，以他的天资一辈子也练不好。十年之后，这些弟子重新聚在了一起。练琴的弟子当众为他的同门师兄弟们演奏了一曲。众人听后大为震惊，因为他的琴艺已经达到了一流水平。但别人问他练琴的技巧是什么时，他却说："我没有什么技巧，我就是每天坚持练十分钟，一直坚持了十年。"无独有偶，南先生弟子的事情也让我想到了一个家庭主妇的蜕变。当这位主妇妈妈为了孩子辞职在家带孩子时，她就在想，孩子上学了之后我可以做什么？现在外语这么重要，我能不能重新去学习外语呢？于是在女儿上小学一年级之后，她也开始报名学习外语。这一坚持就是十年。如今，她已成为上海英语直译届卓有名气的翻译师，她的学习窍门就是每天坚持学习一小时，十年从不间断，3650 个小时持续不断地做一件事情，你就可以与众不同。学习、工作也是如此。几年前，朱永新老师就曾在网上"下赌注"，如果你每天坚持写一篇反思，十年之后如果你还不能成为教育界的名师，他就愿意赔你 100 万元。这其中的道理也是显而易见的。做任何事情都是一样的，有恒心不一定都会成功，但是没有恒心就一定失败，这是一条亘古不变的真理。

宁波慈溪石窗文化园是一个非常不错的地方，在这里既可以感受中华民族的文化瑰宝，更让你能打开心窗尽情接受外面世界的精彩。行走也是一种心灵阅读的方式，就让我们且行且思且成长吧！

2014 年 6 月载于《浙江省杨一青校长工作室学员学习感受汇编》

“一三五”“五三一”还是“一一一”？

——校长反思力提升的思考

前日，我在培训中听到郑平院长提到的一个现象：一些校长整日忙着事务性工作，却不善于将做过的各项工作进行理性思考，明明做了五件事情，却只能总结出三件事，到理性思考凝练成文字时却只有一件事情，有些甚至未能提炼出任何成果，以致终日劳累，却一无所获。而另外一些校长虽然只做了一件事情，却能说成三件事，最后到白纸黑字时变成了五件事情，结果自然名声大噪。此话当然有些玩笑，但却也真实存在。这不得不引人深思。

笔者认为教育是一项务实的工作，绝不是靠吹嘘而成的。教育反对功利主义，反对造假，更反对自欺欺人。我们所做的每一件工作，一就是一，二就是二，绝对不能有任何的水分。教育者应该坚持始终如一。但教育确实是需要理性思考与文字积累的，这种文字积累的过程就是文化的积淀。判断一所学校是不是足够优秀，至少有三个标准，包括能否培养优秀的学生，能否培养优秀的教师，能否积累宝贵的、可为同行借鉴的实践经验。而这最后一条当然是指已经上升到理论高度的实践经验，是经过理性思考和理论建构的。而要将工作中的宝贵经验固化为理性文字，这就需要以校长为首的整个教师团队既精于工作，更敏于思考与勤于笔耕。这个过程恰恰就是提升校长反思力的重要途径，也是促进校长专业成长的有力载体。那么校长该如何提升自己的反思力呢？

一、勤于思考，善于总结

学校工作千头万绪，校长必须学会思考，学会放权和授权。在接踵而来的各项工作中，校长既要能够理清头绪，合理部署，也要做到不抢位、不越位。同时，在工作中要大胆取舍，善于做加减，集中精力做好有利于师生发展、符合教育规律的各项工作。这就要求校长的每项工作都须经过缜密思考：我今天该做什么？为什么要做？这件事是否能更好地促进师生发展？

而在每一项工作结束后，校长也一定要做到三总结：即对工作本身的总结、对工作人员的全方位总结和对工作实践的反思提升总结。最后一项总结尤为重要，它是基于工作，但又高于工作的总结。一些惯于思考的成熟型校长，他总能在这三方面的总结中获取学校理性提升的宝贵经验，从而实现学校的科学、持续发展。我曾连续三年关注北京十一学校的运动会开幕式报道，发现该校开幕式主题年年都不一样，从奥运会、城运会到民族运动会。年年总有新“噱头”，师生们也总是振奋不已。乍一看，似乎是学校在做眼球经济。而仔细深究，发现十一人已经跳出开幕式在做开幕式了，他们已经将单纯的运动会开幕式做成了融国情、乡情、民情以及爱国主义教育为一体的德育与学科教育整合的综合实践活动了。我想，这一过程也就是校长及其团队思考力提升的过程吧！

二、直面问题，敢于剖析

学校不是演绎完美的场所，而是一个关注师生向善、向上的地方。作为学校管理者，我们不能避讳问题，而要敢于直面问题，带着问题做研究。只有这样，才能获得自我与师生的共同成长。

北京市海淀区教育科学研究所所长吴惠颖所长提出了“第二曲线”理论，指出事物的发展总是呈波浪式前进，总要经历从“起步—发展—高峰—回落—下坡—低谷—再起步”的周期性变化。作为学校管理者，我们不可能总让学校处于发展的高峰，但我们完全可以在学校由高峰逐渐回落之际，认真研究学校中存在的问题，分析原因，研究对策，综合治理，从而有效避开低谷，最终实现学校的持续、稳定和高位发展。

我也尝试着将这一理论运用于城南小学。在我接任城南小学校长后，学校的民乐教育正陷入发展的高原期。校园里一些老师不无担忧地说道，学校民乐团已经获得全国器乐合奏比赛的一等奖，今后还能做什么？作为浙江省第一批艺术特色学校，我们培养的孩子难道就只是具有“吹拉弹奏”这一技之长吗？我们团队在深入研究城南小学的历史、现状与未来发展态势的基础上，广泛听取了家长、师生、校友、社区、共建单位、上级主管部门和历任校长的意见，经过多次的研讨和论证后，果断提出学校今后实现高位发展的品牌建设策略，就是从城南小学的最强项目——艺术教育特色着手，提出了“从精英走向普惠”的教育原则，制定了“面向全体、人人参与，自主选择、个个精彩”的行动策略，并决定通过深化课程改革、加强队伍建设、打造学科高地等做法，将城南原已走上顶峰、再无发展空间的艺术教育带入了一个全新的领域，以期获得更大的发展空间。这不仅有利于教师的专业成长，更促进了学生的全面、多元发展，也使学校迎来了新的发展契机。这样的决策与行动过程，也让我和团队的反思力、领导力、执行力再上了一个台阶。从中我深刻地感受到，敢于质疑、勇于剖析，并能带着问题去研究、去解决，这也是促进校长提升反思水平的重要途径。

三、加强学习，勤于笔耕

在温州市的基础教育领域中，有很多令人尊敬的教育名家。他们有着很高的学术水平与独特的人格魅力。我曾作为温州市陈钱林名校长工作室的学员，跟着导师进行了为期两年的学习。在这个过程中，作为温州市首届教育名家的他，充分展示了他的学术水平、工作能力和人格魅力，也给了我很大的帮助与启发。在跟岗实践过程中，我曾不断地追问陈校长，为什么可以让瑞安安阳实验小学用短短十年时间成为全国知名小学？为什么可以让温州市建设小学继续保持全市领先地位，甚至在全国范围内拥有一定的话语权。陈校长的话耐人寻味：“十年里，我从未间断过学习与思考。《人民教育》《中小学管理》杂志我每期必看，每篇必读，并积极结合学校实际研究管理问题。十年里，我从未间断过撰写教育反思，从最初的教育反思、管理反思到今日的办学理念研究，我已经出版了好几本书，撰写了无数的论文和课题报告。每每思维枯竭的时候，我总能在经典的教育著作中找到灵感，发现新的教育元素。学习让我充满了工作的激情和能量……”诚如孔子所言：“学而不思则罔，思而不学则殆。”作为一校之长，我们必须强化理论学习，不断从书中汲取能量，提升自己的专业水平和科学决策能力。如我任职的温州市少泳校，曾于2010年初启动了教师专业发展过程，但对于教师个体的发展方向和目标定位却过于模糊，收效甚微。后来我们根据苏联教育家维果茨基的“最近发展区”理论，调整策略，提出了教师分层培养发展战略,两年之后收效显著。我想,这就是学习的力量,这也是校长提升反思力的又一途径。

校长的专业发展是一个漫长的过程。反思力也是校长专业素养能力结构中的一个部分。但只要我们坚持去做,努力学习,一定会让更多的人享受到教育的幸福,也可以最大限度地实现自我价值。

2014 年 12 月载于《浙江省杨一青名校长工作室学员学习感受汇编》

让自己成为会“写”的人

——青年校长专业发展的行动与思考

新课程背景下，教师的专业成长等于专家引领＋同伴互助＋自我反思。其实，校长的成长也是如此。反思不仅是指对事件发生之后的再现性思考，还包括对事件的追问以及从中总结的经验教训。反思可以是纯思考性的，只为获得一种间接性认识。更重要的则是将思维固化为文字，获得一种理性的文本性的经验总结和文献著作。相对于校长的专业成长来讲，后者显得更为重要，更加有助于校长的专业成长。但现实生活中，很多校长都觉得“写作”太难了，我也是如此。尤其是把一个个教育事件的理性反思以文本的形式常态地固化下来，更是难上加难。为此，笔者专门走访了一些“立德、立功又立言”的校长，并结合学习心理学理论和个人实践得出了如下策略：

(1)降低写作期望值，坚持循序渐进的原则。每个人对于自己撰写的文章总有一定的期望。而对某目标能够实现的概率的估计就是期望值。弗鲁姆认为，某一活动对某人的激励力量取决于他所能得到结果的全部预期价值乘以他认为达成该结果的期望概率。现实生活中一个人对目标实现可能性估计的依据主要是过去的经验，以判断一定行为能够导致某种结果或满足某种需要的概率。青年校长一般都是通过“教而优则管”的途径走上学校管理岗位，他们原来都在各条线上有突出的表现和业绩。长期以来形成的优越感也会让他们对自己的“反思撰文”方面也有着比较高的期望。然而事实证明，当一个对自己工作的期望值过高而现实成效又不理想时，只会给他带来更大的挫败感，从而挫伤其写作的积极性和能力。所以校长首先必须学会降低对自己写作的期望值。如 5 分表示校长创作的最高水平，那么在写作的初期，我们就可将 2 分定为期望值，只要能够达到这一水平的就认为成功。经过一段时间的练习之后，再慢慢提升写作的标准。而事实上，当我们每次都能达到既定的合格标准后，就能不断激发自己的成功感，成功感可让个体产生愉悦的情绪，从而产生更强的创作欲望，更加激发自己努力写作，长此以往自可形成一个成功循环链条，刺激校长不断从事经验提炼，从而写出更多的好文章。

(2)克服写作心理障碍，努力提升自制力。大量心理学研究揭示，写作心理障碍大约有二类：一是怕，二是懒。

写文章时总是一拖再拖，直到灵感荡然无存，自然也就一无所成了。青年校长也常如此。其实，对于写作人人都有恐惧心理，校长也无可厚非，但要客观对待校长反思性文章的撰写。①校长的反思性写作不同于作家的创作，要讲究章法、视角、立意和修辞方法等技巧，校长只是教育工作者，只需要常态记录发生在学校管理中的事情，并表达个人意见、观点及具体做法即可。②校长的反思性文章讲究的是真实，要求“我手写我心”，所以我们只要树立“一切反思是真实思想的记录”就可以了。③写文章不是去评功评奖，无须太在意文章的好坏，这样一来“怕”的心理自然可以祛除掉。

其次就是懒。人生而有惰性，追求安逸、享受是人的天性。但作为青年校长专业成长的必修之路，我们就必须克服懒惰，拖延的坏毛病。①要学会计划行事，将要做的事情以清单的形式一件一件列出，每完成一件事情就加以标注，这样既可以提高效率，又可增强成就感。②要学会倒计时设限。任何一件事情必须给自己设立一个最后完成期限，这样既可以增加紧迫感，又可规定的时间内必须完成。③公开自己的行动计划，并找人监督执行。一旦将个人的行动计划公之于众，其实就是断了自己的后路，将自己的行动置于公众目光，计划也会因为多一份约束与监督而得以按时完成。当然还可以找人做伴一起做。

(3)加强写作技巧训练，提高写作水平。常言道，熟能生巧，写作也是如此。不管是何种文体的写作都有一定的技巧和策略，沿着既定的模式长期训练也可以提升校长的“写作”水平。①要找准反思点。校长必须清楚地知道反思的内容，可以是学校管理中的创新点，工作中的备忘录，改进工作中的不足等方面。反思性文章的撰写首先必须是言之有物的，所以内容比形式更重要。②要设计好写反思的方法。可以是联系对比方法，也可以是从哲学本原层面进行思考，也可以借鉴理论提升做法等。③要做到经常动笔练习，做到拳不离手曲不离口。写作没有特别的技巧与方法，最重要的还是勤写、勤练，熟能生巧。勤加练习，时间必不会亏待你。

子曰："知之者不如好之者，好之者不如乐之者。"所以，培养对"写作"的兴趣也是非常重要的。但是作为时代赋予青年校长的重责，我们不仅要凭兴趣做工作，更要有高度的战略视野和持之以恒的工作激情，坚持勤工作、勤思考、善思考、勤总结，只有这样才能不断提高自己的专业素养，才能让更多的师生享受教育的幸福。

2012年12月载于《浙江省杨一青名校长工作室学员学习感受汇编》

与“慢”过招

——浅谈新校长的“慢”功修炼策略

近日到一所学校参观学习，席间听取校长关于学校工作的介绍。只见台上校长夸夸其谈，台下众人昏昏欲睡。中途离席时，发现有很多人(包括该校的中层干部和同区其他学校的校长)站在门外吸烟、闲聊而不进去听报告。经过打听才发现台上做报告的是任期尚未“满月”的新校长。因为对新任职学校的不了解，此刻他洋洋洒洒介绍的均是其原先任职学校的具体做法。难怪乎很多熟悉的同行宁愿站在门口“吹冷风”，也不愿进礼堂听报告。

常言道：校长是一所学校的灵魂，有什么样的校长就有什么样的学校。那么新校长如何摆正自己的位置，尽快融入新学校，带领全体教师共同奋斗，以实现学校的良性和可持续发展？本人认为只有正确认识“新”与“慢”的内涵，努力修炼校长的领导力和人格魅力，方可有效引领学校有序、和谐地发展。

一、对“新”和“慢”的理解

“新”——相对于“旧”“老”而言，包含刚有的，初识的，不久以前的意思；表示的是一种有异于旧质的状态和性质。

新校长主要有两种情况：一指新提任的校级领导，主要是指由中层干部(或普通教师)提任至校级领导岗位的同志，俗称“菜鸟”校长；一指调任至另外学校就职的校长，主要是指有一定工作经验，且有显著管理业绩的老校长。

“慢”——与“快”相对而言，包含迟缓，速度小；态度不殷勤等意思。这里的“慢”功，主要是指校长要修炼沉着冷静、敏锐观察，讷言缓行，三思而后行的内功。

二、新校长修炼“慢功”的原因

(1)事物的认识需要过程。事物的发展需要过程,认识也需要过程。作为一个单位的掌舵手,首先需要清楚地认识形势、分析形势,理解学校所处的境遇,方可制定有效策略,采取切实行动以实现学校新的发展。科学的决策理论告诉我们,没有调查就没有发言权,没有详细的取证,没有深入地思考与分析很难有科学的决策。慢下来是为了更科学的决策,而决策是行政的主要功能之一。

(2)心态的调整需要过程。学校管理者一般是“学而优则管理”或者“教而优则管理”。一部分在教学上冒尖或者在管理工作有突出业绩的教师容易脱颖而出,走上领导岗位。从理论上讲,即使是某方面的专业能手当他转行另一领域时,就会变成新手,掌握新行业所需的知识与技能就需要一个学习的过程。更重要的是,刚刚受重用、被提拔者往往会处于心理优势期,极有可能会“书生意气”“指点江山”,产生“一览众山小”“傲视群雄”的心理状态。在这种状态下走马上任的新校长容易“大烧三把火”,至于烧得怎样,就不得而知了。情绪的调控需要时间,心态的调整需要过程,慢下来,顿一顿,理一理,轻装上阵方能事半功倍。

(3)一方水土养一方文化。作为初来乍到的校长,很有可能将自己过去工作中的经验、固有的思维带到新的的工作岗位。原有的工作经验在原学校可能是适用的,并被实践证明是卓有成效的。但是随着学校的变化,孕育这种管理文化的土壤已经改变,如果硬生生地移植,可能就会导致失败。即便是治校有方的校长到了新学校也需要一个适应的过程。

三、新校长修炼“慢”功的策略

(1)多观察少决策。新校长一定要学会冷水洗脸、手脚勤快和“口舌守拙”。①要学会用“冷水”洗脸,时刻保持清醒头脑。②要多走、多看、多听、多想,多深入课堂,深入教师,深入学生。通过观课、召开师生座谈会、参加各类师生活动,了解情况、掌握规律,了解活动背后的教育理念与人文思想。③新校长不可随便发言,不做拍脑袋的决策。对于本文开头提到的现象,校长完全可请副校长代行。一则体现校长的大气与格局，二来也可以给副手更多的展示与锻炼的机会。如必须校长致辞的，也一定是基于本校的情况介绍，切不可把这种场合变成自己过往历史的“炫功场”。对于学校内部管理的决策，更不可轻率而为。即便是非常紧急的决断，也不可个人“任性”为之，建议采用集体决策，既彰显了学校的集体领导制度，也可集合更多的智慧做出最优的决断。

(2)多思考慢出招。凡事一定要多问问为什么？既不可急切地对下属工作指手画脚，急着出新招治理学校，更不可简单粗暴地把过去的做法“复制”到新学校。每一所学校因为校情的不同，都可能会滋养出一些“特殊”的管理行为。新校长最需要的是弄清楚这些做法背后的理念及缘由，找出滋养这些行为的文化“沃土”，进而有针对性的改善。而不是急切地出手干预，另行一套。

(3)多赏识少指责。好孩子是夸出来的。老师又何尝不是如此？马斯洛的需求层次理论告诉我们，人人都有生理的、安全的、情感和归属的、尊重的以及自我实现的需要。后二者是较高层次的需要。教师群体对后二者的需要显得更加迫切。对后二者需要的满足，将极大激发教师工作的主动性与积极性。因此，校长要多发现、多表扬、多宣传老师的优点与优秀做法，多鼓励、多宣传。对老师中出现的问题，如非原则性的错误，建议还要以谈话教育为主，尤其不要公开指责、批评。

(4)多磨合少摩擦。每一位老师来自不同的家庭，不同的成长经历、教育程度、专业背景和年龄差异，都会形成各自相对稳定的世界观、人生观与价值观。因为这些观念的不同，人们的工作态度和行事风格也会各不相同，发生摩擦是必然的。这就需要有一个相互适应的过程。在此期间，双方都要学会设身处地为对方着想，多多磨合，求同存异。

四、修炼“慢功”需要注意的几种情况

慢是一种态度，是一种风格，更是一种艺术。雷厉风行固然是有魄力的表现，但和风细雨同样可以达到润物细无声的作用。关键就在于哪种适合。诚如邓小平所言:“黑猫白猫，能抓老鼠的就是好猫。”领导的风格、领导的艺术有很多种，只要是符合社会主义主流价值追求，适合本土文化并能推动组织发展的管理就是好的管理。“慢功”也是一种管理的文化，并不是不行动，因此我们必

须树立几种观念：

(1)原则性的错误必须及时制止。慢是体现了思考的充分，讷言缓行，不是不行，而是三思而后行。但对于学校管理中出现的有违原则性的问题和错误必须及时纠正。教育来不得半点伪科学的实验，因为我们所面对的是活生生的人，孩子的成长不可复制，因此对于在教育教学管理过程出现的政治性的、违背科学发展观的事或行为必须马上制止，并予以纠正。

(2)遵循科学的发展规律，旨在渐进。学校管理是一个渐进的过程，而且是民主管理的渐进过程。校长与教师之间的适应需要过程、校长与学校原有文化的适应需要过程，校长带领全体教师构建学校发展蓝图需要过程，校长引领全体教师实现共同价值追求更需要过程。“慢”正是这种种必需过程的产物，正可谓“磨刀不误砍柴工”。

(3)慢强调的是持续发力。事物的发展有其内在规律，是量变到质变的持续积累过程。慢强调的正是渐变，渐进的过程需要管理者持续发力。教育工作者要依规律办事，不时缓时急、时轻时重，应持续发力，让每一阶段都做该阶段要做的事情，完成该阶段应完成的任务，以实现学生的健康发展和学校的可持续发展。

管理是一门科学，更是一种艺术。作为校长，我们要不断修炼内功，提升自己的专业素养和领导力，以更好地服务于师生的成长。

2008 年 11 月在浙江省领雁工程“农村校长”培训班上的发言

应对公关危机，现代校长的必备素养之一

2016 年 12 月 8 日晚，一位自称北京市中关村第二小学三年级学生的家长在微信朋友圈中发表了题为《每对母子都是生死之交，我要陪他向校园欺凌说NO!》的文章，一时之间围绕事件的不同声音在迅速发酵。多家公众媒体甚至发出了中关村第二小学为什么不道歉的声音。学校面临严重的公关危机。

公关危机是指影响组织生产经营活动的正常进行，对组织的生存、发展构成威胁，从而使组织形象遭受损失的某些突发事件。公关危机并不可怕。美国莱克西肯传播公司曾对美主要企业领导人进行了一项关于公关关系的调查问卷，结果有 89%的领导人认为"企业发生危机如同死亡和税收一样，都是不可避免的"。公关危机虽然具有普遍性和必然性的特点，但同时也有渐进性和突发性、严重性和建设性、紧迫性和关注性的特点。它的爆发是突发性的，且不以人的意志为转移；但它的形成、加剧直至爆发，却是一个从量变到质变的发展过程。它会有一定的前兆，但如果组织没有足够的重视，没有相应的处置策略的话，小隐患自然就会急剧加重，乃至发展为大的突发事件或意外。

正确应对公关危机，是每一位校长的必备素养之一。现实生活中，学校面临的公共关系危机现象很多，但若管理不善，防范不力，处理不当都将引发灾害性的后果。如何正确应对公关危机，已经成为现代校长的必修课之一。

(1)应对公关危机，贵在及时。冷静为第一要义。2016 年 12 月 8 日晚，中关村第二小学的一位学生家长在微信朋友圈公开发文，控诉校方的不作为，强烈谴责校园欺凌现象。10 日中午 11 时学校才发布官方声明，予以正式回应。从回复的内容上看，校方亦有些不淡定，其过于官气、强硬与傲慢的回复，既不能平息民众的愤怒，甚至连人民日报网、光明日报等媒体都加入了指责行列。家长更是无法与校方进行平等、有效地沟通。13 日早上 7 时许，学校微信公众

号、官方微博又先后发布文章《中关村第二小学关于“学生受伤害事件”的处理进展情况》,将其定性为一起“偶发事件”。家长与群众依然疑虑重重。直到18日媒体指出,北京市海淀区教育委员会将派驻心理团队进入校园,并责成学校制定相关工作预案,教育委员会也将制定《中小学防止学生欺凌和暴力教育工作方案》,此事才稍稍平息。

(2)应对公关危机,效在准确。诚恳为首要态度。纵观全程,作为北京市的传统名校,中关村第二小学在面对这起公关危机时,态度上难见诚恳,因而也一再把自己推上风口浪尖,引来诸多笔伐。在应对公关危机时,组织方的态度是非常重要的,既不可一味地放低姿态、委屈求全,也不能傲慢无礼、颐指气使,这都不利于问题的解决,保持真诚、谦恭与平等的态度是非常重要的。在解决公关危机时,需要组织方准确判断问题的核心关键,切中要害,找出缘由,确保事态不致进一步扩大;更要在充分交换意见的基础上,给出中肯的解决方案,确保双方都能实现最大的“赢利”,确保和平解决危机。

(3)应对公关危机,重在防范。防微杜渐是要旨。其实,中关村第二小学的这起公关危机是完全可控的。早在11月时,学生家长就已经找校方反映过此事。然而校方并未重视,在未经过调查、取证,更未充分听取受害方感受的前提下,就轻易将此事定性为学生之间的玩笑。此后,校方也未组织当事双方家长商议解决此事,更给受害方家长感觉到校方态度傲慢、有“和稀泥”之嫌,于是他们想到了寻求网络助力,通过外界力量施压学校,以找到良好的解决方法。于是,事态进一步发酵,以致校方处于极端被动状态,学校声誉一落千丈。

(4)优化内部管理,强化队伍建设,提升校长领导力是王道。学校管理中,新事物、新问题总是层出不穷,与其总是被动地“兵来将挡、水来土掩”,不如强化内部管理机制,建立一套完善的危机公关处理及预警机制:①学校要学会冷静应对,迅速成立危机公关工作领导小组;②要客观分析事情的起因、变化与走向,迅速做出决策,并采取恰当的应对行动,如道歉、向上级报告、妥善沟通达成和解等;③要与合适的人进行沟通,如记者或者引发危机的人;④要主动提供合适的有说服力的对外新闻稿,这个时候最好由指定的发言人保持对外沟通,避免人多嘴杂,切不可言不由衷;⑤要采取强有力的后续措施,如建立舆情监控机制,避免事态继续恶化。对于借机恶意攻击、扰乱教育教学的行为,也要果断地使用法律武器保护自己；⑥应特别关注媒体的应对，要把话语的主动权牢牢掌握在自己手中。

面对不断发展的新形势，校长需要不断学习，不断提升自我专业素养，以期不断提高领导力，助力每一位教师和学生的健康成长和个性化发展。

2016 年 12 月 20 日

创新，更是一种教育坚守

一个偶然机会，我有幸拜读了雷夫老师的《第56号教室的奇迹》。此后，这本书便成为我的枕边好友。每当夜幕降临时，我总喜欢拿出这本书，逐字逐句地看，反复地诵读，仔细地研磨，并在次日的教育教学活动中去实践、去探索。一时之间，雷夫老师的道德教育六阶段说、棒球教育法、经济学教育法、阅读指导等内容都成为我探索教育真谛的行动指南。

很多人一提到雷夫老师，都会将他与几个简单的数字联系在一起——“25年”“一间教室”“一拨又一拨的五年级学生”。似乎除此之外，很难再找得到更有震撼力的字词。这不禁让我想到了一句话：“做一件好事很容易，难的是一辈子做好事。”教育也是如此，有激情地教几年书很容易，但是一辈子有激情地教书育人就很难，更难的是一辈子有激情并能不断创新去教书育人，且能成就一批批学生，就难上加难了。而雷夫，他却做到了！

雷夫老师用他的激情和热爱演绎了他从教25年的心路历程。他将自己圈定在第56号教室里，锁定了五年级的小学生，一干就是25年。原以为，他会以不变应万变，凭着一张旧船票登上一趟又一趟的航班。却不曾想这25年里，当他面对着一拨又一拨的新面孔，却天天购买“新船票”带着“新乘客”探索全新的“航程”。有人问雷夫：“您是一位优秀的教师，请问您有效的教育方法是如何得来的？是通过什么培训获得的？”雷夫的回答既简单又发人深思：“看书获得一些知识，从我往届毕业的学生身上学到一些，观摩其他优秀教师的优秀做法获得一些启示……更重要的是当我学到一些做法之后，我总能努力去实践。我用了12年的时间努力去探索适合自己的教育方法。每年我都会尝试用一些新的好的方法，在自己的教育教学活动中去实验，从失败到再实践到再失败……直至获得一些好的方法。这十几年下来，自然也就掌握了很多行之有效的好方法。如果你也坚持去做，十年以后你也一定可以成为优秀的好老师。”

近几年来，人们对优秀教师、教育家的渴求越来越强烈。社会上关于优秀教师的标准也在不断地讨论之中。而很多时候，我们都能达成一点共识，那就是优秀的教师一定是坚守教育岗位的。于是乎，一批长期从事教育工作的老师就被标榜上了“教育坚守者”的光荣称号。然而，我们却忽略了其中一个很重要的因素，那就是过分强调教育工作者的时间长度，而忽略了教育工作的内在深度与广度。教育坚守者，不仅是战斗在教育工作的第一线，更是以与时俱进精神要求自己，不断更新自己理念、方法、手段的老师，是探索与社会前进同步、与孩子身心发展同步的优秀老师。不管他们的年龄有多大，但他们身上始终涌动着创造的血液，他们永远不会满足即得的成绩，那只是激励他们创新、探索的动力，是催促他们前进的号角，更是他们获得新能量的源泉。曾几何时，我们看到了一批又一批的年轻老师通过长期探索，得出一种种新的好的教学方法，于是被命以响亮的名字，然后到处巡回演讲、展示和报告，甚至几年如一日地到处宣讲。这些方法确实在一定程度上提高了教学效率，也提升了学生的学习兴趣。只是这些老师满足于自己一时的创意研究，缺乏新的学习和思考，以至江郎才尽，此后再也没有创造出新的好方法来。这不得不说是教育的悲哀。如果教育工作者仅仅完成教书的任务，那不能被称为教育的坚守者。时下随着绩效工资的改革，教师的工资、福利待遇越来越好，也使得更多的人愿意蜗居在教育行业里过日子，他们也教书，但充其量只是把学生当成装知识的纸篓，并未真正完成教书育人的神圣职责。如果教育工作者不能做到终身学习，不能有效改进教育教学方法，不能激发学生的学习兴趣，不能将培养学生良好品德与习惯作为第一要义的老师，即便他们长期从事教育工作，也不能被称为教育工作的坚守者。新时代的我们，需要树立全新的正确的坚守观！

我非常欣赏雷夫老师，我更佩服他在成为全美卓越教师之后，在拥有诸多优秀方法后，依然执着追求、不断创新的教育行动，这种创造力已经远远超过了 25 年、一间教室等简单数字所包含的一切意义。我想，这才是真正地对教育的坚守！

2013 年 6 月发表在《鹿城教育》上

诚勤家风塑我心

人无德不立。为人处事小胜在智，大胜在德。关于美德的评价标准，每个人都有自己的独特视角与价值取向，谈不上谁的最美，但因为“和而不同”，故更能各美其美。今年春节，央视进行的“家风·家训”系列访谈活动，顿时在神州大地上掀起了反思家庭教育、凝练家风家训的热潮。我们家的家风很简单，概括起来就是：“诚、勤和感恩。”这也成为我为人处事一直坚持与奉行的价值观。

诚

孔子说：“诚信，为人之本也。”孟子说：“诚者，天之道也；思诚者，人之道也。”管理学大师余世维提到管理者必须具备的道德品质中，诚信排在第一位。从小到大，大人也是这么教育我的。小时候常跟姐姐吵架，吵完之后不管是输还是赢，总是会趁大人下班之前，把自己弄得乱糟糟的，有时候还会在地上打个滚，然后去大人那里告状。终于有一天，我的伎俩被识穿，妈妈狠狠地揍了我一顿。理由很简单，与其将来在外撒谎被别人打，还不如今天在家被自己妈妈打。从那时候起，我记住了做人必须诚实。

去年在籀园小学参评“小中高”借班上课，学生一见我进来就抱怨，说他们的体育课没有了。为了调动学生的上课积极性，我许诺一定会让他们的老师补上体育课。上完课之后，我就带着班长找他们的老师。没想到，始终找不到。看着我跑得满头大汗、楼上楼下到处找人却始终找不到人的尴尬样子，这个五年级的孩子拍拍我的肩膀说：“老师，你也是个讲信用的人，我们就不计较了！”说完就走了，独留我一人在原地思量孩子话中的意思。

从小到大，诚信品质帮了我很多忙。我大学毕业后分配到十七中任教，那时政治老师想当班主任是很难的，结果我第二年就如愿了。后来校长告诉我，选择我当班主任的原因主要有两个：一是身体好；二是诚实，人品不错。这件事情更让我坚定了一点，人生不必强求，诚信自有好报，一切顺应自然。

勤

我是一个比较笨的人。幼儿园大班时，老师教我们写数字“8”。我就是学不会，不是把“8”写成“θ”，就是“∞”，或者就是“0－0”。有一天老师让我到黑板上写“8”字，我写的那个“∞”字一出手，马上就成为小朋友嘲笑的对象。那时的我，真恨不得钻到地底下去。回家后我哭得稀里哗啦，发誓再也不上学了。妈妈很了不起，她没有骂我，也没有嘲讽我，只记得她当时手把手地教我写“8”，还告诉我：“一次学不会就多写几次。世上没有做不成的事情，只要用心去做就一定可以做到。”后来，我能写所有的数字了，再后来我懂得了“勤能补拙”“早起的鸟儿有虫吃”“笨鸟须先飞”等道理，并把它们深深地烙在心中。

在鹿城区众多的校园长中，我肯定不是最勤奋的一个，但我也坚持阅读、努力反思，以勤补拙。一次在女厕所门口，我发现低段的女生进厕所后，基本上是不关厕所门的，而且屁股还是朝外的。这引起了我的关注，首先当然是不雅观，更重要的是，这样容易招惹不良分子的性侵，女孩子必须学会保护自己的身体。于是，我就找来低段的老师一起思考成因并积极研究对策，甚至把低段孩子的如厕教育请进课堂，成为新生入学适应课程中的一部分。身为一校之长，不仅要勤干活，更要勤思考，勤改进。教育的进步，不是靠暴风骤雨般的革命干出来的，校长要基于当下，改变不足，实现每天进步一点点，才能到达成功的彼岸。

感　恩

小时候，母亲经常跟我说的一句话就是：“你现在所得到的一切，是你通过努力换来的，但也要学会感恩。这世上比你更优秀、更努力的人还有很多，你只是机会比他们好罢了。感恩不是‘计件形式’的，应该是永远的。”印象中的妈妈省吃俭用是出了名的，因此有“浙江省”的美誉。但奇怪的是，我又经常看见妈妈把省下来的好东西大方地送给隔壁邻居。问她为什么？她总会说一大堆理由，当然主要还是感谢他人的帮助。妈妈还有一个习惯，每月一发工资就会买东西送给外公、外婆或是爷爷，问她为什么？她说感谢父母的养育之恩。

今天我也努力学习母亲，但我不会再像她一样用物质去答谢他人。因为在这个物欲横飞的时代，物质已经解决不了问题，而我所能做的事情，就是尽自己最大的能力帮助更多需要帮助的人，就如同我当初受人帮助一样。今天的我工作很勤奋，也特别愿意去做义工。只要条件允许，我就会带上女儿一起去做义工。我觉得爱心接力棒是需要一代一代传承下去的，尽自己所能服务社会也是感恩的最有效表达方式。

感谢父母给了我健康的体魄和良好的道德品质，感谢他们用朴素的行为铸造了淳朴的家风，使得在这个家庭中走出的我身上也浸润着浓浓的“诚”“勤”“感恩”的家文化，并努力实践于自己的教育教学工作。易中天先生说过人生没有彩排，每天都是现场直播，那就带着各自的“传家宝”用心演绎每一天吧！

2014 年 3 月在鹿城区校园长会议上的讲话

一家·言

我说“水立芳”

温州市少泳校学生的作文选集即将出版，师生们奔走相告，纷纷为本书取名，从“笋芽儿”到“雨花石”，从“击水集”到“水立方”，一个个名儿各富童趣，更富时代气息。最后，大家将目光不约而同地聚焦在“水立芳”上，这绝不是什么刻意猎奇，而是学校文化建设的内在需要。

一、与“水”结缘

少泳校是一所与水结缘的学校，孩子们在水的世界里尽兴创造，进步成长。水，生命之源，泽被万物而不争名利。水，柔滴软质，然持之以恒亦可穿石。水，坚韧低调，以开放胸怀和谐处世。竭诚希望我们少泳校的孩子个个都能拥有“水”的品性，在大千世界里畅游求索，破浪前进。

二、与“水立方”谐音

水立方是北京奥运会国家游泳中心，少泳校作为温州市一所以游泳为特色的全日制小学，校内也有标准的少儿游泳馆。近年来，已从单一的培养游泳特长生发展成为以“泳”字精神为核心的多元办学特色，学校游泳队参加省级少儿游泳比赛已经连续三年拔得头筹，学校的游泳课程建设领衔全国同类学校，教育教学评价呈现前瞻性的多元化……而所有这一切都源于学校“开放胸怀、多元色彩、和谐家园、整体发展”办学理念在教育教学实践中的全面推行。北京“水立方”的膜结构已成世界之最，其内部三万多个钢制构件在位置上没有一个是相同的，这恰与我校“多元色彩”的办学理念不谋而合。老师们充分认识到每一个孩子都是独一无二的生命个体，学校应尽其所能地为每一个孩子打造最适宜发展的教育环境。《水立芳》是学校儿童文学创作历程中的产物，是广大少儿文学爱好者的精神之窗，更是学校渴望凭借选集的陆续出版，能为更多喜爱文学的孩子搭建展示精彩自我的平台，从而促进每一个生命个体生动活泼地发展。学校也渴望《水立芳》能像“水立方”一样成为同类中的佼佼者，让每一个经历其中的泳娃都能成就别样的精彩，获得不同的人生体验。

三、与“芳”相伴

芳者，芬芳四溢之芳也。小草不惹眼，却极具生命力，有着淡然的青草气息；茉莉不起眼，却饱含幽香，有着沁雅的花蕾芬芳。环顾大自然，馥郁芳香如牡丹，幽幽清香如兰花，尽管万物不尽相同，但都有表达自我的独特方式。诚如校内众多的文学爱好者，虽年岁较小，文笔稚嫩，抒情达意的把握尚欠火候，但仍不失为小小文学家。其文学作品散发出的浓郁人文气息、针砭时弊观点和对生命无限热爱的主流价值观，不正是我们所渴望闻到的少泳校儿童文学作品之芳香吗？作为孩子们的妈妈，我真切地感受到他们作品的出色。其实，对于这个年纪的孩子来讲，写作手法倒是其次，关键在于能不能真实地表达自己的情感，学校里有没有属于他们放飞梦想的一方园地。作为教育工作者，我们任重而道远。但愿我们的作为能激发起少泳校更浓郁的文坛芬芳！

基于孩子们的创作热情，我深受感动，特赋小诗一首，与全校师生共勉：

遥望京城水立方，更喜泳校立水芳。
游泳健身书启智，缤纷社团育特长。
字词句篇文章好，《水立芳》里情飞扬。
自信击水三千里，执着上游每一天。
时不我待激情昂，水中健儿赛芬芳。

2012年1月载于温州市少泳校校刊《水立芳》上

关于金牌导游评选的无厘头思考

我非愤男，亦非怨女，更因嘴笨舌拙，故不喜对人评头论足，更别说对时事发表评论了。只是今日都市报A5版头条《温州市2012年金牌导游大赛落幕》的报道："评选当天侯乐仙、黄思华、诸双双等3人同时荣获'温州市技术能手'称号、'温州市青年岗位能手'称号、'温州市巾帼建功标兵'称号"，让我心生疑虑，有感而发。

(1)为什么金牌导游的评选大赛会直接与温州市技术能手、温州市青年岗位能手、温州市巾帼建功标兵产生直接联系？

事后查阅了2012年温州市金牌导游大赛工作方案才获悉，原来本次活动系旅游局同人力资源和社会保障局、团市委、市妇联联办，评选方案明确规定——总决赛成绩第1名至第10名的选手将授予"温州市金牌导游员"荣誉称号，同时，市人力资源和社会保障局授予第1名至第3名选手"温州市技术能手"荣誉称号；团市委授予第1名至第3名中35岁以下选手"温州市青年岗位能手"荣誉称号；市妇联授予第1名至第3名中女性选手"温州市巾帼建功标兵"荣誉称号。市人力资源和社会保障局、团市委、市妇联作为此三项荣誉称号的授予单位，当然有权决定将该项荣誉授予哪些人士。

(2)为什么这几项较高规格的荣誉(本人这么认为)会成为"金牌导游"获得者的附属荣誉？

纵观本次大赛的参赛条件，凡是具备从事导游讲解服务工作1年以上，无重大投诉和违规记录，参赛前3年内无一次性扣分达6分以上(含6分)或一年内累计扣分达10分的记录，持有全国导游证、浙江省景点景区导游证的温州市专、兼职导游人员即可参赛。比赛内容无非是个人风采展示、景点讲解、才艺表演、导游讲解、导游知识问答等若干常态项目。除了景点讲演和旅游知识问答环节凸显了金牌导游评选的特点外,其余项目跟选秀类节目没有任何区别。

我没有任何贬低获胜者的想法,单从参赛资格和赛程设置而言,获金牌荣誉者必定属于外形俊朗(靓丽)、语言表达能力强、多才多艺、能歌善舞,对温州景点较为了解者也。然这样的人,是不是就一定是"技术能手""青年岗位能手""巾帼建功标兵"就不得而知了。作为外行人,我对导游行业优质从业人员的理解是,首先要有崇高的职业道德,其次还要具备良好的人际沟通能力、组织协调能力和服务意识。但是这些东西本身就很难量化,又岂是通过简单的几场选秀比赛可以甄别的?更何况职业道德要求更高、技术含量要求更高、社会效益更高的"技术能手、青年岗位能手、巾帼建功标兵"等荣誉,更是难以通过选秀节目来评选的!比如温州市的巾帼建功标兵,全市每年不超过 20 人,平均每个县市区每年仅有一人获此荣誉,这是对女性工作者的极高肯定。查阅全国各地"巾帼建功标兵"的评选条件,无一例外地提道:思想政治素质好,业务水平高、无违法违纪行为,在本职岗位上作出突出贡献,在本行业、本单位起模范带头作用等。但是这些又岂是可以通过才艺表演、景点介绍等比赛项目在众多导游中评选出来的呢?更何况许多思想政治素质好、业务水平高,在本职岗位上作出突出贡献,在本行业起模范带头作用的杰出女性,偏偏就属于不善于舞台表演的人,这样的女导游难道就一辈子没有机会获此殊荣吗?

纵观今日导游行业,良莠不齐。通过金牌导游评比活动树立导游形象、提升服务质量本也无可厚非,但一定非要与技术能手、巾帼建功标兵等较高规格荣誉等同起来吗?于主管部门而言,规范行业行为,重在制度建设,贵在持之以恒地落实制度和推进行业整治,绝非靠若干个选秀节目就可以改变的。

身在基层工作的我,一直以非常崇敬的目光仰视着某项市级荣誉的获得者,因为我坚信这些荣誉的评选、授受,都有相当严格的程序,要经过一级又一级组织的严格审核、把关、评选，大有关羽“过五关斩六将”之势，获奖者也理应得到众人的敬仰和追崇。所以斗胆提请各联办单位注意，千万莫让年度评优评先活动沦为某个选秀活动的附属物，千万莫让默默工作、以虔诚之心仰望荣誉的普通劳动者失去对荣誉的敬仰与渴求之心。

桥归桥，路归路，唠叨归唠叨，人各行其道！

2012 年 8 月 6 日

让梦想照进现实

——我的好学校之梦

“请大声说出您的梦想，让梦想照进现实……”每每看到《中国梦想秀》节目让一个个普通到随时都有可能淹没在人群中的追梦者不断圆梦时，我总是振奋不已。梦想之所以为“梦”想，就在于其实现的可能性是微乎其微的，但梦想又往往是人类最天真、最无邪、最美丽、心里最迫切的愿望，这样的愿望能够得以实现又是多么令人激动！

从小到大，对于学校我有过无数的期许和梦想。梦想中的好学校应该有一群穿着长衫、戴着金丝眼镜、温文博雅、上知天文、下懂地理的先生，他们的眼里总充满着慈爱和谅解，他们总乐意和学生一起指点江山激扬文字，憧憬未来创造明天。梦想中的课堂总是那么好玩，老师们像是在和我们玩游戏，但却可使我们在不经意间掌握了很多知识，我们对学习充满了兴趣，每天早早地来到学校，生怕错过了老师讲的每一句话、每一道例题。梦想中的好学校是没有什么作业的，所有的知识都已经在课堂上学完了，课后的作业是自由选择的，每个人都可以在自己喜欢的学科里做更有意思的尝试和实验……长大了才知道，不是只有戴眼镜穿长衫的先生才是好老师，也不是只有外表漂亮的学校才是好学校。从事教育工作已近二十载，在如驴拉磨般的重复工作中，我发现很多学校、很多教育工作者所走的路程虽已可绕地球数十圈，但却从而未离开超过原点半径大的距离，甚至走得越多，越忘记了自己当初出发的原因。

什么是好学校，真正的好学校应该是怎样的？温州市教育局长谢树华先生的《什么是好学校》一文引起了全社会的广泛关注，引发了教育工作者的深刻反思，也让更多的人（包括教育工作者），明白了什么是真正的好学校。我想，对于好学校人人都有自己的梦想和期待。或许只有让梦想“照进”每个人的现实，让梦想引领我们努力前行，才有可能创造出更多真正的好学校。

梦想一：人人都可以成为校本课程的开发者和实施者。

谢局长指出，好学校应该要有丰富的课程体系。我国实行三级课程管理体制，校本课程是其中非常重要的内容。校本课程是学校根据自己的办学理念和实际情况自主开发的课程，具有很强的自主性和校本性。现代学校之间的竞争已不再是占地面积和辅助用房之间的比赛，更重要的是比谁能开发出更多、更丰富的、更适合学生发展的校本课程，谁能最大程度地满足学生成长的需要。校本课程的建设任务应该由谁来承担呢？笔者认为，好学校里的每一位老师，甚至包括学生，都应该、也都可以成为校本课程的开发者和实施者。教师的专业成长从何而来？就在课程开发和实施的每一过程和环节中。开发一门新的课程，教师除了必备的专业知识和技能外，更重要的是心中要有学生。读懂学生，知道他们要什么，更知道他们今后需要什么，并努力在今天的校园生活中加以培养，这才是校本课程开发的深层次动力和原因。好学校里的老师不仅具有开发课程的主观愿望，更具备课程开发的能力和技巧。他们并非生而知之者，重要的是，他们愿意为了学生去学习，为了社会去学习。于是校园里、图书馆里，到处可以看见他们埋头苦学、积极实践、勤于反思的身影。他们的努力既提升了自己的专业水平，也为学校建构了丰富的课程体系。在好学校里，学生也能成为校本课程的开发者。孩子们会基于自己的学习经验和成长经历，或在教师的指引下，或独立思考，开发出适合同龄人学习的课程。如我们学校的魔方课程，就是六年级学生的杰作，该课程深受全校同学的喜欢，甚至在社团选课率中稳居前三位。

梦想二：人人都应该有勇气造梦、逐梦和圆梦。

杜士扬老师曾说过：“梦想点燃了一个人生命的希望和热情，梦想催动了一个人奋起战斗的勇气和决心……多数人并非没有梦想，而是缺少面对梦想的勇气！”好学校里的每一位师生都应该有梦想，更敢于追逐梦想。教育家陶行知先生当年怀揣教育梦想从国外留学回来，他深知中国教育首先是千千万万平民百姓的教育，不把广大平民的子女教育好，中国就永远没有富强的可能。而教育数以万计的广大民众就需要有一批乡村教师。于是他毅然脱下西装、挽起裤脚，跑到南京郊外开办了晓庄师范学校，一干就是十多年。作为同行，我深知陶老先生当年办学的艰辛与困难。我知道先生不是不怕苦，而是内心执着的强国梦在支撑着他。这梦想源于他对祖国深深的热爱，这份爱给了他无穷的力量和勇气。我们的老师又何尝不需要这份勇气与梦想呢？教师要有梦想，有梦想的教师才会培养出一批有梦想的学生。这梦想是基于对美好生活的展望，基于对人生价值的深度反思，更是基于对国家、对民族最负责任的担待。勇于追梦不是指不害怕、无所畏惧，而是指心虽有怯却依然勇往直前。教育工作者就应该有这份气度和品质，只有这样校园才有可能成为真正的“梦工场”，成为师生放飞梦想，放胆拼搏，放手收获的理想乐园。

梦想三：学校应该成为先进文化的集散地。

学校是什么？学习知识的地方吗？不完全对。在经济日益发达的今天，不是只有学校才能学到知识，图书馆、社区学院，任何时间任何地方通过网络都可以学到知识。那学校是什么？师生交往的地方？也不完全是！公园里、社区里我们随时都可以与各种各样的人交往，提升自己的各种能力。百度这样解释学校——学校是有计划、有组织地进行系统的教育活动的组织机构。系统的教育活动，不仅指科学文化知识的传授，还包括其他方面的知识、能力以及一些非智力因素的培养。我想，学校不仅包括以上种种，更重要的是，学校还是一个先进文化的集散地，是传播正能量的地方。哈佛大学，作为举世瞩目的世界顶级大学，她不仅培养出了千千万万杰出学子，更重要的是她传达了“与真理为友”的核心文化。素以“精英摇篮”“绅士文化”驰名全球的英国伊顿公学，向来以其管理严格、学生成绩优秀（当然绝不仅指学习成绩）而闻名于世，更重要的是他们总是积极鼓励学生“追求你可能拥有的梦想”，从而培养出来一批又一批各行各界的领军人物。温州市少年游泳学校作为鹿城区特色教育的“五朵金花”之一，浙江省内唯一一所被命名为“省级体育单项后备人才基地（游泳）”的全日制小学，我们坚持内涵发展、文化育人。我们向全校师生乃至全社会传达的“每天上游一点点”“争做更好的自己”“让每一个孩子都成为精彩世界”的教育理念，让更多的师生具有了正能量，学会了制定人生目标，学会了一步一个脚印地追逐梦想，这不就是先进文化鼓舞人的最好证明吗？学校文化并不是一成不变的。我们既要不断挖掘自身优势，吸收外来先进文化，形成自己独特的校本文化，更要积极传播先进文化，用文化包装人，用文化鼓舞人，更用文化发展人，这才是历史赋予学校最重要的使命之一。

关于好学校，我还有很多的梦想和期盼。作为一个普通的教育追梦人，我从未停止过奋斗的脚步。也许今天，我所做的每一点滴都不足以为人道、为人知，但梦想的实现就在于不断地努力和积累。秉持“每天上游一点点”理念的少泳校人，正沐浴在梦想的阳光里，朝着自己心中的目标奋勇前行。也许我们距离群众梦想中的好学校尚有距离，但只要我们不停步，坚持每天进步一点点，一定能够到达成功的彼岸！

2012年10月在少泳校智慧论坛上的发言

请别剥夺孩子成长的机会

——访港交流体会

“不让孩子输在起跑线上。”似乎已经成为当前家长的一种共识,从某个方面也反映出家长望子成龙的急切心情。然而放眼当前的家庭教育,却发现很多家长在自己刻意营造的环境中,无情地剥夺了孩子成长的诸多机会,使得孩子在一开始就输在了起跑线上。

短短五天的访港交流活动中,孩子身上表现出来的种种不尽如人意,在老师倍感教育无奈的同时,也深刻感受到当前温州家庭教育的悲哀。

镜头一:餐厅里。孩子们已经吃完晚饭准备离席。随着带队老师的一声令下,孩子们立即起身就走了。只听见,带队老师扯着嗓子喊:“先别走,这里的水壶、照相机、书包都是谁的,怎么就没人要了?”一张只有七个孩子就坐的餐桌上,就有四件东西被孩子们落下了。不管老师怎么提醒,还是有一个包被主人无情地“甩掉”了。“平常跟着妈妈出来,妈妈都不让我们拿东西的。”一位孩子嘟囔着说。

镜头二:太空馆里。孩子们很兴奋,忙着“参观”,但更多的是忙着拍照。偌大的太空馆因为我们学生的到来显得异常热闹。悄悄问一些忙着拍照的孩子,你们看到了些什么?孩子大声地回答:“老师,我们哪里有时间看。太忙了,要赶紧拍一些照片回家给爸爸、妈妈看,我自己都没时间看。”

镜头三:酒店里。时间尚停留在晚上七点四十分,一些洗漱完毕的孩子已经舒适地躺在床上看电视了。地上凌乱地堆放着一些脏衣物。“怎么不动手把衣物洗干净?”带队老师微笑着问孩子们。孩子们疑惑地答道:“妈妈说,衣服都不用洗的。她已经给我准备了五天的换洗衣服。”“但是,我们接下来三天都要穿校服的。你们只有两套校服,怎么够穿呢?”“可是,我不会洗。”

……

这样的镜头数不胜数。

我们的孩子怎么啦?

我们的教育怎么啦?

在我们感慨学校教育无能为力的同时,更让人痛心的是家庭教育的缺位。在“利”字当头的现实社会里,更多家庭关注的是能在多大程度上给孩子提供优越的物质环境,关注的是能给孩子报多少素质培训班,关注的是孩子的学习成绩能得多少分,却忽视了孩子良好行为习惯的培养,忽视了其综合能力的培养和人文素养的提升。校园里,我们经常会看到一些孩子下雨天冒雨进校园,却从来不带雨具,即使带了,也会在校门口被家长拿走。问他们为什么?孩子说“爸爸妈妈不让带。”问家长为什么不让带,说怕丢。试问家长,孩子丢掉一件雨具重要,还是丧失一种保管自己物品的能力重要。保管雨具,乃至今后保管、保护自己生命中重要东西的能力,都是在点点滴滴的生活“课堂”中逐渐培养的,甚至是在无数次的挫折和失败中培养的。当家长给孩子多包办一件事情时,就无情地剥夺了孩子一次成长的机会。我们的孩子就在这样一次次所谓的“爱心”教育中,逐渐丧失各种能力,最终沦为生活的低能儿。这种遗憾又岂能是高分数所能弥补?

访港交流时,我们的孩子急着拍照留影,是因为家长有交代,回来要让爸爸妈妈看看,他们玩了哪些地方?试问家长,他(她)去了哪里,见到了哪些东西,难道只有照片才可以说明问题?为什么不让孩子给你们讲讲沿途所见所闻,为什么不让孩子给你画画最有意思的一件事?为什么不让孩子展示访港过程中学会的一样新本领呢?当家长的“命题作文”思路更宽泛些,更有意义些,我们的孩子就会收获不一样的成功。如爱丢东西的孩子可以交给他学会保管好自己物品的作业;不会交往的孩子可以交给他(她)结交一位新朋友的任务;爱挑食的孩子就交给他(她),记录每餐菜肴的营养价值等任务。如果每一位家长都能依据自己孩子的个性特点和家庭阶段性教育的不同任务,设置个性化的菜单作业时,我们的行知学堂才能真正发挥其“行万里路、读万卷书”的作用,我们的孩子才能真正有所体验、有所感悟、有所成长。

别再让爱成为扼杀孩子的匕首,让我们学做孩子生命中的贵人吧!

2012 年 6 月 13 日在少泳校智慧论坛上的发言

有一种爱叫做放手

——答余奶奶之问

余奶奶：

您好！

昨日在校长信箱里读到了您的留言。非常感谢您对学校工作的支持和配合，尽管您对学校现有的管理制度不太理解，但在孩子面前您还是选择了与学校保持一致，让孩子感受到学校教育与家庭教育的一致性。对此，我表示深深的谢意。

您认为下雨天让孩子独自进入校园不妥，希望校方在管理方面能够更人性化些，允许家长一直护送孩子进入教学区。对于您的心情，我能理解。这些天我也站在校门口，看着家长护送孩子们进校的举动，充分感受到家长对孩子的关爱之情。其实，当我看着孩子们或冒雨入校、或背着书包拎着游泳包吃力地打着雨伞进校时，我也有一种想上前去帮忙的冲动，但理智告诉我，这样不好！我们的孩子终有一天会离开我们独自翱翔四方，今天如果给了他过分的关爱，就会阻碍他明日长成丰满羽翼。一只小雏鹰如果没有经历多次的试飞、跌落、爬起，再试飞、再跌落、再爬起的循环历练过程，是不可能长成强劲有力的双翅翱翔于蓝天的。我们的孩子也是如此。今天，我们适当的放手，明天他必将迎来更灿烂的人生。

前几日，在报纸上读到了一则报道，是关于日本孩子在大冷的冬天，在冰天雪地的室外光着膀子上体育课的事。看着日本的小学生冻得直打哆嗦，却仍坚持在雪地里活动时，我震惊极了。对于这种近乎残忍的训练方式，我不敢苟同。但我认为在恰当的时候，给孩子一些必要的锻炼和挫折教育是必需的。学校大门距离门厅不过十来米，门口有保安，校内有值周老师，一道道严实的安全防线已经高高筑起。在这个确保安全的范围内，我们完全可以放手让孩子独立行事。在温州有一个习俗，每一个即将跨入小学校门的孩子都会收到长辈赠送的三件套——书包、雨伞和雨鞋。但是纵观今天的孩子，除了书包外，其余的“装备”似乎都已经成为“过眼云烟”。看着我们的孩子被家长用自备车、摩托车、三轮车、自行车等交通工具送至校门口，还要由父母扮演着“高级书童”打着伞护送进门厅时，我的心不禁一阵酸痛。这些被父母搂在怀里不受半点委屈长大的孩子们，不知有多少自理能力、竞争能力已经被“残酷”扼杀了。明天，他们将拿什么去与人竞争呢？

身为长辈，我们常常因自己小时候生活条件艰苦，吃了不少苦头，故而总倾尽所能让孩子吃得好些，穿得好些，尽自己一切努力让孩子过得安逸和舒适。这样的做法从情理上讲，无可厚非。但却违背了孩子身心发展的规律，忽略了孩子在特定成长阶段所必需的特定教育内容与方式。爱需要正确的表达，爱更需要正确的教育方式。给予一切不是爱，事事迁就也不是爱，纵容一切更不是爱。有时候，过度的关心、过度的给予却是一种伤害。该给时就给，该放时就放，这才是真爱的表现。

亲爱的余奶奶，让我们学会适度放手，为孩子的成长创设更广阔的天空。

祝您身体健康，万事如意！

您的朋友　陶晓迪

2010 年 4 月 23 日

做学校文化的铸造者

不知不觉间，我从事学校管理岗位已有八个年头。随着不惑之龄的到来，初生牛犊不畏虎的激情渐已褪去，随之而来的是对生命的愈发淡定和深恐办不好学校的焦灼与不安。学校是一个教书育人、授业解惑的地方，是一个传播先进文化的地方，更是实现人类文明传承的地方。

学校必须重视文化建设，包括重视物质文化、精神文化和制度文化的建设。学校文化建设渗透于学校的教学、科研、管理、生活及各种校园活动等方面，是实施素质教育和精神文明建设的重要组成部分，是学生成长、成才的内在需要，更是推进学校和谐发展的重要载体。身为“一家之主”的校长，必须正确理解学校文化的内涵，并带领团队为建设学校先进文化而不懈努力。

(1)学校文化不是文字的简单堆砌。它既不能照搬照抄，也不能生搬硬套；既不能玩文字游戏，也不能哗众取宠；既不能曲过高无人和，也不能低俗以致不堪入耳目。它必须是办学者基于学校发展的历史文脉，基于现实办学的实际情况和办学者对教育理想的价值追求而形成的具有独特价值和教育视野的校本文化，它是教育的普遍真理和地方个案的有机整合。它不一定适用于其他学校，但对这个学校而言一定是“增之一分则太长，减之一分则太短”。

(2)学校文化一定不能只空洞地书写在墙壁上。最近几年我走访过很多学校，包括学习、考察甚至是取经形式的，看到很多学校的校训、校风、教风、学风等精神文化都只是高高地写在或挂在墙壁上，但师生们的行动却又总是自顾自地，墙上写着的是一套，实际做着的又是另一套，大有挂羊头卖狗肉之嫌。我认为如果一个学校的校训、校风等文化如果不能转换成师生的行为文化输出的话，那就不能称为真正的学校文化。校长要努力通过建构德育目标体系并施之以切实可行的教育活动，通过建构并实施独特而又多元的校本课程体系促进师生健康而又活泼地发展，通过打造以生为本的课堂促进学生多元智能的发展，并使之真正成为学校想要塑造的、具有某种独特文化元素的人，这样的文化才是真正有生命力和行动力的学校文化，才是我们真正要建构的文化。

(3)学校文化也不是一成不变的。①任何一个学校的文化都有一个从不完善到完善的发展过程，校长引领全体师生共同铸造学校文化的过程实际上也是校长自身专业的成长过程。②形势在发展，社会在进步，我们所面对的社会矛盾与挑战不同，时代赋予教育的历史责任也不相同。这就决定了学校的文化也不能一成不变。这个变不一定是字面上的变化，但却一定会在其内涵的广度与深度上有所变化。如清华大学的“厚德载物”、哈佛大学的“与真理为友”等校训均是历经多年风雨而未改变，但真包含的内涵却更丰富与深刻了！所以，一个成熟的校长是能够应对挑战而不断丰富、完善自己学校的校本文化的。

一个好校长就是一所好学校。一个有思想的好校长一定能铸就一个优质、独特的校本文化。这一过程不仅是校长的专业成长史，更是学校文化的发展史、进步史。我期待之，并努力为之！

2013 年 5 月载于《浙江省杨一青名校长工作室学员学习感受汇编》

教育要培养有文化的学生

作为浙江省“杨一青名校长工作室”的学员，我有幸走访了很多学校，有省内一流学校如杭州的学军小学、求是小学、绿城育华小学；有特色显著的学校如杭州大关小学、菱湖三小等，更有立足校情抓住发展契机闯出一片天地的学校，如南京行知小学、柴桥实验小学等。这些风格迥异的学校无不以其独特的办学理念、显著的办学特色屹立于当地教育界。只是我常想，这些学校培养出来的孩子是不是也都带有显著的“学校标签”？如果所有的学校培养出来的学生都一样，那么“校校有特色”又有什么现实意义呢？本人认为学校办学的个性化最终是要体现在学生身上。学校教育就是要培养有文化的学生，而这个文化很大程度上就是体现各个学校不同办学理念的校本文化。作为基础教育的起始阶段，小学教育无法提供社会需要的成品，我们所能做的就是让文化在每一个孩子心中生根发芽，让学校文化在孩子身上留痕！

(1)培养有文化的学生是时代赋予学校的历史使命。《中共中央、国务院关于进一步加强和改进未成年人思想道德建设若干意见》中明确提出，学校教育要努力培养有理想、有道德、有文化、有纪律的社会主义建设者和接班人。中国共产党第十八次全国代表大会亦明确指出：“把立德树人作为教育的根本任务”,“文化是民族的血脉，是人民的精神家园”，可见教育的根本对象是人，教育的根本目的和根本任务是育人。而其中，培养人的文化性又是极其重要的一项工作。小学教育是初等教育，是使受教育者打好文化知识基础和做好初步生活准备的教育。小学教育也是一个人一生中所受教育的重要组成部分，它包括系统地学习文化知识、社会规范、道德准则和价值观念。小学教育就是要让孩子们学会认知、学会做人、学会生存、学会做事，这些无不涉及文化层面。可见，培养有文化的学生已不仅是学校自身发展的需要，更是时代赋予学校的神圣职责。

(2)校际的文化差异是个性学生产生的重要前提。在现代教育迅猛发展的今天,学校与学校之间的差异已不仅是地理位置或教育教学设施的不同,更重要的是文化的不同。都说一方水土育一方人,每一所学校也都有基于其校情、校史而孕育产生的精神文化。这种具有显著校际区别的文化正是一所学校有别于另一所学校的重要标志。每一所学校都有着同样教育任务——要努力培养全面发展的好学生,但各个学校却通过不一样的教育教学手段达到同样的教育目的或效果,这也就是办学理念价值取向多元化的结果,正是一个学校文化产生的根源。而这种同宗同源、但又殊途同归的办学理念,正是"不同版本"好学生产生的根本原因,也是个性学生产生的前提。湖州市菱湖镇第三小学是一所以翰墨书香为文化特色的学校,从这儿走出的孩子个个善于吟诗作画、个个写得一手好字,个个对国学有一定的理解,形成了一批有鲜明个性的学生;从宁波市柴桥实验小学走出的孩子,个个会养兰、护兰、赏兰、品兰,在他们的身上充分体现了如兰少年的雅韵和清纯;从杭州市大关小学走出的孩子,则因为有六年的艺术熏陶,他们个个求真向善,个个向往纯美的幸福生活。这种各尚其美的学校文化正是为培养个性学生提供了广阔的平台和载体。

(3)各个学校必须把学校文化转换为师生文化,培养有文化的学生应当成为学校文化建设的终极目标。美国作家特伦斯·E·迪尔曾讲过:"每一所学校都有其不可言传的独特之处,这种独特之处就叫作'文化'"。学校文化建设实际上就是在学校中建立一种新的规则和秩序,其核心是重塑一种新的教育理念、教育哲学和价值追求。这些教育理念、教育哲学和价值追求将最终体现在学校提供的教育内容上、体现在师生的行为变化上。近年来,各种学校都在加大学校文化建设,一处处别致的校园小景、一座座精美的社团教室,一道道别致的校园风景正悄然兴起于各个学校。学校的"四大节"活动也在风风火火地开展,各种学生实践活动都在别具特色地进行中,从校内到校外,从市内到市外,从跨省到出国,活动应接不暇,师生疲于应付。只是在诸多活动归复平静之后,师生的行为举止又发生了什么样的变化呢?答案自在人心。我们也欣喜地看到学生在各大类比赛中取得的可喜成绩,绘画水平、唱歌造诣、写字能力均已远远超过同类学生水平。只是我常想经过系列文化活动洗礼后的学生,他们的思维方式、行为举止、价值追求是否也会因此而有所改变呢？教育就是一个以文化之的过程，通过将人类文明建设的成果作用于学生，从而使其心智模式、价值观念、思维行为模式发生正向的迁移和变化，这才是我们所需求的文化建设！一次偶然机会，我有幸走进当地一所名牌学校，却发现一些学生的行为习惯很差，校园的环境卫生必须靠清洁工人不间断地打扫得以维持，就餐时孩子们大声随意地说话，使餐厅变得像农贸集市一样嘈杂，食物的浪费情况非常严重……眼前的这些现象让我很难把孩子跟有文化的人联系在一起。学校是有文化的地方，学校的文化建设不仅体现在物化的层面，更重要的是体现在师生的言行举止上。学校文化建设的终极目标是人，而不是物，外在物仅仅是文化建设的载体或呈现形式而已。教育绝不能舍本逐末也！

学生是一个个鲜活的、不同的生命个体，适合学生的教育应该是多元化的、可供选择的教育。但不管是哪一种教育，都必须高度关注人的发展。尤其是现代化文明程度很高的今天，教育必须时刻把握文化律动的脉搏，以文化人，让每一个孩子都成为有文化的好学生。

2013 年 6 月载于《浙江省杨一青名校长工作室学员学习感受汇编》

教育质量评价应多些“数据”意识

——福建教育学院教育质量评价培训有感

教育评价是指根据一定的教育价值观或教育目标，运用可行的科学手段，通过系统的收集信息资料和分析整理，对教育活动、教育过程和教育结果进行价值判断，为提高教育质量和教育决策提供依据的过程。教育质量评价是其中的重要环节，是教育综合改革的关键环节。

中国的教育评价历史由来已久，早在战国时期的《礼记·学记》中就有关于对学生的管理与选拔的记载，西汉时的察举法、隋唐时的科举制以及清后期的教育测评制度、民国时的各种教育量表都充分反映了当时教育评价的现状。而如今“数据，已经渗透到当今每一个行业和业务职能领域，成为重要的生产因素。”“大数据”已经引起了人类生产、生活方式的根本性变化，教育评价也必将发生变化。作为教育管理者，我们一定要学会“使物”，而“不为物使”。

要学会用“数据”说话

信息时代的“数据”不仅是简单的“数目字”，还包括了文字、声音、图像、视频等信息资料。数据评价给人更直观、更具体的感受。比如有人问你姚明有多高？你回答“很高，非常高”，他人只是得到一个抽象的感觉。但是你如果明确告知“2.26 米”，这就一清二楚了。如果还可以配以适当的图表数据和对比图片，那就更加形象生动了。教育质量评价也应如此，要学会用数据说话，既简单明了，具有说服力，同时也利于在各种相关因素中综合分析、比较中进而发现问题，便于改进。在近几年举行的全省或全市的教育质量评测过程中，监测部门不仅检测了学生的学业考试成绩，更是对学生的成长环境、学校校长的领导力、教师的课堂教学、师生关系、亲子关系、睡眠时间等多种影响教育质量的因素进行了比较、分析和研究，并以数据、图表和文字说明方式予以反馈，简明精确，极具说服力。在质量评价结果的反馈信息中，我们不仅可以看到传统的平均分、优秀率、合格率等数据，更可以看到影响这些数据的背后的潜在信息，对我们提升教育质量指出了明确的改进方向(见图 1、表 1、图 2)。

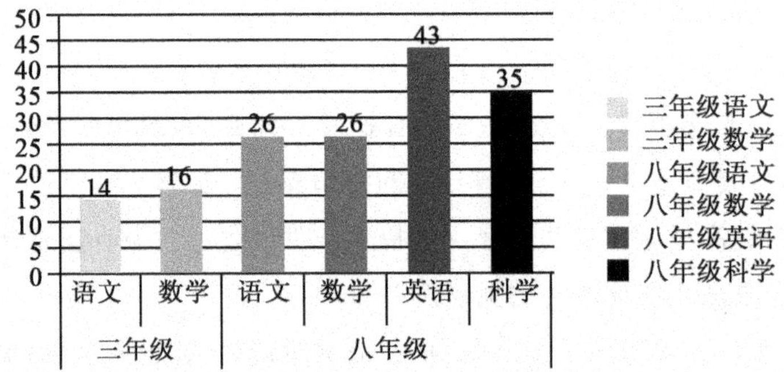

图 1　校长对学校的管理对学生成绩校级差距的解释率

表 1　校长对学校的管理对学生成绩的差距

指标	三年级		八年级			
	语文	数学	语文	数学	英语	科学
办学自主权	17.03	18.97	−15.20	−28.75	−12.21	−11.89
教学领导力	39.24	32.56	28.19	52.23	53.91**	54.98**
国家课程开设	−25.07	−21.68	19.21	19.60	17.92	22.15
对老师专业发展的支持	33.65**	22.11*	27.97	26.85**	26.05*	

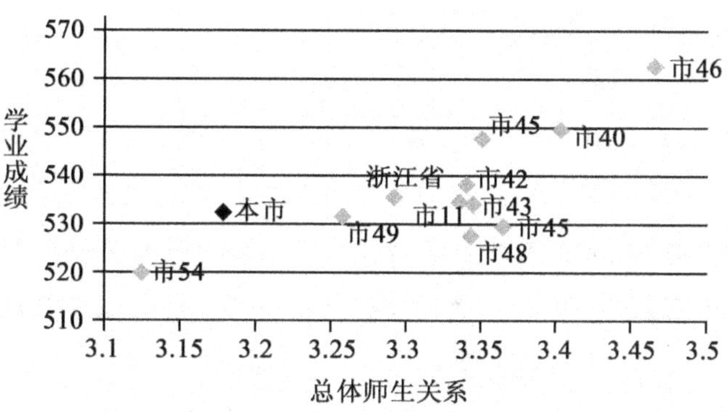

图2　三年级总体师生关系与学业成绩的影响关系

如何用数据说话？

在信息技术、云计算和云平台飞速发展的今天，人类社会已经迎来了“大数据时代”。“大数据”具有数量庞大、类型繁多、速度快和时效高的特点。那么，在这种背景下教育管理者又应该如何获得数据、分析数据和整理数据，从而让“数据”更加理直气壮地说话呢？

(1)数据从何而来？教育部在《关于推进中小学教育质量综合评价改革的意见》中提出，评价“既要关注学业水平，又要关注品德发展和身心健康；既要关注共同基础，又要关注兴趣特长；既要关注学习结果，又要关注学习过程和效益”。评价应在全面客观收集信息的基础上，根据数据和事实进行分析判断与评价。“可以通过测试和问卷调查等方法进行评价，再辅之以必要的现场观察、个别访谈、资料查阅等”。鉴于此，笔者认为评价“数据”的获得除了即时测试、现场观察与问卷调查之外，更重要的是教育教学全过程中数据的采集与获得，这主要有三大来源，即测量、计算与记录。也就是说，从学生入学的第一天开始，学校就要为每一个孩子建立独有的“数据库”，“数据库”内所需采集的信息包含了质量评价所需的全部内容。在整个数据的采集过程中，不仅是学校老师，连家长、学生都可以成为评价数据的采集者(学生同时还是数据的生产者)。如学生成长档案袋的建立(纸质档案与电子档案相结合)，对学生每学期质量评价内容的连续跟踪及分析等，从而使评价工作日益渗透在日常的教育工作之中，真正实现评价的动态性、连续性和科学性。

(2)如何用数据说话？著名历史学家许倬云说，“大数据”之“大”，就在于将各种分散的数据，彼此联系，由点而线，由线而面，由面而层次，以瞻见更完整的覆盖面，也更清楚地理解事物的本质和未来的取向。教育质量评价的关键，就是对所需数据的整理、分析与整合。这其中就需要将这些数据进行“计算”。但是这种计算又不是简单的“2＋2＝4”或者“3×3＝9”，而是通过特定的“算法”对大量的数据进行自动分析，从而揭示数据当中隐藏的规律与趋势，即在大量的数据中发现新知识，从而为决策者提供参考。如在2013年的温州市教育质量监测过程中，监测机构不仅对学生进行了命题测试，而且还对影响学业质量的各个因素进行了研究，如学生的学习动机、自信心、学校归属感、学习策略、课堂学习、师生关系、教学的环境、教师专业发展和学校办学自主权等。更重要的是将各个因素之间的关联进行了综合分析，从而揭示影响高质量教学效果出现的因素和努力方向，进而为教育决策提供新的依据(见图3、图4)。

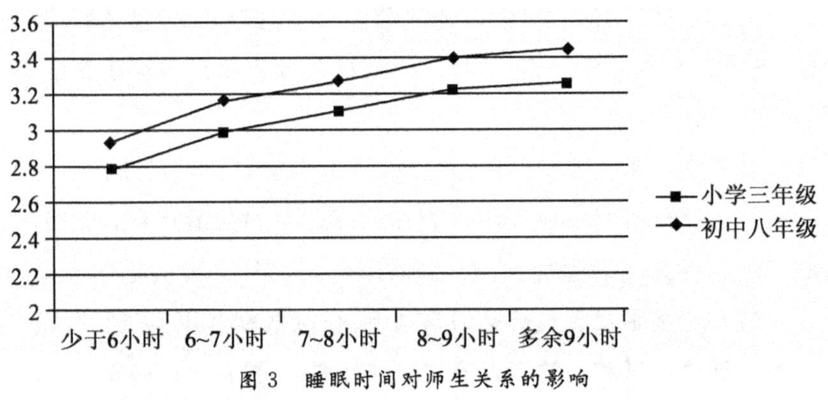

图3　睡眠时间对师生关系的影响

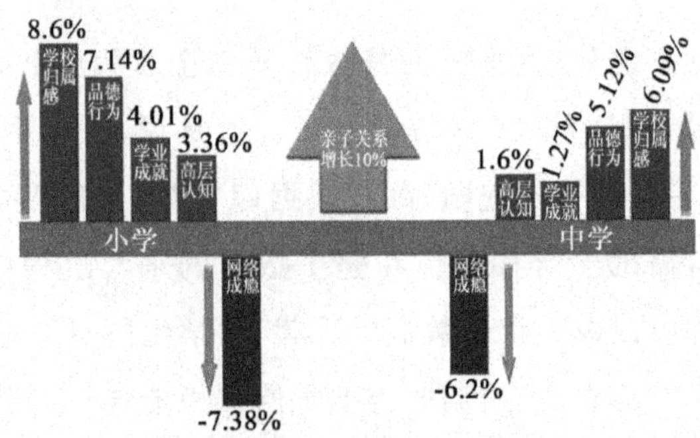

图4　亲子关系对学校归属感、高层认知、品德行为和网络成瘾的影响

但是这种数据“计算”能力与技术却不是所有的人都能掌握的。因此建议各县区应以区县为单位建立专门的教育质量评价机构，培养专业评价人才，并通过他们所掌握的特殊技术或者“软件”进行专门的“计算”，以帮助更多的人获得科学的评价结果，进而促进学生健康成长。同时，还应加大对基层学校的培训与指导，使基层工作人员尤其是一把手校长具备数据评价意识，并具有初步的“读数”能力和“算数”能力。

积极建构“数据”文化

著名教育评价专家斯塔费尔比姆指出，“评价更重要的意图不是为了证明，而是为了改进。”但这种评价必须坚持定性与定量的相结合。而事实上，不管是定性评价还是定量评价，都离不开数据的支撑。尤其是在“大数据”时代，人类所有的记录(教育质量评价当然也包括在内)，无论是数字、文档、图片还是音频与视频，都将以数据的形式存在。数据越丰富，后世的研究者也就越能经由数据更好地再现当时的状况。教育评价也是如此。可见，数据已经成为这个世界最重要的土壤和基础，基于此，教育界应努力建构质量评价的“数据文化”，这是一种尊重事实、强调精确、推崇理性和逻辑的文化。为此，我们首先要重视制度的建设，通过健全机构、完善组织来加强领导，健全数据评价质量的制度体系，进而使数据评价成为常态；要重视评价技术的模仿或者创新，建立数据获取、分析和整理的流程范式，将之固定化，进而形成一种行之有效的操作模式或范本，让广大教育工作者都能掌握基本的技术，真正推动“数据”文化的建立；教育行政部门要善于整合资源建立数据评价的云平台，使基层学校的质量评价能更方便地进行，以避免重复开发造成的浪费。

也许，教育质量评价并不是一件新鲜的事物。但是在“大数据”时代背景下，它的形式和内容都将发生巨大的变化。对于战斗在教育第一线的我们必须要借势而上，转变观念，抓住机遇，以更好地提高教育质量，更好地促进师生的健康成长。

2014 年 9 月 24 日在温州市骨干校长教育评价学习会上的发言

学校德育活动设计应多些课程意识

——策划爱心义卖活动有感

从事德育工作已有十八个年头，从最初的中学品德课教师到如今的小学校长，不觉间已人到中年。因为工作的原因，我曾主持或设计过无数次的德育活动，每一次活动可谓是煞费苦心、大动干戈，但成效却并不令人满意。反观今日校园里的诸多活动，似乎也会犯同样的毛病。虽然场面壮观，感人肺腑，但因为缺乏系统的顶层设计和科学的教育理念，效果常不尽如人意。笔者认为，学校德育活动的设计必须深入贯彻大德育观，让每一次活动尽可能课程化，应包括"课程目标、课程内容、课时安排和课程评价"等方面，并有机统整学科教学，使之真正成为促进儿童作为人的发展的有效载体与途径。

一、学校德育活动的设计应有课程意识

课程一词源于拉丁语，原指"跑道"，后引申为有组织的知识体系，现指按照一定的社会需要，根据某种文化和社会的价值取向，为实现学校教育目标而组织制定的一套有目的、可执行的计划，它规定了培养目标、具体内容和实施的方法，并且有一套可以具体实施的策略以及恰当评价的方法。课程既包括学校所教各门学科，也包括有目的有组织的社会实践活动和课外活动等。德育活动作为学校重要的综合实践活动，也应属于课程的范畴。所以，设计德育活动时必须要有课程意识，有相应的教育目标、教育内容、实施的方法以及评价方法与策略等。以我校举行的爱心义卖活动为例，活动目标为"学会表达爱以及职业体验"，具体内容包括"爱心主题教育、宣传海报设计、宣传标语设计、我当广告员、销售培训、数据统计学、个性商铺设计、向困难人士送温暖"等活动；实施的途径

与载体包括:“爱心教育(主题班会1课时)、海报设计和个性商铺设计(美术2课时)、宣传标语设计(语文1课时)、数据统计(数学1课时)、爱心义卖(综合实践活动2课时)、向困难群众送温暖(综合实践活动2课时)”等共计9课时。评价方式主要包括:“爱心天使奖、任务完成奖、最佳商铺奖、最佳海报奖、最佳广告员、最佳出纳”等共计十六个奖项。设置不同奖项是对其不同任务完成情况的评价,从而让每一项活动有圆满的落脚点。

二、德育活动的对象必须面向全体学生

学生是学校的主人,也是每一次德育活动的主体,活动的参与对象应该是全体学生而非部分。以我校义卖活动为例,三—六年级学生是义卖的主体,他们的任务是学会销售商品,学会诚信经商。但低段的孩子也不能落下。我们将这部分孩子定位为消费者群体,引导学会文明交往,“学会合理消费、学会认读海报”,实现“一个孩子都不能少”的活动理念,让每一个孩子从中有所体验与感悟,进而获得个体的成长。

很多时候,学校里举行的活动中,主角永远是舞台上的那几个孩子,其他孩子似乎永远都是观众,一个与主角几乎没有任何瓜葛的看客。子曰:有教无类也。教育不能挑肥拣瘦,我们的目标是让每一个孩子进入学校后,经过六年的教育后能够实现其本身价值的增值,这种增值不仅是知识的增值,更重要的是能力、习惯、素质等方面的增值。那么,靠什么实现增值呢?那就是通过系统课程的学习。课程面对的是全体学生,一个也不能少。我们会不假思索地赞同语文课、数学课、英语课要顾及每一个孩子,让每一个孩子学有所成。德育活动也是课程,它是基于学校实际,在学校中生成,为了促进学生成长的校本课程,这种课程的教育对象自然也就是全体学生,而非个别学生。课堂改革指向“以生为本”,德育活动指向也应该是“以生为本”。这个“生本”,不是个别学生的“生本”,而是全体学生的“生本”。

三、德育活动的开展必须统整学科教学

学校德育活动必须坚持“全程育人、全员育人与全方位育人”原则。德育活动只有实现学科整合,统整各学科教学方能有效实现教育目的。以本次义卖为

例，学校有机地将语文、数学、美术、英语等学科教学融合在一起，通过多学科的合作并进让孩子获得多元智能的和谐发展。在美术课中，如何让设计的海报体现爱心，如何打造个性化爱心商铺，如何通过海报吸引消费者的眼球，继而愿意购买自己的商品就成为孩子们需要着力克服的难点。在销售过程中，如何通过叫卖达成商品销售目的，这需要掌握人际沟通的技术与要领；如何让销售活动能够获得盈利，达到预期的销售效果，这需要前期的数据分析与商品的合理定位，这项任务可以通过数学课落实……总之，通过一次活动将各学科老师紧紧凝聚在一个目标旗帜下，分工合作又各司其职，真正实现了全员育人。

德育活动是学校教育教学活动的有机组成部分，一切德育活动都不是凭空产生，也不是无序进行的，它势必围绕着学校的育人目标和校本德育目标体系而有序开展的。教育无小事，育人皆大事，我们必须精心设计每一次德育活动，让每一个孩子都能从中获得感悟与成长，这才是教育真正需要做的事情。

2014 年 4 月 2 日在城南学堂中的讲话

生本教育之我见

2013年的鹿城教育大地上刮起了“生本教育”的热潮，一时之间“生本教育”遍布校园各个角落。何为生本教育？按该理论创立者华南师范大学郭思乐教授解释就是：“在教育中必须一切为了儿童，高度尊重儿童，全面依靠儿童。充分地让儿童按照自己的学习天性来学习，依靠学生的内部自然发展学生的学习天性。”那么，我们之前的教育又是在做些什么？“生本教育”是对过去教育的全盘否定？还是对过去教育的拨乱反正？抑或是有划时代意义的教育形象重塑？我想，任何一个接触过“生本教育”的人心中自有一杆秤。“生本教育”并非独树一帜地提出一种全新的教育理论，它只是对教育最本真问题的重新思考，并尝试通过建构新的教学模式达成目标。跟许多从广州培训回来的老师一样，我在走走停停、看看想想的过程中，也对生本教育有了些许新的思考和认识。

思考一：“生本教育”没有固定、统一的输出模式，切勿将广州众学校的实验课堂当成教育标杆引入鹿城。

日本作家金子美玲在《我和小鸟还有铃铛》一诗中写道：

“我伸展双臂，也不能在天空中飞翔，会飞的小鸟却不能像我，在地上飞快地奔跑。

我摇晃身体，也摇不出好听的声响，会响的铃铛却不能像我，会唱好多好多的歌。

铃铛，小鸟，还有我，大家不同，大家都好。”

教育也是如此。我们追求一样的教育梦想，践行相同的教育理想，致力于孩子的健康成长，使之获得新的生长。但是实现这种目的的途径和载体可以是多样的。生本教育是郭思乐教授主持开展的，以课题研究形式带动的大型教育整体改革实践。因为天时、地利等诸多因素的影响，广州一些学校有机会抢先成为他的课题实验、成果推广学校，生本课堂教学模式也率先在广州铺开。但是在现场我们也发现此种课堂模式存在不少诟病。“以学定教，先学后教，导学案的设计”等学习行为确实推进了学生的自主学习，但“先学后教”就一定是生本课堂吗？课堂上充分发挥学生的主体意识，一节课就让孩子从头讲到底，教师就说“你说得真好”“谁还有没有补充”两句话就是生本课堂了吗？笔者认为并不尽然！生本课堂可以有其基本范式，但这只是课堂教学者必须恪守的底线，而非全部。教育者的智慧就在于把握底线的基础上，加入更多创新的“自选动作”，从而更有效地促进人的发展。由此可见，生本课堂也没有固定的、一成不变的输出模式，它将随着教育者、教育对象以及两者之间的动态变化而变化。鹿城教育人要开放，要走出去，要学会拿来，但绝不是生搬硬套，简单复制。

思考二：“生本教育”的立足点是学生，追求的价值取向应是学生作为个体人的发展，而不仅仅是知识技能的增长。

法国思想家卢梭提出：“教育即生长，生长就是目的”。杜威在此基础上指出，教育要让每个人的天性和与生俱来的能力得到健康成长，而不是把外面的东西比如知识灌输进一个容器。生本教育是一种教育思想，更是一种行为方式，这种思想和方式的最终落脚点都在学生身上。广州的观摩会上我们听到各实验学校如传销般地推广生本课堂的妙处和成效，让众多与会者无形中激情澎湃、斗志昂扬，如获至宝。但是冷静一想，我们的课堂到底追求的是什么？陶行知先生说：三等先生眼里只有书没有人，不管什么书拿来就教，在他们的眼里学生如同装知识的容器；二等先生会选择恰当的书教学生，但也只是教书而已；一等先生眼里有活生生的人，育人教书，传道解惑。而育人的主阵地就是课堂。课堂不仅要传授知识，更要注重德的培养、能的习得和道的悟得。在生本课堂上，我们看到很多孩子经过前期的自学已经掌握了很多知识，个个争先恐后地畅所欲言，但却忽视了倾听能力的培养，忽略了对他人意见的吸收和接纳。每每这时我都在想，表达自己意见固然重要，但倾听是否也是我们需要培养的一种品质呢？生本课堂的着力点如果仅在于帮助学生掌握更多的知识，而忽视其他非智力因素的培养，那简直就是一大败笔。中国教育学会陶西平先生说“学校教育应着力于素质，着眼于未来。”我想，真正的生本教育也当如此。

思考三:“生本教育”是一个结构系统,切不可以点概面,更不能为了追求所谓的效果,忽视教育自身规律和人成长的内在规律。

生本教育是一个完整的结构系统,包括学生观、教师观、课程观、课堂观、评价观等。作为初步接触者,我们切不可如盲人摸象般妄下断言,更不可就某一个细节的瑕疵全盘否定或某一个细节的优秀而全面引入。我们应该通过研究课堂进而研究其理论,吃透研透,从而进行科学的借鉴与实验,以形成有鹿城区域特色的生本教育模式。

同时,任何一种教育都必须尊重客观实际,尊重人的身心成长和教育的内在规律。生本教育本就不是超脱于普遍真理之外的特殊理论,自然也得遵循这一客观规律。人的身心发展就是一个有顺序的、持续不断的渐进过程。如生理方面,身体的发展是先头部后四肢,先中心后边缘。而心理机能的发展顺序是由具体形象思维到抽象逻辑思维,由机械记忆到意义记忆,由无意注意到有意注意等。以儿童注意力集中时间为例,5～6 岁时约为 10～15 分钟,7～10 岁时约为 15～20 分钟,10～12 岁时约为 25～30 分钟。那么生本课堂中教师就更应该关注学生的注意力发展特点,要特别注意教学时间的合理分配,切不可一种教学手段一灌到底,要学会使用多种教学媒介,变换多种学习方式,牢牢抓住孩子的兴趣点。

今天,“生本教育”的号角已然吹响在鹿城教育的上空,我们在欣慰鹿城教师孜孜不倦努力探索教育真谛的同时,应更多些理性引领与技术层面的支持。教育没有万能药,一把钥匙开不了天下所有的锁,更何况我们面对的是一个个来自不同家庭、拥有不同教育背景、性格迥异、内心世界全然不同的个体。教育不是简单地拿书配孩子,或是拿孩子配书,而是雕琢心灵的过程。今日广州“生本教育”的课堂展示活动只是为我们提供了一个以生为本,幸福成长的区域范例,我们要学习和借鉴的东西很多,切不可以“朝圣”般的心情顶礼膜拜,然后简单地复制、粘贴和使用。须知“橘生淮南为橘,生于淮北则为枳”,只因水土有异也。

载于 2013《鹿城教育》上

我们为什么做校庆?

校庆,顾名思义就是庆祝建校的纪念活动。城南小学的百年校庆启动于2012年底。当我调任城南小学校长时,校庆各项筹备活动已然进行。那时候,我更多的是思考如何做校庆。直到行政会上的一声质疑:"校长,我们为什么要做校庆呀?"这才让城南人停下了行色匆忙的脚步,开始思考校庆活动的价值取向。

校庆活动早已司空见惯,它对于提升学校的美誉度,展示办学成效等方面的作用也是不言而喻的。只是在新形势下,城南人又该如何面对建校一百周年的重大契机实现学校新的发展呢?一次次的座谈会,一次次的校友走访活动,一场场的意见征求会,在无数次的交流与碰撞中,"百年校庆,让每一个经历者更精彩"的活动理念和共同愿景才初步形成。

一、百年校庆是课程资源开发建设的内在需要

中小学教育的重要目标就是培养学生的综合素质和个性特长,为今后人生奠基。实现这一目标的重要手段和载体就是学校的课程建设。课程开发的主体是师生,课程建设的立足点在学校。校本资源的丰富性及与外界和谐互动的相关度直接决定了课程开发的深度、广度与效度。百年校庆恰恰可以在这方面挖掘更多的素材与资源。在校史整理过程中,我们发现了大量平凡而伟大的校友,他们身上的宝贵品质成为提炼城南精神的重要因素;他们的成长故事更是教育当今学子的最好教材;他们掌握的特殊技艺又可反哺母校学子,构建城南独特的校本活动课程;他们的职业与社会经历又可为城南办学提供优质的社会资源……以89届校友郑央凡为例,年仅37岁的她虽非名牌大学出身,但却通过自己的不懈努力成为浙江省最年轻的省级工艺美术大师(瓯塑),其创作的瓯

塑作品《雁荡秋色》入选为北京人民大会堂浙江厅展品。如今,她坚韧、甘于奉献的品质成为城南精神的重要组成部分,她的成长故事时时激励着校园学子,她的瓯塑技艺更是走入了城南校本课程,在她的带动下瓯绣等温州非遗艺术都陆续进入城南小学的课程与课堂,丰富着城南小学的校本课程体系,滋养着孩子的心性。

二、百年校庆是铸就学校文化磁场的重要平台

学校的文化磁场是学校在长期的办学过程中形成的具有独特凝聚力的学校面貌、制度规范和精神气氛,其核心是共同价值观念、共同思想观念和行为方式。城南小学作为一所历经沧桑的百年名校,在其办学历史上曾有新南小学、纱帽河小学、城南第二小学、府学巷小学等学校并入,各并入学校都有其辉煌的办学成绩和特有的文化“气质”。然而,城南小学全体教师的平均年龄尚不足37岁,他们中的大部分人都不太了解百年办学的曲折、艰辛、荣耀与得失,这显然不利于形成更具城南正能量的文化磁场。在无数次的校友联络会、师生座谈会、校史资料学习会中,我们发现了很多鲜为人知的“城南旧事”,这些看似平常的“故事”中却蕴藏着极强的城南正能量,如陈其演校长无私资助贫困学生上学,高智慧校友身残志坚、自学成才,黄滔校友三十年如一日无偿帮助近百名贫困儿童,这些正能量每时每刻都影响着师生的行为方式和价值取向。更为重要的是,在城南百年校庆系列活动的推进过程中,老师们的精诚合作、无私互助,既大大增进了教师间的融合度,更提升了学校的凝聚力和向心力,建构了有序的文化组织和共荣愿景,从而有力推进了学校文化磁场的形成。

三、百年校庆是推动实现精彩人生的有利途径

习近平同志在十二届全国人大一次会议闭幕会上提出:“让中国人民共同享有人生出彩机会。”城南小学一直主张“成人 · 成才 · 成功”的校训,主张“让每一个孩子精彩起来”的办学理念,百年校庆就是推动学生、教师、家长、校友、社区、社会实现精彩的重要途径。城南百年校庆更是独具匠心地推出“六个一百”活动:“百年课堂展学姿、百年游戏促健康、百年讲坛促思享、百年论坛促发展、百家校友凝精神、百年庆典展精彩”。如百年游戏方面,校友收集和改进了

很多传统小游戏，让孩子们在玩耍过程中锻炼身体、增强合作意识。学校还把广受孩子喜欢的游戏编进了校本体育教材，进入了体育活动课堂，为孩子的精彩成长搭建了广阔平台。城南的百年讲坛不仅邀请了广大成功校友，还把社会上的精英人士请进了校园，为学生、为老师、为校友、为家长和社会上有需求的群众广开讲座，在思想与观点的碰撞中，促进其知识、技能的提升，促其人生感悟，帮助更多的人实现自我的精彩。与此同时，校庆还关注了广大校友的需求，积极为校友实现自我价值和社会价值搭建平台。如校友郑央凡多年来致力于推广瓯塑艺术，在校庆过程中得到了校友徐亮的大力支持，成立温州市瓯塑研究会以进一步推动瓯塑的研究与创作。校友陈志远多年来坚持公益慈善活动，无私资助大学生圆梦，在百年校庆的平台上他更是集结各方资源成立了“志远义工社”，帮助更多的城南学子走出校园体验职业特点、学会志愿服务；校友郑怀君积极为学校发展出谋划策，在他妻子遭遇疾病侵袭时，又得到了其他校友的大力帮助，为其联系医生帮助其妻尽快康复……

百年校庆是学校发展过程中可遇而不可求的良机。城南人将以此为契机借势办学，谋划新篇，为让每一个经历者更精彩而不懈努力。

2014 年 7 月 15 日在校友联谊会上的讲话

给孩子一个不一样的校庆日

——城南小学开发校庆日课程的一点思考

自成功举办百年校庆以来，11 月 28 日已经成为温州市城南小学的一个节日。作为浙江省第一批艺术特色学校，城南小学立足校情结合艺术教育特色准备开发校庆日课程，课程内容包括：第一部分为“争做文明观众（演员）、品赏（演绎）课程文化”，主要展示课程改革中学生的学习成果；第二部分为“知我城南百年史、寻根世纪文化源”，主要了解城南历史的文化课；第三部分是“城南梦・我的梦”视觉艺术创作课，主要创作对母校的祝福，或展望自己未来的画作。当这一构想提出之后，校园沸腾，师生欢喜不已。

为什么要设立校庆日？校庆日是传承学校优秀文化，润泽师生精神成长的绝好机会。作为城南人，我们有一个共同的家，有自己的“家”文化，有自己的文化根源。在盘点百年“家史”的过程中，我们清楚地知道自己的“家训”——成人、成才、成功；清楚地知道自己的“家风”——诚信、仁爱、合作与担当；也清楚地知道自己的远行目标与人生风向。诚如清华附小窦桂梅校长所言，老师正是在对本校历史的梳理中，完成作为一个学校人的精神皈依，寻找到前行的航标与远方的灯塔。从这种意义上讲，校庆已不再是简单的庆祝活动，而是一种教育、洗礼与展望。

校庆日里做些什么？百年校庆中的“六个一”活动让人印象深刻，“玩转百年游戏、展示百年课堂、走近百家校友、开设百家讲坛、举办百年论坛、开展百年庆典”系列主题活动帮助我们更好地梳理了家史，提炼了城南人的核心价值和精神追求，也串起了学校的过去、现在与将来。然而，新的百年里我们又该做些什么？2015 年学校抓住了深化课程改革的发展契机，提出关注学生学习过程，让学生学得更好的行动口号。这一年里，我们继续开展基础课程校本化、校本课程特色化、特色课程精品化的实践研究，我们不仅大胆地开发拓展性课程，更是开始了课程整合的研究——美术课老师讲绘本故事，语文课孩子们表演阅读内容，秋游也不再是简单的“吃游”，而是将地方课程、文学、音乐与艺术课程有机地整合在一起，形成了独具城南特色的“诗秋、歌秋、画秋”的综合实践课程，就连校庆日舞台上展示的也是学生的学习成果。校庆日课程是让我们找到了与办学理念、办学目标相匹配的呈现方式，将历史变成了活生生的教材，因而具有了生命与价值。

以后还要举办校庆日活动吗？答案是不容置疑的。这不仅是城南人的文化寻根之旅，是城南人检验年度工作成效的盛会，更是城南人确定下年度工作任务的风向标。校庆日课程是我们探寻、彰显、强化学校核心价值观、增强组织内部文化认同的绝好契机，我们要利用这一机会加强学校赖以存在与发展的精神力量。城南的校庆日舞台上一定会有两位小伙伴，即城南小学的吉祥物——诚诚和楠楠。诚诚象征诚信，寓意仁义智信；楠楠则象征立志成人、成才、积极向上、独具个性的城南娃。学校开展寻找诚诚与楠楠的主题活动，事实上就预示着明年我们将进一步强化学生核心素养的培育，着力点在学生评价建设上，课程与课堂依然是我们的主阵地。

以后，城南小学的校庆日课程还将继续实施。我们将通过校庆日活动，向世人展示什么是城南人所自豪的，什么是城南人所不耻的，什么是城南人应该坚守的，什么是城南人坚决唾弃的。因为价值而坚持，因为坚持而有意义，因为意义而具有了永恒。这也许就是城南小学想要开发“校庆日”课程的最初动机吧。

2014 年 12 月发表于《鹿城教育》

只为那一个个精彩世界

——校庆年活动结束后的思考

历时十四个月的校庆年活动终于落下帷幕。其间，我们共走访了 100 位校友、组织了 50 多场师生、校友座谈会，举办了 30 多场的校友见面会，出版了一本校庆专刊，举行了一场盛大的民乐专场音乐会和百年庆典大会。每一次的活动场景都让我印象深刻、恒久弥新，也对我的教育教学管理工作产生了巨大的影响。一直以来，我都认为“一个孩子就是一个精彩世界”，作为教育工作者必须不断地创造平台，引发他们的成长兴趣，激发潜能，使之绽放精彩。而在校庆年的系列活动中，因为有了更多机会和各界校友、专家、领导、家长代表、共建单位、兄弟学校做碰撞与交流，也使城南小学的“精彩教育理念”更接地气，更富有理论高度和人文气息，学校管理工作也越来越趋向科学和高效。

一、明晰了校长工作的精神坐标——“精彩”是什么？

校长工作千头万绪，教学、管理、会议、调研、迎检数不胜数，跑经费、要项目、落实教师编制、搞好社会关系等事务接踵而来，常使校长食不暇饱、寝不遑安。以至于很多校长在做年终总结时，总以“今年建成多少楼房、拿下多少项目、通过多少评估验收、获得多少荣誉”作为评价自己工作得失的主要指标。殊不知，这种以外在荣誉评价教育教学工作成效的做法无异于“以标论本”“以偏概全”。这只会让校长陷入更具体的事务性工作而无法脱身。那么校长工作的“精彩”是什么呢？通过校庆年活动的系统推进，通过一次次的学习反思、实地走访和交流碰撞，我更加清晰了自己工作的精神坐标。我认为校长工作的精彩就在于打造积极的学校文化场，促进教师更好地育人与自我教育，促进每一位学生健康成长，并为他们今后的终身发展与终身幸福奠定良好基础。同时，校长还能够积累自己“有方治校”的经验与策略，并积极提炼形成自己的办学思想和知识体系，从而辐射周边学校，带动整个社会发展。

二、坚定了校长办学的价值取向——为什么而精彩？

校长是学校的灵魂，有怎样的校长就会有怎样的学校，学校行为也常常因校长的个人喜好和行事风格发生变化。我从不反对校长要有自己的教育思想和管理风格，但我更坚持校长要有科学的办学价值取向。办学价值取向就是办学主体基于自己的价值观，在面对或处理各种矛盾、冲突时所持的基本立场、价值态度以及所呈现出来的基本价值取向。具体到一所学校，主要就反映在校长的管理意识中，是校长在学校管理过程中所坚持的一种观念。在我担任校长的九年时间里，曾经历过三种不同类型的学校，包括农村薄弱学校、城区发展中学校和城区集团学校。每一所学校都有自己的生存空间和文化特质。一直以来我都非常注重学校的特色建设，坚持以生为本，坚持“以德立校、科研兴校、质量强校”，并逐步通过“以评促建”的方式推进学校的内涵发展。但是在实际管理过程中，我却忽视了“终身教育”和“教育要促进社会发展”的社会属性，常使学校陷入简单地追求“示范”或“特色”的功利追求中，也使自己和老师陷入不断迎检的怪圈中。直到这一年，为推进校庆年活动而开展的系统学习、思考与行动研究，尤其是与众知名校长的零距离交流后，我才真正明白学校工作的精彩是为了什么？所有漠视学生发展、忽视教师发展、忽视社会发展的教育都是无本之木、无源之水。而要实现这一工作目标，就必须树立正确的办学价值取向。正确的办学价值取向应包括以学生为本的理念，终身教育的理念，关注学生终身发展的愿望和能力的价值观，学校是影响学生一生的学校观，追求优质和卓越、超越平庸的教学质量观等丰富内涵，是切实体现以人为本的学校发展观。正确的价值取向最主要的是坚持合目的性和合规律性的统一。以城南小学为例，作为温州市一所以民乐教育为特色的百年名校，作为浙江省第一批艺术特色学校，长期以来我们的民乐教育特色却仅限于民乐团的二百多个孩子，其他孩子都成为旁观者。特色教育成果也仅仅限于在各级各类器乐合奏比赛中获奖，这显然不符合我们的教育方针。借助百年校庆的大好机会，城南小学进一步梳理了办学思想体系，确立了“让每一个孩子精彩起来”的办学理念，确立了“培养具有国际视野的现代中国人和美的小使者”的学生培养目标，确立了“以艺健体、以艺益智、以艺育德、以艺尚美”的办学策略，通过课程建构、教师队伍建设和特色品牌打造等途径实现办学目标，既避免了学校走外延式发展的歪路，也杜绝了办学过程中的经济化、产业化的取向。

三、指明了学校发展的方法途径——怎样创造精彩？

校长是学校的重要管理者，优秀的校长往往能带出优秀的学校。放眼中国教育界，这样的例子比比皆是。杨一青校长四十二年如一日扎根在杭州市学军小学，将这所学校打造成为浙江省首屈一指的国际名校；崔其升校长凭借自己的教育智慧和绝地反击的勇气让一所农村学校华丽转身，成为全国炙手可热的课改实验地和农村学校取经的“朝圣地”；李希贵老师凭借独到的教育视野、扎实的学识功底和丰富的治校经验让北京市十一学校成为全国课改的领头雁和中国教育的圣土……这些事例无不说明，好校长是能够创造精彩，打造精彩学校的。而其中，最关键的因素就是要重视学校的文化建设，把先进的办学价值取向转化为具体的、大家都认同的观念或者共同愿景，形成可操作的目标和行动步骤，并带领全体教职员工步步前进，成就精彩。在整个过程中，校长尤其要做好课程、队伍和特色建设。特色建设是办学思想得以实现的重要表现形式，课程是体现办学特色、体现学校内涵发展的最重要载体，队伍建设则是决定以上两方面建设能否顺利进行的重要因素。完成这三大建设对校长的职业素养也有非常高的要求，需要校长不断地更新自己的教育理念和知识体系，不断提升自己的教育教学能力、经营能力和科研能力。只有这样，校长才能不断创造教育精彩。

校庆年活动已经结束，但留给我们对教育的思考绝不会停止。“我行故我思，我思故我行。用心做教育，精彩无止境”是校庆年活动后留给我最深的体会，我也将一直坚定不移地走下去。

2014 年 12 月在杨一青名校长工作室学员论坛中的发言

当教育遇上AI……

——北师大培训有感

深秋，北京街头，银杏泛黄，枫叶渗红，宛若一副色彩浓郁的西洋油画。鹿城校长们抱着朝圣般的心态齐聚中国教育的最高学府——北京师范大学（以下简称“北师大”），开始了为期七天的专业求学之旅。七天来，八位教授的前沿讲座、国家博物馆的实地走访、北京市润丰学校的经验分享无不带给我强烈的精神共鸣和专业震撼，让我在感慨北师大教授的学术造诣和国际视野外，更为自己井底蛙般的见识与格局而汗颜。在众多的讲座之中，让我震撼最大的莫过于北京朝阳区教研中心书记、特级教师张义宝老师关于“AI＋教育”的专题分享。也许是因为这个讲座触动了我的知识“盲区”，抑或是正“撞上”了我们学校的“最近发展区”，从而引发我浓郁的兴趣和即将为之发力的后续行动。为此我恶补了好些天，然终未彻底弄懂AI究竟为何物以及AI时代全面到来后教育的应对策略，现只能将自己的粗浅思考记录如下：

一、何为AI?

2017年，全球最热门的关键词非“AI”莫属。何为AI? AI即人工智能（Artificial Intelligence）的英文缩写，它是研究、开发用于模拟、延伸和拓展人的智能的理论、方法、技术及应用系统的一门新的技术科学。

AI的特点是对人的意识、思想的信息过程的模拟，它与以往机器智能最大的区别在于，它是能够拥有在运行的同时进行学习的机器。该理论的研究包括机器人、语言识别、图像识别、自然语言处理和专家系统，科大讯飞的翻译神器、iPhone 8的Face ID识别系统等皆是人工智能的杰作。

二、AI 时代真的来了吗？

如果说 2016 年的 AI 技术尚处于复兴阶段，那么 2017 年则迎来了全世界人工智能的“井喷”状态。3 月，李克强总理在人大会议上正式提出“人工智能是下一步重大新兴产业的一个方向”，7 月国务院正式印发《中国新一代人工智能发展规划》。9 月，俄罗斯总统普京指出“‘未来属于人工智能’，谁率先主导这一领域，便可成为‘世界的主宰’”，并大力发展人工智能。以下案例更是彰显了人工智能在生活中的广泛应用及其强大作用。

2016 年 3 月，人类围棋顶级高手李世石 1∶3 惨败给人工智能 AlphaGo。2017 年 5 月世界第一围棋高手柯洁 0∶3 再次败北。10 月，诞生仅三天的 AlphaGo Zero 通过自学以 100∶0 的战绩打败旧版 AlphaGo，40 天后又打败了曾击败柯洁的 AlphaGo Master 版本，目前水平已经超过所有版本的 AlphaGo。

2017 年 7 月，百度创始人、董事长兼首席执行官李彦宏乘坐自家公司研发的无人驾驶汽车参加百度 AI 开发者大会，引发关注。

2017 年 8 月，腾讯研发的腾讯觅影筛查早期食道癌，一个内镜检查用时不到 4 秒，发现准确率却高达 90%。

2017 年 10 月 18 日，全球首只机器人选股基金在美国诞生。自启动以来，该机器人所管理的基金已经提供了 0.83%的回报率，专业水准及其投资回报率远超一大批大佬级的基金经理。

2017 年 11 月 15 日，我国科技部召开新一代人工智能发展规划暨重大科技项目启动会，会上宣布了首批国家级的新一代人工智能开放创新平台名单，包括依托百度公司建设的自动驾驶、依托阿里云公司建设的城市大脑、依托腾讯公司建设的医疗影像、依托科大讯飞公司建设的智能语言等国家人工智能开放创新平台。这所有的一切无不显示全球 AI 时代已经全面到来。正如霍金所言，“我们站在一个美丽新世界的门槛上，这是一个令人激动的，但同时也充满了太多不确定性的世界。”

三、AI时代,我们该如何应对?

1. 张开双臂拥抱 AI,坚定用“器”之心

新科技时代的到来并不可怕。自 1996 年入职到现在,我就明显感受到新技术带给教育的革新。从九十年代一张嘴、一支粉笔、一块黑板授课,先后经历了幻灯机、多媒体、电子白板、远程教学、电子书包等阶段,教育信息化的发展给无数师生带来诸多红利。虽然相较其他行业而言,教育对新事物的接纳、使用无疑要显得更被动些,但凶猛来袭的人工智能已经令我们无法回避。与其被动革命,甚至是被迫下岗,还不如张开双臂拥抱人工智能,坚持“不对抗、不排斥,不回避”的原则,将其悦纳囊中,坚持为我所用。

人工智能再强大,它们都只是一种工具、一种技术,仅处于“器”或“术”的层面,只是辅助我们达成教育目的的工具,既不可夸大化,也不可贬低化。新技术可以提升我们工作的效率,但它永远不能替代人在道德、情感、伦理等方面的教育功能。所以,我们必须坚定 AI 技术必将为我所用的信念,用开放的胸怀拥抱它,驾驭它,实现“物”尽其用。

2. 加强学习发展自我,提升驭“器”之能

新技术的应用是需要时间与学习的。今年 3 月 31 日全国智慧教育观摩研讨论坛在合肥八中举行,其间学校展示的人工智能在教育教学中的运用,如优质教学资源的结构化、全时互动以学定教、听说训练无障碍、虚拟现实或者增强现实对教学的支撑、个性化教学、主观题的评测以及分层排课等行动研究,无不令与会者赞叹。

犹记得五年前,我所在的学校开展了以教师课堂教学提问有效性的问题研究。为准确记录教师上课期间的提问内容、次数以及学生的回应(如抬头、回应、思考等举动),每次上课时整个教研组的老师必须全力以赴、分工记录,但却收效甚微。事后,老师们又不得不通过录像回放补全记录,观课效益低,不利于研究活动的深入持续推进。如今,学校可以通过人工智能的图像识别、语音识别和人机交互技术,轻松获得数据,并可生成科学的分析报告,从而大大降低教师的研修成本,同时又可实现精准的个性教学和个性服务。

基于此，我认为学校一方面要加大对教师的培训力度，把现代技术教育与师德教育、专业知识及技能培训有机融合，提升教师对现代教育技术的驾驭能力。以温州市城南小学为例，我们今年的师德培训活动就包括了陈莹丽老师等教师的事迹报告会，以及诸多教育新技术应用的培训会。与此同时，学校还开发了为期一年的教育技术项目学习课程暨“思享沙龙”培训会，以促进教师教育理念的改变，提升他们的驭“器”之能。对于老师们而言，则应更要积极主动学习，以提升自身的专业素养与现代教育技术能力。

另一方面，学校还要加大校企合作力度，通过合法的手段让先进的教育信息技术服务公司进驻校园，让专业的人用专业的知识与技能帮助学校建立智慧的校园教学、学习和管理系统，从而最大限度地发挥科技第一生产力的作用，更好地促进人的成长和未来世界的建设。

当然，教育行政部门也必须采取必要的干预手段和帮扶措施，加大财政投入和专业支撑力度，让一部分学校先“站”起来、“强”起来，再逐步以点带面，实现全区域联动，最终带动区域整体教育水平和教育质量的提升，满足群众对优质教育资源的需求。

3. 不忘初心牢记使命，坚守育人之“道”

新技术带给人类社会的巨大变化是有目共睹的。美国 MIT 和麦肯锡都不约而同地提到，约在 2035 年全球会有 45%的工作将被机器人所取代，但也会因此产生许多新的工作岗位。我们无法给予孩子应对二十年后社会变革的知识，但却可以培养孩子应对未来社会的核心素养和关键能力，即架构科学的未来公民培养目标体系。立德树人，就是我们必须坚守的育人之道。

今年 9 月，中办、国办联合下发了《关于深化教育体制机制改革的意见》的通知，指出学校要积极构建以社会主义核心价值观为引领的德育体系，注重培养学生终身学习发展、创新性思维、适应时代要求的关键能力，促进人的全面发展，着力培养德智体美全面发展的社会主义事业建设者和接班人。这就为学校“立什么德、树什么人”提供了政策与理论层面的指引。作为人工智能全面到来的时代，我们还得注重培养学生作为人类而必须具备的伦理道德，并致力于为“人类命运共同体”的繁荣昌盛而奋斗的道德情操。

那么，怎样立德树人呢？学校必须立足国情、时代特点与学生发展规律，深入贯彻“选择性”教育思想，结合当前的教育改革尤其是中高考改革机制，扎实推进育人工作。如学校要坚持社会主义核心价值观教育，基于校情开发德育课程，努力培养有国际视野的现代中国人和美的小使者；学校要积极建构以培养学生“人文底蕴、创新素养、社会参与”为核心的课程群落，转变课堂教学方式，形成问题导学机制，引导学生具有批判精神和质疑能力；学校要推进“创客空间”建设，探索 STEM 教育、创客教育等模式，使学生具有较强的信息意识与创新意识，养成数字化学习习惯；学校要设置人工智能相关课程、逐步推广编程教育、建设人工智能学科，为学生拥抱 AI 及更先进的信息技术打下扎实的学科基础；学校要通过主题学习、项目学习、实践调查研究等活动，引导学生学会终身学习，形成自己的观点、见解，拥有自己的思维和话语体系，从而建构个人独特魅力……总之，学校教育只有依于立德树人之道，据于各种有效手段或技术，方可真正促进学生的全面成长和个性发展。

短短七天的北师大求学之旅已然结束，但它带给我的专业触动和由此激发的对现代教育技术的热情与行动一定会长久不息。我也坚信，有 AI 加入的新教育时代一定更加精彩生动！

2017 年 12 月发表于《鹿城教育》

说“缘”

何为“缘”？我不懂，也未曾深究。只觉得“缘分”是冥冥中一股强大的力量，是世间万物前因后果之间的一种若有若无的联系。

年轻时的我，似乎特别信缘。看东西选物品，注重眼缘；交朋友选伙伴，讲求投缘；谈恋爱处对象，关乎姻缘……似乎一切都是“缘”当头，所有事情早已命中注定。这样也好，反倒可以省却我对很多求之不得之事、之物、之人的留恋和感伤，做个“没心没肺”的俗人。

工作几年后，我发现“缘分”并不是自己最初想象的样子，它是可以因人改变的。记得刚担任班主任那会儿，一位资深前辈悄悄告诉我，年轻人不用太拼命，拼命也没用，区级以上优秀班集体轮不到你，评优评先也没你的份。因为学校有个不成文的规定，新班主任三年内不得参评区级及以上各类先进，所带班级也难以获评区级先进班集体。对此，我只是笑笑，淡淡回应“随缘”，然后加倍投入自己喜欢的“孩子王”工作。不料，我所带的班级在初二时因为综合成绩优异破天荒地被学校推荐为市级优秀班集体，我也因此被评为校级优秀班主任。从那时开始，“人定胜天”理论开始悄悄进入我的脑海。“努力过后不会有遗憾”“有志者事竟成”“爱拼才会赢”等箴言先后抢驻心间，我也因此开启了自己的“不信缘”时代。

那时候的我相信，任何事情都可以通过自身努力改变结果。所以，我非常用心地做好当下的每一件事情，有时几乎是以强迫症似的工作态度去完成。那几年，我所在的学校正处于快速上升时期，创建任务非常繁重，而我总是倾尽全力完成它。身为军嫂，我虽然在家庭事务上要比常人付出更多的时间与精力，但我不会因此耽搁工作。2005 年 10 月的一个下午，我正在学校忙着整理申报温州市示范性家长学校台账时，突然接到婆婆打来的电话，说她肚子疼需要有人陪同上医院看病。我马上向单位请假后陪她去医院了。等我把婆婆都安顿好之后,已是晚上七点多。我满怀愧疚地把女儿交代给妈妈照看,自己则继续回学校加班。等我忙完工作回到家时,已是凌晨时分。看着睡梦中女儿甜甜的脸蛋,我觉得一切都不算什么。有着这样的精神支撑,我比谁都努力,我比谁都愿意付出,似乎上天也特别眷顾我,给我的机会和平台也比常人多得多。短短十年里,我从一位刚入职的新教师成长为区级教坛新秀,继而成为区内小有名气的德育工作者。这也更加坚定了我的信心,"缘"不是上天注定的,它可以通过个体与自己、与他人、与社会、与自然的积极互动,从而对个体产生积极的影响,进而改变人生既定的运行轨迹,使人或事朝着更良性的方向发展。我如是想,亦如是做。

转眼间,又一个十年过去了。这期间,我开始走上了学校管理岗位。从农村小学、到城区特色学校,再到集团学校,十一年间我先后经历三种不同类型的学校。在我的生活中似乎除了工作已无其他。渐渐地,我发现生活中没有自我了,更可怕的是身体不听使唤了。"我是谁?我从何而来?我究竟要去往何处?"年过四十的我不停地叩问自己,但却始终没有清晰的答案。直到有一天,我被电影《一条狗的使命》"虐"得泪流满面。一条狗尚且忠于自己内心的想法,凭着几世前依稀模糊的印象坚定不移地寻找与旧主人未尽的情缘,几经辗转终于重逢得以享受天伦,更何况我等被尊为万物之灵的人类呢?我开始向内寻找自己。"缘分"也再次出现在我的词典里。《现代汉语词典》指出,缘分是指"民间认为人与人之间命中注定的遇合的机会,泛指人与人或人与物之间发生联系的可能性。""机会""可能性"点出缘分只是一种可能发生的概率性事件,其内在必定蕴含一定的必然与偶然因素。主体的积极行动确实会使事情发生的概率大大增加,但绝不会改变客观事物运行的内在规律,因而有些"功"注定就只能是"无用功"。回想这几年的生活,我又何尝不是如此?"不信缘"虽然让自己得到了成长,感受到了丰富的生命体验,但这种成长的代价似乎有些昂贵。渐渐地,我放慢了生活的节奏。我把有限的时间与精力合理地分配给了工作和生活,让生命得以自由的舒展。我的生活再不是"学校—家庭"两点一线间的机械运动。我开始了晨跑、晨诵、瑜伽学习,甚至还附庸风雅地加入了学校艺术社团。我把大量的业余时间"奉献"给了过去"舍不得"参加的休闲活动,从而确保自己有足够的体力和良好的生活习惯应对明天的挑战。更可喜的是，我的生活也因为有了科学的张弛，体能逐渐得以恢复，精力更加充沛，思维方式、工作方式、生活方式也更加科学，“信缘”让我更加平和地过好当下每一天，生活也因为这种平和更有弹性，更加丰盈。

“信缘·随缘”既不是得过且过，因循苟且，也不是强求硬取，违背规律，而是过好当下，尽人事听天命。这就是岁月赋予年过不惑之我的生命哲思。

2017年6月发表于《鹿城教育》

发展中学校教师专业成长的实践与思考

——以温州市少年游泳学校为例

《国家中长期教育改革和发展规划纲要》明确提出:均衡发展是义务教育的战略性任务。政府、教育部门、学校要努力造就一支师德高尚、业务精湛、结构合理、充满活力的高素质专业化教师队伍。这就使得教师专业发展成为当前政府和学校需要通力合作解决的重要问题,而发展中学校教师的专业化问题显得尤为突出。本文旨在通过对温州市少泳校教师专业成长的策略及实践的介绍,为同类学校提供经验借鉴。

发展中学校是指在办学过程中由于面临持续发展的压力、经费投入不稳定、管理制度待完善以及管理不太规范,尚未形成长期稳定的运行机制和较高的社会声誉,从而使学校处在管理效度、社会认可度、名优师生等方面发展程度较低的程度。它是相对于优质学校和薄弱学校而言的,特指办学水平、管理成效处于中游阶段的学校。温州市少泳校虽为鹿城区特色办学的五朵金花之一,但仍属于区内的发展中学校。

一、发展中学校教师专业成长命题提出的背景

1. 发展中学校在新教育形势下肩负的使命与责任

2009 年 11 月 7 日,教育部部长袁贵仁同志在全国推进义务教育均衡发展现场经验交流会上强调,要把义务教育作为教育改革与发展的重中之重,把均衡发展作为义务教育的重中之重。胡锦涛同志在十一届全国人大三次会议上亦提出,推进教育改革就要促进教育均衡发展。然而放眼全国,我们可以清晰地看到义务教育发展的不均衡现象,这种不均衡体现在城乡之间,体现在地区

之间，甚至体现在同一地区内不同区域、不同学校、不同群体之间。促进其均衡发展的中心环节就是推动薄弱学校、发展中学校的成长。而学校的发展依赖于教师的发展。因此，推动教师专业成长就成为发展中学校在新教育形势下的重要使命和责任。

2. 教师专业成长是提高教育教学质量的必要条件

叶澜教授曾指出："没有教师生命质量的提升，就很难有高的教育质量；没有教师精神的解放，就很难有学生精神的解放；没有教师的主动发展，就很难有学生的主动发展；没有教师的教育创造，就很难有学生的创造精神。"教师的根本任务在于"育人"，在于促进儿童和青少年的精神生命成长和精神世界的丰富，它需要教师对多种知识进行多层、多次创造性地开发、转换与复合才能完成。上课前，教师必须充分地研究教材、开发教材；同时还要研究学生，研究学生已有的知识经验和发展状态，并且研究为使课堂教学达到最大效度而采用的方式、方法；并在课堂教学中积极实践。这些程序的顺利实现，直接决定于教师的专业化程度。

3. 教师专业成长已成为发展中学校及其教师自我发展的迫切要求

因为种种原因，发展中学校教师的专业成长一度处于低迷状态。以我校为例，全校 48 位教师，参加过区级及以上教育系统组织的培训班的教师只有 4 人；开过区级公开课的只有 4 人；参加优质课、教坛新秀评比等活动时经常折戟在学区里，不能顺利晋级比赛，这就使得很多老师失去了锻炼和成长的机会，专业发展停滞不前。近年来，随着学校、社会、学生及家长对教师期望值的不断提高，也使得很多教师对个人发展有了更高的要求。2009 年，我校曾对全体教师进行了专业发展的调查，在参与调查的 46 位教师中，有 42 位老师明确表示对自己的专业发展有着强烈的期待；40 位教师表示自己在专业发展上比较迷茫，不知道通过何种途径让自己更快地发展；44 位老师希望获得学校的有效帮助尽快成长。同时，在调查问卷中我们也发现了一些教师对专业发展存在着错误的认识，他们甚至认为，评上高级教师、优质课获奖、教坛新秀（中坚）就是教师发展的终极目标。在这种情况下，学校实施教师专业成长工程已经成为教师自我发展的迫切要求，成为学校进步的内在需求和重要推动力。

二、发展中学校教师专业成长的策略与实践

我校自2009年起实施教师专业成长系列工作，通过制定适宜的教师发展目标，实施分层培养计划，建立科学的评价机制，健全坚实的保障体系等措施，引领教师在教育教学实践中实现个人专业的发展，努力成为专家型教师。

1.教师专业成长的预期目标

在我校，35周岁以下的教师有31人；具有本科以上学历的教师31人；具有小学高级及以上职称的教师20人；具有市、区级骨干教师、新秀（中坚）称号的教师7人，这是一支年轻有活力、充满激情和发展潜力的教师队伍。为此我们根据全校教师的年龄、教龄和专业发展等基本情况，将全校教师专业成长大致划分为三个阶段，提出了分层培养的目标：

(1)合格期教师的培养。合格期教师是指教龄未满5年的新教师。通过该阶段的培养使刚踏上工作岗位的教师了解、掌握教育教学的常规要求和教学的基本技能，适应教育教学各项工作，成为一名合格的教师。

(2)升格期教师的培养。升格期教师是指教龄5年以上，年龄在35周岁以下的、尚未取得区级优质课比赛名次、教坛新秀或校级骨干教师称号的教师。通过该阶段的培养使他们有目标地、积极主动地自我发展，成长为学校、学生、家长满意的教师。

(3)风格期教师的培养。风格期教师是指年龄35周岁以上或已取得市区级优质课比赛名次、教坛新秀、校级骨干教师及以上荣誉的教师。该阶段重点培养教师成就自身独特的教育教学风格，发挥教学艺术，在教育教学上向获得成就性方向发展，力求成为专家型教师。

2.教师专业成长的解决策略

教师专业成长的最高目标就是成为专家型教师。根据伯利纳的观点，专家型教师的评价标准应包括如下四方面：①学生对学科知识的深度表征和理解；②学生有更多的学习动机和更高的自我效能；③学生的学业成就更高；④教师的教育教学行为更加有效。为更好地整合校内外资源，促进教师的专业成长，学校主要实施了以下三项策略：

(1)制定明确的培养计划。学校根据教师分层培养目标,坚持自主选择、错位发展的原则,设置了阶段成长目标和训练要求,并引导教师对照要求,循序渐进(见表1)。

表1 培养计划

训练内容	合格期教师	升格期教师	风格期教师
★理论学习	每天看一篇文章,每月看教学杂志1本,每学期看教育专著1本并完成读书摘记10篇	每个月看教学杂志1本,每学期看教育专著1本,每学期完成读书摘记10篇,并有1篇学习心得	每个月看教学杂志2本,每学期看教育专著2本,每学期读书摘记10篇,并有1篇学习反思
★课堂教学	每周师徒互听一节课,每学期开出3节诊断课。必要时进行跟踪性听课	每学期开设1次公开课,前期需要进行组内磨课。积极参加集团校、区级公开课展示	每学期必须开1节公开课,并积极参加市、区级公开课展示
撰写教学反思、案例	实行课后反思制度,坚持一课一反思,每学期上交2篇教学反思或案例	每学期撰写教学反思或案例2篇,并有1篇案例或反思在校级及以上评比中获奖或发表	每学期撰写教学反思或案例2篇,并有1篇案例或反思在区级及以上评比中获奖或发表
撰写论文	每学年撰写论文1篇	每学年撰写教学论文1篇,并有1篇论文在校级或以上评比中获奖或发表	每学年撰写教学论文1篇,并有1篇论文在校级或以上评比中获奖或发表
听课、评课活动	每学期参加听课25节以上,积极参加评课活动,上交书面评课稿1篇	每学期参加听课20节以上,积极参加评课活动,上交书面评课稿2篇,有1篇评课稿在校级及以上刊物上获奖或发表	每学期参加听课20节以上,积极参加评课活动,上交书面评课稿2篇,有1篇评课稿在校级或以上刊物上获奖或发表
命题测试能力	每学期出规范的单元练习试卷1份,附有试卷说明、包括难易度等,并有测后分析	每学期出规范的单元练习试卷2份,并有一份试卷被学校采用	每学期出规范的单元练习试卷2份,并有一份试卷被学校采用

（续表）

训练内容	合格期教师	升格期教师	风格期教师
教育教学课题研究	积极参与学校课题研究，并能以课题组成员参与活动，包括撰写文章、收集资料	积极参与学校课题研究及有相关的子课题。能结合教育教学实践，开展个人微型小课题的研究，有区级立项课题并能顺利结题	积极承担学校课题研究或相关的子课题。能结合教育教学实践，开展个人微型小课题的研究，有区级及以上立项课题，并能获奖
★参加论坛、讲座活动	积极参加学校教育教学交流活动，认真学习，并积极做好活动后反思	积极参加校级及以上教育教学论坛活动，每学年至少做 1 次主题发言	积极参加校级及以上教育教学论坛活动，每学年至少做 1 次观点报告或者讲座
参加班级管理、学校管理	拜学校名优班主任为师，积极学习班级管理理论和实践知识，虚心向同行请教，真诚爱护每一个学生，能协助班主任做好班级管理	积极承担班主任或副班主任工作，班级管理科学、民主，管理效果在全段排名前两位，并有个人德育工作经验在校级刊物上发展	积极承担班主任或副班主任工作，班级管理科学、民主。有班级集体项目获奖，班级管理效果在全段排名前两位，并有德育管理经验论文在区级获奖
指导学生	能指导班级学生开展活动或者研究（艺术节、体育节、科技节或者书法等方面的指导），并在校内的比赛中获奖	能指导班级学生开展活动或者研究（艺术节、体育节、科技节或者书法等方面的指导），并形成班级独特风格，指导的孩子能在集团校及以上比赛中获奖	能指导班级学生开展活动或者研究，能独立担任学生社团导师，有自己独特的指导方法且成绩显著。指导的孩子的作品在区级及以上比赛中获奖
其他	内容自拟，但需经过学校领导小组审定	内容自拟，但需经过学校领导小组审定	内容自拟，但需经过学校领导小组审定

其中，“★”符号的为每位教师必须完成的项目，其余内容由各位教师根据自己的个性特长、能力和专业发展程度每两年选择一项或若干项目标，进行有目的、有针对性的实践操作和训练，以求有质的飞跃。

对于教龄未满三年的合格期教师，除了“★”符号的内容必须完成之外，其余内容不做要求，学校注重对其进行教师基本功的训练，包括：钢笔字、粉笔字、板书设计、教案书写、课堂教学语言等。

(2)建立科学的评价机制。教师专业发展的评价方案是教师为提升专业发展而长期操练的对照标准，也是促使教师在专业发展上不断进取的驱动力，更是检验阶段发展成果的重要评价标准。为此，结合学校制定的教师专业发展培养计划，制订了相配套的教师专业发展评价方案(评价内容见附件)。如将教学科研作为个人年度发展目标的老师，我们将根据其个人专业发展的不同程度，进行评价和考核(见表2)。

表2　评价机制

项目	合格期教师	升格期教师	风格期教师
撰写教学反思、案例	A. 坚持一课一反思，且每学期能上交2篇教学反思(12分) B. 教学反思刊登在学校教学反思报上(15分) C. 教学反思在区级及以上获奖或发表(20分)	A. 完成撰写任务，并有1篇案例或反思发表在校教学反思报上(10分) B. 案例或教学反思在区级获奖或发表(15分) C. 案例或教学反思在市级及以上获奖或发表(20分)	A. 完成撰写任务，并有1篇案例或反思在区级评比中获奖或发表(10分) B. 案例或教学反思在市级获奖或发表(15分) C. 案例或教学反思在市级以上获奖或发表(20分)

总之，学校在每学期末结束时，都将组织考核小组对全体教师的专业发展情况进行一次全面的量化评价，评估等级纳入学期工作考核总成绩，并与绩效工资、履职考核、职称晋升、评优评先等结果相挂钩。教师的教育教学行为因为受到了评价方案的约束与指引，因而加强了这方面的练习，进而促使教师的专业水平得到提升与发展。

(3)健全坚实的保障体系。作为发展中学校，我们可以支配的人力、物力、财力资源极其有限。以人力资源为例，我校现在仅有温州市学科骨干教师1人、鹿城区教坛新秀6人。这些教师作为校内骨干教师，他们自己尚需发展，还要肩负校内导师的作用，专业发展任务艰巨。此外，学校财力也很有限，可用于自行支配的经费就是办公经费和部分返还的捐资助学金。那么如何在经费有限的情况下，统整一切有利于教育的因素和资源，来助推教师的专业发展，学校主要从以下三方面予以保证：

①制度先行，坚持规范立校。为推进教师专业成长工程的顺利实施，我校首先在制度上做了相应保障，坚持以强有力的制度为保障，促进各项计划的有序推进。2009年，在引导全校教师民主讨论的基础上，通过了少泳校教师绩效

工资实施方案、教师教学工作考核办法、德育工作履职考核条例等，并将所有的制度汇编成册，使之成为学校制度管理的重要保障。

以下是我校制度汇编目录(节选)：

②项目支持，实现有序引领。新课程背景下教师专业成长的途径＝专家引领＋同伴互助＋自我反思。为此，学校积极创造条件，通过教育局、教科研和师训部门的支持和自我的成功经营，让全体老师得到了实在而有效的帮助与提升(见表3)。

表3　教师专业成长途径

学校支持项目	合格期教师	升格期教师	风格期教师
导师配备	校内名师	集团校内或区级名师	区级或区级以上名师
外出培训	参加校、区级教师培训活动	每学期至少安排一次脱产三天的区级培训(温州市内)	每学期至少有脱产一周的区级及以上培训活动(省内或跨省)
跟岗实践	校内	集团校内或区内的学校	区内或跨区的学校
学习反思	外出学习后需要有反思或学习体会，并发表在学校反思报上	外出学习后要有反思或学习体会，发表在学校反思报上，并对全体教师做观点报告或者讲座	外出学习后要有反思或学习体会，发表在学校反思报上，并对全体教师做观点报告或者讲座
经费补助	每学年800元	每学年800～1 200元	每学年1 200～2 000元

导师配置方面:学校聘请了鹿城区人民政府顾问蔡勤笑同志担任学校发展顾问,聘请了温州市的一些名师,如实验小学的林乐珍等同志担任教师的导师。除此之外,学校还积极与温州市教师教育学院、鹿城区教师研训中心的专家、老师进行互动,使省特级教师方斐卿、吴孔裕等名师走入了我们教师的课堂,指点一线老师的课堂教学;学校还邀请到研训中心的教研员到校蹲点调研,这既是对教师专业发展进行阶段性的检测,更为其发展提供有效指导。

跟岗实践方面:学校积极与瓦市集团学校、建设集团学校等众多名优学校进行联系,得到了他们的大力支持。从2009年起,学校陆续派送教师前往上述学校,跟随导师进行影子培训,促进专业发展。

学习成果展示方面:学校从2009年开始,先后为老师搭建了众多平台,为教师的阶段学习成果展示提供了保障。如学校在2009年6月举行了研究型教师团队的评比,一批在教学上出类拔萃的教师脱颖而出;2010年1月,学校组织教师前往文成开展送教下乡活动,使更多的教师有机会上区级公开课;2010年4月,学校在继续办好《教学反思报》的基础上,出版了我校第一本教学反思集——《走在反思的路上》,使34位教师的86篇教育教学反思发表在正式出版社发行的书刊上;2010年5月,学校举行了先进班集体和红旗中队的评比,使一批在班级管理上得心应手的教师脱颖而出;本学期又在每周三下午的教师学习会上开设了教师智慧论坛,为教师的理论和实践学习成果提供了互动交流的展示平台……

③经费保证,解决后顾之忧。作为发展中学校,我们的财力极其有限,为在有限的资金中腾出一部分用于教师专业发展。学校班子多次召开专项会议商议此事,在广泛听取教师意见的基础上,形成了学校2010年度经费使用规划(讨论稿),并交由教代会审议通过。以下是学校在2008、2009年经费使用情况和2010年经费预算情况对照表,从中我们可以明显发现学校为教师专业发展工程提供了足够的资金保证(见表4)。

表 4　经费预算情况对照

年度	学校公用经费/元	用于教师培训的经费/元	所占百分比/%	捐资助学返还经费/元	用于教师发展的经费/元	所占百分比/%	说明
2008 年	270 465	61 558	22.8	415 600	0	0	主要用于学校硬件设施建设
2009 年	283 050	57 966.6	20.5	211 320	0	0	
2010 年	304 500	72 000	23.6	252 000	72 000	28.6	建立教师培训基金

3. 教师专业成长实施的效果

两年来我校多管齐下，通过引入专家树新理念、开展校本研修促同伴互动、搭建平台促自我反思等途径提升教师的个人专业水平。其间，我们欣喜地看到一批教师的成长，但更重要的是看到他们的精神面貌发生了很大的改变，他们在个人发展上的动机、目标、理念以及实践上发生了重大的转变。

(1)教师在教育教学上取得突破性的发展(见表 5)。两年来，我校教师参加各级各类教育教学比赛成绩喜人，如黄影、林鹤真老师被评为温州市第二届学科骨干教师；周阳、王丽晓老师被评为区级教坛新秀(中坚)，打破了近六年来无人评上的尴尬局面；张驰老师在鹿城区语文教师现场教学设计比赛中获第一名，同时获得主题班会录像教学评比一等奖的好成绩；林伟式老师参加鹿城区教导主任赛课活动获一等奖……

表 5　近三年学校教师参与区级及以上教育教学活动成绩汇总

项　目	课堂教学	名师班录取	区级及以上公开课	德育活动评比	骨干教师评比
2007 年	0	0	1	1	0
2008 年	1(区三等奖)	0	0	1	无评比
2009 年	6(其中，区一等奖有 3 人次)	2	5	3	4(其中市级学科骨干 2 人)

(2)学生、家长对教师工作的满意度也得到了提升。今年在我校举行的我最喜爱的教师评选活动中，我们发现学生、家长对教师工作的满意度和教师之

间的满意度也在明显提升(见表 6)。

表 6　学生、家长对教师工作的满意度和教师之间的满意度

年　份	2008 年	2009 年	2010 年
家长满意率/%	86	94	98.7
学生满意率/%	95	99.6	99.6
搭班教师满意率/%	90	98.4	98.4

在调查问卷中，一些学生纷纷反映:“我们的数学课堂更有趣、也更好懂了!”“我的语文老师不再像过去那样眼里只有分数了”。同时，家长对老师的工作和教学成效也更满意:“在××老师的教育下，我的孩子更喜欢数学了，学习习惯也更好了”。随着教师教学行为的改善，搭班教师之间的认可度也在逐渐提高，很多老师纷纷提到，“原来我们相互搭班的时候，更多的是抢时间给孩子辅导，但现在我们更关注的是孩子学习兴趣的激发和习惯的培养，我们都努力通过提高课堂教学效率来减轻学生过重的课业负担并提高学习成绩，所以合作更愉快，效率也更高了!”

(3)教师提升专业水平的动机和理念发生了重大转变。今年 10 月，学校进行了教师专业发展的第二次调查问卷，从回收的问卷中我们清晰地看到了一批教师的精神成长轨迹。一位老师在问卷中提道:“过去，我认为教师专业发展就是在教学上评优评奖。直到自己静下心来，认认真真去研究学生课堂学习效率的时候，我才发现自己当初的观点是完全错误的。教师的发展应该服务于学生的发展，发展的落脚点就是促进学生的身心和谐发展。离开学生的发展盲目追求自己的发展是多么可笑的一件事呀。现在，我和我的学生一起成长，享受学习的快乐，我无比幸福!”

过去，我们的老师们热衷于外出听课，但却只停留在听课的基础上，缺乏后续的实践、思考与提升。今年，我们的老师在外出学习后，就自觉地在本教研组内开展“模仿—研磨”的教研活动，并积极撰写听课反思，在全校范围内进行交流。如今，教室里、办公室内、操场上经常可以看到老师们相互交流、互相切磋的身影。他们已深深懂得促进自己专业发展的最好途径就是在教学中实践，在行动中反思，在反思中成长。而这种基于教学实践的行动研究与反思才是促进

自身专业发展的最好推动力。

三、发展中学校教师专业成长的思考

教师的专业成长是一个长期的发展过程，作为学校管理者必须遵循发展的规律，尊重教师个人的知识经验和发展潜能。学校在实施了两年的教师专业发展工程后，取得了一些成绩，也碰到了一些问题和困难。为更好地解决教师成长过程中的问题，我们也进行了深刻的反思：

1.充分激发内需，引导主动发展

纵观教师的成长过程，主要存在着两种情况，一是强制发展，二是自主发展。在某些情况下强制发展也能推动教师进步，但那是不持久的。两年来，学校一直致力于通过激发教师的发展内需来实现自主发展。其间，学校通过各种师德报告会、教师发展动员大会、名师成长经验分享会等各种活动，来帮助教师调整自我，激发内在需求以实现自主发展。2009 年，学校又推出教师个人发展规划制定活动，要求每位教师制定个人发展两年规划，同时将发展规划公示在校园网上，并要求每位教师在大会上做表态发言，希望借他人的监督来促进教师发展的内需。今年，我校更是坚持“让每一个老师有成功体验”的原则，结合年初选定的个人发展目标，积极创建平台，以让教师感受到成功从而获得自主发展的内驱力。我校一位从教十三年、以提高课堂教学能力为发展目标的老师，她最大的心愿就是能够开出一节区级公开课。鉴于她在校级教研活动中的突出表现，学校为她争取到了一个区级开课的机会，她也因此获得了听课老师的一致好评。后来她在自己的博客中写道：“我尝到了钻研课堂的甜头，我还会继续走下去的。过程虽然累些，但我很开心，会坚持做下去的。”

2.利用有限资金，专项奖励发展

2009 年，温州市实行义务教育阶段教师绩效工资。新实施的绩效工资中奖励性工资，由学校负责发放，人均 18 000 元/年。为充分调动教师的工作积极性，学校积极发挥物质奖励的作用，在新通过的绩效工资实施方案中，拿出了一定的份额用作教师专业发展工程的专项奖金，这在一定程度上保证了该项工程的深入实施。今后，学校将在允许的范围内适当提高专项奖金的额度，以更好地推动此项工程的深入开展。

3. 完善评价体系，实现持续发展

教师专业发展的最终目的是促进学生的发展，包括促进学生的学习动机、学业兴趣和学业成就。但是这些内容在实际的测评过程中却很难操作，原因如下：①作为非专业机构，我们设计一份科技含量高的调查问卷比较难；②对小学生进行问卷调查比较难，特别是对低段的小朋友，有时候很难获得能真实代表他们意愿和想法的答案；③问卷调查因受到任课老师的干扰，不一定都能得到最真实、有效的数据。这就使得目前我校教师专业发展评价体系中存在一定的漏洞。今后学校要加大与温州大学教师教育学院、区研训中心的互动交流，在他们的帮助下获得相关的理论依据和技术支撑；④加大对教学过程的调控和调研，在观察学生实践活动中获得所需的信息；⑤让任课老师理解信息采集、数据分析是提高他们专业水平的必要手段，从而使之能更好地配合学校完成评价工作。

发展中学校教师的专业成长是一个系统工程，需要政府、教育行政部门、教育科研部门、学校和广大教师等多方面共同努力，以形成强大的合力，促进教师生动活泼地发展，从而在较短的时间内实现教师的专业化。

本文略有改动，原文曾获2011年温州市论文评比一等奖

附件

温州市少年游泳学校教师专业发展评价方案

项目	合格期教师	升格期教师	风格期教师
★理论学习	A. 能完成学习任务(10 分) B. 完成学习任务,有一篇学习心得(12 分) C. 完成学习任务,学习心得发表在学校教学反思报上(15 分) D. 完成学习任务,学习心得在区级及以上获奖或发表(20 分)	A. 能完成学习任务(10 分) B. 完成学习任务,学习心得发表在学校教学反思报上(12 分) C. 完成学习任务,学习心得在区级获奖或发表(15 分) D. 完成学习任务,学习心得在区级以上获奖或发表(20 分)	A. 能完成学习任务(10 分) B. 完成学习任务,学习反思发表在学校教学反思报上(12 分) C. 完成学习任务,学习反思在区级及以上获奖或发表(15 分) D. 完成学习任务,学习反思在区级以上获奖或发表(20 分)
★课堂教学	A. 每周听师傅一节课,并有详细的听课记录(10 分) B. 能在听课记录的基础上形成若干篇教学反思(12 分) C. 诊断课成绩在良以上(15 分)	A. 能完成校级公开课的开课任务,且反响好(10 分) B. 课堂调研成绩为优秀(12 分) C. 承担集团校及区级公开课教学任务(15 分)	A. 能完成校级公开课的开课任务,且反响好(10 分) B. 课堂调研成绩为优秀(12 分) C. 承担市、区级公开课教学任务(15 分)
撰写教学反思、案例	A. 坚持一课一反思,且每学期能上交 2 篇教学反思(12 分) B. 教学反思刊登在学校教学反思报上(15 分) C. 教学反思在区级及以上获奖或发表(20 分)	A. 完成撰写任务,并有 1 篇案例或反思发表在校教学反思报上(10 分) B. 案例或教学反思在区级获奖或发表(15 分) C. 案例或教学反思在市级及以上获奖或发表(20 分)	A. 完成撰写任务,并有 1 篇案例或反思在区级评比中获奖或发表(10 分) B. 案例或教学反思在市级获奖或发表(15 分) C. 案例或教学反思在市级以上获奖或发表(20 分)

（续表）

项目	合格期教师	升格期教师	风格期教师
撰写论文	A. 每学年能撰写一篇论文(论文须由考核组认定有效)(10 分) B. 论文在校级刊物上发表(15 分) C. 教学反思在区级及以上获奖或发表(20 分)	A. 每学年有 1 篇论文在校级刊物上发表(10 分) B. 论文在区级获奖或同级刊物中发表(15 分) C. 论文在市级及以上获奖或发表。(20 分)	A. 每学年有 1 篇论文在校级刊物上发表(10 分) B. 论文在区级获奖或同级刊物中发表(15 分) C. 论文在市级及以上获奖或发表(20 分)
听课、评课活动	A. 听课 25 节以上，其中必须有规定数量是听师傅的课，并有评课记录。期末，上交书面评课稿一份(10 分) B. 听课反思或评课稿发表在校级刊物上(15 分) C. 听课反思或评课稿发表校级以上获奖或发表(20 分)	A. 完成该项任务，并有 1 篇评课稿在校级获奖或发表(10 分) B. 听课反思或评课稿在区级获奖或发表(15 分) C. 听课反思或评课稿在市级及以上获奖或发表(20 分)	A. 完成该项任务，并有 1 篇评课稿在校级获奖或发表(10 分) B. 听课反思或评课稿在区级获奖或发表(15 分) C. 听课反思或评课稿在市级及以上获奖发表(20 分)
命题测试能力	A. 完成该项任务(12 分) B. 该项任务完成质量为良以上(15 分) C. 试卷被区级及以上部门采用或者部分采用，有证明(20 分)	A. 完成该项任务(10 分) B. 试卷被区级采用或部分采用，须有相关证明(15 分) C. 试卷被市级及以上采用或部分采用，须有证明(20 分)	A. 完成该项任务(10 分) B. 试卷被区级部门采用或部分采用，须有证明(15 分) C. 试卷被市级及以上教研部门采用或部分采用，须有相关证明(20 分)
教育教学课题研究	A. 能完成该项任务(10 分) B. 参与的课题在校级立项并顺利结题(15 分) C. 以课题组成员参与区级课题研究，并获奖(20 分)	A. 能完成该项任务(10 分) B. 课题在区级立项并获奖(15 分) C. 课题在市级立项并获奖(20 分)	A. 能完成该项任务(10 分) B. 课题在区级立项并获奖(15 分) C. 课题在市级立项并获奖(20 分)

（续表）

项目	合格期教师	升格期教师	风格期教师
★参加坛、讲座活动	A. 完成该项任务(10 分) B. 活动反思发表在校级刊物上(15 分) C. 活动反思在校级以上刊物上发表(20 分)	A. 完成该项任务(10 分) B. 参加集团校级的主题发言(15 分) C. 参加区级及以上的教研活动并做主题发言(20 分)	A. 完成该项任务(10 分) B. 在集团校级做观点报告或讲座(15 分) C. 在区级及以上做观点报告或讲座(20 分)
参加班级管理	A. 完成该项任务，并有过程记录(12 分) B. 班级管理效果良好(15 分) C. 班级管理效果优秀(20 分)	A. 完成该项任务(12 分) B. 完成该项任务，且德育工作经验在校级获奖、发表或交流(15 分) C. 完成该项任务，且德育工作经验在区级获奖、发表或交流(20 分)	A. 完成该项任务(10 分) B. 完成该项任务，且德育工作经验在区级获奖、发表或交流(15 分) C. 完成任务，且德育工作经验在市级及以上获奖、发表或交流(20 分)
指导学生	A. 完成该项任务(12 分) B. 指导的学生或作品在区级获奖(15 分) C. 指导的学生或作品在市级获奖(20 分)	A. 完成该项任务(12 分) B. 指导的学生或作品在区级获奖、发表(15 分) C. 指导的学生或作品在市级获奖、发表(20 分)	A. 完成该项任务(12 分) B. 指导的学生或作品在市级获奖、发表(15 分) C. 指导的学生在市级以上获奖、发表(20 分)

项目		1～2 年级	3～4 年级	5～6 年级	等级	分值
★学业成绩	及格率 20 分	100%	97%	93%	A	20
		97～99%	93～96%	90～92%	B	15
		97%以下	93%以下	90%以下	C	10
	优秀率 10 分	80%	60%	50%	A	10
		70～79%	50～59%	30～49%	B	8
		70%以下	50%以下	30%以下	C	6

（续表）

项目	合格期教师	升格期教师	风格期教师
★学生访谈	A. 满意率在 95%以上(10 分) B. 满意率在 98%以上(15 分) C. 满意率在 100%(20 分)	A. 满意率在 96%以上(10 分) B. 满意率在 98%以上(15 分) C. 满意率在 100%(20 分)	A. 满意率在 96%以上(10 分) B. 满意率在 98%以上(15 分) C. 满意率在 100%(20 分)
★家长访谈	A. 满意率在 95%以上(10 分) B. 满意率在 98%以上(15 分) C. 满意率在 100%(20 分)	A. 满意率在 96%以上(10 分) B. 满意率在 98%以上(15 分) C. 满意率在 100%(20 分)	A. 满意率在 96%以上(10 分) B. 满意率在 98%以上(15 分) C. 满意率在 100%(20 分)
★教师互评	A. 满意率在 95%以上(10 分) B. 满意率在 98%以上(15 分) C. 满意率在 100%(20 分)	A. 满意率在 96%以上(10 分) B. 满意率在 98%以上(15 分) C. 满意率在 100%(20 分)	A. 满意率在 96%以上(10 分) B. 满意率在 98%以上(15 分) C. 满意率在 100%(20 分)

说明：1. 注明★项目为必须考核的项目，其余为自选。

2. 教师参加的专业发展项目如有重复，不累计积分。

3. 教师得分情况在 100 分为合格，100 分以下为不合格，100～120 分为合格，120～140 分为良，140 分以上为为优秀。该项分数纳入教师学期考核，并按照分值给予奖励，奖励办法见教师工作评价细则、教师绩效工资实施方案。对于当年度专业发展考核成绩为优秀的教师，在学校支持项目中可上浮一档，如合格期教师可以享受升格期教师的待遇。

4. 教师得分情况，由学校考核小组认定。

新课程背景下小学图书馆建设的实践与思考

联合国教科文组织《中小学图书馆宣言》中指出:“中小学图书馆是保证学校对青少年和儿童进行卓有成效的教育的一项必不可少的事业。”原国家教委在1991年颁行的《中小学图书馆(室)规程》中明确规定:“图书馆(室)是学校书刊情报资料中心,是为学校教育、教学和教育研究服务的机构。”然而,放眼我市众多小学图书馆,真正能够发挥其功能的却寥寥无几,更多的还只是停留在借还书的基本服务功能上。笔者就所工作过的学校图书馆建设经验进行了分析与研究,希望能给同类学校提供经验借鉴。

一、新课程背景下加强小学图书馆建设的背景与意义

1.新课程实施对小学图书馆建设的内在要求

新课程的核心理念是关注人——关注每一位学生的发展,不仅关注学生的学习,更关注他们的情绪生活、情感体验、道德生活和人格养成。在一个“知识爆炸”的时代,我们无法给予学生日后所需的全部知识,但是如何培养学生摆脱单一的课堂教学模式,通过多方面的吸取知识信息和进行实践活动,培养学生的实践能力和创造能力,学会终身学习已经成为素质教育的重要任务。这就需要我们构建课堂教学、图书馆阅读和自学以及其他教学实践实验环节密切配合的综合教学模式,把课本知识的传授与独自思考和独立判断能力的培养结合起来,实现课堂教学与图书馆阅读自学的相互渗透,有机互补。这就在很大程度上需要图书馆充分发挥其教育性、服务性和学术性的功能。

2.我区部分小学图书馆(室)的现状令人担忧

笔者走访了我区多所小学,发现图书馆主要存在以下问题:①图书馆功能

定位错误，重视硬件设施建设，而不注重软件服务，甚至很多学校只是把开展借还书工作作为图书馆的唯一服务项目；②大多数学校尚无专职图书管理员，兼职的图书管理人员普遍存在素质偏低的现象，一般都是“病退”或从一线“淘汰”下来的教师，既没有专业的馆员基本素质，也没有进行“再就业”的岗位培训，他们普遍缺乏专业管理知识，甚至连最起码的图书分类、编目等基本常识也不懂，能做的就是“借还图书”的登记工作和图书馆的保洁工作；③馆藏图书质量不高，副本过多。在我区一所知名小学里，一般图书的副本均达十本，一些儿童文学书的副本高达40本之多。

3.加强图书馆建设是学校发展的必然要求

学校图书馆不仅是重要的教育资源，更是办好学校的重要支柱。它具有对师生传播知识和进行政治思想教育的教育特点；具有为广大师生的教育、教学与教研提供及时全面的文献信息的服务特点；具有广泛地搜集有关书、报、刊及网络信息资料，科学地加以整序、分析、组织、提炼和加工，有针对性地提供给广大服务对象的学术特点。这就使得学校图书馆成了师生学习的基地，收集、传播信息的中心，帮助师生自立自强的大学。学校要实现内涵化发展和持续发展，就必须加强图书馆建设。

二、新课程背景下学校加强图书馆建设的策略与实践

一个不会充分利用图书馆的学生是一个不会自学，也没有自学兴趣的学生，而不能培养学生自学能力的教育只能是一种失败的教育。那么如何在新课程背景下加强学校图书馆的建设以满足素质教育的需要呢？我校主要实施以下三项策略：

1.加强硬件设施建设，打造舒适的学习环境

(1)馆舍建设：以环境心理学、儿童心理学为指导，坚持分散与集中的原则做好图书馆的馆室建设。美国著名心理学家杜·舒尔茨曾指出，环境对人的生活和工作都会产生或多或少、或直接或间接的影响，所以在馆舍建设上必须做到舒适、经济和美观。①馆舍的位置应该在全校的中心地带，便于师生前往，而且环境要幽静，应远离操场、音乐室等，以免声音干扰。由于小学生活动范围较

小，学校图书馆的面积又不是很大，建议采取集中建馆和分散布置图书角的办法，即在条件较好的地方建一座较上档次的图书馆，使之成为孩子集中学习的“童心书院”，同时又在校园的各个角落依势建设若干个图书角，形成一个中心图书馆和多个分散的图书角相结合的模式，使图书角遍布全校各地，让孩子随处可阅。在浓浓的书香环境中逐渐引导孩子养成阅读的习惯。其次在馆舍的建筑设计上，必须满足藏书室、师生阅览室和办公区域的功能要求。小学图书馆应按照生均藏书 20 册的图书量，每 500～600 册图书占地 1 平方米的标准建好藏书室；教师阅览室至少要按照全校教师人数的二分之一设座位；学生阅览室大小视学校实际情况而定，但最低必须按照人数最多的一个班级的人数设定座位，以保证阅读教学课的正常开展。师生阅览区必须保证安静舒适、光线充足、空气清新和用书方便。条件成熟的学校必须考虑同步建设电子阅览区，以满足现代读者的阅读需求；②在图书馆（角）的软装修上必须充分考虑读者的心理特点，既体现美观，能吸引读者的注意力，启迪读者的思维。学生图书室、阅览室应充分尊重儿童的心理特点，突出童趣、天真，建议多使用黄、绿等色彩；教师阅览室务必追求舒适、休闲，使之成为教师学习的加油站和身心放松的港湾，建议使用米色和木头色。

(2)器材配置：以提高读者的信息素养为目标，坚持节约原则添置必备器材，构建自动化管理体系。现代图书馆的重要职能就是提供文献信息、广泛搜集书、报、刊及网络信息资料，以达到服务读者、帮助读者使用图书馆、使用工具获取知识的目的。所以在器材的配置上必须包括打印机、复印机、信息检索机、办公电脑和用于师生阅读的联网电脑若干台。如需构建自动化管理系统，建议向专门的商家订购管理器材和软件。对于馆内的图书架、阅览桌等，建议多使用卡通元素，在童真中多一份书卷。如仰义一小的藏书室里，书架一律使用内白外绿，架高 1.5 米，共 5 层，最底层的一格采用向外凸出的柜式，专做剔旧图书的藏点，这样的外观设计既保证了孩子查阅图书的方便，也为藏书室增加了一些潜在的座位，充分体现了人性化的特点（见图 1、图 2）。

图1 图书架

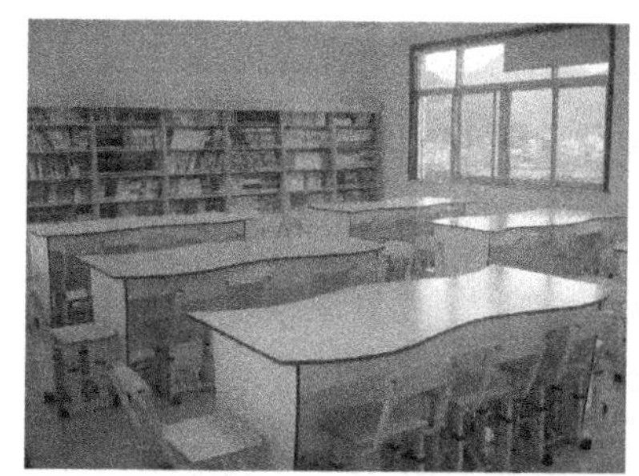
图2 预览桌

(3)图书添置:以中小学图书配置纲目为指导,坚持集体采购与个别点购相结合的方式,努力提高藏书的质量。近年来,我区加大对各学校图书馆的建设工作,每年都有1万~2万的购书经费下拨到基层学校,甚至一些创建现代化学校或素质教育示范校的学校还将达拿到3万~5万的购书经费。那么,如何用足、用好此项经费,真正提高馆藏图书质量。①学校必须有藏书规划,避免盲目购书。切忌为凑册数,购买便宜的无用书;切忌为贪方便,购买超量的副本;切忌为花掉经费而胡乱购书。根据温州市示范学校建设的要求和标准,学校藏书总量必须按照生均20册图书的标准配置,而其中各类图书的类别比例则建议如下(见表1)。②建议学校成立由多学科教师组成的购书小组,采取集体购书的方法,避免出现图书馆工作人员仅凭个人喜好购书,导致馆藏图书有严重的倾向性。③要充分发挥学生的主人翁意识,通过好书点购、好书推荐、小小购书员等形式,将学生引入学校购书的队伍中(见附件1)。

表1 小学图书馆藏书类别比例及副本建议量

类别	具体内容	所占百分比/%	副本建议量
思想政治	A马列主义、毛泽东思想、邓小平理论 D政治、法律	3~5	1~2
社会科学	B哲学、心理学 F经济科学 E军事 C社会科学综合性文献	5~7	1~2
文化教育	G文化、科学、教育、体育等	20~30	1~2

（续表）

类别	具体内容	所占百分比/%	副本建议量
语言文字	H 语言文字(各种语言文字)	7～9	1～2
文学艺术	I 文艺理论、散文、诗歌、小说、戏剧、童话、寓言　J 艺术、音乐、绘画、摄影等	25～35	名人名著 1～4 一般作品 1～2
历史地理	K 中外史地、人物传记、游记等	6～10	1～4
自然科学	N 自然科学普及读物　O 数理科学、化学　P 天文、地球科学　Q 生物科学　S 农业科学　T 工业技术　U 交通运输　V 航空航天　R 医学　X 环境科学	14～16	1～2
综合类	Z 各类字典辞典、百科全书、年鉴、手册、书目、索引等工具书	3～5	1～2

2.转变服务理念，提升图书馆的服务质量

美国学者杜威提出了读者服务的三适当原则，即在合适的时间，给合适的读者，提供适当的书。印度图书馆学家阮冈纳赞提出图书馆五定律：书是为了用的；书是为一切人而存在的；给读者所有的书；节省读者的时间；图书馆是生长着的组织。这些理论无不显示图书馆的服务理念——“读者至上、服务第一”。作为小学图书馆的建设者和管理者，我们也应当坚持这一理念，以提升图书馆的服务质量。

(1)改变单一的藏书职能，完善借阅功能。新课程背景下，学校图书馆必须树立这样的服务理念——不在于藏了哪些名贵的书籍，而在于拥有多少册有利于师生成长的书刊；不在于馆里拥有多少册好书，更重要的是有多少师生借阅了这里的书籍，并通过阅读有所收获。这就需要学校图书馆首先必须完善其借阅功能。

①要保证图书馆的开放时间。作为游泳特色学校，我们坚持“游泳健体、阅读启智”的育人目的，因而也就特别重视图书馆的建设。我们在有限的教师资源中挤出一位教师作为专职的图书馆员，保证了图书馆的全天开放(8:30—16:50)。为满足广大学生的借阅需求，同时还专门培训了一支学生管理员在每

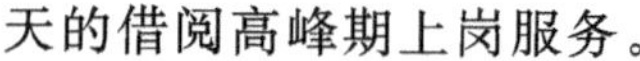

天的借阅高峰期上岗服务。

②在借阅形式上，因现有图书馆较小，不能满足全校学生同时借阅的需求，我们实行了错时借阅制度，规定了不同年段不同的借阅时段。在借阅方式上，对于一、二年段的孩子采取了集体借阅制度，即由班主任或阅读指导师为孩子们集体借书并加以阅读指导；对于三年级以上的孩子则实行个体借书制度。

③还书方式上，采取班级图书管理员集体还书并负责整理归位的办法。今后，随着学校新图书馆的落成，我们将实行全自动的电脑管理系统。

(2)实现多样的服务手段，推进读书活动。为了彻底改变图书馆过分强调藏书的“静态”职能，我校图书馆在完善其借阅等“动态”职能的基础上，还不断丰富“好书推荐、读书沙龙、征文比赛、借阅率排行榜、阅读考级”等多种活动形式以推进读书活动。

①深化“好书推荐”，节省读者时间。为改变过去的好书推荐仅限于部分老师和学生参与的现状，我校图书室委托教导处和大队部组织全体师生进行好书推荐活动，并于每周三将推荐好书及推荐理由公布校园网或学校宣传橱窗里(好书推荐表见附件 2)。学校图书馆每月再根据推荐图书的借阅率进行排位，对借阅率处于前二十位的好书推荐者给予表彰。这就在一定程度上调动了全体师生的阅读积极性，也使好书能够尽快地进入师生的视野，为读者节省了时间。

②打造“读书沙龙”，提供交流平台。以“沙龙形式”进行的读书交流活动对提高读者的阅读兴趣，更好地促进读者思考的深度和广度有着积极的推动作用。对广大师生来讲，输入(看书阅读)是一种学习，输出(互动交流)更是一种学习。我国著名教育家李希贵曾指出，我只有说才能想。而在读书交流活动中，“说”不仅能促进“思”，更能促进“读”。所以我校利用每周一上午的晨会和每周三下午的教师会分别打造了师生的阅读交流平台——成长论坛和智慧论坛。在论坛中我们坚持“每周一主讲，每周一学习、每周一交流、每周一反思、每周一总结”的五个一活动方式，争取让所有的师生都能参与交流活动，从而真正实现全员阅读、全员交流的读书教育目的。

③推行“阅读考级”，打造书香校园。阅读考级活动是我校于 2009 年推出

的读书促进活动(详见附件3)。考级办法如下:

考级级别的设立:学生每读完一本书,完成相应的考级内容,既得一级(教师应根据学生实际掌握好一本书的阅读量,阅读量太少,或者阅读内容不适合学生的,考级应不予通过)。

每班可根据班级情况将阅读考级划分为若干层次(层名由班级自定,如阅读小平民、阅读小精灵、阅读小天使、阅读魔法师等)。

考级内容与方法:考级书目可以由教师推荐,也可以由学生自选。学生阅读完一本书后,填好阅读考级卡,在规定时间内,到班主任处考级(阅读考级卡附后,各班可以根据自己班级情况适当修改)。同时,各班可以设计考级园地,用以展示本班考级现状,激励孩子们多读书,努力争上游。

学校将阅读考级办法纳入了学生的读书争章活动,并成为"书香少年""书香班级""书香家庭"和优秀学生评比的重要考核依据,因而在一定程度上推进了阅读活动。

(3)适应信息化时代要求,提高信息素养。学校图书馆的重要职能之一就是提高学生的信息素养,具体包括情报检索教育、阅读指导及阅读辅助,在手段上包括利用 CD-ROM 光盘、Internet 检索终端、传真机以及电子邮件等。为此,我校主要采取了三项措施:①提高图书管理员的信息素养。我们通过送图书管理员外出培训,既包括图书馆工作人员的专业培训,也包括教师现代信息技术素养的培训,努力提升其素养;②将信息技术老师请进图书馆,与学生进行面对面的互动交流,在用馆的实践过程中渗透情报检索等教育,以提升学生的信息素养;③在信息技术课中加强利用图书馆的教育,以切实提高学生的信息素养。

3. 构建图书馆利用教育体系,培养终身学习的能力

学校的图书馆利用教育是指对学生进行利用图书馆和文件检索等方面的图书馆基础知识的教育,培养学生自觉利用图书馆进行学习、工作的能力。

(1)开展入馆教育活动,抢占学生阵地。新生入学的第一个月,由班级为代表,以综合实践活动课为依托,由图书馆负责对全体新生进行入馆教育,包括第一周的认识图书馆(方位和功能)、第二周的图书馆的作用、第三周的图书借阅、第四周的图书馆礼仪等四大块内容。新生的图书馆利用教育事关重大,它将直

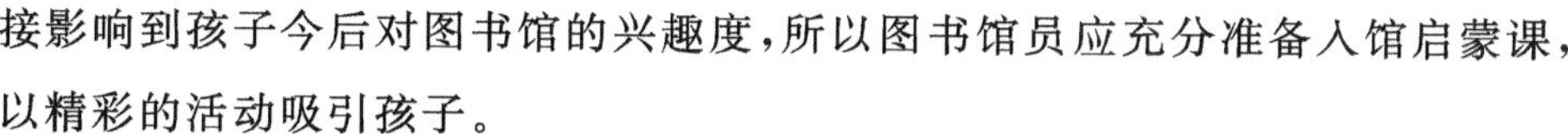

接影响到孩子今后对图书馆的兴趣度，所以图书馆员应充分准备入馆启蒙课，以精彩的活动吸引孩子。

(2)丰富用馆教育活动，拓展学科教学。图书馆的用馆教育理应成为学科教学活动课外拓展的重要载体。如结合学科特点开展的用馆教育，如在二年级段语文学科中开展“查找生字宝宝”活动；中段品德学科中开展“杜绝白色污染·共建美好家园——六城联创在行动”的拓展活动；科学学科中“探索未知的星空”等探秘活动等。也可以结合不同的节日，开展形式多样的用馆教育活动，如元宵节的猜灯谜活动；端午节的各地节日风情；各国国庆日的来历与时间；腊八节的来源与习俗等等中外节日风俗大全。也可以在综合实践活动课程中开辟形式多样的用馆教育，如源远流长的中国茶文化；温州的桥文化等。

(3)培养良好用馆习惯，实现终身学习。习惯是指某一种行为经过无数次重复后而形成的自觉行为。心理学上强调“21天行为效应”，也就是说一种行为至少要重复强调并坚持21天，才有可能成为人的一种习惯。在学生的用馆行为中，我们只有不断地为学生提供从利用图书馆中获取知识和信息的机会，强化他们的这种行为意识，才能逐渐培养学生养成利用图书馆的习惯。如在低端课堂教学中的留疑，中高段学生讲课过程中的课外拓展等方法，引导孩子们去图书馆寻找答案，从中体会用馆快乐，激发用馆兴趣，逐渐养成用馆的良好习惯，进而实现终身学习的目的。

三、学校图书馆建设的问题与思考

学校图书馆的建设尚需时日，需要教育行政部门和相关部门的高度重视和大力支持，从制度、人才等多方面予以落实，才能有效解决问题，真正使图书馆成为学校走内涵化发展的有力助推器。

1.增加编制，实现图书馆员专业化

学校图书馆必须实行专人负责制，否则图书馆的建设就很难跟得上。①必须增加人员编制，确保专人负责；②加强管理与培训，提高馆员专业素养；③明确图书馆员的职称晋升和履职考核办法，可以将其脱离教师系统，参照市图书馆等专业系统的评审标准，以此来实现图书馆员的专业化。

2. 加强馆际交流与合作，共赢发展

现代社会是一个开放的社会，学校也应该秉持“开放的胸怀”，在与社会各界的互动交流中实现共赢发展。在交通、信息技术相当发达的今天，学校图书馆完全可以打破校际的壁垒，通过图书流通、好书互换、馆际合作等形式，打破图书馆的原有管理模式，使一家图书馆的藏书量通过合作变为 N 家图书馆的藏书总量。同时也可以建立与温州市少儿图书馆合作办馆的模式，将其馆藏书籍、管理手段和先进人才引入学校，既可以加速学校图书馆的规范化进程，提升管理和服务的水平，也可以为少儿图书馆增加更多的学生读者，从而大大提高市少图馆的资源利用率，推动全民信息素质的提升。我校于 2011 年 10 月申请成为少图馆的分馆，在将学校图书管理员送到少图馆培训提高其素养的同时，也把少图馆的工作人员和先进管理手段引入了学校，实现了规范化和高效化管理的预定目标。

3. 健全制度，以督导评估促进发展

学校图书馆的建设不是靠学校自发形成，也不是靠校长的觉悟高低来实现的，必须由教育行政部门出台的制度来保驾护航，同时还必须通过年度的督导评估进行阶段调控（评估结果纳入学校领导班子的履职考核），以实现学校图书馆建设的可持续发展。但是，在评估体系中不宜过分强调藏书的数量，更应注重藏书的质量、图书（资源）的使用率和学生的信息素养。

中小学图书馆的建设是一个长期而又艰巨的发展任务，各级政府、学校必须高度重视，以强有力的措施循序渐进地推进建设，方能真正为新课程的深入实施提供保障。

本文略有改动，原文曾获 2012 年鹿城区图书馆管理论文评比一等奖

附件 1

温州市少年游泳学校好书点购单

姓　名		班　级	
点购书名			
点购理由			
点购借阅率			

附件 2

温州市少年游泳学校好书推荐表

姓　名		班　级	
推荐书名			
出版社		出版时间	
推荐理由			
推荐图书借阅量			

附件3

温州市少年游泳学校阅读考级方案

一、指导思想

为了学生的可持续发展，及时抓住学生读书的黄金年龄，激发学生读书热情，扩大读书量，提高学生的阅读水平和语文综合素养，学校积极开展读书节活动，使读书成为学生的习惯，使校园充盈愉悦和谐的氛围，充满智慧和生机的活力。我校将在全校各年级全面推进阅读考级。

二、考级目标

1. 激发学生读书的兴趣，养成博览群书的好习惯。

2. 使学生开阔视野，增长知识，发展智力，陶冶情操，充实学生文化底蕴，提高学生综合素质。

3. 打造书香校园，积累文化底蕴，让阅读伴随师生共同成长，使学校真正成为学生享受成长快乐的理想乐园。

三、考级级别的设立

学生每读完一本书，完成相应的考级内容，既得一级（老师应根据学生实际掌握好一本书的阅读量，阅读量太少的，或者阅读内容不适合学生的，考级应不予通过）。

每班可根据班级情况将阅读考级划分为若干层次（层名由班级自定，如阅读小平民、阅读小精灵、阅读小天使、阅读魔法师等）。

四、考级内容与方法

1. 考级书目可以由教师推荐，也可以由学生自选。学生阅读完一本书后，填好阅读考级卡，在规定时间内，到班主任处考级。

2. 各班可以设计考级园地，用以展示本班考级现状，激励孩子们多读书，努力争上游。

温州市少年游泳学校
2009年10月

发展中学校教师成功感培养的实践与思考

——以温州市少年游泳学校为例

学校发展的核心是学生，关键在教师。教师的专业化水平直接影响着学校的教育教学质量，直接关系着学生的健康成长。教师的专业化发展是一个长期而又艰巨的过程，需要教师进行长期不懈的努力。本文旨在通过对温州市少泳校教师成功感培养的策略分析进而推动其专业成长的实践介绍，为同类学校提供经验借鉴。

发展中学校是指在办学过程中由于面临持续发展的压力、经费投入不稳定、管理制度待完善以及管理不太规范，尚未形成长期稳定的运行机制和较高的社会声誉，从而使学校在管理效度、社会认可度、名优师生等方面发展程度较低的学校。它是相对于优质学校和薄弱学校而言的，特指办学水平、管理成效处于中游阶段的学校。温州市少泳校虽为鹿城区特色办学的五朵金花之一，但仍属于区内的发展中学校。

一、发展中学校教师成功感培养命题提出的背景

1.成功感与个体的身心健康、探索进取的动力密切相关

成功感又称“成功体验”，是指一个人成功地完成某项活动任务时所产生的一种自我满足、积极愉快的体验。它是衡量个体生活质量、心理健康水平的一项重要指标，也是促进其不断向上的重要动力。

心理学研究发现，成功感和个体的成功密切相关。没有成功感就很难有自信心。成功感和由此产生的自信——即自我效能感的提高是个体探索进取的真正动力。如今，教师普遍感觉压力大，职业幸福感低，长此以往势必影响自己

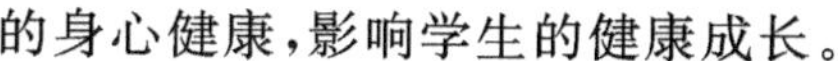
的身心健康，影响学生的健康成长。

2.教师的成功感水平直接影响到学校的教育教学质量

教师的成功感不仅关系着自身的心理健康及工作状态，更关系着学校的教育教学质量。一个成功感水平很低的教师，是很难有较高的工作积极性的。作为学校教育中的主要生产力，教师个体的成功感水平将直接影响着学校的教育教学成效。在一所成功感偏低的学校里，教师的创新意识、开拓精神是较为缺乏的，这也导致学校将很难培养出高质量的学生。所以，学校必须努力提高教师的成功感水平。

3.发展中学校教师的成功感明显低于名优学校的教师

长期以来，因教育经费投入的有限性和区域发展的不均衡性，学校在发展上出现了严重的不平衡。发展中学校不论在硬件设施建设、教师队伍培养上，还是在办学成效上都明显缓于名优学校。随着优秀师资、优秀生源接连不断地流向名优学校，使得本已先天不足的发展中学校更是举步维艰。同样是从事教育工作，发展中学校教师工作的投入产出比明显低于名优学校，致使很多教师的自身价值和社会价值不能很好地得以体现。再加上教育行政部门和社会上的一些不公正“待遇”，使得发展中学校教师的挫败感很强，几乎没有什么成功体验，教师的自信心明显不足。这就为新形势下发展中学校的崛起带来了很大的阻力。

二、发展中学校教师成功感培养的策略

培养教师的成功感和最大限度地调动广大教师的工作积极性已经成为各个发展中学校迫切需要解决的问题。我校主要采取情感滋润、目标促进、团队工作、制度激励等策略，努力提高教师的成功感水平，以促进教师的专业发展。

1.情感滋润法——用欣赏的眼光看待教师，及时表扬

心理学研究发现，经常受表扬的人自信心和成功感要明显高于同类人。培养教师成功感的重要策略之一就是让教师从成功走向成功。具体做法是，对教师的日常行为或某项工作任务完成时，及时给予积极的肯定，使其产生积极的情绪体验，从而有更大的工作动力。

做法一：细微观察，及时表扬。作为学校管理者，我们必须以敏锐的视觉关注教师的教育教学行为，并及时给予积极评价。

案例1：这种做法非常值得推广

叶老师，一位刚刚从外县调入我校的优秀教师。她非常关注学生的习惯养成，班级学生的行为习惯也很好。一次午餐管理时，我无意间看到他们班每个孩子的午餐盘下面都垫着一块干干净净的小方巾。问其原因，方知这是叶老师实施卫生习惯教育的一个创新点。当下我们就这个既涉及孩子个人卫生习惯，又关系公物保管的教育行为进行了深入的探讨。“这种做法非常值得推广”，这是我对叶老师说的最后一句话。事后，学校的智慧论坛上多了叶老师的身影。她的创新德育管理不仅登上了校级德育论坛，而且还在集团校内进行了观点报告。而她，也在今后的班级管理中，创新了更多的教育方法，让更多的孩子享受到教育的幸福。

做法二：抓住典型事例，创造“关键事件”。心理学研究揭示，个体成功与生命中的关键事件有着重大的联系。许多人往往都是在某一关键事件的影响下，强化了个体行为动机，通过长期努力最终取得了重大的成就。

案例2：一堂“我们班只有华盛顿”的主题班会课

钱老师，一位20世纪70年代初出生的聪慧型班主任。家境优裕，自小被宠惯，有些小懒，工作上也不是很突出。一次大扫除时，他们班的午餐费不翼而飞。而此时，钱老师却早已请假下班了。全班上下乱成一团，幸得教导主任及时出手，才稳住了慌乱局面。第二天一早，钱老师就给孩子们上了一堂别样的“我们班只有华盛顿”的主题班会课。主题班会课从小时候的华盛顿误砍樱桃树说起，谈到诚信的孩子最受人敬重，最后在共创诚信班级的呼号中结束。整个班会课上，教师充分利用视频等多感官教育手段，使很多学生感动到泣不成声。课后，一位男生主动将钱还给了老师，一场“偷钱风波”就这样平息了。学校抓住这一教育契机，将钱老师的教育故事写入了学校德育经典案例集，并让其在班主任论坛中做典型经验介绍。我也抓住时机给她发了一条短信：“你是一个美丽与智慧并重的老师，人如其名，如彩霞般美丽，又兼具雅典娜般智慧。你的‘我们班只有华盛顿’的主题班会课给我留下了深刻的印象，相信用你的智慧与执着去开拓进取，一定会谱写出更动听的教育之歌。期待你的自主教育模式结出更丰硕的果实。"此事后，钱老师的工作积极性明显提高。今年暑假她为班级孩子受伤索赔一事，几乎放弃了休息的时间，但却毫无怨言。

学校管理者既要有一双明辨是非的"火眼金睛"，更要有一只善于发现的"显微镜"。每位老师已知的才能犹如冰山一角，更多的潜能则有待于挖掘。这就需要学校善于搭建各种平台，通过各种活动，发现教师的闪光点，并积极创造条件予以强化。

2. 目标促进法——引领教师制定发展目标，促其成长

有目标的人，更有成功感和幸福感，尤其是当目标实现的时候，会让人产生强烈的情感体验，产生深刻的成功体验，从而产生更大的动力。2010 年初，全校开展了教师专业成长的调查访谈，我们发现绝大多数年轻教师将专业成长的目标锁定在"三坛"评比上，认为只有评上"三坛"才是成功的体现，这就使得教师的专业成长带有很强的功利性和局限性。而四十周岁以上的老师则一致表示"教好学生就是我最大的目标"。至于什么才是"教好"学生？怎样才能教好学生？他们则没有过多的思考。这就会使他们对自己的工作评价过于模糊，不可操作，从而很容易产生职业倦怠，失去前进的动力。在这种情况下，学校结合"每天上游一点点"的校训，开展了"做更好的自己"的教师专业提升工程。通过谈话、调查问卷、头脑风暴式的各类讲座，让老师明白专业成长的科学内涵，并引领教师立足自身现状科学地制定三年发展规划。在个人发展规划中，学校要求每位教师既要有清晰的三年发展规划，更要有务实的年度发展目标和切实可行的行动计划(见表 1)。

表 1　温州市少泳校教师三年发展规划及 2010 年度个人发展目标汇总表(部分)

序号	姓 名	主攻项目	需要帮助	2010 年度目标	希望获得的学习提高方式
1	程老师	教学设计	配备导师	高质量的公开课	参加教师成长共同体
2	翁老师	文本解读	提升学习	提高学生的学习兴趣	多听讲座、参加高质量培训
3	张老师	习惯养成教育	导师、伙伴	评上小高职称	听讲座
4	汤老师	教研论文撰写	导师、学习	论文获奖	听讲座、科研指导
5	徐老师	文本解读	配备导师	研究论文获奖	参加成长共同体
6	陈老师	有效教学	配备导师	评上小高职称	参加成长共同体

在此后的教师专业成长过程中，我们可喜地看到了一位位教师的成长。

案例3：科学定位，方有广阔天空

一位80后的青年女教师，自2006年参评教坛新秀失利后，一直将评上区坛新秀列为自己全部的奋斗目标。此后，她成了学校里的大忙人，今天忙着参加课堂教学评比，明天忙着参加论文评比，但却收效甚微，甚至逐渐失去信心。后来，学校帮她分析现状后，并制定了“扬长补短”的发展策略。即针对她的教科研强项，引导她静心深入课堂做研究，以发现、解决问题为研究抓手，并将研究结果汇集成文，适时参评。同时，鼓励她将研究成果带入课堂进行实践探索、研究。终于，功夫不负有心人。两年来，她的多篇论文评比榜上有名。更高兴的是，今年她的优质课评比获得区级二等奖。这些成绩让她信心倍增，也让她浑身上下充满了激情。

与此同时，很多老师也在准确定位自己的发展方向后，通过长期不懈的努力，终于尝到了成功的滋味。在引导教师制定个人发展规划时，一定要注意有科学的行动计划，让规划“接地气”，更“沾人气”。要引导教师集中精力做好某一项工作，切忌全面出击，徒劳无功。在学校层面，一定要成立专门的执行机构，对教师发展的全过程给予必要的干预与指导。在我校，主要由教导处具体针对每位教师的实际情况制定科学的行动帮扶计划，以使每位老师都能得到必要的帮助，让其有成功体验。如一位从教的十五年的老师，她最大的愿望就是能够开一节区级公开课。为此，教导处为她联系开课项目，还专门成立了课堂教学提升行动组，通过为期两个多月的团队研磨，她的第一节区级公开课终于如期开出，好评不断。这事也让她对自己的课堂教学更有自信，继续研究课堂教学也就有了更大的动力。

两年来，全校50多位教师均得到了不同程度的帮助，个人目标达成率高达96.3%。目标促进法让更多的老师在平凡的工作岗位中切实感受到成功的喜悦，教育教学效果有了明显的提升。

3.团队工作法——积极打造教师成长共同体，助其发展

团队的力量无穷大。团队组织既可在情感上滋润每个成员，使其获得积极的情绪体验，又可在个人发展上提供更多的技术指导、动力支持以及督促功能。今年起，学校在师徒结对的基础上建立了教师成长共同体。如果说，师徒结对

关注的是徒弟的成长，那么教学共同体则更关注每一个成员的发展。教学共同体是由两位以上的教学骨干结成互助对子，并与其各自所带的徒弟形成一个共同体。共同体一般由6～7人组成，并聘请校外名师作为导师，对其成员予以专业引领及人文关怀。同时，学校还以制度的形式规定了共同体成员之间具有的权利和义务，及必须开展的理论学习、课例研究、外出学习、行动反思等活动方案。一年来，我们欣喜地看到了各个共同体活跃的身影和可喜的团队成果。

案例4：青年教师的成长自述

自从拜师参加共同体以来，我一刻也没闲着。每周至少一节的相互听课，让我在记录自己教学实践的同时，也思考了更多深层次的问题。教育到底是为了什么？怎么才能让学生学得更好？学生不是盛装知识的容器，学习应该是一个个鲜活生命独立成长的过程……这次的共同体南京学习回来后，我给自己寄了张南京当地的明信片，我渴望着让自己踏出去的每一步都更坚定，都能留下清晰的印痕。

……

自从拜张盈为师后，我受益很大。她是一位非常优秀的导师，对我的帮助也很大。听她的课是一种享受，每次总有一些创新的教学点让我兴奋不已。最重要的是，每次与她一起学习课标，分析教材，共同设计教学课例，我总能得到意想不到的灵感。这次的优质课获奖，就跟她多年的引领分不开。

4. 制度激励法——完善教师工作评价机制，感受成功

教师的发展是不平衡的，每位教师所处的专业发展阶段也是不尽相同的。如何在教学工作的绩效考核中体现教师专业成长，这就对学校传统的评价工作提出了更大的挑战。2010年初，学校改进了评价制度，首次提出了新教师、合格教师和资深教师的分层评价体系。但这三个层次教师的划分主要是在年龄和教龄上的区分，评价也主要是在各个评分项目上做了量的调整。如听课上，新教师（教龄未满5年）必须听满30节课，合格教师（35周岁以下、5年教龄以上）必须听满25节课，资深教师则只需听满20节课。在反思方面，新教师要求每节课必须有教后感（不是很关注质量）；合格教师每周需有三个教后反思，每学期至少有一篇高质量的教学反思发表在学校的《教学反思报》上；资深教师每周只需有一个教后反思，但每学期至少有3篇教学反思发表在校级及以上刊物

上。但是,这种点上的量化区分评价并不能真正评价不同发展阶段的教师工作。

2011年起,我们再次对学校的教师评价制度进行改革。①对评价主体的分层上,既结合年龄、教龄,更注重专业发展。合格期教师定位在教龄五年以下的新教师;升格期教师定位在35周岁以下、尚未取得教育教学成效,如获得教坛新秀、骨干教师称号的,合格期工作考核为及格以上的教师;风格期教师就是指教龄五年以上,教育教学上颇有建树的青年教师(已获得教坛新秀、骨干教师称号),或者是年满35周岁以上、升格期考核为优秀的、教育教学成效颇得同行认可的老师。这种划分是动态的,对于任期内考核成绩不合格的教师可以降档处理,反之则可以升档对待;②对评价内容的调整。学校将教师履职工作划分为三大块,分别是业务学习、课堂教学和专业成长。其中,专业成长所占分值约40%。这块内容中既有规定的必选项目,也有自选的突破项目。即每位教师可以针对自身的发展需要,设置个人年度主攻项目,包括评价内容、所占分值、呈现形式等,具体内容均由教师自行设定。在评价过程中,不仅关注教师自身的成长,更关心学生的发展过程、学习兴趣及成效。

这种评价方式的变化充分体现了教师的主体地位,让评价从自上而下"学校说了算,不听就罚你"的行政命令式,逐渐转变到"我的评价我说了算"的自主管理式,更注重让教师做自己发展的主人、做自我管理的主人。一位考核年年居于末位的老师,通过评价方案的改革初尝了成功的喜悦。她说:"过去,不是我不喜欢做学校规定的每一件事。只是我不喜欢教条的评价方式。我觉得学校就应该更关注教师在'怎样让学生学得更好'上做的努力,更关注学生的学习兴趣、习惯和发展过程,给教师更大的发展空间,而不是将我们限制在条条框框之中。今年我很开心,学校认可了我的做法,我相信自己还可以做得更好。"

三、发展中学校教师成功感培养的思考

作为发展中学校的管理者,我们欣喜地看到成功感的培养推动了教师的专业成长。同时,我们也需要更理性地看待学校在培养成功感促进教师专业成长过程中出现的问题。

1.欣赏,并不意味着漠视缺点和不足

作为学校管理者,我们要善于运用各种方法提出建议,帮助其改正缺点和

不足。同样是指出缺点，有时候往往会因为方式、方法的不同而收到意想不到的效果。在给老师指出问题时，可以采取先扬后抑法、信息交流法、旁敲侧击法等。不管哪种方法，一定要因人、因时、因地制宜，注意教育对象的个性特点。如在一班级里调研时，就发现很多孩子的书包杂乱无章地堆放在地上，既污损了书包，不利于个人卫生，也给人无序的感觉，容易滋生一些违纪行为。对此，我真诚地与班主任交换了意见。我对她的智慧管理法赞叹不已，但同时又委婉地提出班级还需解决书包放置的问题。不然，这一定会阻碍班级跨入卓越的行列。该教师不仅欣然接受了建议，还感谢学校对她的信任和鼓励。

2. 成长，更重要的是激发教师的发展内需力

马斯洛需要层次论指出，人的需求是有层次的，包括安全需要、生存需要、尊重需要、爱的需要和自我价值实现的需要。而其中，自我价值实现是最高层次的需要，其产生的积极情绪体验最为深刻，产生的动力也最为持久。所以，作为学校管理者，我们必须利用人性发展规律，坚持理念办学，实行人性化管理，不断激发教师自我发展的内驱力，以实现其专业和人性上的不断成长，臻于完善。

3. 成功感，也是因人而异的

从成功走向成功是一个不败的定理，但失败也可能孕育出新的成功，关键是因人而异。所以，学校管理者在加强教师队伍建设时，一定要学习心理学，掌握人性学，善于运用心理学原理分析工作对象，确定哪些老师是需要适度采用激将法的，哪些老师是需要持续鼓励的，哪些老师是需要采用挫折教育的。只有这样，才能让更多的老师“条条道路通罗马”，从而获得最终的成功。需要注意的是，不管采用哪种方法，学校管理者必须眼中有人，真诚至上。

发展中学校教师的成功感水平是多方因素共同作用的结果。相信在政府均衡化办学战略的深入实施过程中，发展中学校一定会迎来更多的“雨露与阳光”。届时，通过学校、教育行政部门以及社会的多方努力，一定会让更多的老师成功起来，让更多的孩子幸福起来，教育的春天才会真正到来！

本文略有改动，原文曾获2013年温州市论文评比一等奖

小学校长专业成长的实践与思考

——以浙江省"杨一青名校长工作室"培训模式为例

陶行知先生说,"校长是一个学校的灵魂"①。校长的专业化程度将直接影响学校的发展。褚宏启教授指出:"从职业群体的角度看,校长专业化就是指校长职业由准专业阶段向专业阶段不断发展,逐渐符合专业标准,成为专门性职业并获得相应专业地位的动态过程。从校长个体的角度看,校长专业化是指校长个体专业持续发展、以臻完善的过程"。然而,校长的专业成长不是一蹴而就的。"校长的专业化不是教出来的,而是要提供校长自身成长的平台,引发校长对实践的反思,不断更新自己的知识结构和能力结构。要最大限度地考虑校长的专业发展特点和情景特点,采取以问题为中心,以培养科研能力和理性思维能力和反思能力为手段达到促进校长内在结构的不断优化和提升。"②笔者通过参与浙江省"杨一青名校长工作室"(以下简称工作室)培训活动,并通过对该培训模式的分析得出小学校长专业成长的策略,旨在为当前小学校长的专业化发展提供思考与借鉴。

一、浙江省"杨一青名校长工作室"培训模式介绍

杨一青系浙江省杭州市学军小学原校长兼书记,省特级教师,浙江教育学院兼职教授,曾获得全国教育系统劳动模范、省功勋教师等称号。2008年已退休的杨一青接受了浙江省教育行政干部培训中心的邀请开设了"杨一青名校长

---

① 陶行知.陶行知全集(第1卷)[M].成都:四川教育出版社,2005.

② 吕蕾.中小学校长培训专业化研究[M].北京:北京师范大学出版社,2010.

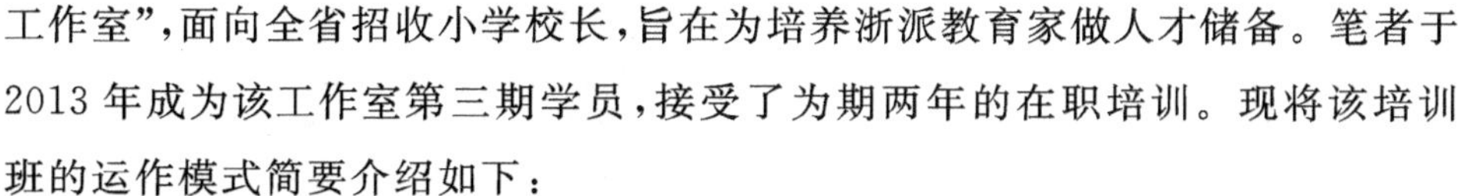

工作室”，面向全省招收小学校长，旨在为培养浙派教育家做人才储备。笔者于2013年成为该工作室第三期学员，接受了为期两年的在职培训。现将该培训班的运作模式简要介绍如下：

1. 学员均为省内小学校长代表

本期工作室共有学员26人，来自全省10个地级市(除台州外)，其中男性19人，女性7人；年龄最长者50岁，最小者35岁；除1人外，其余均为正职校长；学历均为专科以上(见表1)。

表1　省“杨一青名校长工作室”第三期学员基本情况统计表

变量	变量描述	样本量	样本百分比/%
学历	专科	1	3.8
	本科	24	92.4
	硕士及以上	1	3.8
校长年限	4～10年	20	76.9
	11～15年	4	15.4
	16～20年	2	7.7
年龄	30～35岁	1	3.8
	36～45岁	22	84.7
	46～55岁	3	11.5

2. 培训方式坚持“主题模块学习和校例分析”相结合

本期培训从2013年3月始至2014年12月止，共十大模块学习，内容包括：听取14场专题讲座，参观30所学校，参与30场议校、评校活动，撰写12份学习心得和一份结业论文(见表2)。工作室培训模式为：一月一集训，一次一主题，一题多学校，一校一评析，一次一反思。

表2 “杨一青名校长工作室”培训主题及活动一览表

次数	模块主题	专题讲座数	参观学校数	评议校次数	反思作业
1	开学典礼暨校长领导力培训	2	3	3	1
2	学校德育工作的深化	2	4	4	1
3	教学管理与学业评价改革	2	3	3	1
4	学校规划与科学发展	1	3	3	1
5	教师队伍建设之三长工作研究	1	2	2	1
6	教师队伍建设之中层干部培养	2	3	3	1
7	学校教科研的实施与管理	1	4	4	1
8	个性发展与社团建设的实施与管理	1	4	4	1
9	教师队伍建设与学校文化建设	1	2	2	1
10	结业典礼暨学校档案管理	1	2	2	3
总计		14	30	30	12

(1)一月一集训:工作室坚持一月一次集中学习,每次三到四天,原则上为每月最后一周的周二到周五。只是在2014年将每月一次集中学习改为每学期二次。

(2)一次一主题:每次活动都是一个模块的主题学习。学习内容涉及学校管理的各个方面,既有发展战略定位等宏观层面的学习,也有关于课堂改进、校园文化建设等具体操作层面的学习。学习内容包括配套书目的阅读,学员之间的互动书交流、听取专题讲座、走访学校、实地参观、校例剖析、提炼本校办学经验等。

(3)一题多学校:在每一主题学习中,杨老师都会亲自挑选若干具有特色的学校供我们学习借鉴,或做校例剖析所用。比如在课程建设方面挑选了杭州市绿城育华小学,在德育活动方面选择了杭州市留下小学,在特色建设方面选取了大关小学，在学校发展战略谋划方面选取了杭州市学军小学。这些学校有的是当地的名优学校，也有些是普通学校。

(4)一校一评析：凡是实地走访的学校我们都会对其进行评析，评议活动既有小组层面的，更有整个工作室层面的。有些评议校活动只限于本工作室学员，也有些评议活动还会对当地的校长、教育局全程开放。这些评议活动对学员而言既是压力，更是动力。

(5)一次一反思：每次培训活动结束后，学员都必须在规定时间内提交学习反思。反思要求紧扣学习主题，可以就个人所学、所思、所悟等进行阐述，并加以理性提升。导师在收齐学员的培训作业后，汇编成册并印发给全体学员学习。这种学习作业公开交流的制度，迫使学员不得不认真反思，以确保思维的效度和作业的质量(见图 1)。

图 1　学员反思汇编

3. 学员专业成长效果令人满意

两年的学习培训结束之后，学员们在教育教学理念、课程开发与建设、组织管理能力和文化建设能力等方面都有了长足进步，很多学员还在教科研、职称评审和各类业务能力比赛中获得佳绩(见表 3)。

表 3 "杨一青名校长工作室"第三期学员两年学习成果汇总

学习成果	荣誉（含职称评审）	课题立项或获奖	论文获奖或发表	各类业务比赛获奖
总人次数	52	30	54	37
平均人次数	2	1.2	2.1	1.4

二、小学校长专业成长的实践与策略

校长专业成长是一个长期的过程。根据校长的任职年限可对专业成长程度做如下规定：第一阶段 1～3 年，第二阶段至第五阶段分别为 4～10 年、11～15 年、16～20 年和 20 年以上。其中第一阶段为专业成长早期，第二、三阶段为专业成长中期，第四、五阶段为专业成长成熟期①。笔者是一位拥有八年正职校长工作经历的学员，今年 39 岁，教龄十九年。与工作室大多数学员一样都属于专业成长中期。通过对工作室学员的调查获悉，认为对专业成长帮助最大的培训方式分别是校例剖析活动 43%，学员间互动交流 26%，撰写案例反思 13%，参观优质学校 8%，总结提炼本校做法 7%，其他做法 3%（见图 2）。

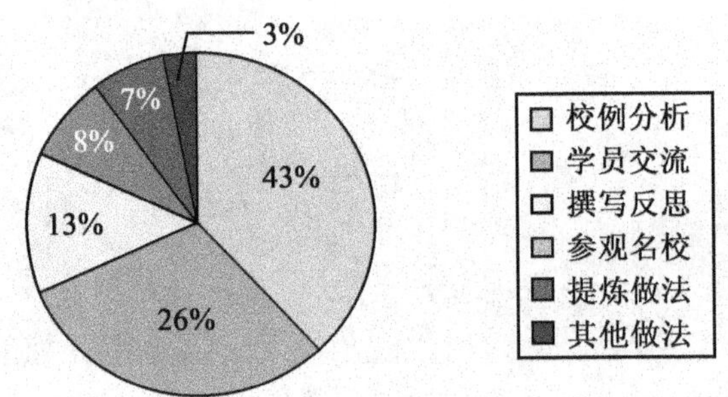

图 2 有助于校长专业发展的培训活动所占比例图

结合学员们的经验分享和笔者对该培训模式的分析，总结出有助于小学校长专业成长的有效策略，即在专家引领下的校例分析制度、主题模块化的"学做说写"训练和优质互享文化磁场的打造。

① 吕蕾．中小学校长培训专业化研究[M]．北京：北京师范大学出版社，2010.

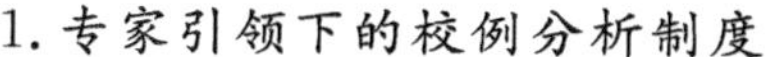

1. 专家引领下的校例分析制度

诺尔斯认为，成长学习通常以非正式学习为主，学习具有很明确的目的性，是为了解决现实中的问题，因而学习常常与具体情境相关。建构主义理论同样强调“情境”的重要性，要求让受教育者在真实的或类似于真实的情境中探究事件、解决问题，并自主地理解事件建构意义。工作室培训的主要方式是导师带领学员走访各类学校，以该校作为教学案例，通过“观校、听校、评校、议校”等环节完成某一主题模块的学习目标。“观校”，即通过观察学校的一景一物、学校教育教学活动、师生言行等形成对该校的初步判断。“听校”，就是听取来自各方面的声音，包括校长报告、师生访谈、教育局领导评价等。“议校”即以小组为单位(全班分为 3 个小组)，每人轮流发表对该校的认识，包括情境描述、分析思考、改进策略、理论依据等内容。学员之间还可以相互质疑、共同探究。“评校”就是各组在综合组员意见的基础上形成全组共同的评校报告，并推荐小组代表在全班范围内做汇报交流(发言代表采取轮流制)；各小组发言完毕后，再由导师做最后点评。在每次的“观校、听校、议校、评校”过程中，学员的注意力和兴趣点都高度集中，因为这些校例中包含的真实事件或问题，与学员们的既有经验相关，具有足够的复杂性，所以学员都能积极参与到明确的集体任务中。同时，各学员都具有丰富的经验世界，不同学校和不同发展背景的学员对某种问题形成了不同的假设与推论，相互之间通过竞争、辩论、合作、问题解决、策略提出等形式对问题进行充分论证，既获得解决问题的经验，提升认识，又可以达成学习目标。特别是导师又能够与学员充分沟通，不仅发展开阔了学员的思路，提高学员的批判性思维与创新性思维能力，更增加了学员个体之间的交流沟通能力以及包容能力，提高其自身效能。

2. 主题模块化的“学、做、说、写”训练

多思·史密斯指出：校长是学校的核心与灵魂的有形表现[①]。现实环境要求校长既要脚踏实地，更要仰望星空。校长不仅要能干事、会说话、有思想，还要善笔耕。作为当代教育家，杨一青深知人才培养的基本范式与流程，因此他

① [美]桑德拉·哈利斯. 美国获奖中小学校长的建议[M]. 方雅婕，李静译. 北京：中国青年出版社，2014.

提出了集“学、做、说、写”为一体的培训模式。学，就是加强理论学习，向书本学，向同行学，向实践学。开班典礼上杨老师就公布了本期工作室学习的十大板块主题，并推荐了一系列与该主题配套的教育教学管理书目，要求学员必须在规定的时间内读完。同时，还引导学员加强与周边学校的互动，在互学互看中加深对该模块主题的认识。“做”就是学会将理论用于实践，基于实践管理做行动研究，推进改革，促进学校发展。“说”既是将自己学校既有的优秀做法提炼上升为经验，大胆宣讲，与同行做碰撞；更是在议校过程中做到敢说、能说和说好。“写”就是在每次学习结束后，学员必须在一周时间内完成学习体会，要求将所学、所想或者实践做法上升到理性认识层面，提炼成自己的管理心得，并予以撰文发表。如此循环往复的训练模式，促成每一位校长完成了从“实践—理论—实践—理论……”的飞跃性发展，大大提升校长的专业素养和行动能力。

3.优质互享的文化磁场的打造

建构主义学习理论认为，知识是在个体的经验与外界相互作用的过程中，并在一定情感下借助他人的帮助，使摄入的新知识对原有经验进行改建与重组而形成的。两年来杨老师一直致力于打造一个积极向上、优质互享的文化磁场。通过学员的相互合作、交流，又积极利用外部宝贵资源，构建了一个互动交流、能量互补、资源共享的文化磁场。通过这个磁场，借助小组的学习与合作，既完成了学习任务，更实现了专业发展。

(1)走进名校，实现名校与学员单位之间的互动。本期培训活动走访了杭州市学军小学、杭州市求是教育集团、南京市行知学校等省内外优质学校，不仅实现了与名校长的零距离互动交流，分享他们的教育智慧与成长感悟，更建立了学员单位与名校之间的常态交流机制。以学军小学为例，我们不仅有机会邀请该校学科带头人莅临本校指导研究，更有机会派本校老师参与学军小学的教研活动，接受学军文化的熏陶。据不完全统计，两年来学员单位共派出了300多人次的老师参与大关、绿城、学军、求是小学的参观学习和跟岗实践，大大提升了学员单位教师队伍建设的效度。

(2)对接专家，让学员专业成长中多些专业引领。作为浙江省教育干部行政中心的指定培训项目，工作室具有得天独厚的教育资源，再加上杨老师多年积累的丰厚人脉资源，使学员享受到了高品质的专业引领。以杭州市乔司小学的现场诊断会为例，活动邀请到了浙江外国语学院的李春玲博士，她对乔司小学“家”文化内涵的打造提出了极具高度、富有前瞻的建议性意见，给全体学员上了极其生动的一课。与此同时，杨一青还将一些知名专家引入有特别需求的学校，让学员的学校多了一个难得的教育顾问，大大助推其专业成长。

(3)拓宽平台，打造学员之间的“实践成长共同体”。一方面要注重学员之间的互动，根据地缘条件，工作室内成立了若干个“成长共同体”。这些成长共同体建立常态的学习、交流机制，其所在的学校自然也就结成了“教、学、研”的联盟校，举行常态联谊会。另一方面，要做到资源共享。以温州市城南小学为例，去年 12 月举行了教学研修月活动，因为邀请到了朱乐平和俞正强两位老师同场“论剑”备受关注。各学员单位知悉后纷纷派人参加，人数多达 100 多位。

三、对当前小学校长专业成长的思考

校长作为准专业人士，在专业发展的过程中，校长群体和校长个体都需要持续不断地进行专业学习，以提高自身专业素养。[①] 作为教育行政部门必须遵循人才培养的规律，充分尊重校长的知识经验和发展潜能，为其搭建适宜的成长平台。两年的工作室学习既让我享受到了个人专业成长的愉悦，也让我对当前小学校长的有效培训方式有了深入的反思。

1. 激发成长内需，引导主动发展

(1)要激发校长的成长内需。通过制度约束、专业引领、职业道德建设等手段，激发校长的成长内需，杜绝“不成长”或“消极成长”的不良状态。

(2)要明白校长的发展需求，并创造条件予以满足。纵观鹿城区校长专业成长的现状和水平，总体情况还是比较乐观的。但是，教育局、教科研部门依然要定坚持“因材施训”，针对其专业发展程度实施分层培养，并持续推进此项工作。

2. 搭建成长平台，健全奖励机制

(1)搭建多元的成长平台，如学历提升、跟岗实践、高级研修班、各类特色项

---

① 吕蕾．中小学校长培训专业化研究[M]．北京：北京师范大学出版社，2010.

目培训等途径促进校长专业成长。

(2)建立专项发展奖金,通过健全“教育名家”“名校长”“骨干校长”等评选机制,奖励校长专业成长。

(3)建立校长职级制,引领校长专业发展。

3. 完善评价体系,提升职业幸福感

校长不仅是学校的管理者,更是教育者和引领者,他们的工作极其烦琐,很多校长常常为此“鞠躬尽瘁,死而后已”。但是因为学校之间的差异较大,不能简单地通过表面数据评价工作得失,否则很多校长的工作成效将无法彰显。因此,建议教育行政部门必须完善评价体系(包括对学校发展、对校长专业成长),让校长的工作业绩、专业能力、专业发展程度有所体现,进而提升其职业幸福感。

校长的专业成长是一个系统工程,需要人民政府、教育行政部门、教育科研部门、社会和家长等多方面的共同努力,以形成强大的合力,促进校长生动活泼地发展,从而更好地服务于教师和学生的成长。

本文略有改动,原文曾获 2015 年温州市论文评比一等奖

小学校本德育课程开发的实践与思考

——以温州市城南小学为例

温州市城南小学创办于1914年，是浙江省第一批艺术特色学校。学校坚持以“成人、成才、成功”的校训为导向，践行“让每一个孩子精彩起来”的办学理念，恪守“诚信、仁爱、合作、担当”的精神，以艺术教育为载体全面深化素质教育，致力于促进学生综合素质的提升和个性特长的培养，形成了具有城南特色的艺术教育模式，享誉省内外。近年来，学校更是围绕“培养具有国际视野的现代中国人和美的小使者”的育人目标，坚持“国家课程校本化，校本课程特色化，特色课程精品化”的宗旨开发课程，初步形成精彩课程框架体系。笔者主要通过对城南小学校本德育课程体系建构的实践分析，总结出小学校本德育课程开发的策略，旨在为同类学校提供经验借鉴。

一、小学校本德育课程开发的背景与意义

课程一词源于拉丁语，原指“跑道”，后引申为有组织的知识体系，现指按照一定的社会需要，根据某种文化和社会价值取向，为实现学校教育目标而组织制定的一套有目的、可执行的计划，它规定了培养目标、具体内容和实施的方法，并且有一套可以具体实施的策略以及恰当评价的方法。校本德育课程开发是学校根据自己的教育哲学思想自主进行的适合学校具体特点和条件的课程开发策略[①]。在当前，小学校本德育课程开发具有极其重要的现实意义与价值。

① 傅建明.校本课程开发中的教师与校长[M].广州：广东教育出版社，2003.

1. 小学校本德育课程开发是落实国家三级课程体系建设的需要

1999 年 6 月，中共中央国务院召开的全国教育工作会议明确提出：调整和改革课程体系、结构、内容，建立新的基础教育课程体系，试行国家课程、地方课程和学校课程①。2015 年 3 月颁布的《浙江省教育厅关于深化义务教育课程改革的指导意见》中提出，“要完善义务教育课程体系。义务教育课程分为基础性课程和拓展性课程。基础性课程是指国家和地方课程标准规定的统一学习内容；拓展性课程是指学校提供给学生自主选择的学习内容②。”基础课程关注的是基础性和统一性，追求的是共同和统一。拓展课程是基于学校现实生态，为促进学生全面发展和个性发展而开发的具有浓郁校本特色的课程，关注的是差异性。拓展性课程包括知识类拓展、体艺特长、实践活动等方面，也涵盖了道德教育、综合实践等活动内容。可见小学校本德育课程的开发，是完善国家三级课程体系建设的需要。

2. 小学校本德育课程开发是基于学生道德成长的需要

科尔伯格在《发展是教育的目的》一文中指出：“道德的发展源自社会冲突情境中的社会性相互作用。道德即非给定的文化价值的内化，也非自然本能和情感的展开③。”儿童道德的发展，不仅需要明确的培养目标，也需要有具体的发展认知和情感的措施，特别是促进移情性理解能力的培养与发展。而其中，关注学生的生活世界，提供社会性的刺激，即引导和提供机会与情境使学生对个体的人格尊严、生命意义与价值予以体认，显得尤为重要。而这恰恰是需要通过学校德育课程的开发与建设来完成的。

3. 小学校本德育课程开发是提升德育工作实效的需求

当前学校德育工作面临诸多困境，效率低下。①学校德育始终处于传统德育约束人和“认知发展性”的范式中，德育的封闭性和约束性，不仅不能推动人生命的发展，生活质量的提高，更限制了人的自主成长；②学校德育在教育方法

---

① 中共中央国务院《关于深化教育改革全面推进素质教育的决定》，1999-6-15.

② 浙江省教育厅《浙江省教育厅关于深化义务教育课程改革的指导意见》，2015-3-31.

③ L. Kohlberg & R. Mayer. Development as the Aim of Education[M]. Harvard Educational Review, 1972.

上把学生单纯地视为道德规范的被动接收者，普遍采取灌输[1]；③学校德育总是片面强调学生对于道德义务、道德责任的认同，而无视义务与权力的对等性，忽视学生的道德生活和需要，忽视提供机会与情境让学生去体验与感悟；④学校德育常常孤军作战，难以形成有效合力，致使“全学科育人、全方位育人和全过程育人”的美好设想难以落实，德育工作效果差。

二、小学校本德育课程开发的实践与策略

教育的目的是为了发展人，而实现教育目的的重要途径就是通过课程的开发与实施。朱小蔓教授曾指出，人的道德发展存在三个台阶：①人在早期发展中对自己父母或养护人的道德标准加以内化；②人在扩展了的公共生活中由于不断做出同情共享的反应而掌握价值标准；③人能够主动判断、选择价值标准并加以持守。[2] 第二、三台阶能够顺利实现，就需高度重视德育过程中学生是否有经历和体验的产生。诚如《上海教育》中指出：“教育真正的价值在于还原生活的本色，无论是老师还是孩子，获得一种非常有意思比分数更重要的体验。”这就需要学校和教师特别精心地设计和组织各种道德学习的资源，设计和开发德育课程，让学生们以“情感—体验”的方式学习道德，发展德性。温州市城南小学基于百年办学的成功经验，更结合了学校三年课程改革的实践与经验，提出小学校本德育课程开发的实践与策略，即提炼原有德育活动，上升成为德育课程；基于学生成长需要，开发新的德育课程；践行学校办学思想，建构德育课程框架。

1.提炼原有德育活动，上升为校本德育课程

德育活动与德育课程不同，其最大区别就是缺乏系统性，没有课程纲要，没有固定的课时保证，也缺乏有效的评价机制，从而使得德育活动“碎片化”，人为地将德育活动与学生的生活世界割裂开来。如现在各个学校都有开展传统节日教育，但很多时候却是为活动而活动，脱离了学生的实际生活，活动结果也总

① 肖川.学校，用什么来吸引学生[M].北京：北京师范大学出版社，2005.

② 朱小蔓.关注心灵成长的教育——道德与情感教育的哲思[M].北京：北京师范大学出版社，2012.

是以在校园里展示部分学生作品而告终。如春节就是做灯笼，清明节就是扫墓，端午节就是吃粽子、祭屈原等，而常常忽略这些活动背后重要的德育素材与资源。孩子们也不喜欢这样的德育活动，总是觉得很单调，很无趣。基于此，城南小学开发了春节文化课程，融春节来历、春节礼仪、春节孝行、春节文化、春节财商教育于一体，将传统的、零散的、以家庭为主体的实践活动有机整合，开发了以促进学生全面发展为核心的各学科统整的，将家庭、学校和社会紧密联系在一起的德育活动课程。

案例1:城南小学传统节日之春节文化课程学习单(低段)

温州市城南小学"传统节日课程之春节课程"学习单(1～2年级)

小朋友们：

"爆竹声中一岁除，春风送暖入屠苏"。马上就要过年了，过了年，我们就要长大一岁了，那关于年，你都知道些什么呢？寒假里，就让我们去找找关于年的故事，了解过年到底是怎么一回事，并且做个讲文明懂礼仪的好孩子吧！

第一站：春节的来历

我和家长一起读读春节的故事，知道春节是怎么来的。我还能自己编一个年的故事，有兴趣的孩子还可以让家长录下来参加下个学期学校开展的关于"春节故事新编"的故事征集活动(具体上交时间方式另行通知)。

第二站：春节的礼仪

1.过年的时候，我们要去爷爷奶奶家拜年，还常常和叔叔阿姨一起吃酒，这时，我们要学会向所有的人拜年，说祝福的话(学会对不同的人用不同的祝福，家长带孩子出去拜年的时候可事先告诉孩子有哪些人，该怎么称呼，怎么说祝福语，与孩子事先"排练"一下，通过说祝词训练孩子的胆量、口语表达能力和交际能力)。

新年到了，我祝爷爷奶奶_________________________________。

新年到了，我祝爸爸_________________________________。

新年到了，我祝妈妈_________________________________。

新年到了，我祝哥哥姐姐_________________________________。

我会给大家拜年了，爸爸妈妈给我打星(见表1)☆☆☆☆☆

表1　礼节评分表

礼　节	自我评价	家长评价
路上遇到熟人说“新年好”	☆☆☆☆☆	☆☆☆☆☆
吃饭的时候要先请长辈入座	☆☆☆☆☆	☆☆☆☆☆
吃完了要对大家说：“我吃好了，大家慢慢吃”，然后才可以离开座位出去玩	☆☆☆☆☆	☆☆☆☆☆
客人来家中，会简单招待客人	☆☆☆☆☆	☆☆☆☆☆
收到压岁钱，会表示感谢	☆☆☆☆☆	☆☆☆☆☆
能和哥哥姐姐弟弟妹妹友好相处	☆☆☆☆☆	☆☆☆☆☆

2. 行为“导航”：我能做一个懂礼貌讲礼仪的好孩子。

第三站：春节的文化

我们找到和年有关的物品（如猴年的邮票、年画、窗花、对联等），我能制作和年有关的手工作品（如剪窗花、写对联、给老师或同学送新年祝福卡等），开学的时候，我会把这些物品或手工制品带到学校和同学一起欣赏、交流。

温馨提示：家长朋友们，因为我们的孩子还小，还请你们多一分耐心与鼓励，与孩子们共同完成这一份实践活动，为孩子的成长助力。

当然，该课程针对不同学段的学生有不同的教育目标和学习内容，亦有不同的评价机制。之后，我们又将全年的传统节日课程予以统整，开发了城南小学传统节日文化课程，包括春节课程、清明课程、端午课程、国庆课程、中秋课程与冬至课程，为培养有国际视野的现代中国人和美的小使者奠定了民族根基。

2. 基于学生成长需要，开发新的德育课程

儿童的生活是一个整体，一个总体。他敏捷、欣然地从一个主题到另一个主题，正如从一个场所到另一个场所一样，但是他没有意识到转变和割裂①。杜威认为，儿童经验的事物“不是分门别类地呈现出来的。感情上生动的联系和活动的联结，把儿童亲身的各种经验综合在一起。②”儿童身心发展的一元性

① 王一军．儿童文化课程：理论、实践与案例[M]．南京：江苏教育出版社，2009.

② 杜威．儿童与课程[A]．//吕达．杜威教育文集(第一卷)[C]．北京：人民教育出版，2008.

决定了现实中的儿童是具体的、整体性的、鲜活的，其素质提高不可能被简单规定，更不可能被标准化和机械化。德育课程的开发与建设必须坚持儿童的主体地位，坚持与儿童日常经验的联系，尊重儿童的需要与权力，这样才能真正促进人的成长。

案例2:城南小学爱心课程开发的实践

为加强对学生的“仁爱”教育，引导学生学会爱自己、爱他人，服务他人、奉献社会，城南小学每年3月都会举行一次爱心捐款活动，并将所得捐款全部捐赠给温州市慈善总工会。这一活动坚持了5年，但却日益受到师生们的质疑：作为消费者，孩子们哪来的钱？每年只拿压岁钱来捐有意义吗？是不是可以把单纯的捐款赋予更有意思的财商教育呢？我们的爱心款到哪儿了？为什么不让孩子们直接送钱给有需要的人群，或是让孩子买一些东西送给贫困等需要帮助的人？每次捐款后学校都会张榜公布各班的捐款书目，我们很担心这会引发学生们的不良竞争？基于诸多质疑，我们召开了一个又一个的师生座谈会，2014年3月城南小学一门全新的课程——爱心课程就此诞生(见表2)。

表2 温州市城南小学爱心课程纲要

课程目标	具体内容	实施途径与载体	课程评价
1.践行声城南精神：诚信、合作与担当 2.关心社会弱势群体，培养孩子的同情心、怜悯心 3.职业体验“买与卖”，学会售卖、营销 4.培养孩子的财商意识 5.引导学生学会人际交往 6.增强动手能力、培养创新精神 7.学会服务他人，学会帮助他人 8.学会感恩	1.走访辖区困难群众、看望福利院、老人院里的孤寡老人 2.营销实践，推销商品，包括海报、个性商铺设计、广告语设计、财务、盈亏计算等 3.交往礼仪 4.小组合作 5.年度主题(国际风情贸易节、中华民族文化节等) 6.班级特色营销 7.使用善帮扶他人 8.为帮助过自己的人至少做一件好事	具体活动时间为3月份的第二、三周，共12课时，执行学科包括： 1.美术课(1节) 2.语文和英语(2节) 3.数学课(1节) 4.综合实践课(1节) 5.综合实践课(1节) 6.班队课(2节) 7.义卖课(2节，3月脸盆 第三个星期五的下午) 8.“爱与担当”爱心帮扶综合实践活动(贯穿全年，每生每学期至少2课时)	如何评价师生、该课程？ 1.对学生的评价；最佳个性商铺、最具特色海报、爱心天使、最具人气班级、最佳推销员、最佳财务等 2.对教师的评价；优秀组织班级等的评选 3.对课程实施的评价

年度主题是指每年的义卖活动都会穿插一个教育主题，并将该项活动列为爱心课程的子课程。以 2016 年为例，为了让孩子们关注时事，增进国际理解，我们将义卖主题确定为国际风情贸易节。即让每一个班级选定一个国家，了解这个国家的历史、地理位置、国家文化特色等，并将各个摊位布置成具有该国风情的商铺，以提升孩子的国际理解能力。国际贸易子课程纲要(高段)及活动要求如下(见表 3)。

表 3　温州市城南小学爱心课程之国际贸易子课程纲要(高段)

<table>
<tr><td colspan="4">城南小学生培养目标：有国际视野的现代中国人和美的小使者</td></tr>
<tr><td colspan="4">课程总目标：学会担当，有责任地生活</td></tr>
<tr><td colspan="4">爱心课程之六大年度教育主题：温州风土、行走中国、民族风情、朝代文化、传统节日、国际风情贸易</td></tr>
<tr><td colspan="4">世界贸易课程目标：培养学生文明交往、诚信经营的良好道德素养，具有热爱生活、热爱文学的人文素养；具备理性消费、创造财富的财商素养；具备高雅情趣、赏美创美的艺术素养；积极动手、勇于实践的劳动素养，胸怀祖国、眼望世界的视野素养</td></tr>
<tr><th>年级</th><th>具体内容</th><th>实施途径</th><th>评价</th></tr>
<tr><td rowspan="5">五、六年级</td><td>道德素养：学会文明交往，诚信经商，认识爱心义卖活动的意义，积极参加志愿者活动</td><td>品德课、志愿者课程</td><td rowspan="5">1. 针对学生个人评价：最佳商品推销词；最美国家风情介绍；礼仪标兵；爱心小天使；环保小天使
2. 针对班集体的评价：最美海报、个性商铺、人气商铺、创收商铺、环保商铺……
3. 针对课程的评价(通过网络问卷调查完成)</td></tr>
<tr><td>人文素养：为班级销售的商品设计一份推销广告词</td><td>语文课</td></tr>
<tr><td>财商素养：学会做前期市场调查，了解需求。谈一谈与同学交流你对谈 Facebook 首席执行官扎克伯格将 99% 股份捐赠给慈善机构的看法</td><td>数学课、义卖课、班会课</td></tr>
<tr><td>艺术素养：认识该国名画、名建筑等，欣赏该国名歌名曲，为班级创作一份海报，布置好班级的商铺</td><td>美术课、音乐课、班会课</td></tr>
<tr><td>国际视野素养：知道世界共有几大洲、几大洋及其各自名称；了解 2016 年 4 月 29 日起在唐山举行的世界园艺博览会上的相关信息，了解该国在此次世园会上的举动或展览项目，并与同学交流</td><td>英语课</td></tr>
</table>

除了爱心课程之后，学校还根据学生的成长需要，相继开发了针对一年级的开学适应课程，针对四年级孩子的十岁成长课程和针对六年级学生的毕业感恩、规划课程等，深受师生欢迎，也很好地促进了学生的成长。

3. 践行学校办学思想，建构德育课程框架

城南小学早在2002年就确立了民乐教育特色，并在省内外享有盛誉。2006年城南小学提出了"成人、成才、成功"的校训，并确立了"诚信、和谐、卓越"的校风、"踏实、求新、奉献"的教风和"博学、勤思、笃行"的学风。2013年基于学校百年校庆，我们重新梳理和提炼了学校的办学思想，形成了"让每一个孩子精彩起来"的办学理念，并初步形成城南小学精彩教育思想体系（见图1）。

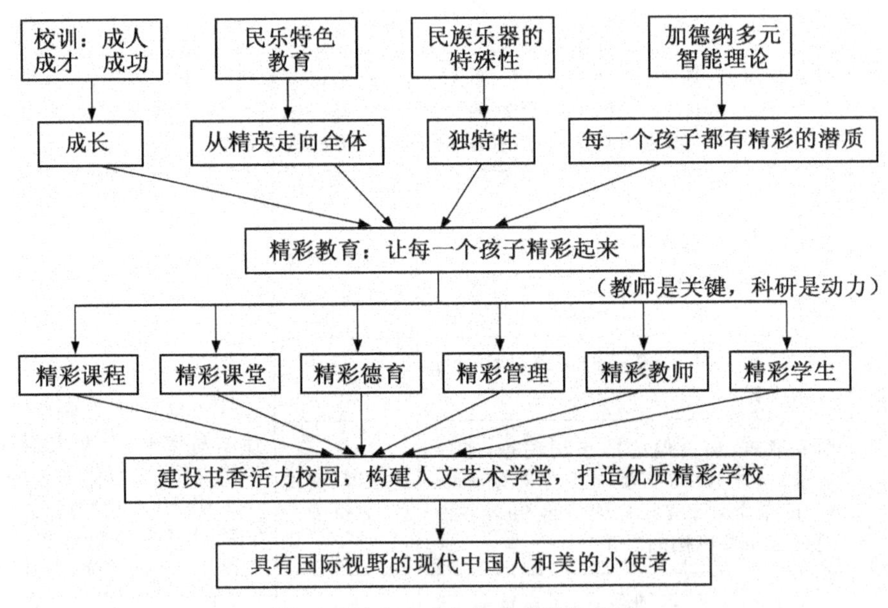

图1　温州市城南小学办学思想梳理

要落实学校的办学目标和培养目标，就必须通过课程、教学和教师来推进。为此，学校坚持了三步推进法，即让每一个孩子都有机会登上领奖台（评价机制改革）、让每一项德育活动课程化、让每一位老师和家长都有精彩的教育故事（通过教育叙事研究推进专业成长）。鉴于城南小学在百年办学过程中已经开发了一些比较成熟的德育活动课程，学校当下需要完成的就是对课程进行科学

开发和有机统整，并梳理形成自己的德育课程框架。清华大学副校长谢维和在《深化中小学课程改革的路径选择》一文中指出，当下基础教育领域课程改革的两种路径，一是示范引领，二是整体优化。示范引领，是以个别课程或者部分学科的深化改革来带动整个教育教学的全面提高。而整体优化则是面向整个学校的所有课程、所有学科以及整体和系统的优化。他是对整个学校的教学改革进行整体建设和优化，形成结构性优势，进而提高学校整体办学水平和教学质量。城南小学的德育课程框架建构就是一个整体优化的过程，基于全课程的理念，打通了德育与各学科之间的界限，实现了德育与智育、美育、体育和科创教育之间的相互联系和衔接，以学科统整的方式推进德育工作，它注重德育情境的创设，注重学生道德认知能力、道德判断能力和道德选择能力的培养，从而有效地落实了立德树人的神圣任务(见图 2)。

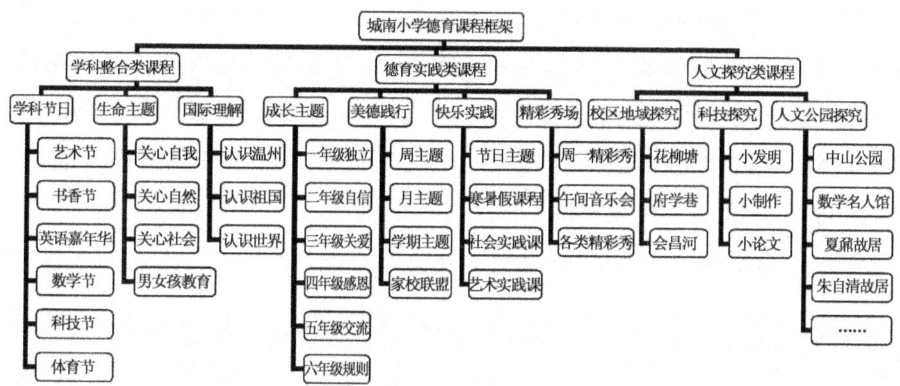

图 2　城南小学德育课程框架结构

三、城南小学校本德育课程建设的成效与思考

城南小学德育课程开发历时已久，多年的德育工作实践让我们收获许多，但同时也有不少的困惑与思考。

1.城南小学校本德育课程建设的成效

(1)提升了德育工作实效。德育课程开发大大提升了学校德育工作的实效，主要表现在两方面：①学校德育工作有效地实现了突围，真正实现全员育人；②德育活动课程深受师生欢迎。如爱心课程实施后，师生、家长纷纷在微信圈留言，说这样的活动很好玩，又很有趣，建议学校每学期都举办一次。自实施父母职业体验课程后，家长反映孩子们更有礼貌，生活上也更独立了。更为可喜的是，随着学生良好德行的养成，学校的日常管理成本也在逐年下降，以往学校每年都要有一定的经费用于人为破损门窗的修理，而这两年已经下降为零了。

(2)促进了教师专业发展。德育课程建设的显性成果之一就是教师专业能力的提升。老师们从过去的将绝大部分时间与精力放在提升孩子的学业成绩上，到现在思考我该教些什么内容才能更有利于孩子的成长，老师的课程开发能力得到全面提升。2016 年 9 月，浙江省全面推行拓展性课程的建设，城南小学每一位老师都能基于学生需求开发一门自主选择性拓展课程，全校共达 75 门之多。2016 年，城南小学共有 131 人次教师在省、市、区级教师专业素养及技能比赛中获奖，成果显著。

(3)丰富了学校内涵建设。作为一所百年老校，我们欣喜地看到城南小学在德育课程建设过程中迸发出的蓬勃生机。学校的办学理念、课程建设、课堂教学、教师队伍建设、特色文化建设等内涵建设方面都有了长足的进步，学校办学效益凸显，社会美誉度不断提升。

2.学校德育课程开发的思考与后续改进

(1)课程建设必须基于学校哲学。学校哲学是学校为什么要办学？要办怎样的学校？如何办成预期中的学校？如何评价自己已达成办学目标等一系列问题的思考。课程建设必须依托于这些问题的思考与解决。这就决定了学校德育课程建设必须立足校情，要接地气；要学会梳理办学思想体系，使自己的办学有章可循；做好学校的课程发展规划，整体建构，有序推进。

(2)教师的专业发展永不停息。校本课程开发的主体是教师，出发点和落脚点都是为了学生的发展。教师必须要有敏锐的课程开发意识，能迅速捕捉到学生的需求，并根据未来社会需要的人才素养模式开发课程满足其成长需要。而更为重要的是，作为基础教育阶段的教师，我们还要学会不断提升学生的需求，积极引导其向高层次需要发展，并开发合适的课程助其成长。从这个角度讲，教师的专业发展将永不停息。

(3)德育课程建设将持续推进。学校德育课程建设是一个动态、持续发展的过程，它既不是一蹴而就，也非一成不变的，它会随着时代的进步和教育对象的变化而变化。今天的学生不是昨天学生的简单再现，每一个孩子的身上既有其家庭烙印，更有其深刻的时代烙印，这些也都决定了学校的德育课程建设将是与时俱进，不断趋于完善，无限接近真理的建设过程。

学生良好道德品质的形成是一个漫长的过程，德育活动必须改变“散兵游勇”的“低、小、散”状态，学会系统思维，以序列化、课程化的方式推进，才能更好地促进学生“认知”“体验”“践行”，直至促进其良好德行与德性的形成。

本文略有改动，原文曾获2016年温州市鹿城区论文评比一等奖

基于志愿者活动的小学“善美文化”建设的实践与思考

——以温州市城南小学为例

美学家朱光潜提出：“教育的功用就在顺应人类求知、想好、爱美的天性，使一个人在这三方面得到最大限度的调和的发展，以达到完美的生活。”①“求知、想好、爱美”即代表了世间事物的三种不同价值标准——真、善、美。然而今天的学生绝大多数来自独生子女家庭，他们常常以“自我”为中心，凡事从自己角度出发，不会换位思考，不愿为他人着想，更谈不上主动服务他人和社会。学校的艺术教育也常常停留在知识与技能的传授层面，忽视对孩子进行美感教育与德行养成教育。艺术教育既无法惠及学生生活，也难以形成持续稳定的特色文化，从而制约学校的进一步发展。

温州市城南小学是一所以艺术教育为特色的百年老校。2014 年，学校提炼出“善行天下，美在城南”的行动口号，并对“善美”文化做了校本化的阐述与行动跟进，即“爱自己、爱他人、爱自然、爱社会”，并努力通过行动让自己、他人、自然和社会成长为应然的美好状态。“志愿服务（Voluntary Service）是不以获得报酬为目的，自愿奉献时间、智力、体力和技能等，帮助他人、服务社会的公益行为”。② 志愿服务是一种善举，是建设“善美城南”的重要载体。笔者通过对该校以志愿者活动为载体促进“善美文化”建设的实践分析，从而为同类学校提供经验借鉴。

---

① 朱光潜. 朱光潜散文—美是一生的修行[M]. 北京：北京联合出版公司，2015.

② 民政部：关于印发《志愿服务记录办法》的通知（民函〔2012〕340 号）.

一、开发志愿活动课程，实施服务培育"善美"气质

作为艺术特色学校，学校每年都会组织学生外出义演，去儿童福利院、老人院、七都留守儿童活动中心、特殊教育学校开展慰问活动，为特殊群体送上温暖与美好。2014 年起学校积极拓宽志愿活动平台，创新志愿者活动形式，深化"善美"文化建设。

1. 遵循学生成长规律，拓宽志愿服务渠道

学校基于儿童立场，遵循"自主发展、他人（社会）需要、志愿者能做"的原则，围绕"慈善救助、社会公益、社区服务"三大内容，创新小学生志愿服务的"三微"模式，根据不同年龄学生的认知特点和行为差异实施分层教育，形成了"三六六"式服务项目群。"三"，即"微慈善、微公益、微服务"的"三微"服务内容（见图 1）。

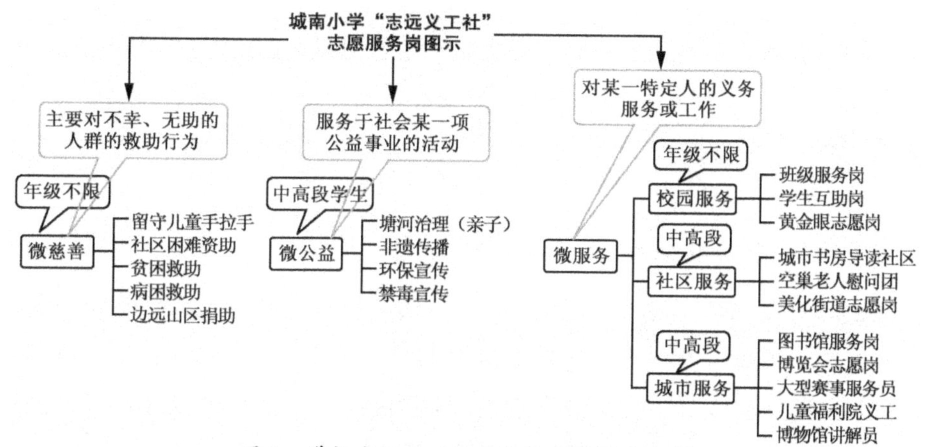

图 1　学校志远义工社志愿服务岗服务内容

"六六"：分别指校内外六大活动平台，校内包括亲子服务岗、领巾书信岗、爱心义卖岗、学生互助岗、班级服务岗、校级服务岗；校外则包括领巾爱心社、领巾综治社、领巾交通社、领巾喇叭社、领巾导读社、领巾管理社等（见图 2）。

该服务项目群的建构，使得全校师生都成为志愿者，实现了志愿队伍全员化。同时，也把高高在上的"善美文化"请下神圣殿堂，让孩子深刻理解"不计报酬地为他人、为社会做力所能及的服务和贡献就是行善，就是人世间最大的美"，从而引导孩子主动为他人着想，主动为他人（社会）服务，成为学校"善美"文化的建设者与维护者。

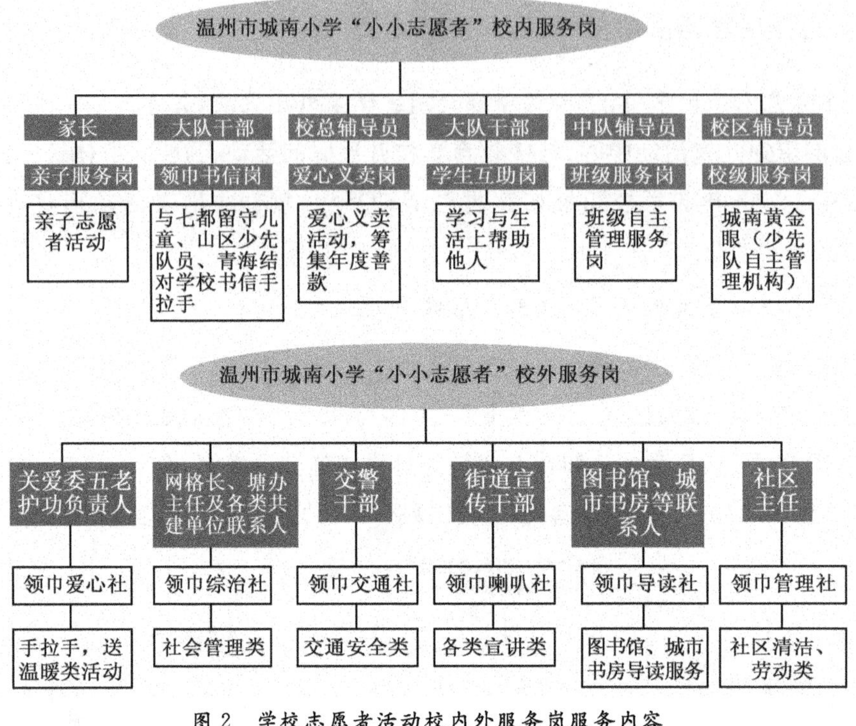

图 2　学校志愿者活动校内外服务岗服务内容

2. 开发志愿活动课程，学习服务创造“善美”

《上海教育》指出：“教育真正的价值在于还原生活的本色，无论是老师还是孩子，获得一种非常有意思比分数更重要的体验。”因此，学校特别精心地设计和组织各种道德学习的资源，开发志愿者活动课程，让学生以“情感—体验”的方式学习“服务”，培养美感，发展德性，培育“善美”文化。

案例 1：爱心课程的开发

爱心课程是学校推进“微慈善”服务项目而专门开发的课程。学校每年举行大型爱心捐款活动，并将所得款项捐赠给温州市慈善总工会，救助病贫困群众，与边远山区儿童、留守儿童开展手拉手活动以及维持班级年度慈善救助工作的开展。从 2014 年开始，我们将捐款活动“升级”爱心课程，从组织学生义卖募集善款，到使用善款救助特殊困难群体，形成了一门融合式的活动课程——爱心课程。它是培养学生同情心、悲悯心，和对弱势群体实施人文关怀与帮助的重要课程。课程纲要如下(见表 1)。

表 1　爱心课程

课程目标	课程内容	实施途径与载体	课程评价
1. 培养孩子的同情感、悲悯心和责任感 2. 落实办学理念，践行“诚信、仁爱、合作与担当”的城南精神 3. 职业体验“买与卖” 4. 学会筹集善款及财商教育 5. 增强动手能力、培养创新精神；学会人际交往 6. 学会艺术生活	学会义卖： 1. 编制活动方案（综合实践课） 2. 设计海报、个性商铺（美术课） 3. 创编广告语（语文或英语课） 4. 学习财务、盈亏计算（数学） 5. 学会销售（综合实践） 6. 交往礼仪（品德） 7. 职业体验（社区资源、家长） 实施慈善救助： 开展慈善救助综合实践活动	每年 3 月份的第二、三周，共 18 课时。执行学科包括： 1. 艺术课（2 节 ） 2. 语文或英语（1 节） 3. 数学课（1 节） 4. 综合实践课（1 节） 5. 品德课（1 节） 6. 班队课（2 节） 7. 义卖课（2 节，3 月份第三个星期五的下午） 8.“爱与担当”慈善综合实践活动；（每学期 8 课时）	1. 对学生的评价：最佳个性商铺、最美海报、最美爱心天使、最佳广告词、最美吆喝、最佳售卖 2. 对班级的评价 3. 对教师的评价；优秀班级组织等评选 4. 对课程实施的评价

学校现有普惠型和自主选择型两大类志愿活动课程。普惠型课程是所有孩子都必须参与的，如爱心课程；自主选择型课程则是由学校、班级、社团或个人发起的，供学生自行选择申报的服务项目。学校每月会定期发布活动信息供学生选择（见图 3）。

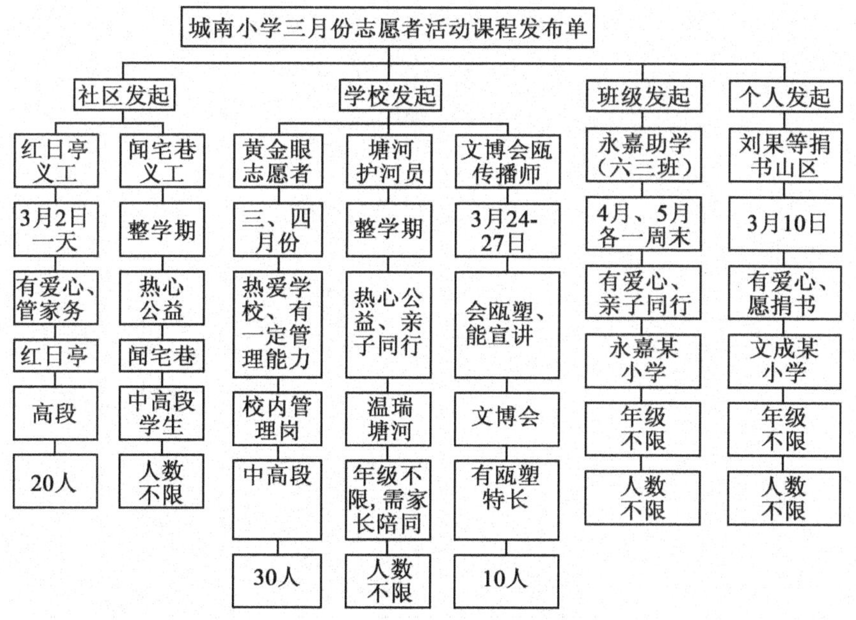

图 3　学校志愿者活动月信息发布单

不管实施哪一种活动课程，学校都特别注重美感教育，把艺术融入生活，让艺术为生活服务，为生活增添情趣与美丽。如爱心义卖课程实施之前的文艺暖场，义卖过程中组织全校师生开展“最美商铺”“最美广告词”“最美吆喝员”“最美商品造型”“最美售货员”以及“最美活动方案”评比活动，这就把艺术教育从课堂中解放出来，从单纯的重知识、重技法和与“美的感知力、鉴赏力、创造力”培养的有机整合，从而引导学生怡情养性、礼重仪节、行为规范、内心和谐和生活守序。

二、健全志愿评价机制，树立标杆宣传“善美”使者

为深入推进志愿者活动建设，学校健全了志愿者管理制度，规定每位学生每年志愿服务的时数，建立志愿服务档案并纳入综合素质考核。

1. 融合学生素质评价，打造师生“善美”标杆

学校把志愿者活动的评价机制纳入学生综合素质评价，立足学生培养目标“有国际视野的现代中国人和美的小使者”，推进“精彩六艺少年”评价建设，使优秀志愿者成为学校的“礼艺少年”标杆。每年校庆日上举行隆重的颁奖典礼，宣传他们的优秀服务事迹，并持续开展“全校师生看‘标杆’，争做志愿新标杆”的巡回展示活动，以创建浓郁的“善美文化”（见图 4）。

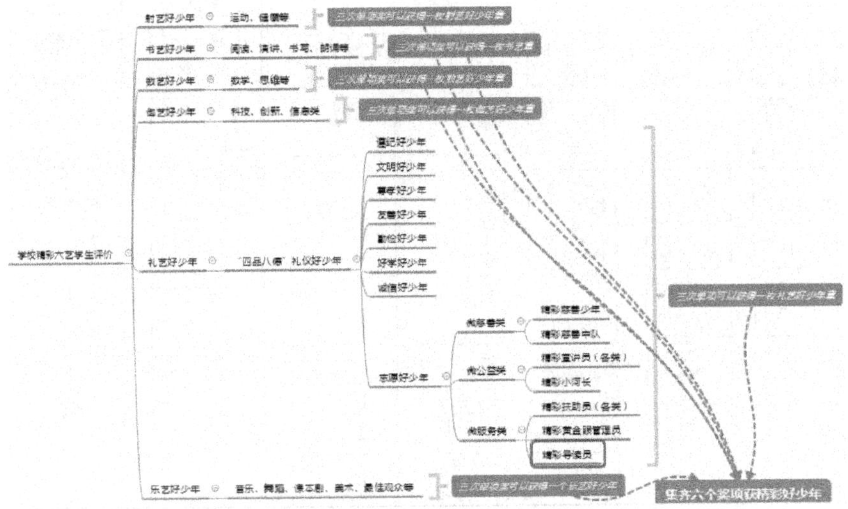

图 4　城南小学学生综合评价体系

2. 开展个性服务评比，助力学生精彩成长

学校坚持每年一次的“慈善标兵”表彰活动，通过评选“慈善少年”“慈善中队”“慈善家庭”“慈善教师”“慈善校友”“慈善志愿导师”等活动，让慈善理念深入人心，也打造了一支素质过硬的校内外志愿导师，包括教师、家长、校友和社区共建单位人员，让志愿活动从学校辐射到家庭、社会，形成了全员育“善美”、全员行“善美”、全员推“善美”的良好氛围。校友陈志远捐款 100 万设立慈善助学奖教金，更是大大助推了“善美城南”的建设。

学校注重打造一批个性化服务社团，助力学生的个性成长。为此学校专门聘请一批校外专业导师，如非遗宣传志愿岗导师由浙江工艺美术大师郑央凡担任；塘河保护志愿岗导师由区塘河管理委员会副主任彭琦瑜担任，街区美化志愿岗导师则由社区主任潘爱香担任……学校还坚持每学期评选“精彩城南宣讲员”“精彩小河长”“精彩导读员”“精彩小管家”“精彩小交通管理员”活动，让一大批特色志愿者涌现出来，从而有力助推学生的个性成长。

三、推进校园环境建设，营造氛围浸润“善美”文化

学校紧扣“善美”特质加强校园环境建设，营造浓郁的“善美”文化氛围。

1. 梳理办学思想体系，建构“善美”文化

(1)梳理办学思想体系，建构“善美”文化(见图 5)。

(2)学校对培养目标做了界定与解读，强调其“善美气质”。如内核精神为“诚信、仁爱、合作、担当”；外显特质为“厚德、健体、乐学、好思、善创、尚美”。基于这样的培养目标，开发了精彩“六艺”课程，实施精彩“六心管理”，打造精彩“六好”人师，培育精彩“六 A”家长，从而实现造就精彩六艺少年的育人目标。与此同时，学校还针对课程、课堂、管理、德育、教师、家长等六个维度做了“善美”气质的规定与行动跟进(见图 6)。

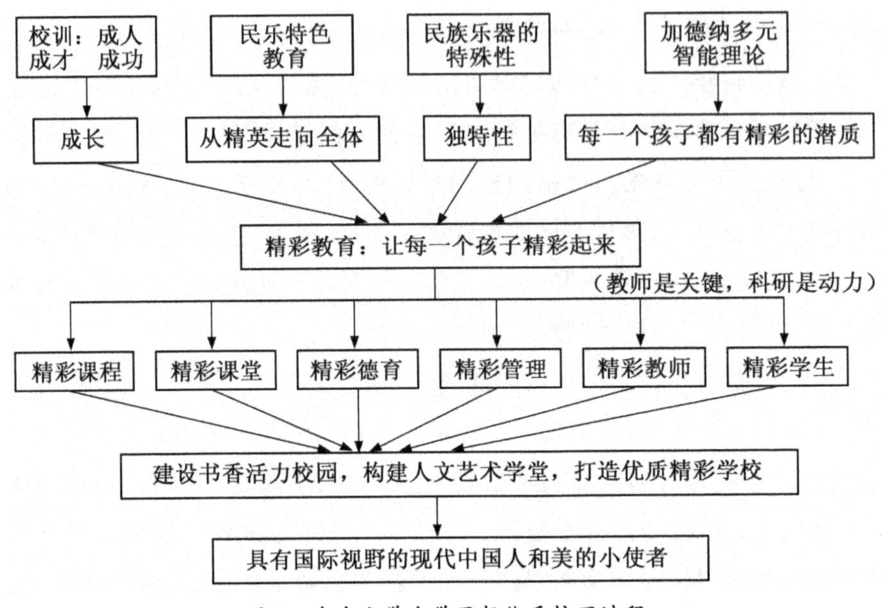

图5　城南小学办学思想体系梳理过程

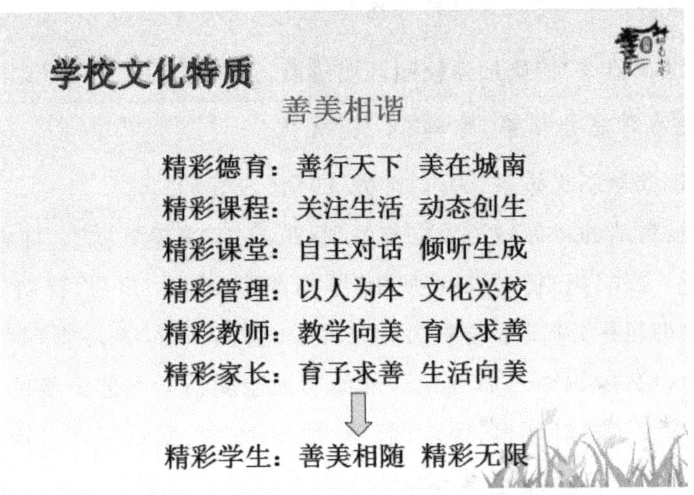

图6　城南小学精彩教育文化特质解读

2.开辟志愿环境阵地，彰显“善美”文化

学校加强硬件环境建设，使校园随处可以见到“善美”的影子。如定期开展慈善少年、慈善中队、慈善家庭、慈善教师、慈善校友风采展；定期把各类志愿服

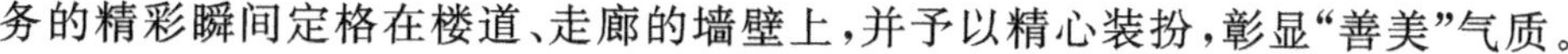

务的精彩瞬间定格在楼道、走廊的墙壁上，并予以精心装扮，彰显"善美"气质。

3. 宣传先进志愿事迹，浸润"善美"文化

学校积极利用周一晨会、午间广播、微信公众号、校园网站等平台宣传志愿活动的开展情况，把他们的先进事迹以"最大音量"传播出去。从去年开始，师生又把校园里发生的志愿故事以艺术的形式予以创编，形成了"三句半"、课本剧、微电影等艺术作品，并搬上了校园舞台，让孩子们充分浸润其中，感受善美，进而自觉成为"善美文化"的传播者。

在以志愿者活动为抓手的"善美文化"建设过程中，我们欣喜地看到了师生的变化：他们更富有同情心，更加仁慈，也更愿意为他人着想、为他人服务。他们的理解力、表达力、沟通力与对美的感受力、创造力也变得更强，他们更自信、更具担当，也更有成就感。学校的爱心课程、志愿者活动项目均获得鹿城区少先队十大优秀项目，志愿者活动课程还被编入温州市少先队队长课程，学校被推荐为全国小小志愿者试点学校。学校的艺术特色教育也因为有了特色文化的支撑和序列化的行动跟进，品牌效应日益凸显。

当然，我们在实践的过程中也感受到诸多的困难与问题，如怎样更好地与学科整合拓宽志愿者活动渠道，助推"善美文化"的深层次建设；如何建立更有效的激励机制，让志愿精神深入师生骨髓，使"善美"成为全体师生的文化自觉；如何使"善美文化"更有效延伸至家庭、社会，抢占社会文化高地，引领人们健康发展……

今后，我们还将继续通过"志愿队伍全员化、志愿组织制度化、志愿活动多元化、志愿项目分层化、志愿活动课程化、志愿评价个性化"等举措深化"善美"文化建设，落实立德树人目标，让每一个孩子更加精彩！

本文略有改动，原文曾获温州市2017年论文评比一等奖

小学志愿者活动课程开发的实践与思考

——以温州市城南小学为例

“志愿服务（Voluntary Service）是不以获得报酬为目的，自愿奉献时间和智力、体力、技能等，帮助他人、服务社会的公益行为”。① 在国内，又称志愿者活动。1963 年 3 月 5 日毛泽东发表题词“向雷锋同志学习”，此后学雷锋做好事的志愿服务事业得到迅速发展。2017 年 2 月，共青团中央、教育部、全国少工委联合下发了《少先队改革方案》，强调要“创新校内外‘小小志愿者’活动的开展”，让志愿者活动成为深化立德树人工作的重要载体。

然而，今天的学生大多数来自独生子女家庭，他们常常以“自我”为中心，凡事从自己角度出发，不会换位思考，不愿为他人着想，更谈不上主动服务他人和社会。作为一所以艺术教育为特色的百年老校，城南小学于 2014 年提炼出“善行天下，美在城南”的德育理念，并对“善美”文化做了校本化的阐述与行动跟进，即“爱自己、爱他人、爱自然、爱社会”，并努力通过行动让自己、他人、自然和社会成长为应然的美好状态。志愿服务就是实现这一目的的重要途径，也是建设“善美文化”的重要载体。本文旨在对温州市城南小学多年来开发志愿者活动课程，打造志愿者活动品牌的实践研究，从而为同类学校提供更多的经验借鉴。

一、基于儿童立场，设计课程内容

小学阶段是个体学习与成长的重要时期。在这个阶段，儿童不仅要完

① 民政部：关于印发《志愿服务记录办法》的通知（民函〔2012〕340 号）.

成生理、伦理和教育方面的成长，更要在社会性及情感方面实现新的增长（见图 1）。要实现这一目标，以志愿服务为中心的项目式学习无疑是最好途径之一。

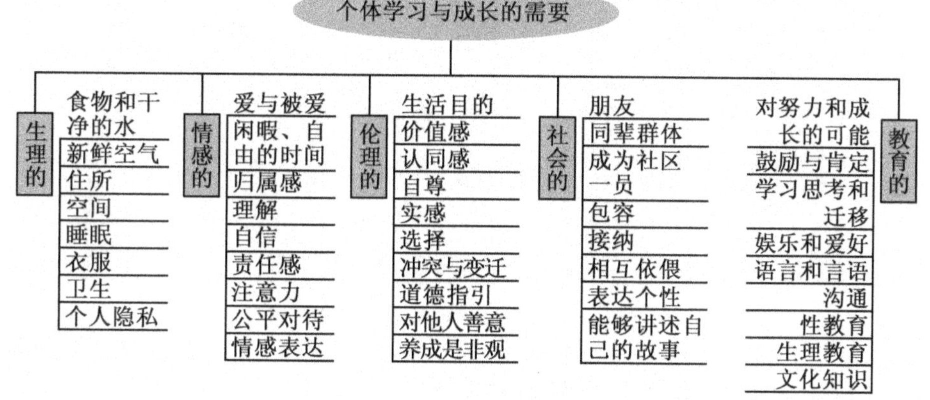

图 1　个体学习与成长的需要

1. 基于成长需要，分层建构活动内容

基于儿童立场，学校遵循“自主发展、他人（社会）需要、志愿者能做”的原则，围绕“社区服务、社会公益、慈善救助”三大内容，根据不同年段学生的认知特点和行为能力开展“微服务、微公益、微慈善”的志愿者活动（见图 2）。“微服务”即社区服务，包括对社区内孤、老、幼、残、烈军属的卫生保洁等方面的劳动；“微公益”是指对温州本土文化的宣传、交通安全、绿色环保及阅读推进等公共事业的服务；“微慈善”是指对贫、病困人群的资助和社会紧急性救助（如地震、火灾之后的救助活动）。

在活动内容设置上，则采取了螺旋式上升策略。以“微服务”为例，低中高段分别设置“家（班）务劳动”“校园劳动”“社区服务”等不同层次的内容；以“微公益”的绿色环保为例，低中段实施亲子河长活动，高段则推行“小小河长”主题实践活动，学生通过自主巡河、自主观测、自主调研、自主报告、护河实践等活动完成课程学习；在“微慈善”中，低段采取亲子慈善形式，由家长带领孩子实施慈善救助；中高段则由学校通过爱心课程，引导孩子策划、实施义卖活动筹得善款，开展贫、病困救助活动。

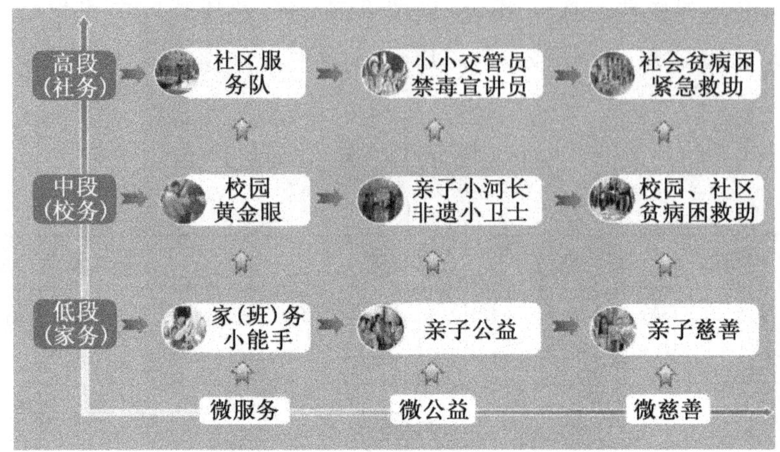

图 2 温州市城南小学志愿者活动课程群落

2. 整合社会资源，有序开发活动基地

学校志愿者活动遵循“家务—校务—社务”的发展主线，整合社会资源共同打造校内外活动基地。

学生家庭实践基地由家长自行开发；校内活动基地由德育处负责开发；校外则由校长室牵头，联合社会力量共同开发。策略如下：①以学校为圆点，向东、南、西、北四个方向分别延长 2 公里左右，形成了一个东到车站大道、西到信河街、北到瓯江路、南到锦绣路的活动区域；②立足校情，在活动区域内选出若干个备选基地；③委派先遣班级到备选基地试点服务，做好备忘录；④根据各班级提交的备忘录，进行梳理以决定是否正式建点；⑤邀请各方专家充分论证，并梳理形成课程活动资源包；⑥正式授牌建立基地（见图 3）。目前，学校已经建成二十多个校外志愿者活动基地（见表 1）。

微服务活动点：①校园内　②花柳塘社区　③谢池巷社区

微公益活动点：①绿色环保——温瑞塘河　②本土文化宣传——五马街、朱自清、谢灵运纪念馆、数学名人馆等　③交通安全——人民路

微慈善活动点：①定期点——红日亭、三乐亭　②留守儿童关爱——七都小学　③泰顺、文成山区

图 3　城南小学校外志愿者活动基地分布示意图(部分)

表 1　温州市城南小学校外志愿者活动基地一览表(部分)

活动类型	基地名称	所在位置	活动内容
微服务	家庭自理岗	学生家里	家务劳动
微服务	社区劳动岗 1	花柳塘社区	社区劳动
微服务	社区劳动岗 2	谢池巷社区	社区劳动
微服务	社区劳动岗 3	西屿社区	社区劳动
微公益	非遗宣传岗	鹿城文化馆	瓯塑、瓯绣、瓯菜等非物质文化宣传
微公益	小小交管岗	交警一大队	交通安全知识宣传、道路交通安全维护

（续表）

活动类型	基地名称	所在位置	活动内容
微公益	护河卫士岗	鹿城塘河办	五水共治等系列主题志愿活动
微公益	场馆宣传岗	博物馆等场馆	温州博物馆、名人馆等场馆宣讲活动
微慈善	社区扶贫岗	学校所在社区	社区贫病困、弱势群体慰问、救助活动
微慈善	七都牵手岗	七都小学	七都留守儿童手拉手帮扶活动
微慈善	白鹿通泰爱心亭	大通、南郊街道	红日亭、三乐亭、通泰亭伏茶、施弱活动
微慈善	鹿城慈善岗	鹿城慈善总会	全国范围内的贫病困、弱势群体帮扶活动

3.践行课改精神，合理设计活动课时

2015年省教育厅颁布《关于深化义务教育课程改革的指导意见》，明确提出“开齐、开足、开好基础课程，做好拓展性课程的开发与建设”，小学阶段的拓展性课程占总课时的比例为15%左右。2018年浙江省教育厅、旅游局等十部门联合印发《关于推进中小学生研学旅行的实施意见》，指出小学各学段的研学旅行一般安排在四五六年级，每学年安排1～2次研学旅行。基于此，学校将志愿者活动课程纳入研学旅行课程体系，做到整体规划、有序建构（见表2、表3）。

表2　温州市城南小学研学旅行课程安排表

年级	课时	活动地方	活动主题	活动内容
一年级	4	中山公园（池上）	我的家乡在哪里	寻访温州古城遗迹
二年级	4	印象南塘（数学馆）	认识家乡名人	厂家塘河文化，认识温州的数学成就及对世界的贡献
三年级	4	科技馆	我的家乡了不起	体验科技的神奇及对生活的影响
	4	博物馆		感受温州文化的魅力
四年级	8	临江学生实践基地	我为家乡建设出把力	务工、务农体验
	8	红日亭、书城书房等		校外志愿者活动

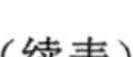

（续表）

年级	课时	活动地方	活动主题	活动内容
五年级	8	七都学生实践基地	我为家乡建设出把力	家政、急救学习
	8	人民路、鹿城区塘办		校外志愿者活动
六年级	8	江山屿爱国教育基地	我爱我的祖国	“感知英烈　振兴中华”爱国教育
	8	银行及各类博物馆等		校外志愿者活动

注：每半天为4课时，以上课程活动内容均在校外完成。

表3　温州市城南小学志愿者活动课程课时安排表

级段	总课时	内容模块及课时		课外拓展志愿服务时数	课外服务
低段	16	认知学习	4	共12小时，包括家（班）务劳动、亲子慈善、亲子公益等	家长、班主任
		技能培训	4		
		志愿实践	4		
中段	24	认知学习	4	共16小时，包括家（班）务劳动、校园志愿劳动、校外志愿者活动	家长、班主任大队部
		技能培训	4		
		志愿实践	16		
高段	24	认知学习	4	共20小时，包括校园劳动、社区劳动、社会公益、社会救助等校外志愿者活动	校长室、大校外导师
		技能培训	4		
		志愿实践	16		

注：以上课时取自地方课程，并融合《道德与法制》课、综合实践活动课实施。课程安排时间在周五下午，实施两课联排，以确保活动的有效开展（见附件2）。其中志愿服务课时数取自研学旅行课程。

以四年级下册为例，志愿者活动课程安排如下学习与服务内容（见表4）。

表4　温州市城南小学四年级（下）志愿者活动课程内容安排

时间	主题	课程内容及课时	地点	导师
第一阶段	走进红日亭	听大人讲红日亭　1课时	教育红日亭	宣传部相关负责人，红日亭负责人
		童眼看红日亭　1课时		
		跟着大人做一做　1课时		

（续表）

时间	主题	课程内容及课时	地点	导师
第二阶段	学习红日亭	爱心义卖、筹款　1课时	校园社区	班主任、家长社区工作人员等
		学做爱心粥送社区（爱心粥可根据时令变为清明果、端午粽、中秋饼、冬至圆等）　2课时		

二、凸显全员德育，打造导师团队

为进一步提升志愿者活动的效度，学校结合各志愿基地的特质，聘请一批德艺双馨的校外导师，以更好地服务学生成长。

（1）实行课程负责制。每个课程分别由校内外两位老师负责，校内导师侧重学生的日常管理，确保活动的正常开展（见表5）。校外导师则负责利用专业优势开发活动阵地，确立活动内容，实施岗前培训，最终与校内导师共同指导学生完成志愿服务。如市图的胡海荣馆长就为学生策划了图书馆课程，包括“中段侧重物化管理，重在维持环境卫生与阅读秩序；高段则侧重‘专业’服务，包括学编书目、图书上架、导读服务”课程。

表5　温州市城南小学志愿者活动校外导师一览表（部分）

活动类型	活动站点	校外导师	导师工作职务	导师服务时间
微服务	家庭自理岗	家长（监护人）	家长	全天候
微服务	社区综治岗	潘爱香	花柳塘社区主任	上班时间
微服务	社区环保岗	陈佩佩	西屿社区主任	上班时间
微公益	非遗小卫士	郑央凡	浙江省工艺美术大师	周二、四下午
微服务	小小交管员	陈大欢	市交警一大一中队	上班时间
微服务	市图管理员	胡海荣	温州市图书馆馆长	周一至周六上午
微慈善	通泰爱心亭	陈佩佩	社区主任	全天候
微慈善	七都牵手岗	孙焊生	温州日报视觉总监	周一、周三、周五上午
微慈善	鹿城慈善岗	林瑞荣	鹿城慈善总会会长	全天候

（2）推行操作标准制。学校初步建立校外导师授课操作标准，即包括一次

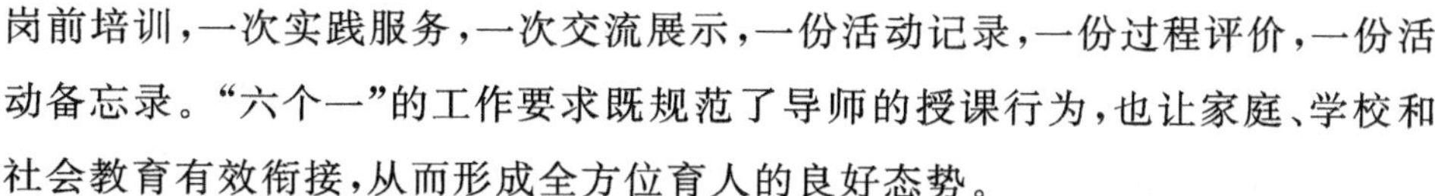

岗前培训，一次实践服务，一次交流展示，一份活动记录，一份过程评价，一份活动备忘录。“六个一”的工作要求既规范了导师的授课行为，也让家庭、学校和社会教育有效衔接，从而形成全方位育人的良好态势。

(3)建立定期评比制。学校定期举行的优秀导师、优秀志愿家长、优秀志愿共建单位的评选活动，既固化了良好的育人网络体系，也建构了浓郁的社区志愿氛围，真正践行了全员德育工作模式，让学生获得更全面的发展。

三、坚持素养至上，实施多元评价

学校坚持“志愿时”“志愿能”“志愿星”的三环联动评价机制，注重培育学生核心素养。

(1)以“志愿时”为依据健全管理制度。学校建立了“志远义工社”，下辖62个志愿中队，每个中队均有自己的志愿口号、志愿队旗与logo。学校规定每位学生每年志愿服务的最低时数(志愿时)，低中高段分别为12/16/20小时。达不到服务时数的学生，综合素质无法被评定为“优”。同时，志愿服务时数也成为学生评优评先的重要依据。

(2)以“志愿能”为抓手提升综合素养。学校每学期根据志愿服务类别开展技能大比拼活动，如针对场馆讲解员的“最佳讲解员”评选，针对交通安全管理开展的“最美交管手势”“最强大脑·交通知识大百科”评比；针对非遗小卫士开展的“最美瓯塑宣传画”“最美瓯绣作品”评比；针对城市书房义工开展的“快手·图书整理员”“快手·编书小能手”“最佳导读员”等评选。

(3)以“志愿星”评比为途径深化志愿精神。2016年校友陈志远先生捐款100万设立慈善助教奖学基金会。此后学校每年开展轰轰烈烈的“精彩志愿星”评比、表彰活动。同时，学校还积极利用周一晨会、午间广播、微信公众号、校园网站、个人风采展板等平台传播“志愿星”的先进事迹。师生又把校园里发生的志愿故事以艺术的形式予以创编，形成了快板、“三句半”、课本剧、微电影等艺术作品，努力形成积极向上的价值观导向，深化了志愿精神。

在深入推进志愿者活动课程的建设中，我们也欣喜地看到了师生、家长的变化：他们更富有同情心，更加仁慈，也更愿意为他人着想、为他人服务。他们的理解力、表达力、沟通力及对美的感受力、创造力也变得更强，他们更自信、能担当，也更有成就感。学校的“爱心课程”、志远义工社、“黄金眼”等志愿课程连续三年获得鹿城区少先队十大优秀项目，志愿者活动课程还被编入温州市少先队队长课程，学校被推荐为全国小小志愿者试点学校。学校的艺术特色教育也因为有了特色文化的支撑和序列化的行动跟进，品牌效应日益凸显。

当然，我们在志愿者活动课程的开发过程中也感受到诸多的困难与问题，如怎样更好地与学科整合拓宽志愿者活动渠道，深化项目式学习；如何建立更有效的激励机制，让志愿精神深入师生骨髓；如何使志愿精神更好地延伸至家庭、社会，抢占社会文化高地，引领人们健康发展……

今后，我们还将继续深化志愿者活动课程建设，落实立德树人目标，让每一个孩子更加精彩！

本文略有改动，原文曾获2018年温州市论文评比二等奖、浙江省论文评比三等奖

附件1:温州市城南小学《小小志愿者》课程目录索引

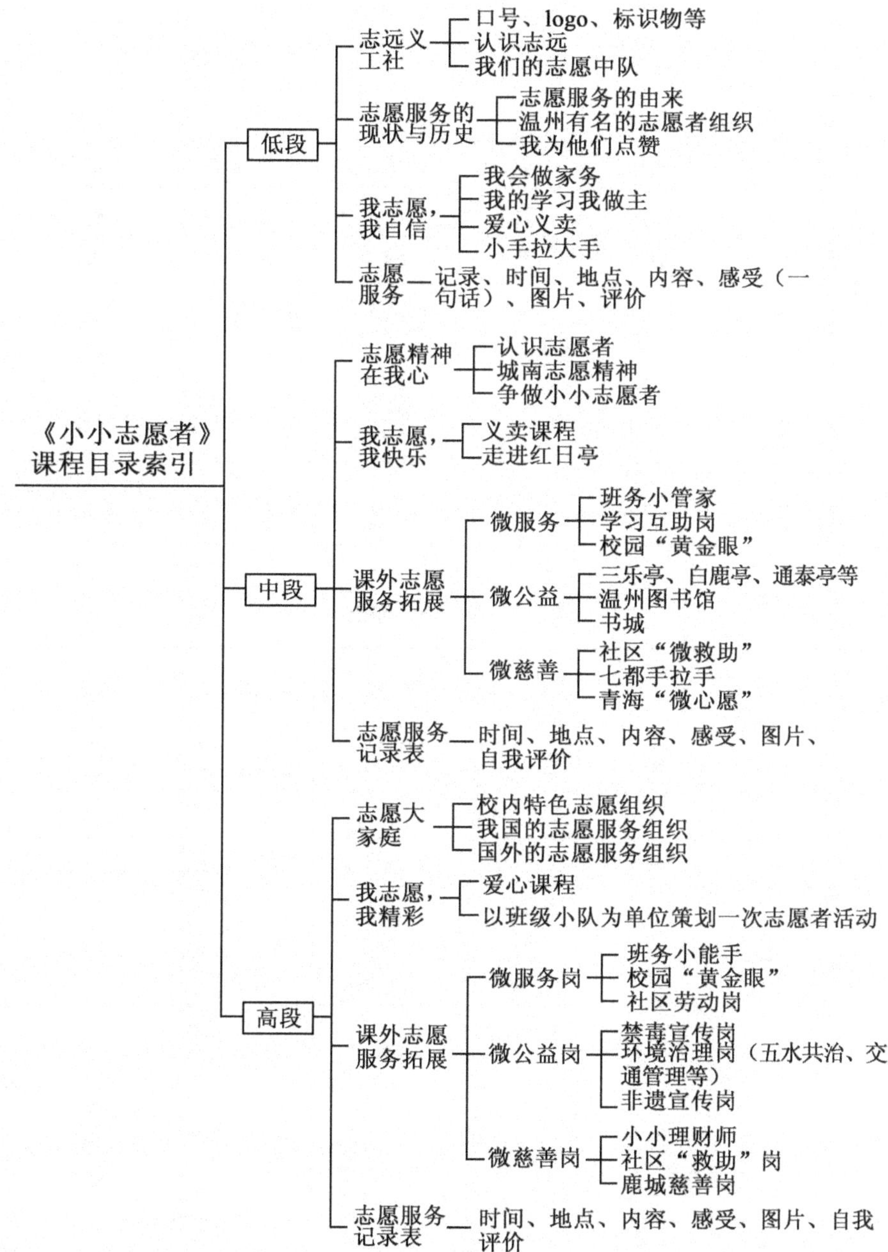

附件 2:温州市城南小学年度功课表范例

1～2 年级功课表范例

星期 / 节次		一	二	三	四	五
上午	晨间活动	德育秀场	律动诵读	思维体操	童眼世界	英语交际
	1	语文	语文	语文	语文	数学
	2	数学	语文	数学	体育	语文
	3	语文	美术	体育游戏	综合实践	语文
	4		数学(思维)	音乐		美术
下午	5	体育	体育	道德与法治	拓展性选修	道德与法治
	6	音乐(器乐)	科学		拓展性选修	地方课程(研学旅行、志愿服务)

3～4 年级功课表范例

星期 / 节次		一	二	三	四	五
上午	晨间活动	德育秀场	律动诵读	思维体操	童眼世界	英语交际
	1	语文	数学(魔方)	语文	英语	语文
	2	语文	语文	数学	综合实践	音乐
	3	数学	疲乏德与法治	语文	语文	数学
	4	科学	英语	信息	体育	科学
下午	5	英语	体育活动(游泳)	美术	拓展性选修	道德瑟法治
	6	体育	音乐(器乐)		拓展性选修	地方课程(研学旅行、志愿服务)
	7	美术				

5～6 年级功课表范例

节次		一	二	三	四	五
上午	晨间活动	德育秀场	律动诵读	思维体操	童眼世界	英语交际
	1	语文	数学(数独)	数学	语文	语文
	2	英语	语文	语文	数学	综合实践
	3	数学	英语	语文	科学	英语
	4	道德与法治	信息	科学	美术	体育
下午	5	音乐(器乐)	体育	音乐	拓展性选修	道德与法治
	6	体育活动(男篮女形体)	美术		拓展性选修	地方课程(研学旅行、志愿服务)
	7	科学				

参考文献

[1] 肖川. 义务教育品德与生活(社会)课程标准(2011 版)解读[M]. 武汉:湖北教育出版社,2012.

[2] 张东娇. 公众、事物与形象:学校公共关系管理导论[M]. 重庆:重庆大学出版社,2005.

[3] 楚红丽. 学校营销:赢得竞争的定位与推广[M]. 重庆:重庆大学出版社,2006.

[4] 郑杰. 没有办不好的学校[M]. 上海:华东师范大学,2008.

[5] 赵中建. 全球教育发展的研究热点——20 世纪 90 年代来自联合国教科文组织的报告[R]. 北京:教育科学出版社,1999.

[6] 叶澜. 改善教师发展生存环境,提升教师发展自觉[N]. 中国教育报,2008—09—15.

[7] 贺祖斌,王栴. 教师教学:从自为走向自觉[M]. 桂林:广西师范大学出版社,2007.

[8] 杨翠蓉. 教师专业发展:专长的视野[M]. 北京:教育科学出版社,2009.

[9] 王景明. 中小学图书馆建设与管理[M]. 北京:北京师范大学出版社,2000.

[10] 姚乐野,钟刚毅. 数字时代的图书馆建设的理论与实践[M]. 成都:四川大学出版社,2010.

[11] 林崇德. 发展心理学[M]. 杭州:浙江教育出版社,1998.

[12] 杨斌. 教师职业幸福的秘密[M]. 上海:华东师范大学出版社,2012.

[13] 张万祥. 教师专业发展精妙小语[M]. 上海:华东师范大学出版社,2011.

[14] 陶行知. 陶行知全集(第 1 卷)[M]. 成都:四川教育出版社,2005.

[15] 吕蕾.中小学校长培训专业化研究[M].北京:北京师范大学出版社,2010.

[16] 朱永新.中国著名校长办学思想录[M].南京:江苏教育出版社,2000.

[17]肖川.办好学校的策略[M].南京:南京师范大学出版社,2007.

[18] 查有梁.中学之精神[M].成都:四川教育出版社,2009.

[19] 傅建明.校本课程开发中的教师与校长[M].广州:广东教育出版社,2003.

[20] 肖川.学校,用什么来吸引学生[M].北京:北京师范大学出版社,2005.

[21] 朱小蔓.关注心灵成长的教育——道德与情感教育的哲思[M].北京:北京师范大学出版社,2012.

[22] 王一军.儿童文化课程:理论、实践与案例[M].南京:江苏教育出版社,2009.

[23] 钟启泉.课程论[M].北京:教育科学出版社,2007.

[24] 靳忠良.国外名校新课程[M].北京:中国青年出版社,2007.

[25] 民政部社会工作司编.志愿者管理手册[M].北京:中国社会出版社,2014.

[26] 上海市慈善基金会,上海慈善事业发展研究中心编.志愿服务与义工建设[M].上海:上海社会科学院出版社,2007.

[27] 朱光潜.朱光潜散文——美是一生的修行[M].北京:北京联合出版公司,2015.

[28] 冯英,张惠秋,白亮.外国的志愿者[M].北京:中国社会出版社, 2008.

[29] 陈永明.中小学校长专业标准解读[M].北京:北京大学出版社,2015.

[30] 任顺元.学校特色与特色学校建设[M].杭州:浙江大学出版社,2010.

[31] Q.E 瓦西留克.体验心理学[M].黄明,译.北京:中国人民大学出版社,1989.

[32] 亚当·斯密.道德情操论[M].北京:中央编译出版社,2008.

[33] 杜威.儿童与课程[A]//吕达.杜威教育文集(第一卷)[C].北京:人民教育出版,2008.

[34] 彼得·圣吉.第五项修炼[M].张成林,译.北京:中信出版社,2009.

[35] 唐・培根,唐纳德・R・格莱叶.学校与社区关系[M].周海涛,译.重庆:重庆大学出版社,2003.

[36] 桑德拉・哈利斯.美国获奖中小学校长的建议[M].方雅婕,译.北京:中国青年出版社,2014.

[37] Nigel Thomas.儿童青少年社会工作[M].田国秀,译.北京:中国人民大学出版社,2010.

[38] 艾伦・C.奥恩斯坦,费朗西斯・P・汉金斯.课程:基础、原理与问题[M].柯森,译.南京:江苏教育出版社,2009.

[39] 赵中建.全球教育发展的研究热点——20 世纪 90 年代来自联合国教科文组织的报告[R].北京:教育科学出版社,1999.

[40] Mars A. Musick,John Wilson.志愿者[M].魏娜,译.北京:中国人民大学出版社,2013.

[41] 金子翔,陶晓迪.走在反思的路上[M].重庆:重庆大学出版社,2010.

[42] 陶晓迪.小小志愿者[M].吉林:吉林大学出版社,2018.

[43] 陶晓迪.教师需要什么"范儿"?[J].鹿城教育,2013(4).

[44] 陶晓迪.创新,也是一种教育坚守[J].鹿城教育,2013(6).

[45] Mok,K. H. decentralization and marketing of education in singapore:A case study of the school excellence model[J]. Journal of educational Administration,2003(4).

[46] L. Kohlberg, R. Mayer. Development as the Aim of Education[M]. Harvard Educational Review, 1972.

[47] L. Kohlberg & R. Mayer. Development as the Aim of Education. Harvard Educational Review, 1972.

[48] 麦道卫,迪克・戴依.6A 的力量[M].黎颖,王培洁,译.南昌:江西出版社,2011.

索 引

后 记

时光荏苒，白驹过隙。转眼，距离我毕业温州师范学院政教系已然二十二个年头。其间，我从一名普通的中学社会老师成长为学校中层干部，2007 年起，我又先后担任温州市仰义第一小学、温州市少年游泳学校和温州市城南小学的书记、校长。不论是在农村的学校任职，还是在城市的集团学校工作，我都坚信“每一个孩子都是一个精彩世界”，教育工作者要竭尽全力助其成长，直至其成为一个个独特的自我。写作是一种深情告白。我想将昔日的感受与思考凝聚在文字里，这既是我对过去工作的梳理与总结，更是对自己心中理想矢志不移追求的表现，此谓出书缘由之一。

学缘情深，感恩由衷。从小到大，我都是一个特别乖巧的女生，资质平平，学业庸庸。然而，我却在工作的道路上何其有幸地遇到诸多贵人。导师吕晓教我如何站稳讲台，引领我从教坛“菜鸟”成长为区级新秀；学科组前辈周庆珠、李颐亨、伊立等给我无限支持与鼓励；历任的鹿城区教育局领导从伍挺到张维凯，及以他们为核心的局领导班子都无限地信任我、支持我、培养我，让我时刻感受到“娘家有人”的自信与荣光。教育局各科室及各直属单位、兄弟学校的同行们也总能在我最需要帮助的时刻给予专业引领和情感支持，让我在前行的道路上始终拥有动力与勇气。温州市仰义第一小学、温州市少年游泳学校和温州市城南小学的团队成员们，更是以家人的姿态和情怀围立于身旁，他们以自身的专业精神、学识素养与人格魅力融汇贯通形成强大的文化磁场引领我向善向上，激励我奋发前行。尤其是城南小学的团队更是给予我无限的鼓励与支持，大家都纷纷期待我将多年的办学理念与管理实践梳理成文，集结成书，以此彰显城南团队教育智慧的强大合力。感谢沈阳师范大学的孙绵涛教授鼓励我撰写教育文集，并在百忙之中为本书作序，感谢蔡勤笑、刘力、肖远军、李春玲、陈钱林等导师的指导与引领。尤其是蔡勤笑老师，自2009年于少泳校结识以来，他一直以“亦师亦友”的身份引导我、鞭策我，使我在不断学习、实践、思考与提炼的过程中完善了自我专业的发展，从一个偏重于感性的教育工作者成长为理性的管理者和改革者。今日我敢于将这十余年的教育管理文章集结成书并公诸于众，这不仅是展现十年来自身专业成长的决心与行动，更是为了表达自己的一番感恩之心。此谓出书缘由之二。

反躬自省，砥砺前行。写作亦是一种告别自我的方式。这种告别并非彻底的决裂，而是在总结过去成败得失经验的基础上，时刻提醒自我是否做到了君子之道——“仁者不忧，知者不惑，勇者不惧”。作为一校之长，我更要学会每日自省：“我能承担学校精神领袖的重担吗？我能带领班子不断地培养教师，特别是培养教师中的领袖吗？我能让每一个学生获得文化的浸染、精神的陶融和理智的启悟，从而真正实现生命的自由舒展吗？”在反复的追问中不断坚定自己的理想与信念，洗尽昨日风霜，向着诗与远方，风雨兼程，淡定从容。从某种意义上讲，这更是一个全新生命历程的开始。只有目标，没有终点。反省是为了更好的前行；前行是为了让反思更加深刻，更有抓手，更有实践意义。只有建立在反省基础上的前行才能更加丰盈，更能蓄势，更能持续发力。此谓出书缘由之三。

凡此种种，一言难尽。感谢父母给了我健康的身体、乐观的心态和坚强的意志，使我的生活有了良好的基础；感谢我的家人、好友给予我极大的包容、鼓励与帮助，使我的精神生活更加丰盈、平和；感恩生命中每一个帮助、鼓励我的同事、朋友，使我的前行之路更加阳光、开阔。

过去我常想，为什么每一个教育工作者能有如此旺盛的精力、高涨的激情与不断创生的智慧？在经历了二十二年的教育人生后我终于明白，那是因为我们对这事业爱得深沉！

陶晓迪

2018年9月28日